COACHING & CAREER DEVELOPMENT

[코칭과 경력개발]

조성진 저

양 성 원

Preface

우리나라에 코칭(coaching)이 도입된 지 이십여 년이 다 되어 갑니다. 코칭은 이제 기업 경영 현장뿐만 아니라 정부, 기관, 단체, 학교에까지 빠르게 퍼졌고, 사람들의 일상생활에서 생기는 걱정거리를 해결하는 데도 많이 활용되고 있습니다. 본인은 다행스럽게도 코칭이 우리나라에 도입된 초창기부터 접할 기회가 있었고, 코칭이 사회 전반에 퍼지는 과정과 결과를 직접 지켜볼 기회가 있었습니다. 그러면서 수많은 사례와 경험을 통해 코칭의 힘을 실감했고, 때로는 감동하기도 했습니다.

코칭은 창조적이고 역동적인 과정이고, 한 사람과 한 조직의 의미 있는 변화와 성장을 위한 협력관계입니다. 코칭은 기업과 학교를 살리고, 사람을 살리는 행복(幸福)한 동행(同行)입니다. 코칭을 성과 창출 수단의 하나로, 성적 향상을 위한 테크닉(technique) 쯤으로 생각한다면, 코칭의 지극히 작은 부분만을 본 것입니다. 코칭은 생각하는 힘을 키우는 과정이고, 사람을 살리는 일이어서 인내와 관심, 그리고 사랑이 필요한 고도의 활동이자 관계입니다.

이 책은 저의 현장 코칭 경험과 학술적인 연구결과들을 바탕으로 정리한 것입니다. 특히, 자신의 진로를 탐색하고 설계하려는 대학생들과 청년들에게 초점을 맞추었고, 그들이 긴 호흡으로 경력을 개발해 가는 과정에서 조금이나마 도움이 되길 바라는 심정으로 기술했습니다. 물론 일반인들이나 전문코치, 코칭에 관심이 많은 HR 관계자들, 그리고 코칭 연구자들에게도 도움이 되길 바라 마지않습니다.

그래서 독자들의 상황과 처지에 따라서 특정 부분에 집중하여 살펴보거나 읽는 순서를 조금 바꾸어도 좋을 것입니다. 자신의 진로 관련 이슈들을 해결하길 바라는 대학생들이나 청년들은 제7장부터 제12장의 내용을 먼저 읽어 보길 권합니다. 진로 관련 교과목을 가르치는 분들께서도 이 장들의 내용에 초점을 맞추시되, 해당 내용을 적절하게 재구성하거나 첨삭하여 활용할 수 있도록 기술했습니다. 그리고 코칭에 대해 관심이 많거나 전문코치가 되려는 독자들은 제1장부터 제6장의 내용을 정독하길 권합니다. 특히 커리어 코칭을 자신의 전문 영역으로 삼거나 대학원에서 코칭을 연구하는 분들도 이 부분을 꼼꼼하게 살펴보시길 바랍니다. 독자들이 직접 자신의 의견을 적을 수 있도록 각 장이 끝날 때마다 코칭 질문을 던지거나 실습할 부분을 따로 마련했습니다.

이 한 권의 책에 코칭과 경력개발의 모든 것을 담을 수도 없거니와 그렇게 기대하지도 않았습니다. 저의 부족함이 가장 큰 이유이고, 다음은 국내외에서 지금도 코칭 관련 연구결과들이 많이 쏟아져 나오기 때문입니다. 본인은 그동안 코칭에 대해 경험한 것을 바탕으로 기술하고, 코칭을 연구하면서 공부하고 이해한 것들을 정리하려고 노력했습니다. 이 과정에서 일찌감치 코칭의 힘에 대해 눈을 뜬 동서양 선구자들의 혜안과 지혜, 선배 · 동료 · 후배 코치님들의 경험, 코칭 연구자들의 선행연구들이 큰 도움이 되었습니다. 아직 논의가 덜 이루어진 일부 사항에 대해서는 제 소신을 밝혔습니다. 그렇지만 제 경험과 식견이 짧아 미처 알지 못했거나 제대로 밝히지 못한 부분은 훗날에 저술하거나 연구하실 분들의 몫으로 남겨 둡니다.

이 책이 출간되는 데 많은 분의 도움과 기도가 있었습니다. 석 · 박사과정 지도교수님이셨던 송계충 교수님, 현장에서 애쓰시는 선배 · 동료 · 후배 코치님들, 기도와 지지로 후원하는 가족들, 양성원 출판사 강철원 대표이사님과 목일수 부사장님 그리고 임직원 여러분께 깊은 감사를 드립니다. 그리고 지금도 저와 함께 코칭을 진행하면서 성장하고 있는 대학생들과 청년 여러분에게도 감사를 표하며, 진심으로 응원합니다.

책을 쓴다는 것은 제 부족함을 다시 한번 실감하는 과정이었습니다. 그래도 이 세상 모든 사람이 건강하고 행복해지는 그 날까지 코칭과 동행하길 바라면서 이 책을 바칩니다.

2020년 여름에

저자 드림

Contents

part

I

코칭: 이해와 실제

chapter 01 코칭의 역사, 정의 및 필요성

1. 사회 변화와 코칭

가. 사회 규범의 변화와 코칭

선조들이 살았던 시대에서 모두가 인정하는 중요한 가치 또는 사회적 규범 가운데 하나는 안정성(安定性)이었다. 그들은 비교적 안정된 환경 속에서 자녀와 후손들에게 여러 가지 사회 규범을 가르쳤고, 그것이 한 가정과 사회를 지탱하는 구실을 해왔다. 그래서 기성세대들이 중요하게 생각했던 가치와 사회규범들이 후손들에게 전수되는 시스템이 오랫동안 유지되어 왔다.

그러나 지금은 그렇지 않다. 그동안 선조들이 배우고 가르쳤던 수많은 사회 규범이 요즘 시대와 상황에는 잘 맞지 않게 되었다. 예전에 유효했던 것이 이제는 많이 어색해졌다. 예컨대, 가정에서는 대가족제도의 붕괴와 1인 가구의 급증, 여성의 사회 진출 급증과 맞벌이 부부의 증가라는 변화가 생겼다. 사회적으로는 글로벌(global) 경제화에 따른 노동력의 자유로운 이동, 임금생활자의 증가와 비정규직의 급증, 소득 분배의 불균형과 빈부 격차 증가 등과 같은 수많은 변화가 일어났다. 이와 같은 사회 전반의 변화가 기존 사회 규범의 변화를 촉발했다. 이런 구조적이고 거시적인 차원의 변화와 더불어 개인의 가치관, 결혼관과 결혼 풍습, 지하철과 학교 안팎의 풍경, 사제(師弟) 관계 및 주거 형태 등 미시적이면서 일상생활과 밀접한 것의 모습도 급속하게 변화했다.

이처럼 우리 사회의 근간이 되었던 가족제도나 의식주 생활부터 정치 · 경제 · 사회 · 문화 전반에 이르기까지 거의 모든 부분이 급격하게 변화했다. 그러자 종전에는 익숙했던 사회 규범이 함께 변화하기 시작했다. 이런 과정에서 우리는 짧은 기간 동안 엄청난 변화를 경험했고, 수많은 문제점을 겪으며 살아가고 있다. 그 결과 그동안 사회를 지탱했던 가치와 사회 규범이 수시로 변화하는 불안정(不安定)한 환경에 적응해 가며 살아가게 되었다.

하지만 안타깝게도 안정된 환경에서 자란 기성세대들은 변화가 일상적으로 일어나고 있다는 사실에 제대로 적응하지 못한 채 하루하루를 살아가고 있다. 예컨대, 의료기술의 발달과 평균수명 연장에 따른 고령(高齡)사회로의 진입은 그동안 경험하지 못했던 문제점들을 낳고 있다. 특히 종전에는 쉽게 경험하지 못했던 의사소통의 부재로 인한 세대 간의 갈등은 우리를 더욱 힘들게 하고 있다. 이처럼 예전에는 전혀 예상하지 못했던 가치와 사회 규범의 급격한 변화가 수많은 사람에게 두려움으로 다가오고 있다. 그 결과 스트레스가 증가하고, 관련된 질병이 날로 증가하고 있다. 그렇다면 이런 문제들을 푸는 데 도움이 되는 해답은 어디에 존재하는 것일까? '코칭'(coaching)이 그 대안의 하나로 떠오르고 있다.

나. 급격한 기술변화와 기업, 그리고 코칭

우리 주변의 모든 것들이 수시로 변하고 있다. "변하지 않는 것이 없다."라는 말만 변하지 않는 것 같다. 변화 속도도 엄청나게 빠르지만, 형태도 정말 다양하다. 우리는 손에 들린 작은 휴대전화로 인터넷(internet)을 하며 정보의 바다를 헤엄치고 있고, 앉은 채로 전 세계에서 일어나고 있는 일들을 거의 실시간으로 알고 있다. 그러니 알아야 할 사실도 많고, 배워야 할 것도 정말 많아졌다. 게다가 바꾸어야 할 것들이 날마다 늘어나서 그것들을 따라가기에 정신이 없을 정도로 바쁘다. 일찍이 변화관리 분야의 세계적인 석학 존 코터(John P. Kotter)는 이런 현상에 대해 다음과 같이 말했다.

> "과거에는 시속 30마일로 운전하다가 지금은 70마일, 120마일, 180마일로 속도를 높인다. 전에는 직진만 하다가 지금은 좌회전, 우회전하거나 과거에 타고 다니던 승용차를 내

> 팽개치고 이제는 오토바이를 타는 것과 같이… (중략) 게임 전체가 변하고 있다. 수많은 사람이 이 추세에서 낙오되지 않는 방법을 배우기 위해 노력하고 있다."(Harvard Business School)

급격한 기술변화는 우리의 사고방식과 일상생활 등 거의 모든 부분의 모습을 변화시켰다. 사람들이 바뀌니 당연히 기업의 경영방식도 달라지고 있다. 20세기 산업사회에서는 규모의 경제와 양적 효율성을 선점한 기업이 우위를 점할 수 있었다. 하지만 21세기 지식창조사회로 접어든 지금은 특정 상품이나 서비스, 기술만으로 장기적인 경쟁력을 갖추기 어렵게 되었다. 따라서 이제는 환경이 바뀔 때마다 시장에서 요구하는 새로운 상품이나 서비스를 적기에 제공할 수 있는 기업만이 지속 가능한 성장을 할 수 있게 되었다. 그에 맞추어 경영자들이나 조직구성원들의 가치관과 관심사도 함께 변했고, 그들이 추구하는 전략도 변할 수밖에 없다.

오늘날 모든 기업은 정보기술의 급격한 발달로 인한 디지털 혁명(digital revolution)을 경험했고, 글로벌 환경 속에서 활동하고 있다. 이제는 적어도 비즈니스에 관한 한 국가 간 경계나 산업 간 장벽은 의미가 없는 시대가 되었다. 기업은 생존을 위한 최소한의 변화는 물론 소비자의 미세한 심리적 변화까지 파악해야 하는 부담을 안게 되었다. 심지어 외국 소비자의 기호와 취향의 변화 및 심리적인 부분까지 고려해야 하는 상황에 이르렀다. 당연히 기업 간 경쟁은 갈수록 치열해졌다. 이런 변화에도 불구하고 기업들은 원하는 성과를 달성해야 하는 과제를 떠안게 되었다. 이제 기업들은 모든 것들을 적절하고 정확하게 바꾸어 환경 변화에 신속하게 대응해야만 시장에서 살아남을 수 있게 되었다.

예컨대, 기업들은 매출 신장과 이윤 추구라는 기업 고유의 목표를 달성함과 동시에 기업을 둘러싼 다양한 이해관계를 조정해야 한다. 외부적으로는 정부와 의회의 각종 법률 규제, 윤리경영에 대한 요구 증대 및 사회적 책임에 대한 요구 증대라는 현실에 직면하고 있다. 그리고 내부적으로는 지속적 성장을 추구하기 위한 혁신 가속화, 여러 가지 내부 저항 극복, 종업원의 잦은 이직과 노조의 요구 증대라는 과제를 안게 되었다. 이와 같은 다양하고 복잡한 이슈들은 기업의 최고경영자, 임원, 그리고 관리자들에게 거부할 수 없는 중압감을 가져다주었고, 종전에 기준으로 삼았던 해답(standard solution)의 한계를 실감하도록 만들었다. 이런 시점에서 '코칭'(coaching)이 의미 있는 솔루션의 하나로 주목받기 시작했다.

다. 리더십 패러다임의 변화와 코칭

기업의 경영환경 변화에 따라 인적자원 관련 분야 역시 다양한 모습으로 발전해 왔다. 그 결과 요즘에는 기업의 경쟁력이 인적자원의 수준에 좌우되는 시대가 되었다. 즉, 조직구성원의 창의력과 자발성이 그 어느 때보다 강조되면서 기업 경영에 있어 '사람'이 가장 중요한 경쟁력의 원천으로 인식되기에 이르렀다.

이런 상황 속에서 조직의 리더(leader)는 구성원을 바람직한 방향으로 이끌어 가는 가장 기본적이고 중요한 역할을 하고 있다. 리더가 구성원들의 역량, 감성, 그리고 열정을 최상의 수준으로 유지하도록 지원한다면 원하는 결과를 얻을 수 있다. 하지만 그렇지 않다면 엉뚱한 결과를 초래할 수도 있다. 따라서 어떤 형태의 조직이든 리더는 모든 구성원의 역량과 감성, 그리고 열정에 영향을 끼치는 힘을 갖추고 있어야 하는 존재이다. 그래서 점차 리더의 역할이 중요해졌고, 탁월하고 역량 있는 리더십이 경쟁력의 핵심 원천이 되는 시대가 되었다.

하지만, 리더가 종전에 활용하던 낡은 방법으로는 리더십을 제대로 발휘할 수 없게 되었다. 따라서 리더는 새로운 과제를 떠안게 되었다. 특히, 1990년대 들어 리더십(leadership)의 중요성, 급변하는 환경에 대응하는 기업 혁신과 유연성, 원활한 의사소통, 그리고 구성원들의 수평적 관계와 신뢰감 조성에 관한 관심이 높아졌다. 종전에 리더에게 요구되던 강한 카리스마, 저돌적인 추진력, '안 되면 되게 하라'는 정신보다는 믿음, 인정, 부드러움, 겸손, 배려, 협력, 경청 등이 새롭게 주목받기 시작했다. 후자의 것들은 주로 인간관계에서 중요한 역할을 하는 심성이나 감성에 관한 것들과 봉사, 여유, 균형 등 일과 삶의 균형에 관한 것들이다. 이런 상황에서 리더가 변화의 흐름을 읽고 조직을 원하는 방향으로 이끌어 가고자 한다면, 새로운 무언가를 추가로 학습하고 수행해야 할 필요성이 생겼다.

기업 안에서 리더에게 새롭게 요구되는 것들은 다른 구성원에게도 마찬가지로 적용된다. 이윤 극대화를 달성하고 사회적 책임을 다하는 것은 최고경영자(CEO)와 몇몇 임원들의 힘만으로 되는 것이 아니다. 구성원 모두의 역량을 총결집해야만 가능한 것이다. CEO로부터 신입 직원에 이르기까지 모든 구성원이 목표를 향해 '한 방향으로 정렬'(alignment)되어 있어야 손쉽게 달성할 수 있다. 투입할 수 있는 모든 자원과 수단을 가장 효과적으로 동원하고 분배해야 한다. 그러기 위해서는 효율적인 의사결정이 선행되어야 하고, 구성원 간에 허물없고 원활한 의사소통이 가능해야 한다. 이런 과정에서 필수적인 것이 리더십이다. 이제 적어도 기업 안에서는 모든 구성원이 리더십을 바라보는 눈높이와 안목을 조절해야 할 때가 되었다.

기업에서 어떤 의사결정을 해야 할 때, 소수 리더의 눈과 귀, 지혜와 판단에만 의존한다면 한계에 부딪힐 수 있다. 순간순간마다 최적의 의사결정을 해야만 경쟁에서 살아남을 수 있다. CEO, 임원과 관리자의 리더십 스타일이 변해야 하는 이유가 바로 여기에 있다. 상황이 이렇다 보니 기업들은 자신만의 고유한 해답을 찾기 위해 동분서주하게 되었고, 구성원들도 덩달아 바빠졌다. 즉, 경영자와 관리자들은 그동안 자신들이 알고 있던 지식이 제대로 먹히지 않게 되자, 해답이 있을 만한 곳이라면 거리와 시간을 불문하고 구성원들을 보내고 있다. 하지만 문제를 해결할 수 있는 해답을 찾는 것은 쉬운 일이 아니다. 이처럼 예전과는 다른 방법이 필요한 시대가 되자 리더의 역할 변화에 대한 요구가 증가했고, 리더십 자체를 바라보는 패러다임이 변화하기에 이르렀다. 이런 시대의 흐름에 맞추어 리더십 패러다임을 변화시키는 데 가장 적절하고 효과적인 방법의 하나로 등장한 것이 '코칭'(coaching)이다.

라. 커뮤니케이션 패러다임의 변화와 코칭

조직은 특정한 목적을 추구하는 사람들이 그것을 가장 효율적으로 달성하기 위해 함께 모인 결합체이다. 따라서 조직은 자신들의 목적을 달성하기 위해 구성원들에게 적절한 과업을 부여한다. 그리고 구성원들은 서로 협력하고 동기를 부여하며, 그것에 필요한 의사소통을 한다. 이런 과정에서 조직은 자신의 목적을 달성하는 데 가장 적합한 구조를 가지게 되는데, 기업이 대표적인 형태이다.

기존에 계층 위주로 경영되던 기업의 성패는 CEO와 관리자들이 의도한 바를 종업원들에게 잘 알려 주고, 생산된 제품이나 서비스를 소비자들에게 얼마나 잘 전달하느냐에 달려 있었다. 따라서 그런 조직 안에서는 지배적이고 종속적인 인간관계가 가장 효율적이었다. 즉, 일부 상층부 사람들이 자신의 지휘권에 있는 대다수 하층부 사람들을 자신들의 생각대로 움직이게 함으로써 조직을 관리해 왔다. 그래서 해결책을 가지고 있는 상사가 권력을 바탕으로 부하를 지배하는 반면, 해결책을 가지고 있지 않은 부하는 상사가 내려 주는 지시에 의존할 수밖에 없었다. 이런 경우 당연히 상사와 부하 사이의 의사소통은 상사가 전달하는 지시와 명령을 잘 알아듣는 것에 초점을 맞추어 행해졌다.

그런데 이제는 상황이 변했다. 기업의 중요한 과제는 고객들이 원하는 바를 효율적으로 잘 파악하는 것에 집중되고 있다. 따라서 조직 내 인간관계도 그에 맞추어 변화해야 하는 시점에 이르렀다. 그 이유는 고객들이 원하는 해답을 도출해 내기 위해서는 기존의 지배적이고 종속적인 인간관계나 커뮤니케이션이 이제는 적절하지 않기 때문이다. 따라서 고객이 원하는 해답을 효율적으로 찾기 위해서는 협동적인 인간관계를 유지하는 것, 즉 함께 일하며 마음과 힘을 합하는 것이 다른 무엇보다 중요해졌다. 이런 인간관계 하에서 상사와 부하는 함께 일하며 공동의 목표를 달성하는 수평적인 차원의 파트너(partner) 관계를 유지할 필요가 있다.

오늘날 우리는 모든 사람에게 일률적으로 통할 수 있는 정답이 없는 시대에 살고 있다. 이제는 상사와 부하가 서로 유기적이고 능동적으로 움직이며, 일치단결해서 해답을 찾아가는 파트너 정신이 매우 중요한 때가 되었다. 따라서 상사는 부하를 또 한 명의 고객으로 생각하고, 그가 만족하도록 해 주어야 한다. 그리고 상사는 부하와 더 효과적인 방법으로 의사소통해야 한다. 그러려면 상사와 부하 사이에서 수평적 차원의 '쌍방향'(two-way) 커뮤니케이션을 진행할 필요가 있다. 기업이나 조직 내에서 '코칭'(coaching)에 주목해야 할 이유가 여기에 있다.

이상에서 언급한 몇 가지 상황 변화에 대한 인식과 패러다임 전환의 필요성은 비단 기업에만 적용될 수 있는 것이 아니다. 우리 사회의 전반적인 분야에 마찬가지로 적용되어야 한다. 예컨대, 정치인들이 국민의 삶의 질을 높이기 위한 해답을 찾으려면, 더 낮은 자세로 시민들의 소리에 귀를 기울이고 공감해야 한다. 공무원들이 시민들의 요구에 민감하게 대응하려면, 시민들과 더 많이 의사소통해야 한다. 이런 자세와 태도는 지방자치단체장, 의사, 교사, 부모 등과 같은 다양한 리더들에게 꼭 필요한 요소가 되었다. 이런 상황 인식과 패러다임 전환을 전제로 의사소통하면서 과제를 해결해 가는 것이 '코칭'(coaching)이다.

2. 코칭의 역사

가. 코치의 기원

코칭의 역사를 소크라테스의 문답법에서부터 찾는 사람도 있다. "나는 다른 사람에게 아무것도 가르칠 수 없다. 다만 생각하게 할 뿐이다."라는 그의 말에 기초하여 그렇게 보는 것 같다.[1] 그러나 오늘날 우리가 이해하고 있는 코칭은 훨씬 후대의 산물인 것 같다.

현재까지 확인된 각종 문헌과 자료에 따르면, 코치의 어원은 1500년대로 거슬러 올라간다. 당시 헝가리에 '코치'(Kocs)라는 곳이 있었는데, 최초로 '코치'(Kocsi)라고 이름 붙여진 네 마리의 말이 끄는 마차가 발명된 곳이었다. 당시에 코치는 현재 있는 곳에서 가고 싶은 곳으로 사람들을 실어다 주는 운송수단인 마차를 가리키는 단어였다. 오랜 세월이 지나 영국에서는 좌석이 여러 줄로 배치된 큰 버스를 '코치'(coach)라고 부르기도 했다.

나. 스포츠와 코칭

마차로부터 시작된 코치라는 개념은 스포츠에 적용되기 시작했다. 어떤 사람들은 고대 스포츠에서 코치가 재능 있는 선수들과 팀을 도와 최고의 역량을 발휘하여 올

림픽 게임에서 승리하는 목표를 달성했다고 주장했다.[2] 1880년대에 이르러 케임브리지의 캠 강에서 대학생들에게 노 젓기를 지도하는 사람을 가리키는 데 코치라는 표현이 사용되었고, 1880년대 전까지 코치란 단어는 운동과 상관없는 것이었다고 주장하기도 한다.[3] 그 기원이 어떠하든 그 이후 코치는 운동선수를 지도하는 사람으로 알려지기 시작했고, 코치는 스포츠에서 매우 중요한 역할을 하는 사람으로 인식되기 시작했다. 지금 코치들은 수많은 종목의 개인 선수나 팀을 위해 새로운 목표를 설정하고 그것을 이루는 역할을 하고 있다.

스포츠 분야에서의 코칭은 선수와 팀의 경기력을 올려서 시합마다 최고 수준의 경기력을 발휘하는 것을 목표로 삼고 진행된다. 다시 말하면, 스포츠 분야에서 코치는 우수한 경기력을 가진 선수가 경기에서 자신의 능력을 제대로 발휘하도록 선수 개인이 효과적으로 준비하는 것을 돕는다. 그리고 선수와 팀이 시합에서 최고의 경기력을 발휘하게 함으로써 그들이 원하는 결과를 얻도록 지원하는 것이 코치의 최고 목표가 된다. 선수와 팀의 경기력을 최고의 수준으로 높이지 않고서는 시합에서 좋은 성적을 거둘 수 없기 때문이다. 따라서 스포츠에서 코치가 주로 하는 일은 재능 있는 선수들을 가르치고 훈련하며, 자신이 할 수 있다고 생각하는 것보다 더 잘할 수 있도록 사기를 올리는 것이다.[4]

스포츠에서 코치는 선수들의 자신감을 증대시키고, 명확한 목표를 갖게 하며, 선수들이 상상하지 못한 더 큰 성취를 달성하기 위해 코칭을 진행한다. 그래서 스포츠 분야에서는 코칭을 '코치가 주체가 되어 선수들에게 운동에 필요한 체력, 기술 등을 지도하면서 인격적으로 상호교류하는 가르침의 형태' 또는 '선수가 운동하는 데 관련된 지식이나 체력, 기술, 태도, 철학 등을 효과적으로 습득할 수 있도록 코치가 해야 할 총체적인 행위'라고 정의하고 있다.[5]

스포츠 분야의 코칭에 대해서는 1975년, 티머시 골웨이(T. Gallwey)가 『테니스 이너 게임』(*The Inner Game of Tennis*)에서 수준 높은 성과를 얻는 데 효과가 있는 획기적인 방식으로서 코칭을 소개하면서부터 큰 호응을 얻기 시작했다. 그는 테니스 코치로서 체험한 경험을 통해 기술적이고 상세한 지시보다는, 선수가 자신의 내면적 정신 작용에 집중하도록 코치가 도와줄 때 테니스를 가장 쉽게 배운다는 것을 발견했다.[6]

다시 말하면, 코치가 선수의 내적 장애물을 제거하거나 심적 부담을 줄이는 데 도움을 줄 수 있다면, 선수는 코치의 기술지도 없이도 천부적인 능력이 발휘한다는 것이다.[7)]

이처럼 스포츠 분야에서 활발하게 적용되던 코칭이 시간이 지나면서 음악가와 대중 연설가와 배우들에게도 사용되기 시작했다. 그들은 자신들의 기술력을 높이고 장애물을 극복하며 계속해서 성장함으로써 목표에 도달하기 위해 코치들의 도움을 받았다.[8)]

다. 비즈니스와 삶, 그리고 코칭

코칭이 기업으로 전파되지 않았다면, 코칭은 여전히 스포츠계와 연예계의 영역에 머물러 있었을 것이다. 그러나 골웨이(T. Gallwey)와 다른 코치들은 기업에서 많은 시간을 보내며 도움을 주기 시작했다. 골웨이의 제자인 존 휘트모어(J. Whitmore)는 '이너 게임(Inner Game) 접근법'을 유럽에 소개했고, 『성과를 위한 코칭』(*Coaching for Performance*)이라는 책을 출간하기도 했다.[9)]

1980년대 이후, 기업의 리더들은 전 분야에 걸친 급격한 변화로 인한 충격, 급속한 기술 진보, 엄청난 정보의 홍수에 직면했다. 그리고 혼자서 이 모든 것을 직면할 수 없다는 점을 깨닫기 시작했다. 새로운 경영방식을 발전시키는 방법, 현명한 의사결정을 내리는 방법, 어떤 사안에 대해 더 효과적으로 대처하는 방법, 변화에 직면하는 방법 등을 배워야 했다. 그리고 의사소통과 관계의 단절, 높은 이직률과 결근율, 낮은 생산성 등을 경험하면서 증가하는 스트레스를 해소하는 방법도 찾아야만 했다. 그러면서도 하위 관리자들과 구성원들을 의사결정자인 자신들처럼 생각하고 행동하도록 훈련해야 했다. 이런 과정에서 CEO나 임원들은 누군가 자신들을 새로운 세계로 인도해 주기를 원했다.

전통적으로 기업 내 의사소통은 주로 상의하달(上意下達) 방식으로 행해졌다. CEO와 임원들이 주로 중요한 의사결정을 하고, 관리자들은 실무자들을 감독하면서 자신들의 지시가 잘 이행되는지를 점검하는 형태를 취해 왔다. 그런 과정에서 상의

하달 방식을 가장 효율적으로 수행할 수 있는 형태의 조직이 생겨나기 시작했다. 환경 변화가 없는 안정적인 상황 속에서 조직형태와 의사결정 방식은 거의 변함없이 이어졌다.

그러나 1980년대에 접어들면서 전 세계에 걸쳐 기업을 둘러싼 제반 환경이 급속히 변화하기 시작했고, 기업 간 경쟁이 치열해졌다. 기업들은 살아남기 위해서 다양한 방법과 전략을 수립해야만 했고, 수시로 수많은 의사결정을 해야만 했다. 한편 구성원들의 역할 변화에 대한 요구는 점점 거세지기 시작했다. 이런 과정에서 전통적인 의사소통방식이었던 상의하달 방식의 한계와 문제점들이 하나씩 드러났고, 수직적인 위계질서를 바꾸어야 한다는 목소리가 높아지기 시작했다. 특히 세계시장에서 살아남기 위해서 기업 구성원 개개인의 자발성과 창의성이 다른 무엇보다 중요한 요소가 되면서, 기업의 CEO는 구성원들의 자발성과 역량을 최대로 발휘하게 하는 방법이 과연 무엇인지 구체적인 방법을 모색하기에 이르렀다. 이런 과정에서 CEO와 임원들은 운동선수와 예술가들이 그동안 활용했던 코칭 원리들을 기업의 경영 현장에 적용하기 시작했다.

코치가 직업의 한 형태로서 경영 분야와 일반인들의 삶의 영역으로 진입하게 된 효시는 토마스 레너드(Thomas J. Leonard) 이후로 보는 것이 일반적인 견해이다.[10] 1980년대 초반, 재무 설계사(financial planner)로서 컨설팅을 진행하던 그는 고객들이 겪는 다양한 문제를 해결하는 데 도움을 주기 시작했다. 예컨대, 어떤 차를 언제 구매하는 것이 좋은지, 언제까지 몇 명의 아이를 가질 것인지, 어디로 휴가를 가는 것이 좋은지, 언제 은퇴하여 어떤 삶을 누릴 것인지 등이 그것이다. 당시 사람들은 그와 대화하면서 보다 나은 미래를 계획할 수 있었고, 자신이 진정 원하는 것이 무엇인지를 깨닫기 시작했다. 당시 사람들은 그와 얘기하면서 다른 누구와도 쉽게 이야기할 수 없었던 것들을 해결하는 데 많은 도움을 받았다. 그에 대한 고객들의 신뢰가 쌓여 갈수록 사람들은 자신의 인생에서 소망하는 것들을 하나씩 이루었다. 그러던 중 고객 가운데 한 명이 자신과 레너드와의 관계가 마치 코치와 선수 사이의 관계와 유사하다고 생각했다. 그리고 그와 같은 역할을 하는 사람을 '코치'라고 부르자고 제안하면서 코칭은 비로소 삶(life)의 영역에 자리 잡기 시작했다.

요약하면, 급격한 환경변화에 따라 기업에서 리더의 역할에 대한 변화와 구성원 간 의사소통 방법의 변화가 필요한 가운데, 기업의 목표를 효과적으로 달성하기 위한 새로운 방법이 필요한 상황에서 코칭이 도입되기 시작했다. 그래서 지금은 전 세계적으로 기업을 이끄는 리더들이 더 나은 경영자, 리더, 대표가 되기 위해 코치들의 도움을 받고 있고, 일반인들도 그들의 삶의 질 향상과 행복을 위해 코치들의 도움을 받고 있다.

3. 코칭의 정의와 분류

가. 코칭의 정의

코칭의 정의에 대한 일치된 견해는 없다. 게다가 코칭이 현재와 같은 의미로 쓰이기 시작한 때가 오래되지 않아 합의된 정의도 아직 없는 실정이다. 다만, 코치와 학자들은 자신의 코칭 경험이나 학술적인 견해에 따라 코칭을 각각 다르게 정의하고 있다. 여기서는 그 가운데 몇 가지 견해만 소개하기로 한다.

첫째, 코칭을 성과를 개선하는 성과향상기법(performance improvement technique)의 하나로 생각하는 견해들이다.

퍼니스(Fournies, F. F.)는 '부하가 바람직하지 못한 행동을 멈추고 바람직한 행동을 하도록 도와주기 위해 관리자와 부하 사이에 행해지는 대면 대화(face to face discussion)'를 코칭이라고 정의했다.[11] 그리고 베르너(Werner, J. M.)와 디시몬(DeSimone, R. L.)은 '저조한 성과를 내는 부하들이 자신들의 문제들을 직면케 하고, 그들의 문제를 다루며, 그들이 저조한 성과를 내지 않도록 효과적으로 돕는 데 전념하는 감독자와 구성원 사이의 파트너십'을 코칭이라고 정의했다.

즉, 코칭은 구성원들이 자신의 성과에 대한 책임을 스스로 받아들이도록 격려하고, 구성원들이 탁월한 성과를 달성하고 그것을 계속해서 유지하도록 하며, 구성원들을 조직의 목표와 유효성(effectiveness)을 위해 파트너로서 여기는 데 활용되는 일련의 과정이라고 생각했다. 이들의 주장에 따르면, 관리자들이 종업원들의 성과를 효과적으로 관리함으로써 조직의 목표를 효과적으로 달성하려면 감시자(controller)가 되기보다는 코치가 되는 것이 좋다는 것이다.[12)]

둘째, 코칭은 성과 관리에 도움을 주는 여러 가지 수단 가운데 하나로 이해하는 견해이다.

에버러드(Evered, R. D.)와 셀먼(Selman, J. C.)은 '헌신적인 파트너십(partnership)이 형성된 환경하에서 생기는 코치와 선수(performer) 사이의 커뮤니케이션 관계'라고 코칭을 정의하고, 구성원들에게 권한을 부여하는 임파워링(empowering)을 강조했다.[13)] 그리고 피터스(Peters, T.) 와 오스틴(Austin, N.)은 '각 개인을 서로 하나로 묶어서 그들이 책임감을 강화하고, 계속해서 성과를 내도록 하는 것'을 코칭이라고 보았다. 즉, 코칭은 서로 관련이 있으면서도 각기 다른 역할을 하는 교육, 후원(sponsoring), 상담 및 구성원이 성과문제에 직면하게 하는 것을 포함하는 광범위한 개념이라고 정의하고 있다.[14)]

그리고 길리(Gilley), 보우튼(Boughton)과 메이쿠니치(Maycunici)는 훈련(training), 멘토링(mentoring), 직면과 커리어 코칭이 포함된 개념을 코칭이라고 이해하고 있다.[15)] 이런 정의는 코칭을 하나의 독립된 영역으로 보려는 최근의 관점과는 약간 차이가 있다.

셋째, 코칭은 다른 인적 서비스와 구분되는 독립된 영역으로서 구체적이고 유연하게 정의하는 견해이다. 이런 견해는 아마도 코칭이 비즈니스뿐만 아니라 삶의 전 영역으로 급속하게 퍼지면서 더 분명하고 정교하게 정의된 것들이다.

콜린스(Collins, G. R.)는 '개인이나 집단을 현재 있는 지점에서 그들이 원하는 지점으로 갈 수 있도록 인도하는 기술이자 행위'를 코칭이라고 정의했고,[16)] 맥더모트(McDermott, I.)와 제이고(Jago, W.)는 '사람들의 관심사나 재능, 환경 그리고 잠재력에 관련해 더 효율적으로 자신을 주도하고 관리하는 방법을 배우도록 지원하는 상호적이면서도 집중적인 훈련방식'을 코칭이라고 정의했다.[17)]

골웨이(Gallwey, T.)는 '성과를 극대화하기 위해 묶여 있는 개인의 잠재능력을 풀어주는 것이고, 사람들이 코치의 가르침에만 의존하지 않고 스스로 배우도록 도와주는 것'을 코칭이라고 정의했다.[18)] 에노모토 히데타케는 '개인(부하)의 자아실현을 지원하는 시스템'을 코칭이라고 정의했고, 휘트모어(Whitmore, J.)는 '고객 자신의 성과를 극대화하도록 그의 잠재능력을 발현시키는 것으로서 가르치는 것이 아니라 스스로 학습하도록 도와주는 것'을 코칭이라고 정의했다.[19] 그리고 로버트 하그로브(Hargrove, R.)는 '개인과 조직, 그리고 그들의 세계를 변화시킬 수 있는 사람들의 능력을 신장시키고, 사람들의 비전과 가치에 영향을 주며, 그들이 달성해야 하는 것을 성취할 수 있도록 존재, 사고, 행동을 재창조하는 데 있어 강력한 지원을 제공하는 강력한 파트너십'을 코칭이라고 정의했다.[20]

마지막으로, 현장에서 코칭을 진행하는 코치들이 결성한 단체에서 정의하는 견해이다.

국제코치연맹(International Coach Federation: ICF)은 '인생, 경력, 비즈니스와 조직에서 뛰어난 결과를 달성할 수 있도록 도와주는 지속적이며 전문적인 관계'를 코칭이라고 정의했고,[21] Corporate Coach University(CCU)[22]에서는 '코치와 발전하려고 하는 의지가 있는 개인의 잠재능력을 최대한 개발하고, 발견 프로세스를 통해 목표설정, 전략적인 행동 그리고 매우 뛰어난 결과를 성취하도록 해 주는 강력하면서도 협력적인 관계'를 코칭이라고 정의했다. 그리고 (사)한국코치협회(Korea Coach Association: KCA)는 '개인과 조직이 잠재력을 극대화하여 최상의 가치를 실현할 수 있도록 돕는 수평적 파트너십'을 코칭이라고 정의했다.[23]

한편, 이 책에서는 코칭을 먼저 경험하고 연구한 선배들의 정의를 기본으로 하고, 저자의 현장 코칭 활동 경험과 학술적인 연구결과를 바탕으로 새로운 시각을 추가하여 코칭에 대해 정의하고자 한다. 즉, '코칭은 상호 헌신하려는 파트너십(partnership) 환경 속에서, 코칭고객[24]의 자기인식과 행위 변화를 통해 성과를 높이고 목표를 달성함으로써 그가 계속해서 성장·발전하도록 지원하는 코치와 코칭고객 사이의 쌍방향 커뮤니케이션(two-way communication) 과정(process)이자 관계(relations)'라고 정의하고자 한다. 간단히 말하면, 코칭은 긍정적인 자기 충실화 과정(positive self-fulfillment process)이다.[25]

나. 코칭의 분류

코칭의 분류에 대한 일치된 견해는 아직 없다. 그것은 코칭의 역사가 길지 않기 때문이기도 하지만, 국내외에서 수많은 전문코치가 활동하면서 그들이 다루는 영역과 문제들이 점점 다양해지고 있기 때문이기도 하다. 따라서 누구나 인정할 만한 분류 기준을 제시하기가 쉽지 않다. 그래서 여기에서는 선행연구와 저자의 현장 코칭 경험을 바탕으로 6가지 기준에 따라 코칭을 구분하고자 한다.

1) 비용 지급 주체에 따른 분류

이것은 코칭을 진행한 대가인 코칭 수수료(coaching fee)를 누가 지급하는가에 따라 구분하는 것으로, 기업(조직) 코칭(corporation/organization coaching)과 개인 코칭(personal coaching)으로 나눌 수 있다.[26] 전자는 기업이나 특정 조직을 대상으로 코칭을 진행하고, 코칭 비용을 기업이나 조직에서 지급하는 경우이다. 이에 비해, 후자는 개인을 대상으로 코칭을 진행하기 전에 코칭을 받을 개인이 직접 비용을 지급하는 경우이다.[27]

2) 코치의 위치(소속)에 따른 분류

이것은 코칭이 진행되는 위치(장소) 또는 코칭을 진행하는 코치의 소속에 따른 분류로, 외부(사외) 코칭(external coaching), 내부(사내) 코칭(internal/in-house coaching)으로 나눌 수 있다.[28] 전자는 해당 기업(조직) 외부에 있는 전문코치를 활용하여 진행하는 전문적인 코칭이고, 후자는 기업(조직) 내부에서 고용한 구성원이 진행하는 전문적인 코칭이다. 이때 코칭을 진행하는 코치를 각각 외부(사외)코치, 내부(사내)코치라고 부른다.

3) 코칭 대상에 따른 분류

이것은 코칭을 받는 대상에 따른 분류인데, 여러 관점에서 분류할 수 있다. 그리고 코칭의 확산과 발전 정도에 따라 얼마든지 새로운 고객이 발굴될 수 있어서 다양하게 분류할 수 있다. 하지만, 여기에서는 국내외에서 많이 진행되는 대상을 중심으로 분류하고자 한다.

기업의 최고경영자를 대상으로 진행되는 CEO 코칭(chief executive officer coaching), 기업 내 임원을 대상으로 진행되는 임원 코칭(executive coaching), 기업과 조직의 관리자를 대상으로 진행되는 관리자 코칭(manager coaching), 가족 구성원을 대상으로 진행되는 가족 코칭(family coaching), 대학생을 대상으로 진행되는 코칭(college student coaching), 청소년을 대상으로 진행되는 청소년 코칭(youth coaching), 기독교인을 대상으로 신앙생활 전반에 걸친 주제를 중심으로 진행되는 크리스천 코칭(christian coaching), 교사나 교수, 그리고 교육행정가 등을 대상으로 진행되는 교육자 코칭(educator coaching) 등이 이에 속한다.

특히, 코칭 대상에 따른 분류는 코칭고객의 현재 상황이나 전문 영역에 종사하는지 등에 따라 더 세분할 수 있다. 예컨대, 예비부부 코칭, 보건의료인 코칭, 연예인 코칭, 싱글 맘 코칭, 노인(실버) 코칭, 중년남성 코칭 등 얼마든지 다양하게 구분할 수 있다.

4) 코칭 주제와 내용에 따른 분류

이것은 코칭에서 핵심적으로 다루어지는 주제(issue)와 내용에 따라 분류하는 것으로, 코칭을 통해 결과적으로 이루고자 하는 목표가 무엇인지에 따라 다양하게 구분할 수 있다. 이런 분류도 코칭에서 다루려는 주제에 따라 더 세분될 수 있지만, 여기에서는 코칭 현장에서 주로 많이 다루어지는 주제와 내용을 중심으로 소개하고자 한다.

첫 번째, 고객의 비즈니스 전개 과정에서 발생하는 다양한 주제들에 대해 진행되는 비즈니스 코칭(business coaching)이 있다. 이것은 대기업과 중소기업, 그리고 자영업에서 진행하는 모든 형태의 비즈니스에 적용할 수 있어서 다루어지는 주제의 범위가 매우 넓다. 예컨대, 경영전략, 사업 확장과 축소, 인적자원 관리, 목표 관리, 동기부여, 문제 해결, 조직문화 등 수없이 많은 주제가 여기에 포함될 수 있고, 이것들을 주제로 코칭을 진행할 수 있다.

두 번째, 라이프 코칭(life coaching)이 있다. 이것은 고객의 삶 전체에 걸쳐 발생하는 문제를 해결함으로써 그가 원하는 삶을 살도록 지원하는 것으로, 궁극적으로 고객만의 고유함과 탁월함을 발견하도록 돕는 과정이다. 이것은 삶에서 일어나는 다양한 주제들, 예컨대 인생의 의미와 목적, 인간관계 개선, 이혼과 재혼, 배우자와의 사별, 노후 생활 준비 등과 같은 주제에 초점을 맞추어 진행되는 것이다.

세 번째, 커리어 코칭(career coaching)이 있는데, 이것은 개인의 진로 또는 경력과 관련된 직업적인 주제에 초점을 맞추어 진행하는 코칭이다. 다시 말하면, 커리어 코칭은 일이나 직무와 관련된 개인과 조직의 변화와 발전을 촉진하고, 효과적인 행동을 취하도록 지원하는 일련의 과정이다. 이 경우에는 취업, 전직, 이직, 승진, 경력개발 계획 수립과 실행, 일과 삶의 균형 등에 관한 주제들을 중심으로 코칭이 진행된다[29]. 커리어 코칭은 경기 불황에 따른 정리해고, 실업, 잦은 이직과 전직, 노동력의 자유로운 국내외 이동 등으로 인해 안정적인 고용 상태 유지에 관한 관심이 높아지면서 직장인들이나 대학생들이 많은 관심을 보이는 코칭 영역이다.

그 밖에 성과향상을 목표로 진행되는 성과향상 코칭(performance coaching), 리더십 향상을 목표로 진행되는 리더십 코칭(leadership coaching), 다른 사람과의 관계 개선과 관련된 주제를 다루는 관계 코칭(relation coaching), 학생들의 학습과 관련된 주제를 다루는 학습 코칭(learning coaching), 비즈니스와 일상생활을 하는 데 영향을 주는 건강상태를 측정하고 그것을 양호하게 되도록 도와주는 피트니스 코칭(fitness coaching), 건강 관련 분야에 종사하는 전문가, 스태프들이 그들의 전문성, 개인적인 삶, 병원 시스템 등을 향상하도록 돕는 헬스케어 코칭(healthcare coaching), 기업 상황 등에서 갈등이 발생했을 때, 그것을 해결하도록 돕는 갈등관리 코칭(conflict management coaching), 스포츠인들을 교육하고 훈련하는 코치나 매니저들을 대상으로 진행하는 스포츠 코칭(sport coaching) 등이 커리어 코칭에 포함될 수 있다.

5) 고객 수(인원)에 따른 분류

이것은 코칭을 받는 고객의 수(인원)에 따라 구분하는 것이다. 여기에는 한 명의 코치와 한 사람의 고객이 진행하는 일대일(1:1) 코칭과 한 명의 코치가 두 명 이상의 고객과 진행하는 일대다(1:다) 코칭이 있다. 후자는 다시 그룹 코칭(group coaching)과 팀 코칭(team coaching)으로 나눌 수 있다.

그룹 코칭과 팀 코칭은 두 명 이상의 고객이 동시에 코칭을 받는다는 점에서 공통점이 있다. 하지만, 그룹 코칭은 각각의 참가자의 개별적인 목표를 다루는 데 비해, 팀 코칭은 실제 조직 내 한 팀의 구성원이 코칭 대상이 되는 경우로, 같은 목표 달성에 초점을 맞추어 진행된다는 점에서 서로 다르다.[30)]

6) 진행 형태와 방법에 따른 분류

이것은 코칭을 진행하는 형태와 방법에 따라 구분하는 것으로, 면대면 코칭(face to face coaching)과 원격 코칭(distance coaching)으로 나눌 수 있다.[31)]

면대면 코칭은 가장 기본적인 코칭 진행방법으로, 코치와 고객이 같은 장소에서 만나서 서로 얼굴을 마주 보며 진행하는 코칭이다. 이것은 원격 코칭에 비해 코치와 고객 사이에 라포(rapport)를 형성하기 쉽고, 코칭 대화를 진행하는 동안에 발생할 수 있는 의사소통 상의 오류를 줄일 수 있다는 점에서 가장 많이 사용되는 방법이다.

이에 비해, 원격 코칭은 거리 이동이라는 단점을 극복하기 위해 다양한 매체를 활용하는 방법으로, 전화 코칭(tele coaching), 화상회의 코칭(coaching by video-conferencing), 전자 메일 코칭(e-mail coaching), 온라인 채팅 코칭(coaching by on-line chat)이 여기에 속한다. 이것은 의사가 전달되는 과정에서 의미의 왜곡이나 오해로 인해 오류가 발생할 수 있는 단점이 있지만, 코치와 고객이 지리적으로 서로 멀리 떨어져 있거나 '코로나19'(COVID-19) 사태와 같이 사회적으로 대면 접촉이 곤란할 때 활용할 수 있다는 장점이 있어 최근 들어 활성화되고 있다. 이상에서 논의한 코칭의 분류를 정리한 것이 〈표 1-1〉이다.

〈표 1-1〉 코칭의 분류

구분	1차 분류	2차 분류
비용 지급 주체	기업 코칭	
	개인 코칭	
코치의 위치(소속)	외부(사외) 코칭	
	내부(사내) 코칭	
코칭 대상	CEO 코칭	
	임원 코칭	
	관리자 코칭	리더 코칭, 사원 코칭 등
	가족 코칭	부모 코칭, 자녀 코칭, 부부 코칭, 다문화 가족 코칭 등
	대학생 코칭	
	청소년 코칭	
	크리스천 코칭	
	교육자 코칭	교사 코칭, 교수 코칭, 교직원 코칭 등
코칭 주제와 내용	비즈니스 코칭	마케팅 코칭, 세일즈 코칭, 자영업 코칭 등
	라이프 코칭	예비부부 코칭, 데이트 코칭, 이혼(재혼) 코칭 등
	커리어 코칭	취업 코칭, 전직 코칭, 이직 코칭, 경력개발 코칭 등
	성과향상 코칭	
	리더십 코칭	정치 리더 코칭, 변혁적 리더십 코칭 등
	관계 코칭	
	학습 코칭	
	피트니스 코칭	
	헬스케어 코칭	
	갈등관리 코칭	
	스포츠 코칭	
고객 수 (인원)	일대일 코칭	
	일대다 코칭	그룹 코칭, 팀 코칭
진행 형태와 방법	면대면 코칭	
	원격 코칭	전화 코칭, 화상회의 코칭, 전자 메일 코칭, 온라인 채팅 코칭

다. 커리어 코칭

앞서 코칭의 분류에 관해 설명하면서 커리어 코칭(career coaching)을 언급했다. 여기서 많은 코칭 유형 가운데 커리어 코칭을 다시 언급하는 이유는 이 책에서는 대학생들이나 청년들의 진로와 경력개발에 관련된 부분에 초점을 더 맞추고 있기 때문이다. 대학생 시절을 포함한 청년 시절의 진로와 경력개발이 그들의 생애주기에서 차지하는 중요성은 아무리 강조해도 지나치지 않다. 특히 이 시기에 그들은 다양한 고민과 갈등을 겪는다. 물론 이 시기를 잘 넘기고 취업하거나 진학한다고 해서 고민과 갈등이 전혀 사라지는 것은 아니다. 그들이 삶을 살아가는 동안 일과 직장에 관한 문제는 계속 이어진다. 이런 차원에서 많은 코칭의 종류 가운데 커리어 코칭에 관해 조금 더 살펴보고자 한다.

1) 커리어 코칭의 정의

사람은 평생을 살면서 자신의 일터에서 가장 많은 시간을 보낸다. 일터나 직장에서 일하면서 기쁜 일도 있지만, 여러 가지 고민과 걱정거리도 생긴다. 예컨대, 취업하기 위해 시간을 더 효율적으로 관리하고 싶은 경우, 자신의 일하는 방식을 새롭게 바꾸고 싶은 경우, 자신의 관리 기술을 향상하여 리더로 성장하고 싶은 경우, 승진에 필요한 잠재력은 갖추고 있는데 그것을 제대로 발휘하지 못하는 경우, 직장을 계속 다닐지 다른 직장으로 옮길지를 고민하는 경우들이 많다. 이런 이슈들로 걱정하는 사람들을 대상으로 코칭을 진행할 수 있다.

이처럼 커리어 코칭은 사람들이 일과 경력에서 만족감을 얻도록 지원하는 방법 가운데 하나이다. 원래 '커리어'(career)라는 말의 어원은 '수레가 다니는 길을 따라간다.'(to roll along on wheels)는 뜻을 가진 'Carro'라는 표현에서 유래한 것이다. 단어 상으로는 직업과 관련된 의미가 강하지만, 넓은 의미에서 보면 단순히 직업만을 가리키는 것이 아니다. 직업 생활의 준비 기간이나 은퇴 이후까지 포함하여 일과 관련된 자신의 역할 및 사회와의 상호작용, 여가활동 등 개인의 삶 전체와 관련된 것으로

볼 수 있다.[32)]

커리어 코칭은 주로 개인의 일이나 직업과 관련된 강점과 재능의 발견, 진로 탐색, 조직 내 경력개발과 관리, 구성원들 사이에서 생기는 문제들을 다루는 코칭이다. 커리어 코칭은 고객의 열정과 기술, 가치를 그들의 일과 잘 맞추는 것이다. 초점을 맞춘 것이다. 즉, 고객이 자신의 소명, 강점, 가치, 이바지할 수 있는 것을 발견할 기회를 제공하는 것이다. 그리고 그것들을 고객의 일과 잘 일치시키거나 은퇴를 잘 준비하여 관리하도록 돕는 과정이다.[33)] 혹자는 '고객이 자신의 커리어 관련 문제를 해결하는 역할을 하고, 일과 삶 사이에 균형을 이룰 수 있도록 지원함으로써, 고객의 자기주도적 학습과 성장을 촉진하는 과정'이 커리어 코칭이라고 정의하기도 한다.[34)]

국내에서는 커리어 코칭이라는 표현을 주로 사용하지만, 일부에서는 '경력코칭'이라고 번역하기도 한다.[35)] 학자들과 코칭 관계자들 사이에서 이에 대한 합의된 견해는 아직 없는 실정이다. 다만, 국내 경영학 분야에서는 '경력' 또는 '커리어'라는 표현을 혼용하고 있고, 통계청의 <한국 표준 직업 분류>에서도 '커리어 코치'라는 표현을 사용하고 있다. 그리고 한국코치협회 등 관련 업계에서도 '커리어'라는 외래어 표기를 그대로 사용하고 있다. 따라서 이 책에서는 이런 현실을 고려하여 '커리어', '커리어 코칭' 그리고 '커리어 코치'라는 표현을 그대로 사용하기로 한다.

2) 커리어 코칭의 주요 이슈

커리어 코칭은 자신의 적성에 맞는 직업을 찾을 수 있도록 돕고, 취업을 위해 무엇을 준비할 것인지에 함께 대화하는 것이다. 그리고 현재 직업을 가진 사람이 자신의 경력개발(career development)을 어떻게 할 것인지 등에 대해서 스스로 문제를 해결하도록 지원하는 것이다. 취업 희망자, 구직자, 직장에서 승진이나 부서 이동 등 변화를 원하는 사람, 전직을 고려하거나 이직을 준비하는 사람, 창업이나 창직(創職)을 준비하는 사람, 은퇴를 앞둔 사람들이 겪는 문제를 다루는 것이 커리어 코칭이다.

이처럼 커리어 코칭에서 주로 다루는 이슈들은 일과 직업에 관련된 것들이다. 그것이 개인에 관련된 것이든, 조직 안에서 발생하는 일이든 모두 다룰 수 있다. 커리어 코칭에서 다룰 주제는 무수히 많지만, 실제 현장에서 다루는 이슈들은 대개 다음과 같다.

- 개인의 가치관에 따른 직업관의 확립
- 자신의 능력과 강점을 최대로 발휘할 수 있는 직업의 탐색
- 개인의 흥미와 적성 등을 고려한 진로 탐색
- 직장 내에서 최고의 핵심 인재로 성장하기 위한 전략(승진, 경력개발계획 수립 등)
- 개인의 역량 개발 및 각종 교육·훈련 계획
- 현재 업무 조건의 개선
- 직장 동료와의 협력관계 구축
- 관리자와 임원의 역할 및 경력관리
- 전직과 관련된 불안감 해소
- 성공적인 전직을 위한 조건 탐색
- 이직 준비 및 관리
- 은퇴 준비 등

3) 대학생과 진로코칭

앞서 커리어 코칭은 일과 직업에 관련된 이슈들을 중심으로 진행되는 코칭이라고 말했다. 사람의 성장주기와 연령대에 따라 일이나 직업에 관해 발생하는 이슈도 각기 다르다. 그래서 커리어 코칭을 특정 대상자, 즉 초·중·고교생이나 대학생이 겪는 문제를 다루는 것으로 범위를 좁히면, 다른 관점과 접근방법이 필요하다. 실제로 코칭 현장에서 직장인과 일반인들의 일과 직업 등 경력에 관련된 이슈들을 주로 다룰 때는 커리어 코칭이라고 부른다. 하지만, 초·중·고교생이나 대학생들을 대상으로 향후 진로와 관련하여 일과 직업에 관한 문제를 다룰 때는 '진로코칭'이라고 번역하여 표현하는 경향이 있다.[36] 다만, 후자는 교육적 차원의 주요 핵심 과제인 진로지도에 초점을 맞추다 보니 그렇게 부르는 것 같다.

여기에서는 커리어 코칭을 대학생에게 적용하는 경우를 집중적으로 살펴본다. 그런 차원에서 좁은 의미에서의 커리어 코칭, 즉 진로코칭에 국한하여 논의를 전개하고자 한다. 즉, 대학생 진로코칭을 '대학생이 자신의 진로문제를 스스로 해결하고, 그것을 위해 자기주도적 학습과 성장, 나아가 자아실현을 하도록 코치가 지원하는 쌍방향 의사소통 과정'이라고 정의하고,[37] 대학생의 경우를 중심으로 논의를 전개할 것이다.

대학생은 신체적·생리적 측면에서 충분히 발달하고 자아정체성(identity)이 형성되는 등 심리적·사회적으로 성숙하여 독립을 추구하는 경향을 보인다. 그리고 자신의 진로를 결정하고 그에 필요한 준비와 관련된 다양한 고민과 갈등을 겪는다.[38] 특히, 사회적·심리적 독립은 경제적인 독립이 필수적으로 선행되므로 대학생 시절에는 졸업 후 경제적 독립을 위해서라도 자신의 진로에 대해 고민해야 하는 때이다.[39] 그런 의미에서 대학생 시절은 진로를 탐색하고 결정하며, 학생에서 직장인 역할로의 전환을 준비하는 매우 중요한 시기이다.[40] 따라서 이 시기에 자신의 진로 결정과 그에 필요한 역량을 제대로 갖추는 것은 향후 직장생활에서의 업무 수행에도 영향을 미치는 매우 중요한 일이다.

그러나 우리나라 대학생들은 청소년 시절부터 거의 모든 시간을 상급학교 진학에 사용하면서 과도한 입시경쟁을 경험한다. 그리고 대학에 입학한 후에는 자신의 진로 결정 및 준비를 위한 충분한 시간이나 기회를 누리지 못한 채 여러 가지 어려움을 동시에 경험하고 있다. 따라서 대학생이 자신의 성격, 적성, 흥미, 능력 등에 대한 정확한 인식을 바탕으로 자아정체성을 확립하고, 자신이 겪고 있는 다양한 문제들을 스스로 해결할 수 있다는 믿음을 갖추는 것은 의미 있는 일이다. 이것은 그들의 진로 탐색과 결정 및 취업 준비에서 아주 중요한 일이기 때문에 그들을 위한 적절한 진로 지도가 필요하다.[41]

대학생들은 전문성과 다양성, 상황대처 능력, 문제 해결 능력, 의사소통능력 등 다양한 능력을 갖추길 요구받고 있다. 게다가 급격한 사회 변화로 인해 생긴 구조적인 차원의 문제들은 대학생들의 진로문제를 더욱 복잡하게 만들고 있다.[42] 그런 차원에서 대학생들이 자신의 인생 목표를 설정하고, 자신의 진로를 탐색하고 설계하는 데 도움을 주는 안내와 지도가 절실한 상황이다.[43] 따라서 대학들은 학문을 연구하는 상아탑으로서의 기본적인 역할과 함께 취업을 목적으로 하는 직업준비 교육기관의 역할을 동시에 요구받고 있다. 실제로 그런 역할을 효과적으로 수행하기 위해 대학 교육이 더 실용적인 방향으로 변화될 필요성이 있다는 지적도 제기되고 있다.[44]

이런 추세를 반영하여 대학에서는 다양한 프로그램을 동원하여 대학생들의 진로 및 취업 지도에 활용하고 있지만, 대학생들의 만족도는 기대만큼 높지 않은 것으로 보인다. 그것은 아마도 이런 프로그램들이 개별 대학생의 성격, 적성, 흥미, 가치관 및 그가 처한 상황에 따라 맞춤형으로 진행되어야 하지만, 여러 가지 제약으로 인해 현실적으로는 그렇지 못하기 때문일 것이다.[45] 이런 상황을 극복하기 위해 최근 들어 몇몇 대학에서 대학생의 삶의 변화, 자기계발 지원, 진로지도 및 취업 역량 강화를 위해 코칭을 적극적으로 도입하고 있는 것은 고무적인 일이다.[46]

4) 대학생 진로코칭의 효과

대학생들을 대상으로 진행되는 코칭은 취업 및 진로 지원을 위한 커리어 코칭, 인생 로드맵 작성 및 대학 생활 등을 위한 라이프 코칭의 형태로 진행되고 있다.[47] 대학생이 대학 생활 동안 가장 먼저 해야 할 일 가운데 하나는 자신의 성격과 흥미에 맞는 일을 찾아내고 자신의 적성과 소질을 발견할 기회를 찾는 것이다. 그리고 대학은 그들이 스스로 발견한 소질과 적성을 바탕으로 자신의 미래를 준비하고 진로를 설계하도록 도움을 주어야 한다.[48]

이런 추세를 반영하여 대학생의 진로 및 취업 지도를 위해 코칭을 접목하고, 그 효과를 분석한 연구들이 발표되고 있다. 이들 연구는 주로 코칭이 대학생의 자기효능감, 진로성숙도와 진로준비행동을 비롯한 진로 관련 변수 및 학습 관련 변수들에 어떤 영향을 미치는지를 분석하는 데 초점을 맞추고 있다. 이것들은 주로 설문 조사, 현장실험설계(experimental field design) 방법을 통해 코칭이 대학생의 진로에 긍정적인 영향을 끼친다는 것을 검증하고 있다. 그리고 질적 분석을 통해 코칭이 대학생들의 진로 탐색과 취업 준비를 위한 실행력 향상, 자기 이해와 가능성 발견, 자신감 회복

과 심리적 평안 등에 이바지했다는 것을 밝히고 있다.[49]

몇 가지 선행연구 결과들을 살펴보면 다음과 같다.

첫째, 대학생들은 코칭을 통해 자신의 진로와 미래에 대해 진지하게 생각해 볼 기회를 얻은 것으로 나타났다. 즉, 코칭이 대학생들의 진로 관련 의견이나 행동에 긍정적인 영향을 끼친 것이다.

대학생들은 코칭을 통해 진로 관련 정보를 탐색하면서 그동안 막막했던 자신의 진로 관련 목표를 구체화했고, 그것을 실행하기 위한 실질적인 계획을 수립했다. 그리고 스스로 세운 계획을 제대로 실천하는 것이 아주 중요하다는 것을 알아차리게 되었다. 실제로 대학생들은 코칭을 받은 후에 자신이 세운 목표를 실행하기 위해 불필요하고 낭비적인 행동을 중단하고, 구체적인 학습계획을 수립하고 시행함으로써 학습능력이 향상되었다는 것을 객관적인 지표나 그들의 증언으로 확인할 수 있었다.

대학생들의 진로 관련 상황을 검증하는 객관적인 지표 가운데 자주 활용되는 것이 진로성숙도(career maturity)와 진로준비행동(career preparation behavior)이라는 개념이다. 전자는 자아의 이해와 직업 세계의 이해를 바탕으로 자신의 진로계획과 진로선택을 통합·조정해 가는 정도로써, 한 개인이 자아와 직업 세계를 잘 이해하여 이들을 현명하게 통합할 수 있는가에 대한 준비 정도를 나타내는 지표이다.[50] 그리고 후자는 올바른 진로 결정을 내리기 위해서 개인이 얼마나 노력하는지, 결정된 진로목표 달성을 위해 구체적으로 얼마나 충실하게 행동으로 노력하는지를 말한다. 즉, 진로 결정이 이루어진 후에 그 결정사항을 실행하기 위한 행동을 말하며, 의지나 태도가 아닌 실천행위(implementation)를 알 수 있는 지표이다.[51]

대학생들이 코칭을 받고 진로성숙도가 향상되었다는 것은 자신에 대한 이해, 진로를 선택하기 위한 적극적인 자료 수집과 정보의 해석, 진로 관련 의사결정과정에서 생기는 여러 가지 갈등 상황을 해결하는 데 영향을 미쳤다는 점을 의미한다. 즉, 코칭은 대학생들이 진로 관련 제반 상황을 판단하고 결정할 수 있는 연습과 훈련을 하게 함으로써 그들의 진로의식을 성숙시키는 데 도움을 주었다는 것을 말한다.

그리고 코칭이 대학생의 진로준비행동에 긍정적인 영향을 끼쳤다는 점은 진로를 선택하고 자신이 원하는 바람직한 결과를 만들어 내기 위해 실제로 필요한 노력이 늘었다는 것을 의미한다. 진로 관련 문제를 해결하기 위해서는 대학생의 생각이 성숙하게 변화하는 것도 바람직하지만, 진로 탐색과 설계 등에 필요한 실질적인 행동을 취해야 한다는 점에서 코칭이 대학생의 진로준비행동에 긍정적인 영향을 미쳤다는 것은 우리에게 많은 시사점을 준다.

둘째, 대학생들은 코칭을 통해 의사결정 주체인 자신이 주도적으로 인생을 개척해 나가야 한다고 분명하게 인식한 점이 확인되었다.

대학생들은 코칭을 통해 자신이 나가야 할 삶의 방향을 정하고 가치관을 수립하는 데 많은 도움을 받았고, 자신의 장점과 성장 가능성을 발견한 것으로 밝혀졌다. 즉, 대학생들은 코칭을 통해 자기인식과 이해를 바탕으로 자기를 확신하는 계기를 얻었고, 이것이 자신의 진로를 결정하는 데 도움이 된 것으로 나타났다.

대학생의 관점에서 자신의 진로를 결정하는 것은 결국 자신의 몫이기 때문에 자신의 미래를 스스로 개척해야 한다는 점을 올바로 인식하는 것은 중요한 일이다. 교수나 선배, 부모는 단지 옆에서 돕는 조력자일 뿐이다. 그리고 코치도 대학생이 자신의 진로를 스스로 탐색하고 설계하며, 관련 실행계획을 수립하고 그에 필요한 행동을 실행하는 과정을 효과적으로 진행하도록 지원하는 역할을 할 뿐이다.

셋째, 대학생들은 코칭을 통해 자신에 대한 자부심과 자신감을 회복했고, 긍정적인 생각을 가지게 되었으며, 심리적인 평안을 얻어 삶의 질이 향상된 것으로 나타났다.

대학생들은 새롭게 접하는 문화와 인간관계에 대한 적응과 갈등, 이성 교제, 수강과목 결정과 학점 관리, 취업난에 대비한 자격증 취득 준비 등 소위 '스펙 쌓기', 불확실한 미래의 전개 등으로 인한 다양한 스트레스에 노출되고 난관에 봉착하기도 한다.[52] 그런 대학생들이 코칭을 통해 진로선택과 취업 준비 등으로 인해 생긴 막연한 불안감과 압박감, 취업난으로 인한 두려움과 스트레스를 해소하는 기회가 되었다고 말했다. 그리고 종래의 부정적인 사고에서 벗어나 긍정적인 생각을 가지게 되었으며, 심리적인 평안을 얻어 삶의 질이 높아졌다는 것이 확인되었다는 점은 의미 있는 일이다.

넷째, 대학생들은 코칭을 통해 인간관계의 중요성과 가족의 존재 및 가족 구성원 간의 대화가 중요하다는 것을 인식하는 계기를 얻은 것으로 밝혀졌다.

대학생들은 각 가정의 구성원으로서 자신의 역할을 하면서 사회에서 필요한 인간관계를 배운다. 그리고 학업과 진로 및 취업 등 제반 문제의 많은 부분을 가족들과 상의하는 것이 일반적이다. 그러기 위해서는 가족관계가 원만해야 하고, 그 속에서 의사소통도 원활하게 진행되어야 한다. 그런데 대학생들이 코칭을 통해 가족 내 다양한 활동과 가족관계가 향상되고, 가족의 소중함을 새롭게 인식했다는 것은 여러 점에서 의미 있는 시사점을 제공한다.

5) 대학생 진로코칭의 특징과 문제점

대학생 대상의 코칭은 직장인들이나 일반인들을 대상으로 진행되는 코칭과 비교해 볼 때, 몇 가지 점에서 다른 특징을 지니고 있다. 이것은 아마도 사람의 생애주기 발달과정 가운데 대학생 시절의 특성과 그들이 처한 상황과 환경에 기인한 것으로 생각한다. 이런 것들은 대학생 대상 코칭의 성장 가능성을 보여 주는 측면이지만, 문제점이라고 볼 수 있는 양면성을 동시에 가지고 있다. 구체적으로 살펴보면 다음과 같다.[53)]

첫째, 대학생은 코칭을 시작하는 시점에서 코칭과 상담을 혼동하지만, 코칭을 마친 시점에서는 그 차이를 분명하게 구분하게 된다.

대학생들은 대개 코칭이 상담과 비슷한 것으로 이해한 상태에서 코칭 프로그램에 참여하거나 코칭 교과목을 신청하게 된다. 그러다 보니 예전에 경험했던 '진로상담'이나 '미래설계상담' 등과 마찬가지로 자신의 문제를 다른 사람이 나서서 해결해 주기를 원하는 경우가 많다. 하지만 코칭 회기가 진행될수록 코칭은 자신의 문제를 해결하는 방안을 스스로 찾아가는 과정이고, 이것이 상담, 컨설팅 및 멘토링 등과 다르다는 것을 알아차리게 된다. 그리고 이때부터 자신이 겪는 문제를 해결하기 위해 더욱 적극적이고 주도적인 행동을 취하기 시작했다. 코칭을 마친 후에 어떤 대학생은 "상담을 마치면 별 감정이 없었던 것과 달리, 코칭을 마치면 항상 가슴이 벅차오르는 느낌과 에너지를 느낄 수 있었다."라고 말하기도 한다. 코칭과 다른 서비스 사이의 차이점을 분명하게 구분할 줄 알게 된 것이다.

따라서 대학생 대상의 코칭에서 효과를 높이기 위해서는 코칭을 본격적으로 시작하기 전에 코칭에 관한 교육을 하고 진행 과정을 충분하게 소개하는 등 사전 작업이 필요하다. 그리고 전문코치는 대학생의 특성과 그들이 처한 상황 및 환경을 이해하면서 그들이 자신의 문제를 스스로 해결하는 해답을 찾을 때까지 기다려 주는 인내심이 필요하다.

둘째, 대학생 대상 코칭에서 가장 많이 거론되는 주제는 진로와 관련된 것들이지만, 이것은 대개 일상생활에서 발생하는 다른 문제들과 복합적으로 얽혀 있다는 것을 알아야 한다.

대학생 시기는 자신이 처한 새로운 환경 속에서 겪는 문제와 갈등을 스스로 헤쳐 갈 것을 요구받는다. 그리고 동시에 학점 관리, (남학생의 경우) 군대 입대, 학비 마련 및 취업 준비과정에 거의 반강제적으로 편입되는 시기이다.[54] 따라서 대학생들에게는 진로와 관련된 여러 가지 주제들, 예컨대 진로 탐색, 진로설계 및 진로준비와 관련된 행동 등에 관한 사항들이 대학생들의 주된 관심사이다. 그리고 그것들과 관련된 다양한 요소들이 복합적으로 작용하면서 다른 문제들이 생긴다는 점을 이해할 필요가 있다. 당연히 이런 문제들은 대학생들의 일상생활에 직·간접적으로 영향을 끼칠 수밖에 없고, 나아가 그들의 가족에게도 영향을 미치게 된다.

그래서 대학생 대상의 코칭은 좁은 범위에서 보면 진로나 경력개발 차원에서 접근하는 커리어 코칭이 주가 되겠지만, 일상생활에서 생기는 주제들을 다루는 라이프 코칭도 함께 진행될 수 있다는 점을 동시에 고려할 필요가 있다.

셋째, 대학생 대상의 코칭은 그들의 비자발적인 태도와 코칭 수수료를 받지 않는 무료 코칭이라는 점들로 인해 코칭 효과에 영향을 끼칠 수 있다는 점을 사전에 이해해야 한다.

대개 대학생들은 현재 시점이 자신의 진로 관련 일들을 선택해야 하는 중요한 시점이지만, 그와 관련된 다양한 활동을 적극적으로 실천하려는 노력이 부족하다. 게다가 경제적 능력이 부족해서 자발적으로 코칭 수수료(coaching fee)를 내고 코칭을 받기도 어려운 실정이다. 그러다 보니 대학생들에 대한 코칭은 대개 무료로 진행되거나 대학 측이 대신 지급하는 저렴한 비용으로 진행되는 경우가 많다. 그래서 대학생들이 코칭에 임하는 태도, 코칭 진행 속도, 실행계획의 수립과 실천 여부 등의 측면에서 볼 때, 다른 유료 코칭에 비해 코칭 효과가 떨어질 가능성이 있다.

따라서 대학생 대상의 코칭에서 효과를 높이기 위해서는 자발적인 참여를 독려하는 다양한 방법 - 마일리지 또는 포인트 제공, 장학금 수혜 대상에서 우선순위 부여, 봉사활동 점수 산정과 연동 등 - 을 도입하거나 가칭 '코칭 참가 보증금제'[55] 실시, 코칭 교과목을 필수 교과목으로 하는 등의 코칭 장려제도와 정책을 도입할 필요가 있다.

넷째, 대학생 대상의 코칭은 시작하기 전에 다양한 이유로 인해 계속해서 진행하기가 어렵다는 점에 대해 이해할 필요가 있다.

한 사람이 분명한 목적을 가지고 코칭을 받는 경우나 기업 안에서 확실한 목적을 가지고 진행되는 코칭의 경우는 코칭 회기가 꾸준하게 유지되거나 몇 년에 걸쳐 진행되기도 한다. 하지만 대학생 대상의 코칭은 대부분 그렇지 않은 경우가 많다. 예컨대, 대학생 대상의 코칭은 정부 예산 지원사업의 종료로 인한 예산 확보 중단, 인사발령으로 인한 실무 담당자의 이동, 대학생을 비용만 발생케 하는 소비 주체로 생각하는 대학 당국의 사고, 새로운 진로지도 기법에 대한 대학 실무자의 무관심, 무료 코칭을 진행하기로 헌신하는 전문코치 확보의 어려움 등이 복합적으로 작용하여 꾸준하게 진행하기가 쉽지 않다.

그러나 대학 당국의 측면에서 볼 때, 학령인구의 감소, 각종 외부 평가에 대비한 대학경쟁력 확보, 대졸자들에 대한 사회와 기업의 요구 등을 고려하고, 국가적인 차원의 인적자원관리 측면에서 고급인력의 효율적인 관리 등을 함께 고려한다면, 대학생 코칭의 실시 여부에 대한 패러다임 전환이 절실한 시점이다.

대학생 대상의 코칭은 이런 특징과 문제점이 있지만 코칭 효과도 분명하다는 점을 함께 고려할 때, 대학 당국과 전문코치들이 앞으로 더욱 관심을 가져 볼 만한 분야라고 생각한다. 이를 위해서는 대학 당국과 정부의 관련 예산 확보, 대학생 진로코칭에 특화된 전문코치 양성 및 확보, 청년 취업난 해소와 일자리 창출 지원 차원에서 관련 기관 또는 기구 설립이 필요한 실정이다.[56]

6) 대학생 커리어 코칭 시스템: '3C · A · N 모델'

대학생 대상의 코칭은 즉흥적이고 단기적인 이벤트 실시 차원에서 진행되어서는 안 된다. 그리고 좁은 의미의 진로코칭의 차원에서 벗어나 예비사회인과 기업인을 양성한다는 점과 국가적인 인적자원관리의 차원까지 고려한 바탕 위에서 진행하는 넓은 의미의 커리어 코칭 차원에서 접근하는 것이 바람직하다. 그런 점에서 시스템적인 시각을 가지고 접근할 필요가 있다. 다시 말하면, 대학생은 자신의 다양한 문제들을 해결하는 과정에서 코치와 함께 상호작용을 하고, 동시에 다양한 외부 환경과도 상호작용을 한다는 점에 주목할 필요가 있다. 그리고 대학생들은 대학이라는 진공관 속에서 머물러 있는 존재가 아니고, 대학을 둘러싼 정치 · 경제 · 사회 · 문화적인 환경에 의해 영향을 주고받는 존재라는 점도 놓치지 말아야 한다.

이런 차원에서 대학생 대상의 코칭은 넓은 의미에서 커리어 코칭의 관점에서 진행되어야 하고, 코칭 효과가 확실하게 발생하고 꾸준하게 유지되어야 한다는 점에서 시스템적 사고를 바탕으로 한 접근방법이 필요하다. '대학생 커리어 코칭 시스템'은 진로, 학습 및 대학 생활 등과 관련된 이슈들의 해결이라는 목표를 향해 코칭을 구성하는 각각의 요인들과 요소들이 상호작용하는 부분들의 집합이라고 볼 수 있다. 그리고 '대학생 커리어 코칭 시스템'에 적용되는 독자적인 코칭 모델이 함께 개발, 제시되어야 한다.

여기에서 소개하는 '3C · A · N 모델'은 이런 인식을 바탕으로 제안되는 모델이다. 이것은 대학생 커리어 코칭을 진행하는 주체와 그들이 지향하는 가치와 개념들의 조합으로 구성되어 있다.[57] 그리고 코칭을 진행하는 과정에서 각 주체와 요소들은 상호작용을 하면서 대학생들이 겪는 걱정거리와 과제들을 해결해 간다(〈표 1-2〉, [그림 1-1] 참조). 먼저, 코치는 대학생이 자신의 진로 관련 문제를 스스로 해결해 가는 과정에서 의미 있는 변화(change)를 만들고 도전(challenge)하도록 지원하고 격려하면서(cheer-up) 코칭을 진행한다. 그리고 코치와 대학생은 서로 수평적인 관계에서 소통하고(communication), 주변에서 서로 연결하여(chain) 가용할 수 있는 자원들이 무엇인지 수시로 확인하고 점검한다. 그리고 코치는 대학생 스스로 발견한 의미 있는 행동이나 활동이 꾸준히 유지되도록(continuous) 격려하고(cheer up) 지지해 준다.

〈표 1-2〉 3C·A·N 모델에서 지향하는 가치들

구분		주요 주체들이 지향하는 가치들
목적	3C	변화(change), 도전(challenge), 격려(cheer-up)
방법	3C	소통(communication), 연결(chain), 지속성(continuous)
협력자	3C	코칭(coach), 상담자(counselor), 컨설턴트(consultant)
주체들에게 요구되는 것들	3A	자각(awareness), 행동(action), 동행(accompany)
	3N	새로운 대안 추구(new options), 포기하지 않기(never give up), 양육(nurturing)

출처: 조성진(2018). 대학생 진로코칭 프로그램 효과 검증에 기반을 둔 커리어코칭 시스템 개발 연구. **코칭연구**, 11(4). 한국코칭학회.

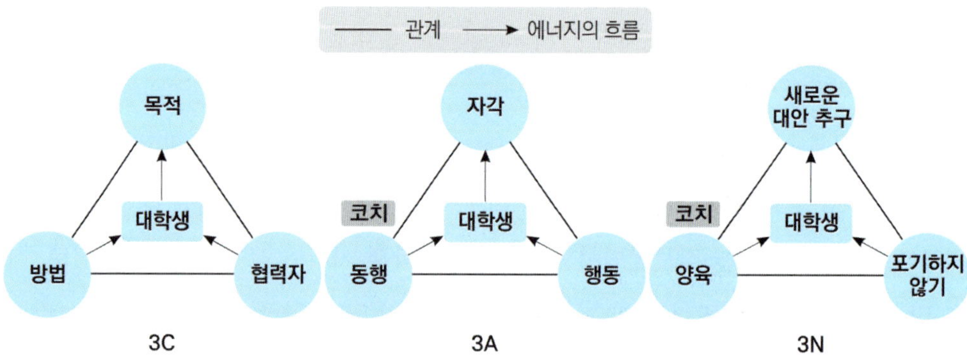

[그림 1-1] 3C·A·N 모델의 가치 조합 및 관계

나아가 코치는 대학생에게 필요하다고 인정되고 고객이 동의할 경우, 상담자(counselor)와 컨설턴트(consultant)의 도움을 받도록 열린 마음을 지니고 해당 전문가들과 지속적인 협력관계를 유지해야 한다. 이런 과정에서 코치는 대학생이 스스로 깨우치고(awareness), 행동하며(action), 자신이 새롭게 발견한 대안들(new options)을 포기하지 않고(never give up) 실천하도록 양육한다(nurturing). 그런 차원에서 코치는 대학생과 진행하는 커리어 코칭 전체 과정에서 항상 동행하며(accompany) 적절한 역할을 하는 지원자이다.

대학생 커리어 코칭 시스템도 '투입 - 전환 - 산출' 과정을 거친다.[58] 즉, 외부 환경으로부터 코칭 교육, 인적자원, 교육설비, 재무 자원 및 정보 등의 투입물(input)을 받아들여, 코칭이라는 변환(transformation) 과정을 통해 진로선택과 진로 결정이라는 산출물(output)을 만들어 낸다. 이 시스템 속에서는 코칭에 참여하는 주체인 고객(대학생)과 코치(교수 포함)가 서로 헌신하는 환경 속에서 대학생의 자기인식과 행위 변화를 통해 진로 관련 목표를 달성하고, 지속적 성장이 가능하도록 코치가 지원하는 활동이 이루어진다. 여기서 전문코치와 대학생은 수평적인 관계에서 쌍방향으로 소통하면서 대학생 스스로 생각한 대안들을 실천하는 과정에서 코치가 격려하고 지지하는 촉진 활동을 전개한다. 그리고 코치가 필요다고 판단하고 대학생이 이에 동의할 경우, 다른 분야 전문가들과 협력하기도 한다.

대학생 커리어 코칭 시스템은 [그림 1-2]와 같이 '계획 → 실천 → 점검'이라는 3단계로 진행되며, 각각의 주체들은 단계별로 필요한 활동을 전개한다. 교수는 코칭 교과목을 개설하여 진행하고, 전문코치는 코칭 프로그램을 진행하면서 대학생의 진로 관련 목표 달성과 성장에 도움이 되는 활동을 지원한다. 그리고 이 과정에서 대학생과 동행하며 그를 격려한다. 물론 대학생이 이런 과정에 스스로 참여해야 해당 절차가 시작되지만, 일단 참가할 것을 결정하면 의미 있는 세부 과정이 순조롭게 진행된다. 대학생들은 이 과정에서 코칭 수업을 통한 학습, 각종 진단을 통한 자기인식, 커리어 코칭을 통한 의미 있는 발견과 행동을 반복하면서 자신의 참된 모습을 성찰하고 진로를 탐색하게 된다.

이 과정을 성공적으로 수행한 대학생은 자신만의 진로목표를 설정하게 된다. 그리고 리더십 개발, 감성지능(emotional intelligence) 향상 및 강점 강화 등과 같은 추가 조치 및 훈련을 통해서 자신이 원하는 진학, 취업 및 창업의 길을 걷게 된다. 이런 모든 과정의 산출물은 피드백 과정을 거쳐 시스템의 다음번 순환과정을 위한 투입물이 된다.

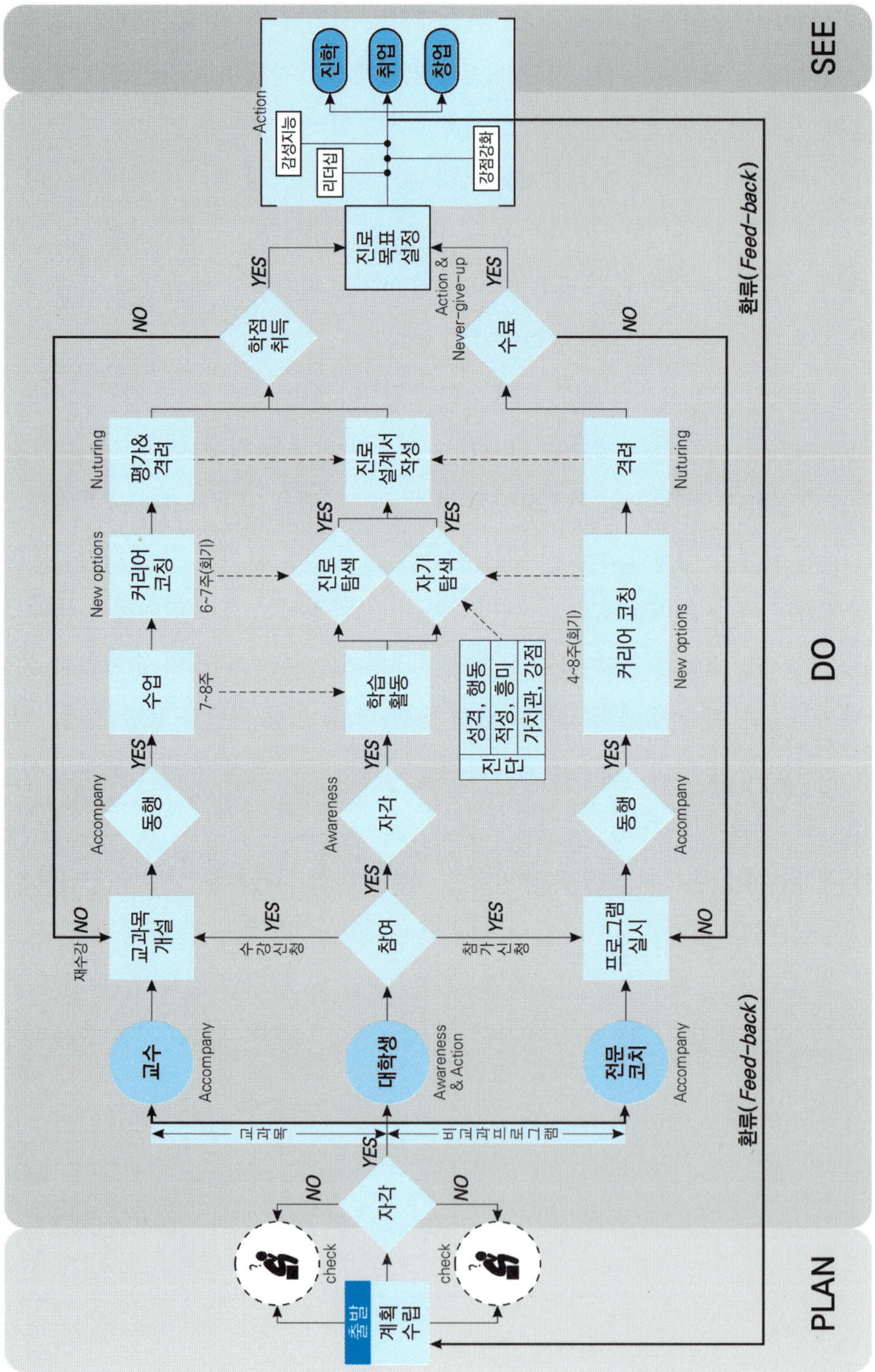

[그림 1-2] 대학생 커리어 코칭 시스템(3C · A · N 모델) 내에서 개별 활동의 흐름과 관계

라. 코칭과 리더십

1) 리더십으로서의 코칭

급격한 변화와 도전 속에서 사는 개인이나 조직은 자신의 비전과 목표를 달성하기 위해 엄청나게 노력하고 있다. 이런 과정에서 어느 곳에서나 언제나 효과적인 리더십을 발휘할 리더가 요구된다. 리더의 역할과 역량에 따라 집단과 조직의 성과나 모습이 달라지는 경우도 많다. 그래서 모든 조직에서는 구성원이 유능한 리더가 될 수 있도록 훈련하고 있다. 탁월한 리더는 다른 조직에서 스카우트 대상으로 꼽고 있고, 리더 자체가 고도의 가치를 지닌 상품이 되는 실정이다. 그 결과 오늘날 리더십은 개인과 조직의 중요한 자산이 되었고, 모방할 수 없는 경쟁력의 중요한 요인이 되었으며, 학자들의 오래된 연구 주제가 되었다.

리더십을 한마디로 표현하면 '영향력'이라 할 수 있다. 리더십의 형태는 리더의 특성, 리더십이 발휘되는 과정, 일과 사람(또는 관계)에 대한 리더의 집중 정도, 리더와 부하가 처한 상황 등에 따라 각기 다르게 나타난다. 그래서 강조하는 주제에 따라 다양한 이론이 생기고, 특정한 리더들이 어떤 특징을 갖는지에 따라 여러 가지 이름의 리더십 유형이 생긴다.

그런데 실제 경영 현장에 국한하여 볼 때, 리더십을 제대로 이해하고 있으면서 바람직한 리더의 특성을 모두 갖춘 사람이 있다면 더 말할 나위 없이 좋을 것이다. 하지만 이것이 현실적으로 그리 쉬운 일은 아니다. 그래서 많은 기업과 조직에서 엄청난 비용과 시간을 들여 리더십에 대한 강좌를 개설하여 여러 가지 리더십 이론을 가르치고 있고, 다양한 리더십 프로그램이 진행되고 있다. 그 결과 요즘에는 기업과 조직마다 고유한 리더 상(像)을 가지게 되었고, 적절한 특성을 갖춘 훌륭한 리더들이 탄생하고 있다. 최근에는 초일류기업들을 중심으로 코칭이 급격하게 퍼지면서 '코칭을 하는 리더, 코치인 리더'를 강조하고 있는 분위기가 함께 조성되고 있다.

이런 상황을 고려하면, 코칭은 사람들의 비전(vision)을 자극하고, 동기(動機, motivation)를 부여하며, 사람들을 앞으로 나아가게 한다는 차원에서 리더십의 한 형태로 볼 수 있다. 코칭은 몇 가지 점에서 새로운 리더십 유형이 되기에 충분한 요소들을 내포하고 있다.

첫째, 비전은 우리가 미래에 존재하기를 바라는 어떤 것에 대한 그림이요, 구성원 모두가 도달하고자 하는 목표이다. 비전이 있는 리더는 사람들의 상상력을 자극하고 성취 가능한 꿈을 기대하도록 격려하고 지지한다. 그래서 많은 리더십 이론에서 비전과 목표를 강조하고, 그것을 달성하는 데 필요한 방안을 제시하고 있으며, 그 과정에서 리더의 역할을 강조한다. 코칭 역시 누군가가 지금 있는 지점에서 도달하기 바라는 지점까지 어떻게 갈 것인지에 대한 실행계획과 행동을 강조한다는 점에서 리더십과 맞닿아 있다.

둘째, 동기는 사람이 일정한 행동을 하도록 움직이게 하는 근원이다. 리더가 동기를 부여한다는 것은 어떤 사람에게 바람직한 방향으로 행동하도록 자극하여 동기가 생기도록 유발하고, 구체적인 행동을 계속하게 하는 것이다.[59] 코칭 역시 고객이 정한 목표 지점에 도달하는 데 필요한 활동을 스스로 생각하도록 코치가 자극하고, 고객이 그것을 계속해서 실행하도록 끊임없이 격려하고 지지한다는 점에서 리더십과 맞닿아 있다.

마지막으로, 리더가 사람들을 앞으로 나아가게 한다는 것은 미래와 성장에 초점을 맞춘다는 것을 의미한다. 리더는 사람들(follower)이 바라는 목표를 향하여 계속해서 앞으로 나아가게 하는 열정을 갖게 한다. 코칭은 사람들이 바라는 미래의 모습에 관심을 가지고 그것을 이루기 위해 현재 무엇을 해야 하고, 어떤 행동을 취할 것이며, 그동안 어떻게 열정을 유지할 것인지에 초점을 맞춘다. 그런 차원에서 코칭도 고객(부하 또는 구성원)의 성장과 발전에 초점을 맞춘 미래지향적인 리더의 활동이라는 점에서 리더십과 맞닿아 있다.

리더십의 관점에서 보면, 훌륭한 코칭은 훌륭한 리더를 길러 내는 데 필수적인 요소다. 고객이 개인 또는 조직의 목표를 달성하도록 코칭 기술을 활용할 줄 아는 사람이 바로 최고의 코치이다. 코칭은 급격히 부상하는 매우 중요한 리더십 유형이며, 리더십 훈련이다.[60] 즉, 코칭은 리더를 세우는 데 활용할 수 있고, 리더가 다른 사람들을 이끌 때 활용할 수 있는 기술이다. 이처럼 코칭 원리들을 리더십에 적용하는 것은 유익한 점이 많다.

이런 관점에서 비교해 볼 때, 상담과 컨설팅 수행 주체인 전문가들은 고객의 리더십에 관심을 가지지 않거나 고객이 리더십을 갖추도록 지향하지 않는다. 이런 점에서 코칭은 그들과 가장 다르고 확실한 차이점을 지니고 있다.

2) 코칭 리더십의 정의

코칭 리더십(coaching leadership)에 대한 정의는 코칭에 관한 정의만큼 다양하고, 일치된 견해가 없다. 그래서 코치와 학자마다 코칭 리더십을 각각 다르게 정의하고 있다.

코칭은 개인과 조직이 현재 지점에서 목표 지점까지 가도록 도와주는 것이다. 즉, 코칭은 사람들을 격려하고 도전하여 자신의 목표를 추구하고 잠재력을 실현하도록 돕는 리더십이다. 코칭의 핵심에는 리더십이 있고, 가장 현대적인 의미의 리더십이다.[61)]

사람들은 상사의 명령에 무조건 복종하거나 감독자에게 군소리 없이 순응해야 할 때 분개한다. 팀에서 합의가 필요할 때 상사가 발언권을 독점하면 한계에 부딪히고, 강한 사람의 의견이 다른 사람의 그것을 압도하면 혁신과 창의력을 억누를 가능성이 생긴다. 이런 리더십 아래서는 대개 최소한의 할 일과 말만 할 뿐, 구성원 자신의 재능이나 역량을 마음껏 발휘할 어떤 동기도 찾지 못한다. 당연히 리더의 영향력이 제대로 작용하지 않은 상황이 생길 수밖에 없다.

이에 비해 코칭은 두 사람 사이에 상호 존중과 헌신에 근거한 신뢰 관계에서 출발한다. 코치로부터 코칭을 받고 격려를 받으면 사람들은 더 열정적인 사람이 된다. 성장 가능성이 커지고, 스스로 동기를 부여하는 기회가 자주 생긴다.[62)] 이처럼 코칭은 고객의 행동에 의미 있는 변화가 생기도록 격려함으로써 목표를 달성하도록 돕는다. 그리고 이 과정에서 고객이 자신을 관리하는 데 더 능숙해지도록 만들고, 결국 리더의 역할을 하는 단계에 이르도록 지원한다. 이런 차원에서 코칭은 타인에게 의미 있는 영향력을 끼치는 리더십의 새로운 한 형태가 될 수 있다. 이른바, 코칭 리더십은 바로 여기서 시작된다.

3) 코칭 리더십의 특성

코칭 리더십의 특성은 그것을 구성하는 요소들을 살펴보면 비교적 쉽게 파악할 수 있다.

첫째, 코칭 리더십은 성품(personality)과 역량(competency)에 관한 것이다.

다른 유형의 리더십을 살펴보면, 리더십은 리더가 갖추어야 할 성품과 역량으로서 비전, 신뢰, 존경, 겸손, 정직, 도덕성(윤리의식), 헌신, 문제 해결 능력 및 공동체 의식 등을 제시하고 있다. 최근에는 리더에게 필요한 공통적인 특성으로 감성지능(emotional intelligence)과 사회 지능(social intelligence)이 주목받고 있다. 코칭이 이런 성품과 역량 관련 요소들을 키울 수 있는 가장 주요한 방법 가운데 하나라는 점에 거의 모든 코치가 동의할 것이다.[63] 그런 차원에서 코칭은 신뢰와 도덕성을 바탕으로 타인을 배려하고 지지하며, 친밀감을 조성하고 헌신함으로써 상대방에게 비전을 갖도록 격려하는 효과적인 방법이다. 그것을 통해 다른 사람의 문제 해결 능력 향상을 도모하고, 원하는 결과를 성취하도록 영향력을 발휘한다. 이런 차원에서 코칭은 성품과 역량을 강조하는 '감성의 리더십'이다.

둘째, 코칭 리더십은 인식(awareness)에 관한 것이다.

코칭에서 코치가 해야 할 일은 고객이 깊이 생각함으로써 자신이 누구이고, 처한 상황이 어떤지 깨닫도록 돕는 것이다. 그리고 고객 자신이 해결할 이슈의 핵심이 무엇인지 인식하도록 지원하는 것이다. 한 사람이 자신의 성장과 발전을 위해 어떤 행동을 취할 때 그것을 가로막는 원인과 장애물이 무엇인지 인식하지 못한다면, 문제를 해결하기가 쉽지 않다. 나아가 자신의 가치관과 삶의 목적을 제대로 깨닫지 못한다면, 삶의 원동력 가운데 하나인 동기부여를 받지 못한다. 이런 것들에 대해 제대로 생각해 볼 기회가 있다면, 사람들은 새로운 변화를 시도하거나 어려운 결정을 내릴 때 무엇이 올바른지 인식하게 된다. 이런 자각을 통해 자율적 창조의 기반이 형성되고, 진전할 수 있는 실마리가 생긴다.[64] 이런 차원에서 코칭 리더십은 한 개인의 인식 전환을 돕는 '깨달음의 리더십'이다.

셋째, 코칭리더십은 관계(relation)에 관한 것이다.

코칭은 특별한 관계이며, 목적이 있는 파트너십(partnership)이다. 코칭은 코치와 고객이 정직, 존중 및 신뢰를 바탕으로 상호 합의된 목표를 향해 나아가는 친밀하고 고유한(unique) 관계이다. 코칭에서는 한 사람이 다른 사람 위에서 군림하거나 강압적으로 권위를 행사하지 않는다. 더 높은 자리를 차지하기 위해 다툼을 벌이지 않고, 파트너에게 권한과 기회를 위임하는(empowering) 수평적인 관계를 추구한다.[65] 이런 차원에서 코칭은 타인의 성숙을 위해 헌신하는 '섬김의 리더십'이다.

넷째, 코칭 리더십은 행위(behavior)에 관한 것이다.

코칭은 고객의 의미 있는 변화를 통해 그가 원하는 것을 성취하도록 돕기 위한 일련의 작업이다. 한 사람이 무언가를 성취하려면 변화가 전제되어야 하고, 이 변화는 행위와 직결되어 있다. 따라서 코치는 고객이 측정 가능한 목표를 세우고, 그것에 도달하는 데 필요한 행위에 초점을 맞추어 코칭을 진행한다. 그리고 고객 스스로 필요한 행동을 찾고, 실행계획을 세우며, 그것을 책임 있게 실행하도록 격려한다. 이 과정에서 적절한 피드백, 즉 칭찬, 인정과 지지를 보내면서 고객의 성장과 발전을 지원한다.[66] 이런 차원에서 코칭은 행위의 완전한 변혁을 목표로 하는 '셀프 리더십'이다.

마지막으로, 코칭리더십은 의사소통(communication)에 관한 것이다.

코칭은 코치와 고객 사이에 솔직하고 개방적인 의사소통을 추구한다. 일상생활이나 사회생활을 할 때, 의사소통이 잘 안 되면 인간관계가 불편해지고, 심지어 그것이 깨지기도 한다. 반대로 의사소통이 원활하면 신뢰가 쌓이고, 인간관계가 회복되며, 목표를 향해 한 방향으로 목표가 잘 정렬된다. 코칭은 기본적으로 효과적인 의사전달 체계이다. 코치는 고객의 말을 적극적으로 경청하고 이해하려고 노력한다. 그리고 그가 스스로 문제를 해결하도록 적절하고 효과적인 질문을 던진다. 코칭을 마칠 때까지 이런 과정이 반복되면서 효과적이고 원활하게 의사소통이 된다.[67] 이런 차원에서 코칭은 '소통의 리더십'이다.

4. 코칭 철학

가. 코칭 철학의 중요성

사람들은 대부분 코칭의 기술적인(technical) 측면에 먼저 주목한다. 그래서 코칭은 마음만 먹으면 가볍게 배울 수 있는 간단한 수단이라고 쉽게 생각한다. 그래서 가능하다면 빨리 코칭 기술을 익혀 현장에서 코칭을 진행하길 원하는 경향이 있다. 물론 코칭이 하나의 기술 체계(technical system)인 것은 분명하다.

그러나 코칭이 단순히 기술(skill)이나 방법론(approach)만을 의미하는 것은 결코 아니다. 코칭은 인간관, 정신, 신념, 그리고 다양한 코칭 기술이 유기적으로 어우러진 하나의 사고방식이고 신념체계이다. 그 바탕이 되는 것이 코칭 철학이다. 코칭 철학은 코칭을 통해 추구하고자 하는 본질적 가치이자 사람을 보는 패러다임이다. 집을 지을 때 가장 먼저 해야 할 핵심적인 일은 집터를 파고 기초를 다지는 것이다. 기초가 튼튼하지 않은 집은 잘 지을 수도 없거니와 설사 지었더라도 금방 무너지기 쉽다. 코칭도 마찬가지이다. 코칭에 있어 가장 중요하고 핵심적인 것은 코칭을 떠받치고 있는 철학이다. 이것이 뒷받침되지 않는다면 제대로 된 코칭을 진행하기 어렵다.

철학이란 전제가 되는 사고방식이나 사물의 관점을 뜻한다. 전제라는 표현에서 알 수 있듯이, 코칭은 철학에서 출발한다고 해도 과언이 아니다.[68] 지금 시중에서 활용되는 코칭(훈련) 프로그램은 저마다 조금씩 다른 코칭 철학을 기반으로 하고 있다. 다시 말하면, 지향하고 있는 코칭 철학에 따라 코칭 프로그램이 각기 다른 모습을 띠고 있다. 그래서 어떤 코칭 프로그램의 특징을 가장 쉽게 파악하려면, 그것이 지향하는 코칭 철학을 확인하면 된다.

그런데 안타깝게도 코칭 철학에 대해서도 대체로 합의된 견해가 없다. 현재 활용되는 코칭 프로그램에서는 각기 다른 코칭 철학에 바탕을 두고 있다.[69] 여기서 그것들을 모두 소개하는 것은 다소 무리가 있어서 국제코칭연맹(ICF)이 제시하는 코칭 철학[70]과 '파워웰빙코칭 프로그램'(P·O·W·E·R wellbeing coaching program)에서 지향하는 코칭 철학만을 소개하고자 한다.

나. 국제코치연맹(ICF)의 코칭 철학

국제코치연맹이 제시하는 코칭 철학은 "모든 사람은 창조적이고, 자원이 풍부하며, 전인적"이라는 것이다. 구체적으로 설명하면 다음과 같다.[71)]

1) 모든 사람은 창의적이다

창의적(creative)이라는 것은 사람은 독창적인 창의력을 가지고 있는 존재라는 말이다. 즉, 사람은 누구나 독특하고 유일한 존재로서, 고유한 빛깔과 무늬와 향기를 가지고 있다는 말이다. 따라서 코치는 고객이 바라는 결과를 얻기 위해 대안 마련과 실행 방안을 탐색하는 데 있어 다른 사람의 방식을 모방하거나 답습하기보다는 고객 자신만의 독특한 창의력을 발휘하도록 격려해야 한다.

2) 모든 사람은 자원이 풍부하다

자원이 풍부하다는(resourceful) 말은 사람은 자기가 당면한 어려움을 극복하는 능력 혹은 바라는 목표 달성에 필요한 방법을 찾거나 창안해 내는 잠재력이 무한하다는 것을 말한다. 즉, 고객이 원하는 목표를 설정하면 그것을 이루어 낼 수 있는 자원을 보유하고 있다는 것으로, 그런 자원이 있어서 목표를 정하게 된다는 것이다.

3) 모든 사람은 전인적(全人的)이다

전인적이다는(whole) 말은 사람은 부족하거나 틀린 것이 아니라 독특하게 다른 것이며, 충분히 존중받을 존재라는 뜻이다. 그리고 이 말에는 지(知), 정(情), 의(意) 또는 육체적, 정서적, 정신적, 영적인 면을 모두 갖추고 있다는 것을 의미한다. 따라서 코칭에서 고객을 대할 때, 전인적 시각으로 바라보아야 하고, 전인적 접근이 가능하도록 코칭해야 한다는 것이다. 그래서 코칭에서 '고객은 틀리지 않고 언제나 옳다'라는 전제가 가능하게 된다.

다. 파워 웰빙 코칭 철학

'파워 웰빙 코칭 철학'은 '파워웰빙코칭 프로그램'의 바탕이 되는 사고방식이자 신념체계이다. 즉, 모든 사람은 궁극적으로 육체적 · 정신적 건강의 조화를 통해 행복하고 아름다운 삶을 추구하며, 가치 있는 유산을 남기려고 노력한다는 믿음이 바탕이 된 코칭 철학이다. 이런 코칭 철학을 바탕으로 무한한 잠재력을 가진 사람이 자신의 문제를 스스로 해결함으로써 궁극적으로 자신이 바라는 가치 있고 훌륭한 삶을 살도록 돕는 것이 코칭이고, 그것을 이루도록 효과적으로 돕는 사람이 코치라고 생각한다. '파워 웰빙 코칭 철학'은 다섯 가지 핵심가치들(core values)로 구성되어 있고, 이것들이 전체 코칭 과정에서 복합적으로 상호작용함으로써 힘(power)을 발휘한다. 결국, 고객이 강력한(powerful) 실행력을 통해 삶의 힘을 얻는 것을 지향하고 있다.[72)]다섯 가지 코칭 철학을 소개하면, 다음과 같다.

1) 제1철학: 사람은 누구나 무한한 잠재력과 가능성을 가지고 있다

사람은 자신이 바라는 삶을 살아가기에 충분한 잠재력(potentiality)과 가능성(possibility)을 가지고 있다. 그것들을 어떻게, 얼마나 효과적으로 발휘하느냐가 관건일 뿐이다. 다만, 각자 살아온 환경이나 여러 가지 경험들로 인해 잊고 살거나 아직 시도해 보지 않은 것들에 대한 두려움 등으로 인해 스스로 위축될 뿐이다. 사람들은 대개 평생 자신이 가지고 있는 일부 잠재력만 사용하는 경우가 많다고 한다. 그래서 많은 사람은 자신을 믿어 주고 지지해 주며 잠재력이 있다고 확신해 주는 누군가를 갈망하고 있다.

코칭은 잠자고 있는 잠재력을 일깨우는 수단이다. 고객은 코치의 질문에 대답하는 과정에서 기존에 생각하지 못했던 것을 새롭게 생각하거나 만들어 낸다. 그리고 자신과 자신을 둘러싼 상황에 대한 새로운 통찰력을 얻어 습득한 기술을 다른 상황에 시험해 보고, 그것이 효과가 있음을 깨달으면서 자신 안에 있는 무한한 가능성과 잠재력을 발견할 수 있게 된다. 이처럼 코칭은 사람들의 내면 깊숙이 자리 잡은 잠재력을 재발견하고, 많은 것들에 관해 새롭게 생각하도록 하는 것이다. 코치는 그렇게 살기를 바라는 고객을 돕는 사람이다.

코칭을 진행하는 과정에서 코치가 염두에 두어야 할 것은 고객이 겪고 있는 문제를 해결하는 방법을 찾을 수 있다고 항상 긍정적으로 생각하는(positive thinking) 것과 고객이 더 큰 목표를 갖도록 자극하는 것이다. 이것은 고객이 자신의 문제를 해결할 수 있는 다양한 대안들을 찾고, 그것을 성취할 가능성과 잠재력이 있으며, 그가 알고 있거나 현재 보여 주고 있는 것보다 훨씬 더 유능하고 재능이 있다는 믿음을 전제로 한 것이다. 결국, 고객의 의미 있는 변화를 돕고, 그 과정에서 그의 잠재력과 가능성을 발휘하도록 하는 것이 코칭의 힘이다.

2) 제2철학: 사람은 누구나 목적이 이끄는 삶을 살기 원하고, 최적의 선택을 하고자 한다

모든 사람은 저마다 독특하고 특별한 존재이다. 그래서 사람은 누구나 인간으로서 삶의 목적을 잘 알고 있으며, 날마다 목적이 이끄는 삶(object driven life)을 살기 위해 최선을 다해 노력한다. 하지만 때때로 삶이 힘겹고 어려운 것은 삶의 목적을 수시로 잊고 살기 때문이다. 그러나 사람은 대부분 삶의 목적을 잘 이해하고 있다. 그래서 성장하고 발전하길 바라고, 또 변화하려고 노력하는 것이다. 그런 과정에서 때때로 수단이 곧 목적인 것처럼 행동하는 때도 있지만, 결국 자신의 존재가치를 깨닫는 보람찬 여정을 살아간다. 코칭은 이 과정에서 사람들이 최적의 선택(optimal options)을 하도록 효과적으로 돕는 것이다.

3) 제3철학: 사람은 누구나 가치 있고 훌륭한 삶을 살기 원한다

사람은 누구나 자신이 소중하게 생각하는 가치와 신념을 가지고 있다. 그것은 사람들의 행동 근거를 제공하고, 일의 우선순위를 결정하는 데 중요한 역할을 한다. 이런 것들이 복합적으로 작용하여 한 사람의 인생 전체의 모습을 결정한다. 일반적인 상식을 가진 사람들은 대개 가치 있고(worthy) 훌륭한(wonderful) 삶을 살기를 원한다.

그래서 가능하다면 타인을 돕고 더불어 사는 삶을 살고 싶어 한다. 각자가 생각하고 실행하는 방법과 정도에 차이가 있을 뿐이다.

코칭은 가치 있고 훌륭한 삶을 살아가려는 사람들을 돕는 강력한 파트너십(partnership[73])이고, 그렇게 살아가도록 창조적 파트너(creative partner)인 코치와 함께 하는(with coach) 역동적인 과정이다. 따라서 원만한 코칭 관계가 형성되기 위해서는 고객을 성공시키려는 코치의 진지한 욕망과 끊임없는 노력, 그런 코치를 믿고 따르는 고객 사이에 신뢰를 바탕으로 한 강력한 유대감이 형성되어야 한다. 이처럼 서로 헌신하는 환경 속에서 코치가 고객 자신의 문제를 스스로 해결하도록 돕는 것 자체가 가치 있는 일이다.

4) 제4철학: 코치는 코칭고객의 실행을 효과적으로 돕는다

사람은 누구나 각자 다양한 가치와 목적을 가지고 살아가고 있다. 자신이 바라는 것을 이루는 데 도움을 주는 다양한 방법과 수단도 잘 알고 있다. 그러나 그 방법과 수단을 알고 있다고 해서 자신이 바라는 삶을 사는 것은 아니다. 자신이 정말 바라는 삶을 살아가느냐 하는 문제의 열쇠는 실행력에 달려 있다. 즉, 자신이 바라는 삶을 살기 위해 실제로 실행(execution)해야 할 것은 무엇이고, 그것을 얼마나 효과적(effective)으로 실행하느냐가 중요하다. 코칭은 문제해결을 통해 자신이 원하는 삶을 살기를 바라는 고객의 실행력을 효과적으로 높이는 데 도움을 주는 일종의 수행 과정이다. 이때 코치는 고객이 탁월한 실행력을 갖도록 효과적으로 돕는 파트너이다.

5) 제5철학: 코치와 코칭고객은 서로 존중하며 책임 있게 행동한다

코치는 코칭을 진행하는 전 과정에 걸쳐 고객이 창조적인 존재임을 인식하고 진심으로 그를 존중(respect)해야 한다. 코치는 고객이 겪고 있는 문제로 인해 당장 어려움에 빠지더라도 언젠가 스스로 해답을 찾을 수 있는 창의적인 존재임을 인식하고 그를 진심으로 존중해야 한다. 그리고 고객 자신이 바라는 삶을 살아가는 데 필요하다고 선택한 해답과 방법도 최대한 존중해 주어야 한다. 그리고 코치는 자신의 능력과 역량을 최대한 활용하여 고객을 도울 책임(responsibility)이 있고, 자신이 진행하는 코칭의 전체 과정을 책임 있게(responsible) 수행하는 성실한 파트너가 되어야 한다.

한편, 고객도 코치를 진심으로 존중하고 그와 함께 진행하는 전체 코칭 과정에 책임 있는 행동을 해야 한다. 깊은 통찰을 통해 세상과 자신을 인식하더라도 자신의 상황을 변화시키려는 책임을 느끼지 않는다면 어떤 변화도 일어나지 않을 것이다. 고객 자신이 바라는 목표를 달성하기 위해 코치와 실행하기로 약속한 것들을 실천하지 않거나 그것에 대해 계속해서 변명을 늘어놓으며 자기 합리화에만 몰두한다면, 코칭을 통해 얻을 것은 많지 않다. 책임감을 가진 코치는 이런 상황이 계속되도록 내버려 두지 않는다. 따라서 코칭을 통해 의미 있는 결과를 얻으려면, 코칭에 임하는 코치와 고객 모두 자신의 약속과 행동, 그리고 그 결과에 대해 책임질 각오를 해야 한다.

코칭의 궁극적인 종착역은 행복이다. 진행되는 과정이나 단계는 조금씩 다르지만, 어떤 코칭(프로그램)이든지 한 사람이 자신의 문제를 스스로 해결하도록 돕는다. 이런 과정을 통해 성장하고 발전하며 자아실현을 이루는 행복한 삶을 지향하고, 그것이 가능하도록 최선을 다해 돕는다. 이런 점은 기업이나 어떤 조직의 경우에도 마찬가지이다. 기업과 조직은 성과향상을 통해 목표를 달성하고, 소비자와 구성원들이 바라는 삶을 영위하는 데 도움이 되는 재화와 서비스 등을 제공하면서 사회적 책임을 다하는 것이다. 그 결과 지속 가능한 기업으로 성장하고, 구성원들도 행복하게 되는 것이 기업이나 조직의 최종 목적이다. 코칭은 그 목표를 이루도록 효과적으로 돕는 과정이자 관계이다.

미주

1) 이언 멕더모트 · 웬디 제이고(박정길 · 최소영 역, 2007). **코칭 바이블**. 서울: 웅진윙스. 37.
2) Logan, D. & King. J.(2001). *The Coaching Revolution: How Visionary Managers Are Using Coaching to Empower People and Unlock Their Full Potential.* Hollbrook, MA: Adams Media Corporation.
3) 게리 콜린스(양형주 · 이규창 역, 2011). **게리 콜린스의 코칭 바이블**. 서울: 한국기독학생회출판부. 25.
4) Shula, D. & K. Blanchard(1995). *Everyone's a Coach.* Grand Rapids, MI: Zondervan. 12.
5) 김환영(2006). 코칭이란 무엇인가?. **공무원교육**. 중앙공무원교육원. 76; 이희경(2005). **코칭입문**. 서울: 교보문고. 14.
6) 이언 멕더모트 · 웬디 제이고(박정길 · 최소영 역, 2007). 앞의 책. 38.
7) 존 휘트모어(김영순 역, 2007). **성과향상을 위한 코칭리더십**. 서울: 김영사. 6-31.
8) 게리 콜린스(양형주 · 이규창 역, 2011). 앞의 책. 25.
9) 이언 멕더모트 · 웬디 제이고(박정길 · 최소영 역, 2007). 앞의 책. 38.
10) 김환영(2006). 앞의 글. 76; 이희경(2005). 앞의 책. 14.
11) Werner, J. M., & DeSimone, R. L.(2006). *Human Resources Development*. Thomson: South-Western. 370.
12) 조성진(2009). **코칭이 자기효능감, 성과 및 가족관계에 미치는 영향과 이에 대한 감성지능의 조절효과**. 충남대학교 대학원 박사학위 논문. 14; Werner, J. M., & DeSimone, R. L.(2006). 위의 책. 372.
13) Evered, R. D. & Selman, J. C.(1990). Coaching and the art of management. *Organizational Dynamic*, 18(2). 16-32.
14) Peters, T. & Austin, N.(1985). *A Passion for Excellence: The Leadership Difference.* New York: Random House.
15) Gilly, J. W., Boughton, N. W., & Maycunich, A.(1999). *The Performance Change: Developing management system to make employees your organization's greatest asset*, Reading. MA: Perseus Books.
16) 게리 콜린스(양형주 · 이규창 역, 2011). 앞의 책. 27.
17) 이언 맥더모트 · 웬디 제이고(박정길 · 최소영 역, 2007). 앞의 책. 28.
18) Whitmore, J.(2002). *Coaching for Performance*(3rd ed.). Nicholas Brealey Publishing. 8.
19) Whitmore, J.(2002). 위의 책. 18.
20) 로버트 하그로브(2006). **불가능한 미래를 성취하는 마스터풀 코칭**. 서울: 김앤김북스. 29-69.
21) International Coacg Federation(2020). http://www.coachfederation.org
22) 국제코치연맹(ICF)이 인증하는 비즈니스 코칭 기관으로서 코치의 원조인 토머스 레너드

(Thomas J. Leonard)가 설립했다. 현재 전 세계 36개국에서 활발하게 활동하고 있는 7,000여 명의 코치가 이 기관을 통해 배출되었고, 현재 세계적인 기업에 코칭 트레이닝 프로그램과 1:1 코칭 서비스를 제공하고 있다(www.ccui.com).

23) 한국코치협회(2020). 코칭가이드. http://www.kcoach.or.kr

24) 코칭고객은 '코칭을 받는 사람'을 뜻하는 말인데, 이 책 제2장 제2절에서 본격적으로 설명하고 있다. 다만, 그전까지는 '고객'으로 줄여서 사용하고, 이후에는 가능한 '코칭고객'이라고 통일하여 표현할 것이다.

25) 조성진(2008). **코칭ABC**. 서울: 도서출판 심포지움. 61; 조성진(2019). **코칭에센스**. 경기: 양성원. 32.

26) 박정영(2009)은 코칭 비즈니스가 어떤 구조(계약, 코칭 프로세스 등)로 진행되는가에 따라 기업/조직 코칭과 개인코칭으로 구분하기도 한다. 즉, 코칭 진행과 관련된 계약 당사자가 누구이고, 진행되는 코칭 프로세스가 궁극적으로 누구에게 초점을 맞춰져 진행되는지에 따라 이렇게 구분한 것으로 보인다. 하지만, 설사 그렇게 구분하더라도 '구조에 따른 분류'라고 표현하기보다는 '비용 지급 주체에 따른 분류'라고 보는 것이 실제로 현장에서 이해하는 의미에 가깝다고 생각한다.

27) 박윤희 · 기영화(2009). 코칭의 분류에 대한 이론적 고찰 및 한국적 분류 모색. **평생교육 · HRD연구**, 5(2). 숭실대학교 평생교육 · HRD연구소. 61-89; 박정영(2009). 코칭학의 유형 분류를 위한 기초적 접근: 코칭 형태 분류를 기준으로. **코칭연구**, 2(1). 한국코칭학회. 61-77; 한국코치협회(2020). 코칭 분야와 활용. http://www.kcoach.or.kr

28) Kessel, L. V.(2007). Coaching, a field for professional supervisors?. *Ljetopis socijalnog rada,* 14(2). 387-432.

29) 커리어 코칭에서 다루는 주제들에 관해서는 이 책 제2장 제4절을 참고하면 더 자세하게 알 수 있다.

30) 박정영(2009). 코칭학의 유형 분류를 위한 기초적 접근: 코칭 형태 분류를 기준으로. **코칭연구**, 2(1). 한국코칭학회. 61-77; Kessel, L. V.(2007). Coaching, a field for professional supervisors?. *Ljetopis socijalnog rada,* 14(2). 387-432.

31) Kessel, L. V.(2007). ibid. 387-432.

32) 박윤희(2012). **커리어코칭입문**. 서울: 시그마북스. 21-22.

33) 게리 콜린스(양형주 · 이규창 역, 2011). **게리 콜린스의 코칭 바이블**. 서울: 한국기독학생회출판부. 330; K. Webb(2008), "Career Coaching" in Tony Stoltzfus. *Coaching Question: A Coach's Guide to Powerful Asking Skills.* Virginia Beach, VA: Pegasus Creative Arts. 86.

34) 박윤희(2012). 앞의 책. 36.

35) 게리 콜린스(2011)의 저서를 번역한 국내 번역서에서는 '커리어 또는 커리어 코칭'을 '경력 또는 경력 코칭'으로 일관되게 표현하고 있다. 게리 콜린스(양형주 · 이규창 역, 2011). 앞의 책.

36) 넓은 의미에서 직장인과 일반인들의 일과 직업에 대한 이슈를 중심으로 진행되는 코칭을 '커리어 코칭'이라 하고, 좁은 의미에서 초·중·고교생과 대학생들이 앞으로 경험하게 될 일과 직업에 대한 주제를 대상으로 진행되는 코칭을 '진로코칭'이라고 구분할 수도 있다. 하지만 아직 이에 대한 합의된 견해가 없어서 향후 추가의 논의가 필요하다. 특히, 초·중·고교생과 학교 밖 청소년들을 대상으로 진행되는 '청소년 코칭'이나 '학습 코칭'은 당사자들의 성장단계별 특징과 개별 현장의 상황을 고려한다면, 독립적인 코칭 영역이 될 수도 있다. 나아가 이런 코칭 영역은 진로코칭 자체가 가진 특수성뿐만 아니라 학부모와 밀접한 관련이 있다는 차원에서 '학부모 코칭'으로 확대될 수도 있다.

37) 조성진(2015). **진로설계와 코칭리더십**. 경기: 정민사. 75.

38) 전상진·정주훈(2006). 한국 후기 청소년 세대의 발달경로와 성장 유형: 서울지역 대학생을 중심으로. **한국사회학**, 40(6). 한국사회학회. 261-294.

39) 윤영란(2007). 대학생이 진로의식에 관한 분석 연구. **교육문화연구**, 13(1). 인하대학교 교육연구소. 123-168.

40) 김봉환(1997). 대학생의 진로결정수준과 진로준비행동의 발달 및 이차원적 유형화. 서울대학교 대학원 박사학위 논문.

41) 조성진(2013c). 코칭을 활용한 대학생 진로지도 프로그램 운영 효과: 관광경영 전공 대학생을 대상으로. **직업교육연구**, 32(5). 한국직업교육학회. 27-46.

42) 윤영란(2007). 앞의 논문.

43) 조성진(2013c). 앞의 논문.

44) 채창균·옥준필·최지희·김안국·오호영(2005). **청년층의 노동시장 이행과 인적자원개발**(1). 한국직업능력개발원.

45) 대학생 취업 및 진로지도와 관련된 상황을 제대로 분석하기 위해서는 한국 노동시장의 성격과 제도적인 측면 및 교육정책 등을 다양하게 살펴보는 거시적인 안목에서 실태를 파악해야 하지만, 이 책은 그것에 대한 분석을 주요 목적으로 삼는 것이 아니어서 미시적인 접근을 하고 있음을 이해해 주기 바란다. 조성진(2014). 코칭이 대학생의 자기효능감, 진로준비행동 및 진로성숙도에 미치는 영향에 관한 현장실험연구. **코칭능력개발지**, 16(1). 한국코칭능력개발원. 87-96.

46) 조성진(2013d). 대학생 코칭 프로그램 운영 효과 분석과 활성화 방향 모색: 3개 대학 4개 사례를 중심으로. **코칭능력개발지**, 15(3). 235-246.

47) 한국코치협회(2020). 대학프로그램 현황(http://www.kcoach.or.kr).

48) 조성진(2013c). 앞의 논문. 27-46.

49) 조성진(2018). 대학생 진로코칭 프로그램 효과 검증에 기반을 둔 커리어코칭 시스템 개발 연구. **코칭연구**, 11(4). 한국코칭학회. 5-29.

50) 이진희·임성택(2011). 대학생의 학과만족도와 진로 스트레스의 관계에 대한 진로성숙도의

조절효과. **직업교육연구**, 30(3). 한국직업교육학회. 133-146; Crites, J. O.(1978). *Career maturity inventory: Theory and research hand book.* Monterey, CA: CTB/ McGraw-Hill.; Super, D. E.(1957). *The psychology of careers.* New York: Hayser.

51) 김봉환(1997). 대학생의 진로결정 수준과 진로준비행동의 발달 및 이차원적 유형화. 서울대학교 대학원 박사학위 논문.

52) 김연중 · 손은령(2012). 대학생의 지각된 진로장벽과 진로결정 자기효능감의 이차원적 진로유형과 학습행동과의 관계. **상담학연구**, 13(5). 한국상담학회. 2343-2361; 박수진 · 구영애 · 오윤자(2017). 대학생의 진로 및 가치관에 따른 대학 생활의 만족도 차이에 관한 연구: K 대학교 서울캠퍼스 학생을 중심으로(2013년~2016년). **취업진로연구**, 7(1). 한국취업진로학회. 121-144.

53) 조성진(2018). 대학생 진로코칭 프로그램 효과 검증에 기반을 둔 커리어코칭 시스템 개발 연구. **코칭연구**, 11(4). 한국코칭학회. 5-29.

54) 전상진 · 정주훈(2006). 한국 후기 청소년 세대의 발달경로와 성장 유형: 서울지역 대학생을 중심으로. **한국사회학**, 40(6). 한국사회학회. 261-294.

55) 이것은 어떤 코칭 프로그램에 참여하기 전에 약간의 참가비를 받은 후, 정해진 해당 과정을 모두 마치면 받았던 참가비를 당사자에게 되돌려 주는 방법이다.

56) 조성진(2013d). 대학생 코칭 프로그램 운영 효과 분석과 활성화 방향 모색: 3개 대학 4개 사례를 중심으로. **코칭능력개발지**, 15(3). 한국코칭능력개발원. 235-246.

57) '3C · A · N 모델'은 저자가 대학생을 대상으로 오랫동안 진행한 실험 결과에 대한 분석을 바탕으로 처음으로 제안한 것으로, 대학생 커리어코칭 시스템의 구성과 유지, 그리고 코칭 효과 발생에 필요한 가치들과 요소를 총합하여 만든 것이다. 조성진(2018). 앞의 논문. 19-20.

58) 조성진(2018). 앞의 논문. 21-22.

59) 김주엽 · 송계충 · 정범구 · 박상언(2012). **조직행위론**(제3판). 서울: 경문사. 172.

60) 게리 콜린스(양형주 · 이규창 역, 2011). **게리 콜린스의 코칭 바이블**. 서울: 한국기독학생회출판부. 97.

61) 게리 콜린스(양형주 · 이규창 역, 2011). 위의 책. 19-60.

62) Logan, D. & King, J.(2001). *The Coaching Revolution: How Visionary Managers Are Using Coaching to Empowerment People and Unlock Their Full Potential.* Hollbrook. MA: Adams Media Corporation.

63) McLean, G. N. B., Yang, M., Kuo, H. C., Tolbert, A. S., & Lankin, C.(2005). Development and initial validation of an instrument for measuring managerial coaching skill. *Human Resource Development Quarterly*, 16. 157-178; ICF(2020). http://www.coachfederation.org

64) 조성진(2015). **진로설계와 코칭리더십**. 경기: 정민사. 48-80; 조성진(2019). **코칭에센스**. 경기: 양성원. 75; Ellinger, A. D.(1997). *Managers as facilitators of learning in learning organizations*. Doctoral dissertation University of Georgia. Athens; ICF(2020). http://www.coachfederation.org

65) 조성진(2008). **코칭ABC**. 서울: 도서출판 심포지움. 62-65; 조성진(2015). 위의 책. 52-53.

66) 조성진(2008). 위의 책. 64-65; Ellinger, A. D., Ellinger, A. E., & Keller, B. S.(2003). Supervisory coaching behavior: Is there a payoff?. *Paper presented at the international conference of the academy Human Resources Development*. Minneapolis, MN. 157-178.

67) 조성진(2008). 앞의 책. 62-63; 조성진(2015). 앞의 책. 50-51; Ellinger, A. D., Ellinger, A. E., & Keller, B. S.(2003). Supervisory coaching behavior: Is there a payoff?. *Paper presented at the international conference of the academy Human Resources Development*. Minneapolis, MN. 157-178.

68) 조성진(2008). 앞의 책. 79.

69) 일본인 코치 에노모토 히데타케는 3가지 코칭 철학을 소개하고 있다. ①모든 사람에게는 무한한 가능성이 있다. ②그 사람에게 필요한 해답은 모두 그 사람 안에 있다. ③해답을 찾기 위해서는 파트너가 필요하다. 이것이 그가 처음으로 주창한 것인지, 아니면 다른 사람의 주장의 원용한 것인지는 추가로 확인할 필요가 있다. 다만, 국내에 코칭이 처음으로 소개될 당시에 그가 언급한 이 3가지 코칭 철학이 많이 통용되었고, 지금도 자주 거론되고 있다.

70) 국제코치연맹에서는 이와 같은 코칭 철학을 제시했지만, 2015년 6월 개정 이후로는 코칭 철학을 명시하지 않고 있다. 그것은 코칭을 다루는 기관이나 개인마다 각기 코칭 철학이 다를 수 있음을 인정하기 때문이다. 박창규 · 권은경 · 김종성 · 박동진 · 원경림(2019). **코칭 핵심 역량**. 서울: 학지사. 21; International Coach Federation(2020). http://coachfederation.org/icf-credential

71) 박창규 · 권은경 · 김종성 · 박동진 · 원경림(2019). 위의 책. 21-23; International Coach Federation(2020). http://coachfederation.org/icf-credential

72) 조성진(2008). 앞의 책. 93-97; 조성진(2015). 앞의 책. 36-40; 조성진(2019). 앞의 책. 36-46.

73) 로버트 하그로브(2006)는 코칭에서 강력한 파트너십은 의기투합, 야심 찬 공동 목표, 지속적인 상호작용, 그리고 엄격한 강화훈련이 있을 때만 형성된다고 주장했다. 로버트 하그로브(박재원 역, 2006). **불가능한 미래를 성취하는 마스터풀 코칭**. 서울: 김앤김북스. 38.

chapter 02 코칭의 특징과 구성요인

1. 코칭의 특징

가. 코칭의 특징

코칭은 개인과 조직이 가진 과제를 해결하는 데 도움을 주는 다양한 인적 서비스 가운데 하나이다. 성과 관리 차원에서 볼 때도 코칭은 여전히 유용하고 탁월한 도구이다. 코칭이 효과적으로 이루어지기 위해서는 구성원들이 강요받지 않고 자발적인 상태에서 과업과 조직에 헌신할 수 있다는 낙관적이고 긍정적인 신념이 선행되어야 한다.

그런데 코칭을 특정한 성과 관리를 위한 하나의 테크닉(technique)이나 기술(skill)을 가리키는 단어 정도로만 한정하여 사용한다면, 그것은 코칭을 제대로 이해하지 못한 것이다. 관리자가 낙오자들의 성과향상을 위해서 코칭을 활용하는 것으로 쉽게 생각한다면, 코칭을 오해한 것이다. 이런 생각은 때때로 매우 위험한 일이 될 수 있고, 실제로 원만한 코칭이 진행되기 어렵다. 따라서 어떤 조직이든 코칭을 도입하기 전에 이 점에 대해 더 진지하게 생각해 볼 필요가 있다. 코칭을 단지 특정한 낙오자들의 성과 관리를 위한 하나의 테크닉 정도로만 쉽게 이해한다면, 예기치 않은 함정에 빠질 수 있기 때문이다. 이런 차원에서 코칭의 특징을 살펴볼 필요가 있다.

코칭은 다음과 같은 특징을 가지고 있다.

첫째, 코칭은 낙오자를 위한 최후의 수단이 아니라 더불어 승리하기 위한 사람들을 위한 것이다. 코칭은 목표 달성을 통해 자신이 성장하고 발전하는 데 관심이 많은 사람, 강한 의지를 갖고 원하는 목표를 이루려고 노력하는 사람, 학습에 대한 무한한 호기심과 겸손함을 기본적으로 가진 사람, 그리고 함께 일하는 구성원들과 함께 성공의 기쁨을 나누고자 하는 사람들을 위한 것이다. 이런 사람들은 대개 목표를 성취하기 위해 자신이 역량과 경쟁력을 가져야 한다고 생각하고 있고, 구성원들과 더불어 협력하고 결과를 공유하려는 사람들이다. 코칭을 통해서 이런 목표들을 달성할 수 있다고 믿는 경우가 많다. 이런 사람들에게 있어 코칭은 의미 있는 철학적 기반을 제공하고 효과적인 자기계발 수단이 된다. 그러나 기업이나 어떤 조직에서 성과가 떨어진 낙오자 관리 수단으로서 코칭을 잘못 이해하고 있다면, 원하는 결과를 얻기 힘들 것이다. 비유하자면 코칭은 물을 마시기 싫어하는 말(馬)을 억지로 물가로 끌어당기는 것이 아니고, 말이 스스로 물을 마시고 싶어 할 때 그를 쉴 만한 물가로 안내하는 것과 같다.

둘째, 코칭은 단순한 문제 해결 차원을 넘어 미래를 창조하는 것이다. 코칭은 단순히 고객의 문제만을 해결하기 위한 단순한 기계적 접근방법이 아니다. 자기 자신과 조직을 성장시키기 위한 놀라운 수단으로서 코칭을 이해하고 있을 때, 비로소 강력한 힘을 발휘한다. 특히 조직의 리더들이 많은 호기심을 가지고 있고 겸손하며 학습에 대한 우호적인 태도를 지녔을 때, 코칭은 더욱 큰 힘을 발휘한다. 현재 상태에 그냥 그대로 머무르며 안주하길 원하는 사람들에게 코칭은 정말 따분하고 골치 아픈 또 다른 과제일 수 있다.

셋째, 코칭은 구성원들의 업무 성과와 개인적 발전을 통합하는 것이다. 일반적으로 기업에서 업무 성과와 개인의 역량 개발은 완전히 별개의 것으로 여긴다. 그래서 구성원들의 성과 관련 책임은 관리자가 지고, 구성원들의 역량 개발 관련 책임은 인사담당 부서가 진다는 접근방식을 갖고 있다. 그래서 가끔 관리자들은 성과 목표를 관리하는 데 코칭이 방해가 된다고 여긴다. 성과 달성을 눈앞에 둔 관리자일수록 그것을 위해 박차를 가해야지, 구성원의 성장과 발전을 위해 코칭을 해야 한다고 생각하지 않는다. 그러나 장기적인 관점에서 보면 그렇지 않다. 코칭을 통해 개인적인 업무 성과뿐만 아니라 자신의 발전까지 도모하는 많은 사례가 있다.

넷째, 코칭은 간헐적이 아닌 지속적인 과정이다. 대부분 코칭을 적용하는 기업이나 조직에서 연간 성과를 평가할 때, 1년에 한두 번 정도 코칭을 하고 피드백을 해주는 것으로 인식하고 있다. 그러나 코칭은 이처럼 간헐적이고 의무적인 성과 평가가 아니다. 어떤 일들이 일어났고, 무엇이 문제이며, 다음에 무엇을 해야 하는지 등에 관련된 질문과 답변을 주고받으면서 의사소통하는 지속적인 과정이다. 여러 보고서에 따르면, 세상에서 최고의 리더라고 불리는 사람들은 구성원들이 개인적 · 조직적 혁신을 이루도록 코칭을 하고 가르치는 데 자신이 관리할 수 있는 시간의 40~50%를 사용하고 있다. 이것은 코칭이 지속적인 과정임을 보여 주는 좋은 사례이다.

나. 코칭과 다른 서비스 사이의 차이점

1) 코칭과 상담의 차이점

상담자는 사람들이 우울증, 불안, 내적 혼란, 타인과의 갈등 등과 같은 문제들에 대처하도록 돕는다. 어떤 사람은 슬픔, 죄책감, 불안정, 패배의식, 분노 조절 장애, 중독, 또는 성적 고민과 같은 문제로 상담을 받는다. 대개 상담의 목적은 내담자를 부정적인 경험과 어려움에서 끌어내어 그것에 제대로 대처하고, 어떤 문제에 휘둘리지 않은 온전한 삶을 영위하도록 인도하는 것이다. 저울 눈금에 비유하면, 상담의 목표는 마이너스(-)에 있는 눈금을 영점으로 되돌리는 것이다.[1] 상담은 상담자와 내담자 사이의 의사소통 과정을 통해 문제를 이해하도록 촉진하고, 정서적으로 직면하도록 진행한다. 상담에서 내담자의 행동을 변화시키기 위해 다양한 기법들을 사용한다는 점에서 코칭과 비슷한 측면이 있다.[2]

그러나 코칭과 상담은 다음과 같은 몇 가지 점에서 차이가 있다.

첫째, 사람의 심리상태를 바라보는 관점상의 차이이다. 상담은 부정심리학을 다루고, 심리적으로 건강하지 못한 사람들을 도와 문제의 영역에서 안정 지점으로 가도록 돕는 것이다. 이에 비해 코칭은 긍정심리학(positive psychology)을 다루고, 비교적 건강한 사람들이 더 높은 수준의 성취감을 맛보도록 돕는 것이다.[3]

둘째, 서비스를 받는 대상, 즉 고객(또는 내담자)의 가능성을 바라보는 관점의 차이이다. 코칭은 가능성과 잠재력에 초점을 맞추고, 사람들이 미래에 가고자 하는 곳을 바라보도록 한다. 즉, 기본적으로 코칭은 성장과 변화를 바라는 심리적으로 건강한 사람들을 지원하는 데 초점을 두고 있다. 그래서 코칭은 상담과 같이 과거의 행동을 집중적으로 탐색하는 등 심리적인 측면에 대한 해석에 초점을 맞추기보다는 고객의 행동 변화와 그것을 통한 미래의 성장과 발전에 더 많은 비중을 둔다.

마지막으로, 몇 가지 핵심가치를 기준으로 코칭과 상담을 비교해 보면, 두 서비스 사이의 차이를 쉽고 명확하게 이해할 수 있다. 코칭과 상담은 쌍방향(two-way) 의사소통을 지향한다는 점에서는 서로 비슷한 면이 있다. 하지만 고객에 대한 임파워먼트(empowerment)와 성장(또는 발전, development)이라는 측면에서 보면, 코칭과 상담은 차이점이 있다. 상담은 일반적으로 상담자가 주도하여 내담자의 과거 행동을 수정함으로써 문제를 해결하고자 노력한다. 그래서 상담자는 상담을 진행할 때, 내담자에게 문제 해결 과정에서 필요한 권한을 부여하지 않는다. 즉, 상담자는 내담자에게 문제 해결에 관한 임파워먼트를 제공하지 않는다. 이에 비해 코칭은 코치가 문제 해결의 주도적인 권한이 전적으로 고객에게 있음을 인정하고 진행된다. 코칭은 출발부터 고객의 자기 주도성을 인정하고, 그를 격려하고 지지하는 데 초점을 둔다. 그래서 코치는 고객이 자신의 문제를 스스로 해결할 수 있다는 자신감을 가지도록 다양한 방법을 활용한다. 그리고 고객의 과거 행동보다는 미래 행동에 초점을 두고 궁극적으로 그의 성장과 발전을 지원한다는 점에서 상담과 차이점이 있다.

〈표 2-1〉은 앞서 논의한 코칭과 상담의 차이를 정리한 것이다.

〈표 2-1〉 코칭과 상담의 차이점

코 칭	상 담
긍정심리학에 연관되어 있다.	부정심리학에 연관되어 있다.
성취, 성과향상, 팀 세우기, 비전 설정, 직업적 성장, 목표와 꿈에 도달하는 데 초점을 둔다.	문제에 초점을 맞추고, 갈등, 불안감, 우울증, 불안, 분노와 같은 감정의 문제를 다룬다.
목표에 도달하도록 돕는다.	잘못된 것을 고친다.
현재와 미래, 가능성, 목표에 도달하는 것, 자유롭게 하는 것, 꿈을 현실로 바꾸는 것에 초점을 둔다.	과거에 일어난 문제의 원인과 치유와 안정을 주는 데 초점을 둔다.
코치와 고객은 변화를 일으키기 위해 함께 작업하며 서로 평등하다.	상담자는 내담자를 다루고 치유와 처방을 제공하는 전문가이다.
최고의 코칭은 경청, 질문, 격려와 같은 코칭 기술을 훈련받는 것으로 가능하다.	심리학, 정신 병리학, 치료요법 등 전문지식이 있어야 한다.

출처: 게리 콜린스(양홍주 · 이규창 역, 2011). **게리 콜린스의 코칭 바이블**. 서울: 한국기독학생회출판부. 30.

2) 코칭과 컨설팅의 차이점

코칭은 기업 등에서 자주 활용되는 컨설팅과 여러 가지 측면에서 유사한 면이 있다. 컨설팅은 일반적으로 해당 분야의 전문적인 지식을 갖춘 컨설턴트(consultant)가 주도적인 위치에 서서 개인이나 조직에 나타난 여러 가지 현상과 문제점들을 관찰하고 진단한다. 그리고 분석된 원인을 토대로 문제점을 가장 잘 해결하는 방법을 제시하는 과정을 거친다. 그리고 컨설팅은 해당 과정에서 문제해결 주체인 의뢰인의 동기, 태도, 사고, 문제해결 방식 등을 충분히 고려하기보다, 컨설턴트가 주도적으로 해답을 제시하는 일방적인(one-way) 관계에 기초한다. 따라서 컨설팅은 의뢰인이 가진 능력보다도 컨설턴트가 갖춘 지식, 경험, 견해 등에 따라 컨설팅의 성패가 좌우되는 것이 보통이다. 특히 비즈니스에서 컨설턴트는 의뢰인이 가진 문제들과 관행들을 분석하고, 더 나은 마케팅과 사업 전략을 제안하며, 기업의 생산성을 향상하고 미래의 청사진을 계발하는 것에 초점을 둔다.

이에 비해 코칭은 고객이 스스로 판단하고 결정하라고 자극할 뿐, 충고와 비판을 하지 않고 해답을 제시하지도 않는다. 그러므로 코치는 반드시 코칭 주제와 관련된 분야의 전문가일 필요가 없다. 대신에 코치는 고객의 말을 경청하고 이해하며, 통찰력 있는 질문을 하고 들은 것을 요약한다. 그래서 코치는 고객이 자신의 상황을 둘러보고 무엇을 할지 결론을 내리고 행동하려 할 때, 안내할 수 있는 능력만 있으면 된다. 이런 측면에서 볼 때, 코치는 격려하는 사람이자 치어리더(cheerleader)이며, 도전하는 사람이고 책임감 있는 파트너이다. 하지만 전문적인 충고나 지시를 내리는 사람은 아니다.[4)]

기업의 경우를 예로 들면, 코칭과 컨설팅의 차이가 좀 더 확실해진다. 컨설팅과 코칭은 모두 기업이 가지고 있는 바람직하지 못한 현상이나 과제를 해결함으로써 보다 나은 기업으로 발전해 나가도록 돕는다는 차원에서 공통점을 가지고 있다. 하지만 코칭은 구성원들이 자신의 문제를 새로운 시각에서 바라보고, 그것에 기초하여 구성원 스스로 해결책을 발견하여 실행하도록 지원하는 것에 집중한다. 이것이 가능한 이유는 코칭이 고객의 장점과 잠재력을 극대화하여 행동할 수 있다는 것을 철저하게 믿는 코칭 철학에서 출발하기 때문이다. 하지만 일반적으로 컨설팅은 그렇지 않다.

나아가 몇 가지 핵심가치를 기준으로 코칭과 컨설팅을 비교해 보면, 다른 차원에서 두 서비스 사이의 차이를 쉽게 이해할 수 있다. 성장과 발전을 지향하고 원활한 의사소통을 지향한다는 점에서 코칭과 컨설팅은 비슷하다. 그러나 의사소통이 진행되는 방향과 임파워먼트 측면에서 둘은 서로 분명한 차이가 있다. 일반적으로 컨설팅에서는 컨설턴트가 해결책을 찾기 위한 목적을 가지고 의뢰인들과 의사소통을 한다. 설사 컨설팅을 받는 의뢰인과의 의사소통이 원활하지 않더라도 컨설턴트가 해결책을 마련하는 데 큰 어려움을 겪지 않는다. 그래서 컨설팅에서는 의사소통이 주로 '한 방향'(one-way)으로만 흐르기 때문에 그 속에서 문제해결을 위한 임파워먼트를 찾아보기가 쉽지 않다. 다시 말해, 컨설팅에서 의사소통은 컨설턴트와 의뢰인 사이에서 대등하고 수평적인 관계에서 진행되는 쌍방향 의사소통 형태가 아니다. 컨설턴트가 해결책을 찾기 위해 의뢰인에게 궁금한 점들을 묻고 의뢰인이 대답하는 일방적인 대화라고 볼 수 있다.

이에 비해 코칭은 코치와 고객 사이에 이루어진 신뢰 관계를 바탕으로 고객이 자신의 문제를 스스로 해결하도록 그에게 주도적인 권한을 부여하고 격려한다는 점에서 컨설팅과 크게 다르다. 이 과정에서 코치는 고객에게 동기, 태도, 사고, 문제해결 방식 등에 대한 권한을 충분히 위임한다. 그리고 대등하고 수평적인 관계에 기초한 파트너십을 바탕으로 쌍방향 의사소통을 지향한다는 점에서 컨설팅과 차이가 있다. 사람은 충고를 받거나 어떤 일을 지시받을 때보다 자신이 할 일을 스스로 결정했을 때에 더욱 확실하고 효과적으로 추진한다는 관점에서 볼 때, 후자를 강조하는 점에서 코칭과 컨설팅과 아주 다르다.

3) 코칭과 멘토링의 차이점

멘토링(mentoring)은 인생의 선배가 후배에게 인생 전반에 관한 모델이 되어 줌으로써 양육의 역할을 담당하는 일련의 과정으로, 역사가 상당히 오래된 개념이다.[5]

멘토(mentor)는 역할 모델을 제시하고, 특별한 프로젝트를 세밀하게 감독하며, 개인적인 도움을 주는 사람이다.[6] 그리고 해당 영역에서 숙련된 연구와 경험의 성과를 바탕으로 권위를 얻는다. 멘토는 후배(멘티, mentee)의 성장과 발전을 돕는 관계에서 기꺼이 시간과 정력을 투자할 용의가 있는 사람이다.

멘토링은 학습자인 멘티가 멘토의 기술, 정보, 시각과 삶의 지혜를 닮도록 하는 것에 초점을 둔다는 점에서 코칭과 차이가 있다. 이에 비해 코칭은 고객이 자신의 참모습을 스스로 발견하고, 그것을 계발하도록 지원할 뿐 고객이 의도적으로 코치를 닮도록 하지 않는다. 코칭은 궁극적으로 고객 자신만의 독특하고 차별된 장점을 잘 살리는 존재로 성장하도록 지원하는 것에 초점을 둔다. 간단히 말해, 멘토가 특정 분야의 전문가로서 활동한다면, 코치는 고객 자신이 바라는 방향을 찾도록 돕는 데 필요한 최고의 능력을 지니고 있다는 점에서 차이가 있다.

한편, 몇 가지 핵심가치를 기준으로 코칭과 컨설팅을 비교해 보면, 그 차이를 쉽게 이해할 수 있다. 성장과 발전을 지향한다는 점에서 멘토링과 코칭은 비슷하지만, 문제해결 과정에서 주어지는 임파워먼트와 커뮤니케이션의 방향성 측면에서 두 서비스는 차이가 있다. 멘토링은 멘토가 주도적인 권한을 가지고, 멘티에게 멘토 자신의 장점과 역량 및 문제해결 능력을 전수하는 특성이 강하다.[7] 그러다 보니 멘토와 멘티 사이에는 주로 일방적인 의사소통이 진행될 수밖에 없고, 멘티에게 문제해결을 위한 권한을 전적으로 위임한다고는 보기 힘들다.

이에 비해 코칭은 고객이 자신의 문제를 스스로 해결하는 능력이 있다는 것을 믿고, 주도적인 그에게 모든 권한을 위임한다. 코치는 고객이 문제의 해답을 스스로 발견할 때까지 그를 충분히 지지하고 인정하며 기다린다. 그리고 코치는 고객에게 초점을 두고 그가 자신의 이야기를 충분히 할 수 있도록 배려한다. 고객이 말하는 동안 그의 말을 헌신적으로 경청하면서 그가 원하는 것을 효과적으로 달성하도록 지원한다. 이처럼 코칭은 쌍방향 의사소통을 지향한다는 점에서 멘토링과 아주 다르다.

이상의 논의를 요약하면, 참가자에 대한 인식 및 참가자의 자발성 정도, 전문가의 개입 정도, 문제해결 주체 및 방식, 의사소통의 방향 등을 기준으로 볼 때, 코칭은 주로 상의하달(上意下達) 접근방식에 익숙한 상담, 컨설팅, 멘토링 등과 확연하게 구분된다. 특히, 고객의 리더십에 대한 관심 정도는 코칭과 다른 인적 서비스 사이의 차이를 확실하게 구분하는 의미 있는 기준이다. 즉, 코칭은 고객의 리더십 향상에 아주 관심이 많아서 고객이 스스로 문제를 해결하는 과정을 통해 리더로서 성장하길 기대하며 진행된다. 그러나 다른 서비스는 고객의 리더십에 대한 관심이 아주 적거나 거의 없다. 〈표 2-2〉는 코칭의 특징과 다른 인적 서비스 사이의 차이점을 표로 정리한 것이다.

〈표 2-2〉 코칭과 다른 인적자원개발 기법 사이의 비교

구분	코칭(coaching)	상담(counseling)	컨설팅(consulting)	멘토링(mentoring)	훈련(training)
참가 인원 수	1:1	1:1	1(다수):1(다수)	1:1	1:다수
참가자에 대한 인식	성장과 발전의 주체	치료(치유)의 대상	문제 해결의 대상	경험 전수의 대상	교재 전달의 대상
참가자의 자발성 정도	자발적 · 능동적	수동적	수동적	수동적	수동적(참여적)
참가자와 전문가의 관계	수평적 관계 (파트너십)	수직적 관계	수직적(수평적) 관계	수직적 관계	수직적 관계
전문가의 개입 정도	최소의 개입	깊숙한 개입	부분 개입	깊숙한 개입	깊숙한 개입
문제 해결 주체	코칭 고객	상담자	컨설턴트	멘토	훈련 강사
문제 해결 방식	해결책 발견 지원	해결책 제시	해결책 제시	해결책 제시	해결책 제시
주목하는 시점	현재와 미래	과거와 현재	과거와 현재	현재	현재
임파워먼트 정도	최고 수준	부분적	없음	없음	없음
의사소통 방향성	쌍방향	주로 한 방향	주로 한 방향	주로 한 방향	주로 한 방향
고객의 리더십에 대한 관심	아주 많음	거의 없음	거의 없음	일부 있음	일부 있음

출처: 조성진(2013). 대학생 코칭 프로그램 운영 효과 분석과 활성화 방향 모색. **코칭능력개발지**, 15(3). 한국코칭능력개발원. 236.

2. 코칭의 구성요인

가. 코칭의 구성요인: 코칭의 구성삼각형

코칭이 무엇으로 구성되었는지에 대한 합의된 견해는 아직 없다. 이것은 현재와 같은 개념의 코칭이 전개된 역사와 일부 관련이 있지만, 코칭을 연구하는 학자들의

관심이 아직 적은 탓도 있다. 하지만 이에 대한 논의가 전혀 없는 것은 아니어서 여기에서는 해당 내용을 소개하고자 한다.

코칭은 코칭고객(coaching client), 코치(coach) 및 코칭 시스템(coaching system)으로 구성되어 있다. 이 세 가지는 코칭을 구성하는 핵심적인 요인(factor)으로서, 서로 유기적으로 결합하고 있다. 여기서 유기적(organic)이라는 말은 많은 부분이 일정한 목적 아래 잘 조직되어 각 부분과 전체가 필연적인 관계를 지니는 것을 말한다. 즉, 서로 결합한 세 가지 요인들이 유기적으로 작용하여 코칭 효과를 만들어 낸다. 유기적으로 결합한 복합체를 '코칭의 구성 3요인' 또는 '코칭의 구성삼각형'(construction triangle of coaching)이라고 부르기도 한다.[8)]

코칭에서 이 세 가지 요인은 서로 동등한 위치에서 균형을 이루고 있어야 한다. 어느 한 요인이 없거나 부족하면, 다른 것의 존재가 무의미해진다. 그리고 세 요인이 서로 불균형을 이루고 있으면, 코칭 효과를 제대로 발휘할 수 없다. 이 세 요인 사이의 관계에 대해서는 기하학에서 말하는 삼각형의 원리를 적용하면 쉽게 이해할 수 있다.

삼각형(triangle)은 한 평면 위에 있고 일직선에는 없는 세 개의 점을 두 개씩 쌍으로 하여 선분을 연결하여 이루어지는 도형이다.[9)] 삼각형에서 어느 한 변(선분)이 지나치게 길어서 그 길이가 다른 두 변의 길이의 합보다 크면, 삼각형이 만들어지지 않는다. 물론 다른 두 변의 길이의 합이 나머지 한 변의 길이의 합에 미치지 못해도 삼각형을 만들 수 없다. 세 변의 길이가 결정되면, 삼각형의 모양과 크기가 결정된다. 여러 삼각형 가운데 가장 안정적이고 균형 잡힌 것이 정삼각형 모양이다.

코칭의 구성요인 사이의 관계도 정삼각형의 원리와 유사하다. 코칭이 존재하기 위해서는 세 구성요인이 서로 균형을 이루고 있어야 한다. 세 요인 가운데 어느 하나라도 부족하거나 넘치면, 불완전한 코칭이 될 수밖에 없다. 예컨대, 고객 없는 코치가 존재할 수 없고, 코치가 없는 고객도 무의미하다. 그리고 코칭 시스템이 없이 진행되는 코칭대화는 일반대화나 상담 등과 다를 바가 없다. 이 세 요인 사이의 관계를 그림으로 표현한 것이 [그림 2-1]이다.

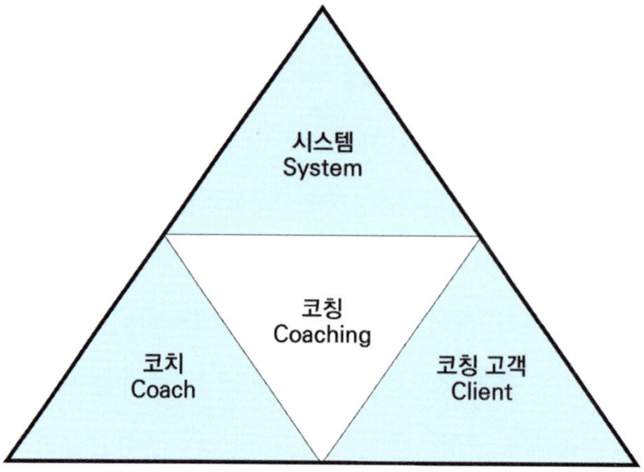

[그림 2-1] 코칭의 구성 3요인(코칭의 구성삼각형)

출처: 조성진(2008). 코칭ABC. 서울: 도서출판 심포지움. 51.

나. 코칭고객

1) 코칭고객의 정의

코칭고객은 코칭을 받는 사람을 말한다. 특히, 코칭이라는 인적 서비스(human service)를 받는다는(client received coaching services) 점을 강조하는 차원에서 그렇다.[10] 그리고 이 표현에는 코칭을 진행할 때, 고객이 바라는 목표를 효과적으로 달성하도록 코치가 최상의 서비스와 헌신을 제공한다는 의미가 포함되어 있다. 그리고 코칭이라는 인적 서비스를 받는 고객의 측면에서 최상의 만족을 고려한다는 뜻이 함께 포함되어 있다.

코칭에서는 코칭고객이 주체로서 코치와 함께 전체 과정을 진행한다. 여기서 주체라는 의미는 고객과 코치 사이에 흐르는 역동적인 에너지가 수평적으로 상호 작용해야만 서로가 원하는 결과를 얻을 수 있다는 것이다.[11] 따라서 코칭에서는 고객과 코치 사이의 원만한 파트너십이 중요하다.

대다수 코칭고객은 "이렇게 하라."는 식의 강의를 듣는 것보다 코칭의 모든 진행 과정에서 더 능동적으로 참여하기를 원한다. 그들은 자신이 해결하고 싶은 주제를 명확하게 하고, 자신의 현재 위치를 파악하고자 한다. 비전과 목표를 설정하고, 이와 관련된 행동계획을 수립하고자 한다. 그리고 자신이 세운 해결책과 관련된 행동을 실천하는 모든 과정에 적극적으로 참여하고자 한다. 그래서 코칭에서는 고객과 코치 사이에 원만한 파트너십(partnership)이 중요하다.

2) 코칭고객에 대한 용어상의 문제

현재 국내에서 통용되는 코칭 프로그램에서는 코칭을 받는 대상인 코칭고객을 '코치이'(coachee), '피코치자', '피코치', '내담자' 등 여러 가지 용어로 표현하고 있다. 실제 코칭 현장에서는 코칭을 받는 사람에 대해 일치된 용어를 사용하지 않고, 각기 다른 표현을 사용하다 보니 혼란스러울 때가 있다. 저마다 그렇게 부르는 이유가 있겠지만, 고객을 표현하는 용어에 관한 의견을 정리해 볼 필요가 있다.

먼저, '코치이'라는 표현은 외국 프로그램 - 주로 영어권 국가에서 개발된 코칭 프로그램 - 에서 사용하는 용어를 그대로 발음하여 사용하는 경우이다. 이 용어는 영어식 표현으로는 적절하지만, 외래어이다 보니 우리가 발음하거나 듣기에 어색한 경우가 많다. 코칭 확산 속도가 비교적 빠른 우리나라에서 코칭을 받는 사람을 지칭하는 적절한 표현이 있는데도 굳이 이 용어를 그대로 사용해야 하는지 생각해 볼 여지가 있다. 게리 콜린스도 그의 초창기 코칭 저서에서 '코치이'라는 단어는 너무 어색한 느낌을 주거나 심지어 그 단어의 존재조차 모르는 사람들도 있다고 지적하면서 이 표현을 사용하지 않았다. 그냥 '코칭을 받는 사람'(person being coached)이라는 표현을 사용하다가 최근에는 고객이라고 통일하여 사용하고 있다.[12)]

다음, '피코치자', '피코치'라는 표현은 우리말에서 수동태 어법인 '피'(被)라는 접두어를 사용하여 코칭을 받는 사람을 표현한 경우이다. 예컨대, 우리는 어떤 해(害)를 입은 사람을 피해자(被害者)라 표현하고, 죄를 저질러 의심(疑心)을 받는 사람을 피의자(被疑者)라고 부른다. 각기 어떤 사실이나 행위를 나타내는 '피해를 받다'와 '의심을 받다'라는 뜻에 초점을 맞추어 표현한 것이다. 이런 논리를 코칭을 받는 사람에 적용할 수 있다. 즉, 사실이나 행위를 의미하는 코칭을 강조하면, '피코칭자' 또는 '피코칭'이라 표현해야 한다는 논리가 성립될 수 있다. 하지만, '피코치자', '피코치'라는 표현은 코칭이라는 사실과 행위를 강조한 것이라기보다는 코치라는 사람에 초점을 두었다고 볼 수 있다.[13)] 그래서 이 표현은 우리의 현실을 고려한다면, 어색할 수밖에 없다.

마지막으로, 내담자(來談者)는 주로 상담 분야에서 많이 사용하는 표현이다. 즉, 내담자는 심리적인 문제나 어려움을 혼자 해결하는 데 어려움을 느껴 상담자(相談者)의 도움을 받아 해결하고자 하는 사람이다.[14)] 그런데 최근 들어 상담 영역에서 활동하는 사람들이 코칭 영역으로 진입하기 시작하면서 이 표현이 현장에서 적지 않게 사용되고 있다. 이 표현은 코칭이 상담과 다른 영역이라는 것을 인정한다면, 코칭을 받는 사람을 지칭하기에 적절하지 않다.

3) 코칭고객의 상태

과도한 업무와 빡빡한 일정에 시달리거나 단조로운 일상생활을 살아가는 사람들은 자신이 지금 어디에 있고 어디로 갈 수 있는지에 대해 돌아볼 여유가 거의 없다. 그러다 보니 평소에는 느끼지 못하다가 삶의 어떤 부분이 서서히 막히기 시작할 때, 무언가 이상한 조짐이 생기고 있다는 것을 느낀다. 이처럼 고객은 흔히 과거 문제나 내적 혼란, 감정적 장애나 경력관리 상의 어려움 등과 같은 고민거리를 안고 있다. 때로는 의미 있는 변화를 원하지만, 무엇을 어떻게 해야 할지 모르는 경우가 많다. 나름대로 새로운 것들을 시도하지만, 뜻대로 되지 않고 계속 실패를 경험하기도 하다. 그래서 다른 사람의 추천이나 자발적으로 코치를 찾는다.

코칭고객에게는 항상 코치의 도움이 필요하지 않다. 사람들은 누구나 자신이 겪고 있는 문제는 그만의 생각과 방식대로 해결하고자 한다. 그런데 그것이 때때로 마음대로 되지 않을 경우가 있다. 그래서 자신이 문제를 스스로 해결하는 방식의 한계를 느낀 후에 비로소 다른 방법을 찾거나 타인에게 도움을 요청한다. 이처럼 코치의 도움이 필요한 시기, 즉 코칭을 시작할 수 있게 된 시기를 '코칭의 순간'(coaching moment)이라고 한다. 다시 말하면, 고객이 코칭의 필요성을 느끼고, 코치가 코칭을 시작하는 데 서로 충분히 공감하는 상황이다. 이처럼 고객이 자신에게 변화가 필요하다는 것을 느끼고, 코칭의 필요성에 동의해야 코칭을 전개할 수 있다. 그런 차원에

서 고객이 다음과 같은 상황에 있을 때 코칭을 시작하는 것이 바람직하다.[15)]

- 성장하고 변화하기를 바랄 때
- 지난 1년간 변화하기 위해 노력했지만 잘 안 될 때
- 새로운 가치, 행동, 아이디어를 적극적으로 고려할 때
- 미래에 대해 생각할 수 있을 때
- 변화하겠다고 다짐했을 때
- 위험 부담을 두려워하지 않을 때
- 필요하다면 기꺼이 자신의 삶을 재구성하고자 할 때

이런 상황을 인정하면, 코칭고객은 코칭에서 주체로서 자신의 역할을 한다. 코칭은 고객과 코치가 함께 만들어 가는 일련의 과정이다. 예로부터 어떤 형태의 서비스를 받는 대상자를 객체로 보는 것이 일반적이다. 서비스를 받는 사람을 객체로 보는 시각은 아마도 '받는다'(received)는 수동적인 면에 초점이 맞추어졌기 때문일 것이다. 그러나 코칭에서는 고객과 코치가 모두 주체이다. 그래서 고객과 코치 사이에 흐르는 역동적인 에너지가 수평적으로 상호 작용해야만 바라는 결과를 쉽게 얻을 수 있다. 이런 차원에서 코칭을 받는 대상인 고객도 하나의 주체로 본다. 이런 생각은 앞서 제1장 제4절에서 언급한 코칭 철학의 몇 가지 관점과 관련되어 있다.

다. 코치의 역할, 정의 및 역량

코치의 정의에 대한 일치된 견해는 찾아보기 힘들다. 다만, 코칭을 의미 있게 진행하려면 코치에게 어떤 것이 필요한지 제시한 경우는 더러 있다. 그런 일부 논의를 바탕으로 코치가 어떤 역할과 기능을 하는지, 어떤 역량을 갖추어야 하는지 등에 대해 살펴봄으로써 코치의 정체성을 확인할 수 있다.

코칭은 사람들을 격려하고, 과도기와 어려운 시기를 헤쳐 가게 하며, 성과를 높이는 데 효과적이다. 더 나은 관계를 세워 감으로써 개인과 조직을 변화시키는 일련의 과정이다. 그리고 코칭은 이런 끊임없는 변화의 과정에서도 일관된 삶을 살아가는

데 무엇이 필요한지를 결정하는 것을 돕는 과정이다. 이것을 잘 이해한다면 코치의 역할을 쉽게 파악할 수 있고, 코치에게 필요한 역량이 무엇인지를 파악할 수 있다. 다시 이것을 바탕으로 코치에 대한 정의를 비교적 쉽게 도출할 수 있다. 그런 차원에서 코치의 정의와 역량에 대해 논의하기 전에 그의 역할을 살펴보는 것은 의미 있는 일이다.

1) 코치의 역할

코치는 다음과 같은 역할을 한다.[16)]

첫째, 코치는 격려하는 사람이다. 코치는 사람들을 격려하여 자신의 핵심가치와 강점, 지속적인 관계, 기본적인 신념, 자신의 삶을 든든하게 지켜 주고 안정적인 기반을 제공하는 윤리적 원칙들을 주의 깊게 살펴보게 한다. 사람들은 누구나 자신만의 가치와 신념을 가지고 있다. 이것들은 한 개인의 행동, 원칙들, 사고방식에 영향을 미치고, 생활방식과 습관을 형성하는 기초를 제공한다. 그러나 이런 것들은 일상에서 벗어나 진지하게 생각해 보지 않으면, 자신 속에 있는 것이라도 쉽게 알 수 없다. 코치는 코칭고객의 내면 깊숙한 곳에 자리 잡은 이런 것들에 대해 생각할 기회를 제공함으로써 고객이 자신만의 고유함과 강점을 인식하도록 격려한다.

둘째, 코치는 변화를 일으키도록 돕는 사람이다. 코치는 사람들이 변화를 받아들이게 하고, 변화를 불편하게 생각할 때라도 그들을 격려하여 결국 변화를 일으키도록 돕는다. 변화는 누구에게나 일상적이지만, 실제로 변화하려면 사람들은 여러 가지 저항과 장애물에 부딪힌다. 그러나 이런 것을 극복하지 못하면 자신이 가진 문제를 근본적으로 해결하기 어렵다. 그리고 궁극적으로 바라는 목표를 달성하기 어렵다. 그저 답답한 현재에 머무를 수밖에 없다. 그래서 코치는 결국 코칭고객이 겪고 있는 문제를 훨씬 뛰어넘어 스스로 자신을 개발시키는 기술을 익히도록 돕는다.

셋째, 코치는 계획 수립을 지원하는 사람이다. 코치는 사람들이 미래의 비전과 목표를 발전시키고 중요한 결정을 내리며, 앞으로 나아갈 방법을 계획하는 것을 돕는다. 즉, 코치는 코칭고객 자신이 바라는 것을 발견하고, 그것을 성취하는 데 도움이 되는 새롭고 구체적인 대안들을 탐색하도록 지원한다. 나아가 결국 그것을 잘 실행하도록 돕는다. 개인과 조직의 관점에서 성장과 발전을 위해서는 추상적인 사고를 넘어 구체적이고 실질적인 작업이 선행되지 않으면 안 된다. 코치는 고객이 현재 문제를 잘 해결하기 위해 그가 바라는 미래의 비전과 목표를 달성하는 데 필요한 구체적이고 다양한 계획을 수립하는 것을 돕는다. 나아가 그것을 실행하는 방법을 구체적으로 세우도록 강력하게 촉진하는 사람이다.

넷째, 코치는 바라는 것을 성취하도록 응원하는 사람이다. 코치는 사람들이 변화를 통해 그들의 일과 가정, 삶, 그리고 그들의 세계를 의미 있게 향상하도록 돕는다. 코치는 코칭고객의 변화하려는 동기(motivation)와 의지(will)에 불을 지피고, 바라는 것을 성취하도록 지원한다. 그래서 고객의 삶과 일 등에서 의미 있는 진전을 누리게 하며, 결국 고객의 변화를 통한 행복을 돕는다.

다섯째, 코치는 인간성을 발견하도록 돕는 사람이다. 코치는 코칭고객의 인간다움(humanness)과 인간성(humanity)을 발견하도록 지원한다. 인생은 기쁨과 분노, 슬픔과 고통, 그리고 삶의 모든 아이러니로 가득 차 있는 여정이다. 그래서 인간의 평생 여정은 인간이 되는 것일지도 모른다. 그러나 사람들이 자신이 속한 조직의 요구에 부응하면서 살다 보면, 자신의 존재가치나 고유함, 그리고 인간으로서 가진 고귀한 목표를 잊고 살기 쉽다. 코치는 사람들이 조직의 요구에 부응하면서도 가장 고귀한 인간적 목표나 포부를 추구할 수 있도록 도와주는 역할을 한다.

여섯째, 코치는 함께 생각하는 사람이다. 코치는 코칭고객의 사고 파트너(thinking partnership)이다. 코치는 고객이 문제 해결책을 찾기 위해 깊이 생각하도록 돕는 파트너이다. 서로 다른 견해나 배경을 가진 코치와 고객이 호기심을 갖고 문제를 해결하는 방법을 학습하겠다는 기본적인 태도를 지니고 협력할 경우, 코치가 고객과 함께 아이디어를 나누고 그동안 당연히 여기던 것들에 대해 질문을 던지면, 고객은 혼자서 얻을 수 없는 통찰력을 얻게 될 가능성이 크다. 이런 차원에서 코치는 고객의 사고를 자극하고, 그의 생각을 객관적으로 들어주는 훌륭한 파트너이다.

2) 코치의 정의

앞서 논의한 코칭의 역할을 바탕으로 코치를 다른 표현으로 간단하게 말하면, 코치는 코칭을 하는 사람이고, 코칭고객에게 코칭 서비스를 제공하는 사람이다. 여기에서는 여러 학자와 코치들의 견해를 바탕으로 코치의 정의에 대해 구체적으로 살펴보자.

허드슨(Hudson, F.)은 '다른 사람을 안내하여 역량을 증대시키고, 더 깊이 헌신하게 하며, 자신감을 키우도록 훈련받고 헌신한 사람'을 코치라고 정의했고,[17] 멕더모트(McDermott, I.)와 제이고(Jago, W.)는 '고객이 어떻게 하면 일과 삶의 다른 부분에서 자신이 바라는 변화를 얻을지 발견하도록 돕는 전문가'를 코치라고 정의했다.[18] 그리고 하그로브(Hargrove, R.)에 따르면, 코치는 '사람들이 가진 가장 고귀한 인간적 열망을 실현하도록 사람들의 비전, 가치에 영향을 주는 사람'이다.[19] 한편, 조성진은 '좋은 성품과 역량을 갖춘 전문가로서, 적절한 교육과 훈련을 받고, 코칭고객이 원하는 바를 이루도록 지원하고 헌신하는 사람'을 코치라고 정의했다.[20]

요약하면, 코치는 다양한 경험과 이론적 틀, 특유의 자질과 인품이 적절하게 조합된 사람으로서, 코칭고객의 관점에서 생각하고 그와 함께 호흡하면서 코칭을 진행하는 사람이다. 그리고 신뢰와 인내를 바탕으로 고객과 소통하고, 그가 스스로 새로운 관점에서 돌아보도록 돕는 전문가이다.

3) 코치의 코칭 역량

최근 들어 수많은 사람이 코칭 영역뿐만 아니라 다른 여러 부문에서 역량(competency)에 관해 관심을 지니고 있다. 당연히 코칭을 효과적으로 진행하고, 코치가 성장하고 발전하는 데도 코칭 역량이 필요하다.

일반적으로 역량은 한 사람이 전문적인 위치에서 주어진 기능을 효과적으로 수행하기 위해 요구되는 능력, 행위, 태도 및 지식의 묶음을 말한다.[21] 이 개념을 코칭에 적용하면, 코칭 역량은 코치가 코칭을 효과적으로 진행하는 데 필요한 태도, 지식과 기술의 총합이라고 말할 수 있다.

현재 국제코치연맹(ICF)과 한국코치협회(KCA)는 코치들이 갖추어야 할 코칭 역량을 각각 제시하고 있다. 국제코치연맹은 11가지 코칭 역량을 네 가지 범주로 나누어 제시하고 있고, 한국코치협회도 이와 거의 비슷한 코칭 역량을 제시하고 있다[22](〈표 2-3〉 참조). 여기에 제시된 11가지 코칭 역량들은 개별적으로 작용하는 것이 아니고, 서로 반영하고 작용하면서 효과적인 결과를 만들어 내도록 설계되었다. 즉, 각각의 코칭 역량이 코칭 진행 과정에서 서로 영향을 주고받으면서 코칭의 흐름이 형성된다. 그리고 이것들은 코칭 초기 단계에서는 순서대로 진행될 가능성이 크지만, 코칭이 진행되면서 동시에 또는 순서와 관계없이 작용할 수도 있다.[23]

각각의 코칭 역량이 무엇을 의미하는가에 관해서는 앞으로 해당하는 부분에서 설명할 예정이기 때문에 여기서는 자세히 설명하지 않겠다.

〈표 2-3〉 11가지 코칭 역량(한국코치협회)

구분	역량
기초 세우기 (Setting the Foundation)	1. 윤리 지침과 전문적인 기준 충족하기 (Meeting Ethical Guidelines and Professional Standards)
	2. 코칭 합의하기 (Establishing the Coaching agreement)
공동의 관계 구축 (Co-Creating the Relationship)	3. 고객과의 신뢰와 친밀감 쌓기 (Establishing Trust and Intimacy with the Client)
	4. 코치로서의 존재감(함께 해 주는 코칭) (Coaching Presence)
효과적인 의사소통 (Communicating Effectively)	5. 적극적 경청 (Active Listening)
	6. 강력한 질문하기 (Powerful Questioning)
	7. 직접적인 의사소통 (Direct Communication)
학습과 결과 촉진 (Facilitating Learning and Results)	8. 자각(의식 확대)하기 (Creating Awareness)
	9. 행동 설계하기 (Designing Actions)
	10. 계획 수립과 목표 설정 (Planning and Goal Setting)
	11. 진행 및 책임 관리하기 (Managing Progress and Accountability)

라. 코칭 시스템

코칭 시스템(coaching system)의 개념에 대한 논의 역시 찾아보기가 힘들다. 다만, 실제 코칭 현장에서는 몇몇 코치들이 코칭 시스템을 코칭 모델, 코칭 프로세스, 코칭 대화 모델 등과 유사한 개념으로 혼용하여 사용하고 있다. 하지만, 그 역시 코칭 시스템을 설명하기에는 부족하고 적절하지 않다. 따라서 여기에서는 시스템(system)이라는 개념에 대해 살펴본 후에, 그것을 코칭에 원용하여 코칭 시스템을 설명하고자 한다.

1) 시스템의 정의와 속성

시스템은 부분들의 단순한 집합 이상의 의미를 지니는 서로 관련된 부분들의 집합 또는 복잡하지만 통일된 전체를 이루는 부분들의 집합이라고 정의할 수 있다.[24] 시스템이라는 개념은 은하계와 태양계, 자동차, 냉장고, 컴퓨터와 같은 기계적 장치, 그리고 주택이나 주방에도 적용된다. 그런가 하면 인간이나 동물 등과 같은 유기체에도 적용할 수 있고, 사람들이 모인 사회, 기업, 학교, 병원 및 교회 등과 같은 조직에도 적용할 수 있다. 이렇듯 시스템이라는 개념이 광범위하게 적용되는데, 이들 모두에게 적용되는 공통점이 있다. 전체는 서로 관련된 부분들의 집합이지만, 그렇다고 전체가 부분들의 단순한 집합은 아니라는 점이다.

시스템은 네 가지 속성을 가지고 있다.[25]

첫째, 시스템은 목표 지향성이 있다. 예컨대, 생물 시스템은 생존과 번식이라는 목표가 있고, 인간(시스템)은 생존 · 안전 · 존경 · 자아실현 욕구가 있다. 기업(경영) 시스템 역시 재화와 용역(서비스)의 생산과 판매를 통한 이윤 창출 등과 같은 고유의 목표가 있다.

둘째, 시스템은 환경 적응성이 있다. 시스템은 자신을 둘러싸고 있는 환경과 부단한 상호작용을 하고 있다. 환경 속에서 잘 적응하면 시스템은 살아남고, 그렇지 못하면 발전하지 못하거나 생존에 위협을 받는다.

셋째, 시스템은 분화와 통합성이 있다. 하나의 전체 시스템이 여러 개의 시스템으로 분화되고, 그것이 다시 전체로서 통합된다는 것이다. 따라서 하위 시스템은 자신을 포함하는 전체 시스템이 없으면 존재할 수 없고, 다른 하위 시스템과의 밀접한 상호의존성을 바탕으로 전체 시스템에 통합되어 있다. 이것은 시스템의 유지와 발전을 위해서는 시너지(synergy)가 필요하다는 의미를 함축하고 있다.

마지막, 시스템은 '투입 - 전환 - 산출'의 과정이라는 속성이 있다. 시스템은 외부 환경으로부터 투입물(input)을 받아들여 내부 전환 과정(transformation process)을 거쳐 산출물(output)을 만들어 내는 전체 과정이다. 여기서 생긴 산출물은 피드백(feedback) 과정을 거쳐 시스템의 다음번 순환과정을 위한 투입물이 된다. 어떤 시스템의 생명을 보존하기 위해서는 이 과정이 계속해서 순환된다.

코칭은 이런 특성을 가진 시스템과 두 가지 측면에서 관련이 있다. 하나는 코칭 자체가 시스템을 가지고 있다는 점에서 그렇고, 다른 하나는 코칭은 철저하게 시스템적 접근법(system approach)으로 보아야 한다는 점에서 그렇다. 전자는 협의의 관점에서 코칭을 바라본 것으로, 코칭의 외형적인 측면을 강조한 것이다. 이에 비해 후자는 광의의 관점에서 코칭을 바라본 것으로, 코칭의 내면적인 특성을 강조한 것이다. 따라서 코칭 시스템은 이런 개념을 바탕을 두면 체계적으로 이해할 수 있다. [그림 2-2]는 일반적인 시스템과 코칭 시스템을 비교한 것이다.

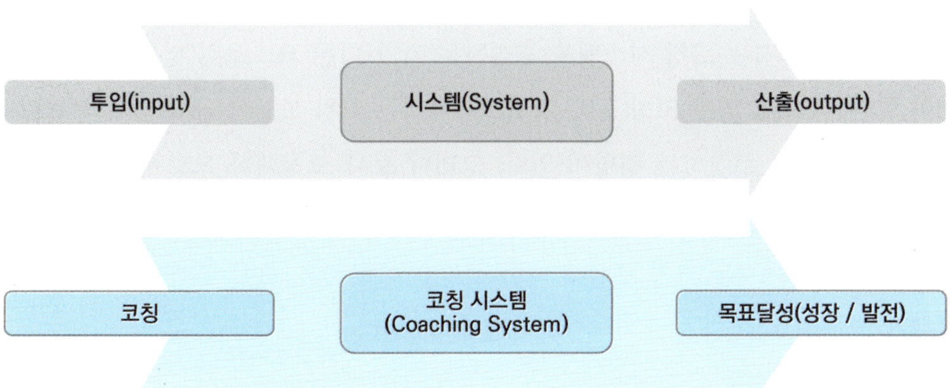

[그림 2-2] 시스템과 코칭 시스템 사이의 비교

2) 코칭 시스템의 정의와 구성

코칭 시스템은 코칭에 필요한 여러 요소(element)가 종합적으로 모아진 집합체이다. 다시 말하면, 코칭은 코칭고객이 가지고 있는 주제나 이슈의 해결이라는 목표를 향해 각각의 요소들이 상호작용하는 부분들의 집합이다. 코칭 시스템을 구성하는 각각의 요소가 하나의 시스템 아래 상호작용하면서 영향을 주고받으며, 서로 피드백을 주고받는다. 따라서 코치와 고객은 하나의 총체적인 코칭 시스템 안에서 주어진 문제를 해결하기 위해 서로 협력하는 파트너인 것이다.

코칭 시스템에는 여러 가지 요소가 포함된다. 코칭 철학(coaching philosophy), 코칭 모델(coaching model), 코칭 기술(coaching skill), 코칭대화 프로세스(coaching conversation process), 그리고 코칭 프로세스(coaching process) 등이 그것이다. 이런 요소들이 각각 따로 작용하고, 또한 상호 작용하면서 코칭에 참가하는 주체들이 함께 해결하려는 이슈와 과제들에 영향을 끼치게 된다. 각각의 요소에 대해서는 이후의 장에서 상세하게 설명할 것이다.

다만, 여기서 한 가지 분명하게 짚고 넘어갈 것이 있다. 코칭 모델(coaching model)과 코칭대화 프로세스 모델(coaching conversation process model)을 시스템에 속하는 요소로서, 각기 달리 구분해야 한다는 점이다. 현재 코칭 현장에서 사용하고 있는 코칭(훈련) 프로그램에서는 이 두 가지를 명확하게 구분하고 있는 것 같지 않다. 앞서 언급했듯이, 두 가지는 코칭 시스템을 구성하는 각기 다른 요소로서 명확하게 구분되어야 한다. 하지만, 일부 코칭(훈련) 프로그램에서는 코칭 모델이 곧 코칭대화 프로세스라고 인식하고 주장하는 경향이 있다. 그러다 보니 코칭대화 프로세스가 다르면, 그것이 곧 또 하나의 코칭 모델인 것처럼 이해하는 관행이 지금까지 이어지고 있다. 바로 뒤에서 이어지는 코칭 모델에 대한 설명을 이해하면, 코칭 모델과 코칭대화 프로세스 모델이 어떻게 다른지 쉽게 이해할 수 있다.

마. 코칭 모델과 코칭의 핵심가치: 'ABCDE 코칭 모델'

코칭 모델(coaching model)은 코칭 철학과 함께 코칭 시스템을 구성하는 중요한 요소로서 별도로 설명할 필요가 있다. 코칭 모델과 코칭의 핵심가치(core value)는 서로 밀접한 관계에 있다.[26] 혹자는 코칭 모델을 구성하는 핵심가치를 코칭 철학의 연장선에 있는 것이라고 보기도 하지만, 엄밀하게 말하면 서로의 차원이 조금 다르다.

코칭 모델은 넓은 의미에서 코칭 철학을 바탕으로 코칭의 근간(根幹)이 되는 핵심가치들의 조합이다. 코칭에 대한 시각, 코칭 철학 등 어떤 코칭 프로그램의 밑바탕에 흐르는 관점이나 핵심가치를 총괄하는 개념이다. 이것은 코칭의 정체성을 말하는 것이고, 다른 서비스와 구분 짓는 코칭의 고유한 스펙트럼이자 독특한 색채를 말한다.[27] 한편, 코칭 모델은 좁은 의미에서 어떤 하나의 코칭 프로그램에서 강조하는 가치들의 조합을 이르기도 한다.[28] 게리 콜린스는 그의 저서에서 코칭 모델에 대해 코치와 코칭고객에게 코칭 여정을 안내하는 유용한 표지판이나 지도와 같은 것이라고 말했다.[29]

따라서 어떤 코칭 프로그램의 성격이나 정체성을 제대로 알기 위해서는 그것이 지향하는 가치들의 조합인 코칭 모델을 확인하면 된다. 코치도 코칭 모델을 확인한 후에 자신이 배우거나 활용할 코칭 프로그램을 선택하면 된다. 즉, 코치는 자신이 동의하는 가치들로 구성된 코칭 프로그램을 선택하여 활용하면 된다. 다시 말하면, 어떤 코칭 프로그램에서 특별히 강조하는 핵심가치들이 없다면, 그것은 프로그램의 정신이나 정체성이 없는 것과 마찬가지이다. 게리 콜린스도 존재하는 여러 가지 유용한 코칭 모델을 살펴보면서 각각을 평가한 후에, 코칭 주체들이 어떤 것이 바람직한지 결정하는 작업은 가치 있는 것이라고 주장했다.[30]

코칭 프로그램 개발자도 코칭 모델에 대한 자신의 견해를 먼저 정리하는 과정이 꼭 필요하다. 이것은 그가 개발하는 코칭 프로그램의 뼈대를 구성하는 것이다.[31] 그 위에 살을 붙이면 코칭 프로그램의 모습이 확연하게 드러나기 때문에 코칭 프로그램 개발자가 코칭 모델에 대해 생각하는 것은 아주 중요한 일이다.

코칭 모델은 코칭(프로그램)에서 강조하는 핵심가치들의 조합이다. 코칭 모델이 지닌 이런 특성으로 인해 코칭 프로그램 개발자나 코치에 따라 각기 지향하는 핵심가치가 달라질 수밖에 없다. 이것은 고유함에 관한 것일 수도 있어서 어쩌면 일치된 견해가 있을 수 없을지도 모른다. 그래서 여기서 현존하는 모든 코칭 프로그램의 코칭 모델, 즉 지향하는 핵심가치들을 소개한다는 것은 쉽지 않은 일이다.

이 책에서는 '파워웰빙 코칭 프로그램'(P·O·W·E·R Wellbeing Coaching program)의 바탕이 되는 핵심가치만 소개하고자 한다. 다섯 가지 핵심가치, 즉 인식(또는 자각, awareness), 행위(behavior), 의사소통(communication), 성장(또는 발전, development), 그리고 임파워먼트(empowerment)가 그것들이다. 이것들을 통틀어 'ABCDE 코칭 모델'이라고 부르는데,[32] 구체적으로 살펴보면 다음과 같다.

1) 인식(또는 자각)

코칭에서 인식과 관련하여 알아 두어야 할 것은 코칭고객의 현재 상태(또는 상황)를 인식하는 것과 고객이 진정 누구인지를 인식하는 것이다. 다시 말하면, 코칭에서는 고객이 처한 상황과 고객 자신을 인식하는 것이 무엇보다 중요하다. 따라서 코치는 각각에 대해 다음과 같은 관점에서 코칭을 진행해야 한다.

첫째, 코치가 해야 할 일은 코칭고객이 깊이 생각함으로써 자신이 해결하길 바라는 이슈의 핵심이 무엇인지 깨닫도록 돕는 것이다. 그런 의미에서 코칭은 코치가 고객이 겪고 있는 과제와 이슈의 본질을 각각 인식하도록 지원하는 것을 말한다. 때때로 사람들은 자신의 삶에서 무엇인가 빠져 있다는 것을 깨닫지 못하는 경우가 있고, 설사 깨닫더라도 그것이 무엇인지 모르는 경우가 많다. 자신에게 불만을 가져다주는 것이 무엇인지 자각하지 못하거나 자신이 진정으로 원하는 목표가 무엇인지 인식하지 못한다면 성장하기 어렵다. 자신의 성장과 발전을 위해 어떤 행동을 취해야 할 때, 그것을 가로막는 장애물이 무엇인지 인식하지 못한다면 통제하기 어렵다.

그러나 어떤 사람이 자신을 괴롭히고 통제하는 것이 무엇인지, 성장과 발전을 가로막는 것이 무엇인지, 그리고 자신이 바라는 것을 이루는 데 필요한 행동이 무엇인지 인식한다면, 그에 대한 어떤 조치도 쉽게 취할 수 있다. 코치는 바로 이런 활동을 돕는 조력자이다. 이런 인식을 통해 비로소 진전(advance)이 일어나는 실마리를 찾을 수 있다.

둘째, 코치가 해야 할 또 하나의 일은 앞의 과정을 통해 코칭고객 스스로 자신이 누구인지를 인식하도록 돕는 것이다. 이것은 고객 스스로 동기를 분석하고 현재 행동의 원인을 찾거나, 해결할 문제를 찾는 것에 국한하지 않는다. 한 걸음 더 나아가 고객의 강점과 약점, 열정, 가치관, 삶의 목적을 인식하도록 돕는 것이다. 이것은 고객의 현재 상태를 인식하는 것보다 더 중요하고 근본적인 작업이다. 특히 코치가 고객의 가치관을 제대로 인식하도록 돕는다면, 그가 가지고 있는 많은 코칭 주제들을 해결하는 데 큰 도움을 줄 수 있다.

가치관은 한 개인의 삶 깊숙이 뿌리내린 신념이자 중요한 것이며, 정체성을 가장 분명하게 규정하는 특성들로써, 성품, 행동, 태도, 윤리, 개인적인 신념의 토대가 된다.[33] 한 마디로 내가 누구인지를 규정하는 것이 곧 가치관이다. 이것은 일상생활에서 나타나는데, 특히 스트레스나 위기 또는 중요한 의사결정의 순간에 분명하게 나타난다. 어떤 개인이나 집단이 곤경에 빠졌을 때 그들에게 가치관이 무엇인지 되돌아보게 하면, 자신이 나가야 할 방향을 명확히 구분하고 가치를 성취하는 방향으로 동기부여가 되는 것을 발견할 수 있다.

이처럼 가치관에 대해 진지하게 생각해 볼 기회를 맞는다면, 사람들은 기존에 하지 않았던 변화를 시도해야 할 때나 어려운 결정을 해야 할 때 올바른 방향으로 갈 수 있다. 이런 인식 과정을 통해 자율적 창조(autonomous creation)의 기반이 형성된다. 따라서 코치가 코칭고객의 가치관을 인식하도록 돕는 것은 고객 자신의 정체성을 비롯하여 인생 전체를 바라보도록 하는 아주 의미 있는 일이다. 물론 자신의 가치관을 인식하는 것은 코치에게도 마찬가지로 적용되는 중요한 일이다.

2) 행위

사람들이 코칭 받기를 원하는 것은 행위를 통해 무엇인가를 얻게 되리라고 기대하기 때문이다. 그래서 코칭은 코칭고객의 의미 있는 변화를 돕기 위한 작업이다. 한 개인이 어떤 문제에 직면해 있을 때, 그 문제를 원만하게 해결하기 위해서는 무언가 변화를 시도해야 한다. 예전과 똑같이 행동한다면 어떤 것도 변화하지 않고, 문제를 원만하게 해결하기 어렵다. 따라서 무언가를 성취하려면 반드시 변화가 선행되어야 한다. 이 변화는 행위와 직결되어 있다.

코치는 코칭고객이 측정 가능한 목표를 세우고 그것에 도달하도록 움직이는 행위에 초점을 맞추고 코칭을 진행한다. 바꾸어 말하면, 코칭은 어떻게 하면 고객이 달라지고, 내적으로 변화하는지에 우선순위를 둔다. 코칭은 사고방식의 변화와 함께 고객이 취하는 행위가 어떻게 변화하는지에 초점을 맞추는 행위 지향적인 활동이다. 결국, 코칭은 결정을 내리고, 생활양식을 평가하며, 일상생활에서 불필요한 것에 대해 경계를 긋는 행위와 관련된다. 그리고 변화에 필요한 훈련을 하며, 새로운 인간관계를 맺는 등 실제로 실행에 옮겨야 하는 행위와 연관되어 있다. 행위의 완전한 변혁이 코칭의 궁극적인 목적이다.[34)] 이런 행위가 긍정적인 차원에서 반복될 때, 자신과 타인에 대한 믿음(belief)이 생긴다.

3) 의사소통

의사소통은 어떤 집단이나 조직 안에 속한 사람들 사이의 정보 교환이고, 동기를 부여하는 것이며, 감정을 표출하는 것이다. 그래서 의사소통은 의미를 전달하고자 하는 사람의 뜻과 의미가 잘 전달되어야 하고, 듣는 사람은 그것을 잘 이해해야 한다. 이처럼 정보의 발신자와 수신자 사이에 의사소통이 원활하지 않으면, 여러 가지 불편함과 왜곡 현상이 생긴다. 목표를 달성하는 데 애로가 발생하고, 조직이 지향하는 가치와 문화를 공유하기 어렵다. 일방적인 지시와 명령이 항상 효과적인 의사소통 수단일 수는 없다.

코칭은 쌍방향 의사소통(two-way communication)을 지향한다. 코치와 코칭고객이 단순한 대화가 아닌 상호작용(interactive)을 하는 생산적인 의사소통을 한다. 그래서 코칭은 코치가 고객과 서로 의미 있는 의사소통을 함으로써 그가 자신의 문제를 스스로 해결할 수 있도록 돕는 것이다. 그리고 이 과정을 통해 고객이 가지고 있는 무한한 잠재력과 가능성을 깨닫도록 지원하는 것이다. 코치와 고객은 언어적 · 비언어적 메시지를 주고받으면서 공감대를 형성하고, 문제의 해답을 찾기 위한 긴 여정을 함께 한다. 이런 과정에서 고객은 창의적인 발상(creative thinking)을 떠올리게 된다. 이때 코치와 고객은 서로 수신자와 송신자의 역할을 동시에 수행하기 때문에 일방적으로(one-way) 의사소통을 하는 경우보다 더욱 효과적으로 의사소통을 할 수 있다. 이러한 상호 우호적인 분위기를 형성하기 위해서는 서로 신뢰하는 것이 무엇보다 중요하다. 따라서 코치는 고객이 마음의 문을 열 수 있도록 적극적이고 헌신적으로 코칭에 임해야 한다.

4) 성장(또는 발전)

코칭은 성장과 발전을 지향하는 프로세스(development process)이다. 코칭은 코칭고객이 단순한 문제해결 차원을 넘어 자신의 미래를 창조함으로써 궁극적으로 자신이 바라는 방향으로 성장하고 발전하도록 지원하는 과정이다. 코칭은 갖가지 문제 속에서 헤매고 있는 고객을 끌어올려 건져 주는(help) 것이 아니다. 고객 자신의 문제를 스스로 해결하도록 지원하는(support) 일련의 절차이다. 그런 의미에서 코칭은 고객의 내면에 숨어 있는 가능성과 에너지의 원동력을 스스로 찾고, 그것을 바탕으로 자신이 바라는 목표를 달성하여 계속해서 발전하도록 돕는 창조적인 활동(creative activity)이다.

코치는 코칭을 진행하는 동안 때에 따라서 코칭고객이 과거에 이룩한 성공적인 경험과 수행상의 성취에 대한 기억을 되살리도록 돕는다. 과거의 성공 요인과 그때 느낌을 현재 시점에서 다시 깨닫고 느끼게 함으로써 문제를 해결할 수 있는 자신감을 자극한다. 그리고 실행의 원동력인 에너지를 올리도록 격려한다. 그런 차원에서 코칭은 고객의 자기효능감(self-efficacy)과 자각 능력(awareness)을 개발시키도록 지원하는 역량개발과정이기도 하다. 이런 과정을 거치면서 고객은 의사결정(decision making)이나 자신만의 고유한 차별화(differentiation)에 대해 눈을 뜬다.

물론 상담이나 컨설팅도 그 서비스를 누리는 사람의 성장을 전혀 논외로 하는 것은 아니다. 다만, 해답을 찾기를 원하는 성장의 주체, 즉 코칭고객이 원래 지닌 잠재력과 가능성을 진심으로 믿느냐는 점에서 코칭과 차이가 있을 뿐이다. 코칭에서는 고객이 코칭을 진행하는 과정을 통해 자발적으로 성장하여 궁극적으로 리더로서 발전하기를 진심으로 바란다는 점에서 상담이나 컨설팅과는 확실하게 다르다.

5) 임파워먼트

임파워먼트는 사전적으로 '파워를 크게 한다'는 의미를 지니고 있다. 임파워먼트의 의미는 세 가지로 구분할 수 있다.[35] 첫째, 임파워먼트는 합법적인 권한을 올바르게 행사한다는 의미를 지닌다. 둘째, 임파원먼트는 무언가를 해낼 수 있는 능력을 의미하는 것으로, 업무 수행에서의 자신감이라는 의미이다.[36] 셋째, 임파워먼트는 에너지(energy)를 불어넣거나 활력을 갖도록 한다는 의미를 지닌다. 이처럼 임파원먼트는 권한 위임(위양)의 의미와 동기부여(motivation)의 의미가 모두 포함된 개념이다. 그래서 임파워먼트는 한 개인이 자신의 업무를 유능하게 수행할 수 있다고 느끼도록 하는 활동과 그 과정에서 계속해서 주도권을 행사하는 것을 중시한다.[37]

코칭은 임파워먼트가 전제된 상태에서 코치와 코칭고객 사이에 서로 헌신하는 파트너십을 바탕으로 진행된다.[38] 코칭은 고객이 자신의 문제를 스스로 해결할 수 있는 해답을 찾도록 코치가 권한을 위임하거나 힘을 불어넣는 과정이다. 이때 코치는 자율성과 책임감이 전제된 상태에서 고객에게 임파워먼트를 제공한다. 그러면 고객은 자신에게 위임(부여)된 권한을 효과적으로 활용하여 문제해결의 주도권을 쥐게 된다. 그리고 자신에 대한 기대(expectation)에 부응하기 위해 에너지(energy)와 용기(encourage)를 가지게 되고, 바라는 결과를 만들어 낸다.

그래서 코칭이 제대로 이루어지려면, 코치는 코칭고객이 자신의 문제를 스스로 해결할 수 있다는 믿음을 갖도록 도와주고, 그가 해답을 찾을 때까지 인내심을 갖고 기다려 줄 필요가 있다. 즉, 코치에게는 헌신하는 파트너로서 인내하는 정신과 태도가 필요하다. 나아가 고객이 자신감을 지니도록 그를 칭찬하고 지지하며, 격려하고 인정해 주어야 한다. 그럴 때 비로소 고객은 코치와 진정한 신뢰 관계를 형성할 수 있다. 이처럼 한 사람을 성장하고 발전시키고자 하는 코치의 진지한 노력과 그런 코치를 전적으로 신뢰하는 고객 사이의 상호 헌신을 바탕으로 임파워먼트가 제대로 실행될 때, 두 사람 사이에 강력한 인적 유대감이 형성될 수 있다.

이상에서 설명한 다섯 가지 핵심가치를 통틀어 'ABCDE 코칭 모델' 또는 '코칭의 가치오각형'(Value Pentagon of Coaching)이라고 부르기로 한다.[39] 이것을 그림으로 정리하여 표현한 것이 [그림 2-3]이다.

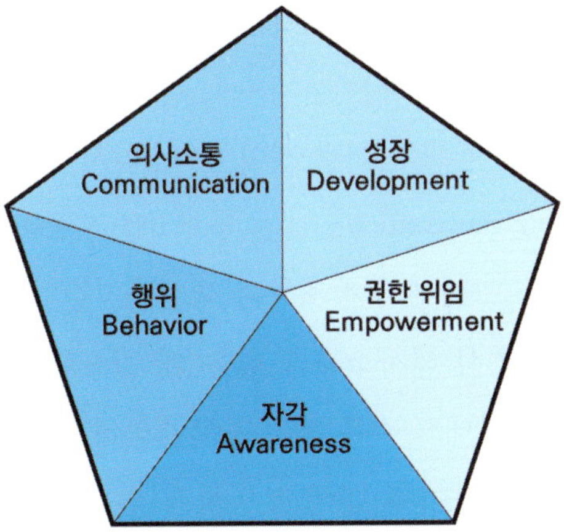

[그림 2-3] ABCDE 코칭 모델(코칭의 가치오각형, 조성진, 2015)ⓒ

[그림 2-4] ABCDE 코칭 모델과 다양한 효과

이 다섯 가지 핵심가치들이 앞서 설명한 코칭 시스템을 거치면 다양한 효과를 발휘하는 데, 그것을 그림으로 표현한 것이 [그림 2-4]이다. 이것은 앞서 각각의 핵심가치를 설명하는 과정에서 개별 가치들이 코칭을 통해 무엇을 자극하고, 어떻게 새로운 개념으로 전이되는지를 설명할 때 간단하게 언급한 바 있다. 예컨대, 코칭고객의 새로운 인식은 코칭 시스템을 통해 그의 자율성을 자극하고, 코치와 고객의 행위는 코칭 시스템을 통해 상호 신뢰가 쌓이는 데 이바지한다. 코치와 고객이 코칭 시스템을 통해 의사소통이 잘 되면 공감대가 형성되고, 고객은 성장하고 발전하면서 차별화를 이루게 된다. 그리고 코치가 코칭 시스템을 통해 코칭고객에게 임파워먼트를 제공하면, 고객은 에너지를 얻는다.

여기서 다시 한번 분명히 짚고 넘어갈 것이 있다. 앞서 언급한 코칭 모델과 코칭대화 프로세스 모델(coaching conversation process model)을 혼동하지 말아야 한다는 점이다. 전자는 어떤 코칭 프로그램에서 강조하는 핵심가치들의 조합이다. 이에 비해 후자는 실제 코칭을 진행하면서 의사소통을 하는 데 필요한 구조화된 절차를 의미한다. 두 개념이 확연하게 다른데도 같은 개념으로 혼동하는 경우가 가끔 발생한다. 따라서 코치는 이 두 개념의 차이에 대해 분명하게 인식하고 주의할 필요가 있다.

바. 코칭 기술

1) 코칭 기술의 정의

코칭 기술(coaching skill)도 코칭 철학이나 코칭 모델과 함께 코칭 시스템을 구성하는 중요한 요소이다. 따라서 여기에서 잠시 언급할 필요가 있다. 코칭을 집 짓기에 비유하자면, 코칭 철학은 코칭의 기초를 든든하게 받쳐 주는 기초와 같은 것이고, 코칭에서 지향하는 핵심가치들의 조합인 코칭 모델은 뼈대나 기둥과 같은 역할을 한다. 그리고 코칭 기술은 벽과 같은 역할을 함으로써 코칭의 모습을 이루어 가는 데 중요한 역할을 한다. 그런 차원에서 여기에서 코칭 기술에 대해 개괄적으로 살펴보는 것은 의미 있는 일이다.

코칭 기술은 코칭을 진행할 때, 코치가 주로 사용하는 구체적인 행동기술을 말한다.[40] 이들 코칭 기술은 코칭고객이 해답을 스스로 찾도록 돕는 과정에서 코치가 실제로 활용하는 것들이다. 이것들은 코치가 사전에 반드시 익혀 두어야 하고, 고객과 코칭을 진행하는 과정에서 꼭 필요한 실질적인 기술들이다.

사람들이 일상적인 대화를 할 때도 약간의 기술이 필요한데, 그것보다 더 전문적인 서비스인 코칭을 진행할 때 더 많은 기술이 필요한 것은 당연하다. 따라서 코치는 다양한 코칭 기술을 잘 익혀서 코칭을 진행할 때, 그것들을 적절하게 활용할 줄 알아야 한다. 이런 차원에서 보면, 코치가 개별 현장에서 실제로 코칭을 진행할 때 가장 필요한 것이 코칭 기술이다.

2) 코칭 기술의 구분

코치들이 사용할 수 있는 코칭 기술은 다양하다. 실제로 아워바흐(Auerbach)는 그의 저서에서 모두 17가지의 코칭 기술을 소개하고 있다.[41] 물론 전문코치들에 따르면, 그 수가 100여 가지가 넘는다고 한다. 하지만 현재 통용되고 있는 대부분의 코칭 프로그램에서는 대개 4~7가지의 핵심적인 코칭 기술들을 소개하고 있다.

코칭 기술을 구분하는 기준에 대한 일치된 견해는 아직 없다. 다만, 국내에서는 전문코치나 코칭 연구자들이 각자의 경험과 관점에 따라 자주 활용되는 코칭 기술을 중심으로 몇 가지를 구분하여 소개하고 있는 정도이다.[42]

이 책에서는 코칭 기술을 크게 나누어 의사소통 기술(communication skill)과 대인관계 기술(interpersonal skill)로 구분하고자 한다.[43] 전자는 코칭을 진행할 때 고객에게 직접 활용하는 핵심적인 기술인 경청하기, 질문하기, 피드백 기술을 말한다. 후자는 코치가 갖추면 바람직한 개인 차원의 일반적인 기술로써, 고객의 상황을 파악하거나 그와 원만한 관계를 유지하는 데 필요한 직관(intuition) 기술과 자기관리(self-management) 기술을 말한다. 게리 콜린스는 코치가 가져야 할 가장 중요한 핵심적인 기술은 경청하고, 강력하게 질문하며, 반응하는 것이라고 설명했다. 그리고 이것들을 완벽하게 구사하는 코치가 가장 유능하고 성공적인 코치라고 강조했다.[44]

여기서 현재 현장에서 활용되는 모든 코칭 기술에 관해 설명하기에는 무리가 있다. 따라서 이 책에서는 제3장과 제4장에서 대개의 프로그램에 다루고 있는 코칭 기술 가운데 몇 가지 핵심적인 것들에 대해 집중적으로 설명할 것이다.

3. 코칭 효과

가. 코칭 효과

코칭 효과(coaching effect)는 코칭에서 가장 주된 관심사이고, 어떤 조직에 코칭 도입의 명분을 제공하는 것이다. 코칭고객 뿐만 아니라 전문코치, 기업의 코칭 담당자와 임원 그리고 코칭 도입을 고려하는 이해관계자들의 가장 큰 관심은 역시 코칭 효과이다. 따라서 코칭이 정말 효과적이라는 다양한 증거가 있다면, 그것들은 코칭 활성화를 위해 아주 좋은 신호이자 촉매제가 될 것이다.

다행스럽게도 최근까지 학술적인 연구를 통해 코칭 효과를 확인한 증거들이 많이 발견되었다. 코칭이 국내에 도입된 이래 2017년까지 발간된 코칭 관련 학술지 논문을 분석한 결과에 따르면, 총 326편의 코칭 논문 가운데 40%에 가까운 123편이 코칭 효과를 검증한 것으로 나타났다.[45] 그 연구결과에 따르면, 코칭은 개인의 자기효능감, 자아존중감, 인식 수준, 창의적 행동, 회복탄력성, 경력계획 실천행동, 진로준비행동 및 시간관리행동 등에 긍정적인 영향을 미치는 것으로 나타났다. 그리고 의사소통능력, 리더십, 감성지능과 조직의 관심 사항인 조직몰입, 직무몰입, 직무만족, 직무성과, 조직시민행동 및 고객만족 등에도 긍정적인 영향을 끼치는 것으로 확인되었다.

이런 결과를 종합적으로 고려하면, 코칭은 개인, 집단 및 조직에 긍정적인 효과를 가져다주는 수단이라는 것이 확인되었다. 그리고 코칭은 철학적 근거에 바탕을 둔 의미 있는 패러다임이라는 것도 검증되었다.

이 책에서 그 효과들을 모두 소개하는 일은 쉽지 않다. 따라서 여기에서는 학술적인 연구결과들을 바탕으로 확인된 코칭 효과 가운데 의미 있는 몇 가지를 추려서 소개하고자 한다.[46]

1) 자기효능감 향상

자기효능감은 특정한 과업을 성공적으로 수행할 수 있는 자신의 능력에 대한 지각된 판단이고, 개인적인 믿음이며 기대이다.[47] 즉, 자기효능감은 개인이 소유하고 있는 기술을 의미하는 것이 아니라, 개인이 가지고 있는 기술을 어느 정도 수행할 수 있는가에 관한 판단을 의미한다. 그래서 자기효능감이 높은 사람은 어려운 일을 맡았을 때도 기꺼이 자신을 개입시키고 헌신하려는 경향이 있다.

이런 자기효능감은 과거의 성취 경험, 대리경험, 언어적 설득 그리고 생리적인 상태를 통해 형성하거나 강화된다. 다시 말하면, 반복적으로 수행된 과거의 성취 경험은 기술 수준을 향상하고 대처능력을 키워 주며, 과업 성취를 위해 필요한 지식을 얻게 해 줌으로써 자기효능감을 높인다. 그리고 어떤 과제가 전혀 경험해 보지 못한 것일지라도 다른 사람들이 성공적으로 과업을 완수하는 모습을 지켜봄으로써 얻는 대리경험을 통해 자기효능감이 높아질 수 있다. 나아가 어려움에 직면했을 때, 권위 있는 다른 사람들이 자신의 능력에 대해 믿음을 나타내며 설득할 경우, 자기효능감이 높아질 수 있다. 그리고 긴장하거나 불안한 감정에 사로잡히지 않을 때 자기효능감이 높아질 수 있다.[48]

이런 자기효능감의 4가지 결정요소는 코칭에서 강조하는 것과 매우 밀접한 관계가 있다. 실제로 현장에서 활동하는 전문코치들은 이런 사실에 주목하여 코칭을 진행하는 경우가 많다. 이처럼 코칭을 통해 자기효능감이 향상된다는 것은 많은 연구 결과를 통해 증명되었다.[49]

2) 조직몰입, 직무만족 및 직무성과 향상

조직몰입(organizational commitment)은 개인이 조직과 동일시하고 공헌하는 것에 대한 상대적인 강도를 나타내는 것이다. 즉, 조직몰입은 조직의 목표와 가치를 굳게 믿고 받아들이고, 조직을 위해 기꺼이 수많은 노력을 기울이며, 구성원의 자격을 유지하려는 강한 욕구이다.[50] 그리고 조직몰입은 조직의 목표나 가치에 대한 강한 신념이며, 조직구성원에게 내재화되어 자발적으로 조직에 대한 노력을 기울이는 것이다.[51] 선행연구에 따르면, 성취 욕구, 권력 욕구, 정보 욕구, 자기효능감, 집단의 규범, 목표의 일체성, 조직 분위기, 리더의 리더십 스타일, 보상의 공정성, 직무에 대한 도전감 등과 같은 것들이 조직몰입에 긍정적인 영향을 미치는 것으로 나타났다.

직무만족(job satisfaction)은 개인이 직무수행이나 직무 경험에 관한 평가 결과로 얻게 되는 유쾌함이나 긍정적인 감정 상태이다. 직무만족은 개인이 맡은 직무에 대해 갖는 일반적인 만족 정도를 나타내는 것이다. 이것은 개인의 태도와 가치, 신념, 욕구 등의 수준에 따라 직무와 근무환경에 대한 평가에서 얻어지는 유쾌한 감정적, 정서적인 만족 상태를 말한다(Locke, 1976). 그래서 높은 수준의 직무만족을 느끼는 사람은 직무에 대한 긍정적인 정서를 지니고 있고, 자신의 직무에 대해 불만족을 느끼는 사람은 직무에 대해 부정적인 정서를 지니고 있다고 볼 수 있다.[52] 선행연구에 따르면, 직무만족에 긍정적인 영향을 미치는 것은 직무 자체, 임금, 승진, 상사, 동료, 작업집단, 작업조건, 자기효능감 등과 같은 것으로 나타났다.

그리고 직무성과(job performance)는 조직이 현재 실행하려는 목표를 달성하는 정도 또는 조직이 행동, 생산, 적응하기 위해 조직력을 발휘하는 능력을 말한다. 다시 말하면, 직무성과는 개인의 행동이 조직 목표 달성에 얼마나 공헌하는가를 측정한 것이다. 이에 비해 개인성과는 자기 자신의 목표를 달성한 정도를 말하는 것으로, 개인의 기대와 그 목표가 개인에게 부여하는 가치의 산물이라고 할 수 있다. 이런 직무성과에 긍정적인 영향을 미치는 것들은 성격, 자기효능감, 긍정적 정서, 상사에 대한 신뢰 등인 것으로 확인되었고, 셀프 리더십이 개인성과에 긍정적인 영향을 끼치는 것으로 나타났다.[53]

구성원의 조직몰입, 직무만족 및 직무성과가 코칭을 통해 향상된다는 것은 많은 연구결과를 통해 증명되었다.[54] 이것은 코칭이 결국 조직의 경쟁력 강화에 바람직한 영향을 미칠 수 있다는 것을 의미한다. 나아가 코칭이 각 조직의 인적자원관리에 있어 유용한 수단이 될 수 있다는 것을 말한다.

3) 가족관계의 향상

가족은 사회 전체의 새로운 구성원을 생산하는 기능을 수행하고, 개인의 문화적 · 경제적 · 사회적 욕구를 충족시켜 나가는 공동체적 생활양식을 갖는 집단이다. 그 안에서 가족 구성원은 정서적 유대감을 가지고 각자의 역할을 하며 가족관계를 맺어 간다. 이처럼 가족관계는 한 가족 내 구성원 사이의 인간관계를 의미하는 것으로, 가족의 기능 및 건강성 등을 특징짓는 중요한 척도이다. 특히, 가족 구성원 사이의 정서적인 유대감과 개방적이고 원활한 의사소통 능력을 바탕으로 한 상호친밀성과 수용존중성은 가족관계의 핵심적 측면을 구성하는 요인이다.[55]

그런데 가족관계는 고정된 것이 아니라 시간의 경과와 환경의 변화에 따라 바뀐다. 그래서 가족 구성원은 다양한 원인에 의해 어려움과 스트레스를 경험하고, 부부관계, 부모 - 자녀 관계, 노부모와의 관계 등 가족관계상의 위기를 느끼기도 한다. 이때는 심리적 갈등이나 부담도 증가한다. 대체로 이런 문제들에 대해서는 개인이 감수해야 하는 것으로 인식하기 때문에 조직이나 기업이 개입하는 것이 곤란해진다. 하지만, 가정 문제가 직장이나 조직 생활에 영향을 미치게 되면, 결국 일 - 가정 갈등(work-family conflict) 현상이 나타난다.

그래서 기업은 가족 문제에 관해 관심을 가지지 시작했다. 즉, 가족관계는 조직이나 기업의 인적자원관리 차원의 과제로 떠오르기 시작한 것이다. 특히 우리나라의 경우, 급속하게 진행되는 저출산 및 고령화 현상에 대해 대비한 기업의 우수 인재 확보와 유지, 장기 재직 및 이직 방지, 노동자의 삶의 질 향상 등을 위한 차원에서 일 - 가정 균형(work-family balance)에 관한 다양한 정책이 도입되기 시작했다.

이런 과정에서 가족관계 향상을 위해 코칭을 접목하는 시도들이 계속 이어지고 있다. 그 결과 코칭이 가족관계에 긍정적인 영향을 미친다는 점을 확인한 수많은 연구가 발표되었다. 예컨대, 코칭은 가족의 역할에 있어서 효율성을 증대시키고, 자녀와 부모 사이의 원활한 관계 정립을 통한 가족의 잠재력을 실현하는 데 도움을 준다. 그리고 코칭이 가족 구성원 모두가 자신의 가능성을 최대한 발휘하는 데 도움을 준다는 것이 밝혀졌다.[56] 그리고 공무원과 대학생을 대상으로 한 연구에서 코칭이 가족관계를 긍정적인 방향으로 바꾼다는 것이 증명되었고,[57] 가족관계 향상을 위해 다양한 코칭 프로그램도 개발되고 있다.[58] 이처럼 조직의 관리 차원에서 볼 때, 코칭은 가족관계의 향상이나 일 - 가정 균형과 밀접한 관련이 있다.

4) 목표설정과 생산성 향상

기업 안에서 코칭을 진행할 때, 코치(상사)는 고객(부하 또는 구성원)이 스스로 자신이 달성해야 할 목표를 설정하고, 그것을 이루기 위한 효과적인 행동계획을 세우도록 격려하고 지지한다. 이처럼 관리자와 구성원이 함께 코칭을 진행할 때, 그들이 달성해야 할 성과 목표에 대해 충분히 토의하고 대화하면, 구성원은 그런 과정 자체에 대해 만족한다. 그리고 자신에 대한 피드백(feedback)이 공정하고 정확하다고 느끼며, 피드백 자체가 유익하다고 느끼는 등 긍정적인 결과를 가져다준다. 이것은 구성원의 행동에 긍정적인 변화를 가져다주고, 이것은 곧 성과와 생산성의 향상으로 이어진다. 이처럼 코칭은 조직 내 개인과 팀의 능력을 최대로 끌어올리는 효과가 있다. 이것은 지시하는 방식으로는 상상할 수 없는 코칭의 가장 큰 이점 가운데 하나이다.

5) 구성원의 만족도 향상과 공정성 인식

조직 안에서 어떤 의사결정을 하기 위해서는 구성원들끼리 많은 대화와 토의를 한다. 그런데 토의를 진행하는 동안 구성원에게 이바지할 기회를 제공하고 구성원이 편안하게 자신의 이야기를 할 수 있도록 충분히 배려하면, 구성원들은 토의와 대화에 쉽게 참여할 수 있다. 이처럼 구성원이 토의과정에 더 많이 참가할수록 토의 자체와 관리자에 대한 구성원의 만족도가 더욱 커지며, 성과 목표도 쉽게 달성한다. 그리고 상사가 부하(또는 구성원)를 돕고 지지하는 정도 차이가 관리자에 대한 만족도에 영향을 끼친다는 연구결과들도 있다.

코칭은 구성원의 가능성을 충분히 신뢰하고 그들의 상상력과 잠재력을 최대한 발휘하도록 돕는 것이다. 이때 코치와 코칭고객은 일방적인 지시나 명령보다 수평적인 입장에서 질문이 오가는 쌍방향 의사소통을 지향한다. 이때 코치인 상사가 구성원들이 최대한 편하게 자신의 의견을 충분히 피력하도록 배려한다면, 당연히 앞에서 설명한 좋은 결과가 나타날 수 있다.

6) 구성원 사이의 관계 증진과 직장생활의 질 향상

조직 안에서 코칭을 진행할 때, 구성원이 자신의 문제를 편안하게 얘기하도록 배려하고 권장하는 분위기 속에서 구성원 사이의 관계가 증진된다. 상사가 구성원에게 관심을 가지고 질문을 하는 행위 그 자체만으로도 구성원 자체와 그의 대답을 소중하게 생각한다는 사실을 보여 줄 수 있다. 이처럼 코치인 상사가 구성원을 소중히 여김으로써 인간관계가 증진되고 감정교류와 의사소통이 원활해진다. 지시하는 형태의 의사소통 방식으로는 이와 같은 감정의 교류가 쉽게 발생하지 않고, 소통의 문이 닫히게 된다. 그리고 구성원 사이에 인간관계가 원만해지기 어렵다.

구성원들은 자신이 충분히 존중받고 있다는 분위기 속에서 스스로 신바람 나게 일할 것이다. 그리고 구성원들은 많은 문제를 스스로 해결하고, 원하는 것들을 성취하게 된다. 궁극적으로 직장 분위기가 좋아질 것이고, 구성원들이 느끼는 직장생활의 질이 향상된다.

7) 동기부여 향상

한 연구 보고서에서는 관리 측면에서 볼 때, 구성원을 얼마나 지지하고 격려하느냐가 구성원의 동기부여와 상당한 연관이 있는 것으로 나타났다고 언급했다. 코칭은 구성원들이 스스로 일할 의욕을 가지도록 도와줌으로써 구성원의 동기를 북돋우게 한다. 누구나 무한한 가능성이 있다고 보고, 그가 겪고 있는 문제의 해답을 스스로 찾도록 수시로 지지하고 격려한다. 현재의 문제를 해결하기 위해 스스로 취한 행동과 진전된 변화들에 대해 최대한 인정하고 칭찬한다. 그리고 필요하다면, 과거에 성취한 경험들을 다시 떠올리도록 함으로써 현재의 의미 있는 변화를 돕기도 한다. 이런 일련의 배려와 조치들이 궁극적으로 구성원의 동기부여 향상에 어떤 형태로든 영향을 미치게 된다. 궁극적으로 구성원들은 이런 과정을 거치면서 정말 하고 싶어서 일하게 된다.

8) 감독자나 관리자에 대한 신뢰 형성

조직 안에서 모든 인간관계와 마찬가지로 상사와 부하 사이에도 신뢰는 중요한 것이다. 특히, 상사와 부하가 성과를 달성하고 그것을 평가를 받는 사이라면, 충분한 신뢰가 쌓여야 한다. 조직 안에서 상사와 부하 관계가 아닌 코치와 코칭고객 사이에도 신뢰가 충분히 쌓여 있을 때, 비로소 코칭을 시작할 수 있다. 신뢰가 형성되지 않고서는 유익한 코칭 대화도 이루어질 수 없다.

이런 차원에서 볼 때, 상사(코치)는 코칭을 진행하면서 구성원(코칭고객)이 자신의 문제에 대해 솔직하게 이야기하고, 구성원이 자신의 문제를 스스로 해결하도록 돕는 호의적인 분위기를 연출함으로써 신뢰를 쌓아갈 수 있다. 한 연구 보고서에서는 신뢰가 충분히 형성되었을 경우, 설령 대화의 주제가 구성원의 성과에 관한 것이라 하더라도 그에 대한 피드백을 믿을 만하다고 생각한다고 주장했다. 그리고 자신들에 대한 상사의 평가를 더욱 쉽게 수용하며, 피드백이 정확하다고 인지할 수 있게 되었다고 언급했다.

9) 구성원의 창의적 사고 촉진

다르게 생각하기, 새로운 연결성 만들기, 부분이 아닌 전체 보기 등은 창의적으로 되기 위한 핵심요소이다.[59)] 코칭은 구성원의 창의적 사고를 촉진한다. 코칭이 이루어지는 환경이나 코칭이 진행되는 과정을 보면, 코치는 고객이 두려움 없이 대답할 수 있도록 분위기를 조성한다는 것을 쉽게 확인할 수 있다. 코치는 고객이 자유롭게 사고하도록 도와주고, 자신의 문제를 스스로 해결하는 데 도움이 되는 창의적인 해답을 찾도록 적극적으로 배려한다. 이때 고객은 코치와 코칭을 진행하면서 문제를 해결할 수 있는 전혀 새로운 경로와 영역을 찾는다. 그리고 새로운 관점을 얻으며, 때로는 더 나은 목표를 찾게 되기도 한다. 이런 과정이 계속해서 반복되면, 아이디어가 아이디어를 낳는 바람직한 상황이 연출되기도 한다.

이처럼 코칭은 단순한 문제해결에 그치는 것이 아니고, 새롭고 신선한 사고와 접근방법을 생각해 내도록 돕는 힘이 있다. 즉, 고객이 깊이 생각하도록 질문함으로써 창조적으로 사고하기 위한 촉진 역할을 하는 것이 바로 코칭이다. 이런 차원에서 코칭은 창의적 접근방법 가운데 하나라고 할 수 있다.

10) 그 밖의 코칭 효과

베르너(Werner, J. M.)와 디시몬(DeSimone, R. L.)에 따르면, 코칭은 구성원의 개발과 학습 개선, 유연성과 변화에 대한 적응력 향상, 조직문화 혁신 등에 긍정적인 영향을 미치는 것으로 나타났다.[60) 구체적으로 살펴보면 다음과 같다.

첫째, 코칭은 현재의 자리를 떠나지 않고도 배울 수 있는 효과적인 학습방법이다. 기업에서 코칭을 도입할 경우, 구성원은 자신을 계발할 기회를 얻게 된다. 이것은 상사인 코치가 어떤 관리방식을 택하고 어떤 코칭 환경을 조성하느냐에 따라 구성원의 발전 여부가 달라진다는 것을 의미한다. 따라서 상사가 코칭을 통해 구성원이 지닌 무한한 잠재력을 최대한 발휘할 수 있도록 배려한다면, 구성원은 스스로 학습하고 발전할 충분한 기회를 지니게 된다.

둘째, 코칭은 급변하는 환경에 유연하고 능동적으로 대처하도록 돕는다. 경쟁 심화, 급속한 기술혁신, 불확실한 미래 등 급속한 환경변화는 우리에게 더 많은 것을 요구하고 있다. 그 결과 지금은 유연하고 탄력적인 개인과 조직만이 살아남는 시대가 되었다. 코칭은 개인과 조직이 이런 상황을 헤쳐 가는 유연성을 증대시키는 효과를 가지고 있다.

셋째, 코칭은 조직문화가 유의미한 방향으로 변화하는 데 촉매 역할을 한다. 코칭은 기업의 리더들이 성과 지향적인 문화를 창출하는 데 필요한 관리방식의 기초를 제시한다. 코칭을 통해 스스로 문제를 해결하는 능력을 키움으로써 창의적인 조직문화를 형성하고, 구성원들의 잠재력을 극대화하는 방안을 도출하는 것을 적극적으로 장려할 수 있다. 그리고 코칭은 상사와 부하가 성과 창출과 지속적인 혁신을 위해 협력하는 관계를 조성하는 등 바람직한 조직문화를 창출하는 데 이바지할 수 있다.

이상의 논의를 종합하여 보면, 우리는 선행연구를 통해 밝혀진 다양한 코칭 효과를 확인할 수 있었다. 그것을 정리한 것이 **[그림 2-5]**이다. 이것은 코칭이 영향을 미치는 변수들을 분류하여 정리한 것인데, 현재까지 확인된 코칭 효과를 변수별로 나누어 한눈에 볼 수 있다.[61] 물론 이 그림은 뒤에 설명할 코칭 효과 측정과도 연관이 있다. 여하튼 지금도 코칭 연구자들은 코칭 효과를 증명하려는 다양한 연구를 진행하고 있을 것이다. 이런 과정을 통해 코칭 현장에서 매일매일 코칭을 진행하는 전문 코치들이 몸소 체험하고 있는 확실하고 다양한 코칭 효과들이 더 발견될 것이다.

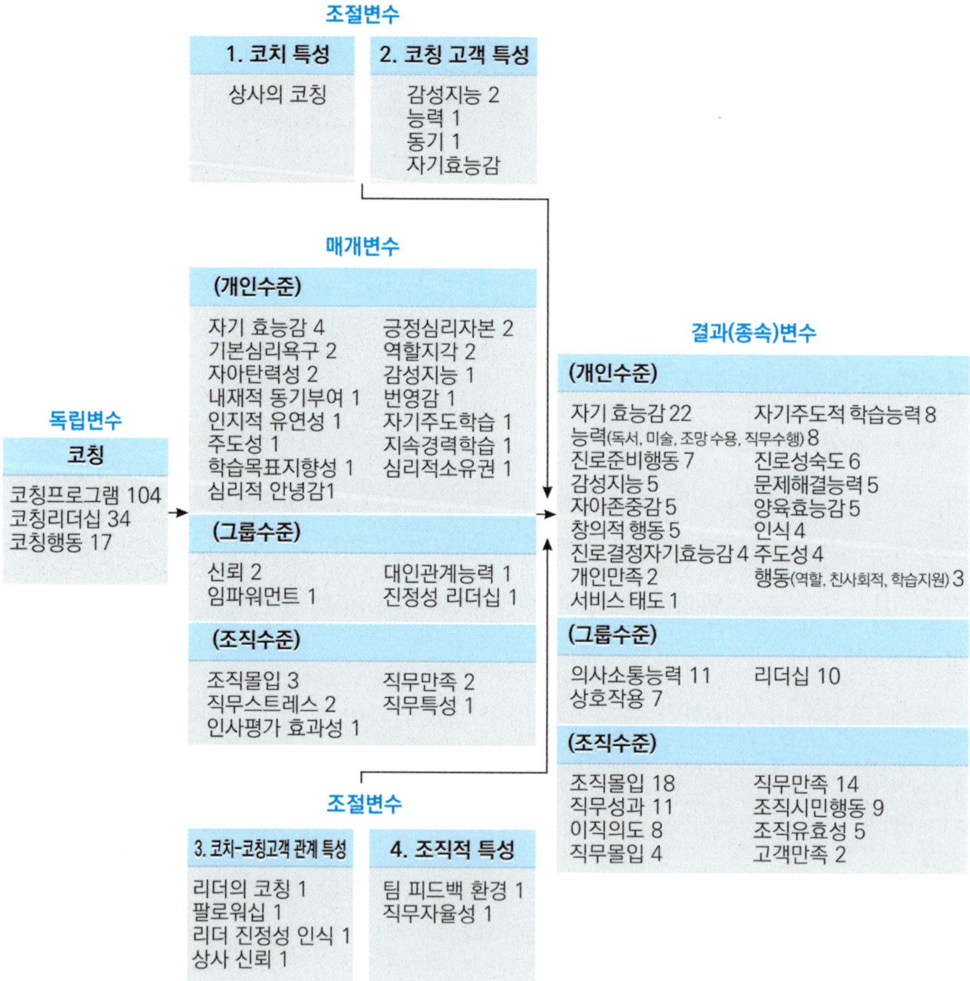

[그림 2-5] 코칭 효과 측정을 위한 개념 모형(조성진, 2018)

나. 코칭 효과 측정의 중요성과 현실

코칭 관계자들이라면, 코칭 효과를 검증하는 것이 코칭에서 가장 주된 관심사라는 점에 모두 동의할 것이다. 예컨대, 기업이나 조직 내에 코칭을 도입하려는 경우, CEO와 실무자들이 가장 높은 관심을 보이는 것은 당연히 코칭 효과일 것이다.

하그로브(Hargrove, R.)는 코칭을 마친 후 코칭고객이 다음과 같은 반응을 보일 때, 코칭이 효과적이었다고 파악할 수 있다고 주장했다.[62] 첫째, 고객은 자신의 존재 방식에 만족하고, 결과를 얻기 위해서 어떤 존재가 되어야 하는지를 자유롭게 선택할 수 있게 된 것에 대해 고무된다. 둘째, 고객은 과거에 보지 못했던 새로운 가능성을 보고 힘을 얻게 되고, 그런 가능성은 그들을 더욱 효과적으로 만든다. 셋째, 고객은 앞으로 나아가는 분명한 길을 보고 행동에 뛰어들 마음의 준비를 한다.

그러나 코칭고객이 이런 사실을 말했다는 것만으로 코칭 효과가 객관적으로 증명되었다고 보기는 어렵다. 그래서 수많은 연구자는 코칭 효과를 측정하기 위해 여러 가지 방법을 사용했고, 다양한 코칭 효과가 확인되었다는 점을 앞에서도 언급했다. 국내에 코칭이 도입된 이래, 수많은 학자가 여러 가지 연구방법을 사용하여 코칭 효과를 검증했고, 그 결과 이미 상당한 분량의 연구결과들이 축적되었다.

이처럼 코칭 효과 검증을 비롯한 코칭 전반에 걸쳐 의미 있는 결실이 쌓였지만, 코칭의 학문적 기반을 구축할 수 있을 정도의 충분한 수준에는 아직 이르지 못했다. 따라서 코칭 효과 검증을 비롯한 다양한 코칭 관련 이슈들을 올바로 분석하기 위해서는 보다 다양한 연구방법과 접근이 필요하다. 코칭 효과를 측정하고 분석한다는 것은 한 개인에 대한 단편적인 측면을 분석하는 것이 아니다. 인간과 인간, 인간과 조직 그리고 인간과 사회 외에도 개인의 생활 전반에 영향을 미치는 각종 이슈와 현상 그리고 관계에 대한 총체적인 이해가 필요하다.

하지만 획일적인 사고나 방법만으로 분석할 수 없다.[63] 그래서 코칭 연구자들은 양적 연구방법(quantitative research method)을 사용하여 코칭 효과를 검증하는 것이다. 여기에 속하는 대표적인 방법이 설문 조사와 현장실험설계(quasi-experimental design)이다. 전자는 일정 시점에 연구대상자들에게 코칭 행동과 관련된 문항이 포함된 설문지를 배포하고, 그들의 응답 결과를 측정하여 분석하는 방법으로서, 가장 많이 활용된다. 그러나 이 방법은 원래 의미의 코칭이 제대로 진행되었는지를 확인하기가 쉽지 않다. 그리고 엄밀한 의미에서 코칭 효과를 제대로 측정할 수 없는 한계가 있다. 이것을 보완하는 것이 후자의 방법이다. 이것은 코칭을 실시하는 전후에 코칭의 영향을 받으리라고 예상되는 결과변수를 측정하고, 그 결과치의 변화 정도를 분석하는 것이다. 이것은 전자의 방법보다 더 객관적으로 코칭 효과를 측정할 수 있다는 장점이 있다. 기업 관리자들을 대상으로 진행된 코칭 관련 선행연구에서 이 방법이 사용된 이래,[64] 이 방법이 설문 조사의 한계를 극복하는 차원에서 많이 사용되고 있다.

다. 코칭 효과 측정의 체계화

앞으로 체계적인 코칭 효과 측정을 위해 다양한 분석방법을 활용해야 하고, 해당 분야의 많은 진전이 필요하다. 그것을 바탕으로 코칭의 독자적인 이론과 분석방법을 개발하고, 나아가 코칭이 전개되는 현장의 독특한 상황을 잘 설명하는 근거가 마련될 것이다. 이것은 궁극적으로 '코칭학'의 정체성 확립과 관련된 핵심적인 작업이다. 즉, 코칭의 본질과 의미에 접근하는 다양한 방법론적 시도는 코칭 효과 측정 체계화에서 출발한다고 볼 수 있다.

그런 차원에서 코칭 효과 측정 체계화를 비롯한 다양한 주제 분석을 위해 여러 가지 연구방법을 도입할 필요가 있다. 앞서 간략하게 설명한 양적 연구방법 이외에 근거이론 방법론(Grounded theory method)을 포함한 질적 연구방법(qualitative research method)을 코칭 효과 측정의 체계화 차원에서 과감하게 도입할 필요가 있다.

일상생활이나 사회현상 혹은 학문 세계에서 어떤 고민이나 문제를 해결하는 방법을 찾거나 이를 해결하는 데 필요한 지식을 획득하는 방법은 다양하다. 즉, 사회적으로 오랫동안 형성되어 온 선례나 관습 등에 의하거나 특정한 자격 혹은 권위가 있는 사람과 조직에 의존할 수도 있다. 그리고 사람이 지닌 감각이나 분명한 명제에 호소하거나 과학적인 방법을 활용할 수도 있다. 이런 방법들은 의문 사항이나 문제를 해결하는 데 필요한 지식을 누가 어떻게 산출하며, 어떤 효과가 있는가에 따라 연구방

법의 형태가 달라질 수 있다.[65)]

그런데 이들 방법 가운데 관습이나 전통에 의한 방법, 권위에 의한 방법과 직관에 의한 방법은 여러 가지 오류와 한계가 있다. 즉, 부정확한 관찰, 선택적 관찰 및 지나친 일반화 등이 그것이다. 그래서 결국 과학적인 방법을 사용하게 된다.[66)]

한편, 체계적으로 진행되는 과학적 연구는 자료의 형태, 논리적 전개 방법, 시간적 차원과 연구 목적 등에 따라 연구 유형이 달라진다. 그 가운데 필요한 자료의 형태에 따라 양적 연구와 질적 연구로 구분할 수 있다. 전자는 통계적 기법을 활용하여 수치화된 자료를 분석하여 가설을 검증, 확인하는 방법이다. 이에 비해, 후자는 언어 형태로 된 자료를 사용하여 어떤 현상을 기술하거나 이론 구조를 발견하는 데 주로 활용되었다.

이런 방법들은 코칭 효과를 비롯한 코칭 관련 제반 이슈들을 연구하는 데 마찬가지로 적용된다. 코칭은 인간이 사회생활을 하면서 겪는 여러 가지 이슈들을 해결하기 위해 진행된다. 그런데 세계적으로 현재와 같은 개념을 가진 코칭을 진행한 역사가 길지 않다 보니 타 학문 영역에 비해 코칭 전반에 관한 연구가 부족한 실정이다. 따라서 코칭의 독자적인 이론 형성이나 학문적 체계화를 위해서는 인간의 생각, 태도, 정서 및 행동 등과 관련된 학문 영역에서 축적된 수많은 선행연구를 활용할 수밖에 없다.[67)]

그러기 위해서는 먼저 코칭이 진행되는 현장과 각 코칭 장면에서 일어나는 다양한 행동과 현상들에 관한 체계적인 연구(systemic study)가 병행되어야 한다. 여기서 체계적인 연구는 연구대상이 되는 속성의 원인과 효과를 파악하고, 통제된 상황에서 과학적 증거가 되는 자료를 수집하며, 이것을 합리적이고 엄격한 방법으로 측정하고 해석하여 결론을 내리는 것을 말한다.[68)]

요약하면, 코칭 효과의 체계화를 비롯한 다양한 이슈 및 현상들을 분석하되, 양적 연구방법과 질적 연구방법 사이의 균형 있는 연구 수행을 통해 발견되고 확인된 결과를 해석하는 것이 필요하다.

미주

1) 게리 콜린스(양홍주 · 이규창 역, 2011). **게리 콜린스의 코칭 바이블**. 서울: 한국기독학생회출판부. 28.

2) 이희경(2005). **코칭입문**. 서울: 교보문고. 15.

3) 긍정심리학에서는 전통 심리학이 지나치게 부정적인 인생의 문제를 다루다 보니 희망, 창의성, 낙관주의, 용기, 책임감, 용서 등과 같이 인생을 가치 있게 만드는 보다 긍정적인 주제들을 무시했다고 주장했다. 긍정심리학을 창시한 학자들은 심리학의 초점을 인생에서 최악의 상태를 고치는 데만 몰두하던 것에서 긍정적인 내적 자질들을 세우는 것으로 바뀌고 있다. 게리 콜린스(양홍주 · 이규창 역, 2011). 앞의 책. 29-30.

4) 게리 콜린스(양홍주 · 이규창 역, 2011). 앞의 책. 32.

5) 멘토링이란 개념은 호머의 <오디세이>에서 유래되었다. 오디세우스 왕은 전쟁에 출전하면서 그의 어린 아들 텔레마쿠스의 교육을 자신의 친구인 멘토르에게 부탁한다. 지혜롭고 분별력 있었던 멘토르는 텔레마쿠스에게 필요한 능력을 잘 계획하여 가르쳤고, 왕이 돌아왔을 때 멘토르를 모범으로 삼았던 어린 왕자는 지혜롭고 유능한 리더이자 고결한 인격을 갖춘 사람으로 성장해 있었다. 그 이후 멘토르(멘토)는 후배의 인생 전반에 관한 모델이 되어 줌으로써 그의 양육을 맡는 사람을 지칭하는 말로 지금까지 사용되고 있다.

6) Engstrom, T. W., & Rohrer, N. B.(1989). *The Fine Art of Mentoring: Passing on to Others What God Has Given to You*. Brentwood. TN: Wolgemuth & Hyatt.

7) 멘토링은 많은 기업에서 활용되지만, 점차 그 인기가 시들고 있다. 『*Harvard Business Review*』에 따르면, 멘토링은 과도한 경쟁으로 인한 타격과 빠른 성장으로 인해 변화관리와 전략적 계획 수립에 집중하고 있는 조직에서 시간의 부족으로 외면당하는 실정이라고 한다. DeLong, T. J., Gabarro, J. J., & Lees, R. J.(2008). "Why Mentoring Matters in a Hyper-competitive World", *Harvard Business Review*, 86(Jan.). 115-121.

8) '코칭의 구성삼각형'이라는 말은 조성진(2008)이 현장 코칭 경험과 기하학의 원리, 즉 정삼각형의 원리를 원용하여 처음으로 사용한 표현이다. 조성진(2008). **코칭ABC**. 서울: 도서출판 심포지움. 50-55.

9) 두산백과(2020). 삼각형의 정의. http://www.doopedia.co.kr

10) 이하에서는 코칭고객을 같은 문단 안에서는 '고객'이라고 줄여서 사용할 것이다. 조성진(2008). 앞의 책. 50.

11) 조성진(2015). **진로설계와 코칭리더십**. 경기: 정민사. 57; 조성진(2019). **코칭에센스**. 경기: 양성원. 63.

12) 게리 콜린스(양홍주 · 이규창 역, 2011). 앞의 책; G. R. Collins, G. R.(2001), *Christian Coaching*. Colorado Springs: Nav Press.

13) 물론 코치라는 단어가 영어 문법상 명사와 동사로 함께 사용되는 것이어서 '피코치자' 또는 '피코치'라고 번역하여 사용해도 별다른 문제가 없다는 주장도 있다. 하지만 우리의 일상생활에서 코치는 동사보다도 명사로 이해되는 것이 익숙하다는 점을 고려할 필요가 있다.
14) 김춘경 등(2016). **상담학 사전**. 서울: 학지사.
15) 게리 콜린스(양홍주 · 이규창 역, 2011). **게리 콜린스의 코칭 바이블**. 서울: 한국기독학생회출판부. 122-123.
16) 게리 콜린스(양홍주 · 이규창 역, 2011). 위의 책. 71-72; 로버트 하그로브(박재원 역, 2006). **불가능한 미래를 성취하는 마스터풀 코칭**. 서울: 김앤김북스. 33.
17) 게리 콜린스(양홍주 · 이규창 역, 2011). 앞의 책. 26.
18) 이언 멕더모트 · 웬디 제이고(박정길 · 최소영 역, 2005). **코칭 바이블**. 서울: 웅진윙스. 29.
19) 로버트 하그로브(박재원 역, 2006). 앞의 책. 26.
20) 조성진(2008). **코칭ABC**. 서울: 도서출판 심포지움. 50.
21) 김주엽 · 송계충 · 정범구 · 박상언(2012). **조직행위론**(제3판). 서울: 경문사. 141; Slocum, J. W. & Helliegel, D.(2007). *Fundamentals of Organizational Behavior*(Inter Student Edition). China: Thomson South-Western. 4.
22) 한국코치협회(2020). http://www.kcoach.or.kr; International Coach Federation(2020). Core competencies. http://coachfederation.org/icf-credential.
23) 박창규 · 권은경 · 김종성 · 박동진 · 원경림 공저(2019). **코칭 핵심 역량**. 서울: 학지사. 29-30.
24) 신유근(2011). **경영학원론**(제3판). 서울: 다산출판사. 54; Koomtz, H. & O'Donnell, C.(1976). *Management: A Practical Introduction Analysis of Management Functions,* 6th ed. NY: McGraw-Hill Books Company.
25) 신유근(2011). 위의 책. 54-57.
26) 이 개념에 관한 연구가 아직 많이 진행되지 않아서 연구자들 사이에 완전히 합의된 정의가 없다. 다만, 국내에서는 조성진이 'CDE 코칭 모델' 또는 '코칭의 가치삼각형'(value triangle od coaching)'이라는 개념을 제시하면서 이에 대한 논의가 시작되었다. 조성진(2008). 앞의 책. 61-65.
27) 조성진(2015). **진로설계와 코칭리더십**. 경기: 정민사. 47-48; 조성진(2019). **코칭에센스**. 경기: 양성원. 72.
28) 조성진(2019). 위의 책. 72.
29) 게리 콜린스(양홍주 · 이규창 역, 2011). 앞의 책. 151-152.
30) 게리 콜린스((양홍주 · 이규창 역, 2011). 앞의 책. 480.
31) 조성진(2019). 앞의 책. 73.
32) 이 핵심가치들은 조성진이 최초로 제안하며 사용한 'CDE 코칭 모델' 또는 '코칭의 가치삼각형(value triangle of coaching)'이라고 부른 것에서 더 확장된 것이다. 조성진(2008). 앞의 책. 61-65; 조성진(2015). 앞의 책. 48-53.

33) 게리 콜린스(양홍주 · 이규창 역, 2011). **게리 콜린스의 코칭 바이블**. 서울: 한국기독학생회출판부. 180-181.

34) 게리 콜린스(양홍주 · 이규창 역, 2011). 위의 책. 166.

35) 신유근 · 이춘우(2014). **조직행위론**. 서울: 한경사. 220; Thomas, K. W. & Velthouse, B. A.(1990). "Cognitive elements of empowerment: An interpretative model of intrinsic task motivation". *Academy of Management Review*, 15(4). 666-681.

36) Bandura(1976). *Social Learning Theory*. Englewood Cliffs, NJ: Prentice-Hall.

37) 신유근 · 이춘우(2014). 앞의 책. 221.

38) 이것은 한 사람(코치)이 자신의 증대된 힘을 다른 사람(코칭고객)에게 확산하여 종국에는 두 사람 모두 힘을 키우는 과정으로써, 상호작용 임파워먼트(interactive empowerment)라고 볼 수 있다. Conger, J. A. & Kanungo, R. M.(1988). "Empowerment process: Integrating theory and practice". *Academy of Management Review*, 13. 471-482.

39) 이 표현은 저자가 기하학의 원리, 즉 정오각형의 원리를 원용하여 처음으로 사용한 것이다(조성진, 2008). 오각형은 다섯 개의 변(선분)과 다섯 개의 꼭짓점으로 이루어진 다각형이다. 그 가운데 모든 변의 길이가 같고 모든 내각의 크기가 108°로 같은 오각형을 정오각형이라 한다(대한수학회, 2015. http://www.kms.or.kr). 여기에서 착안하여 코칭에서 핵심적인 다섯 가지 가치를 통틀어 '코칭의 가치오각형'이라고 명명했다.

40) 조성진(2009). **코칭이 자기효능감, 성과 및 가족관계에 미치는 영향과 감성지능의 조절효과**. 충남대학교 대학원 박사학위 논문. 31.

41) 아워바흐(최영상 역, 2005). **일반코칭과 임원코칭**. 서울: 도서출판 영재.

42) 어떤 학자는 코칭을 할 때 가장 중요해서 항상 사용하는 기술을 '기본기술'(core skill), 항상 사용하는 기술은 아니나 상황에 따라 적절하게 사용하는 기술을 '주요기술'(sub skill)이라고 분류하고 있다. 이소희(2008). **멋진 응원 코칭**. 서울: 신정.

43) 조성진(2008). **코칭ABC**. 서울: 도서출판 심포지움. 127.

44) 게리 콜린스(양홍주 · 이규창 역, 2011), 앞의 책. 133.

45) 조성진 · 정이수(2018). 국내 코칭 연구 동향 및 향후 연구 방향: 진전(1995~2017년)과 전망. **인적자원개발연구**, 21(3). 한국인적자원개발학회. 249-313.

46) 조성진(2015). **진로설계와 코칭리더십**. 경기: 정민사. 65-72; Werner, J. M., & Desimone, R. L.(2006). *Human Resource Development*. Thompson: South-Western. 388-390.

47) Bandura, A.(1977). "Self-efficacy: Toward a unifying theory of behavioral change". *Psychological Review*, 84. 191-215.

48) 조성진(2009). 앞의 논문. 74.

49) 조성진(2013a). 코칭이 공무원의 자기효능감과 조직유효성에 미치는 영향과 이에 대한 감성지능의 조절효과. **사회과학연구**, 24(2). 충남대학교 사회과학연구소. 47-66; 조성진(2014). 코칭이

대학생의 자기효능감, 진로준비행동 및 진로성숙도에 미치는 영향에 관한 현장실험연구. **코칭능력개발지**, 16(1). 한국코칭능력개발원. 87-96; 홍의숙 · 윤현덕(2009). 중소기업 리더 코칭이 직무 관련 태도에 미치는 영향에 관한 연구. **기업경영연구**, 16(2). 한국기업경영학회. 259-275; Baron, L. & Morin, L.(2009). "The Coach-Coachee relationship in Executive Coaching: A Field Study". *Human Resource Development Quarterly*, 20(1). 85-106; Evers, W. J, G., Brouwers, A., & Tomic, W.(2006). "A Quasi-experimental Study on Management Coaching Effectiveness". *Consulting Psychology Journal: Practice and Research*, 58. 174-182.

50) Mowday, R. T., Steers, R. M., & Porter, L. W.(1979). "The Measurement of Organization Commitment", *Journal of Vocational Behavior*, 14(2). 224-247.

51) 조성진((2013a). 코칭이 공무원의 자기효능감과 조직유효성에 미치는 영향과 이에 대한 감성지능의 조절효과. **사회과학연구**, 24(2). 충남대학교 사회과학연구소. 47-66; Allen, N. J., & Meyer, J. P.(1990). "The measurement and antecedents of affective continuance and normative commitment". *Journal of Occupational Psychology*, 63. 1-18.

52) 조성진((2013a). 위의 논문. 51.

53) 조성진(2009). **코칭이 자기효능감, 성과 및 가족관계에 미치는 영향과 이에 대한 감성지능의 조절효과**. 충남대학교 대학원 박사학위 논문. 48-50.

54) 김정식 · 서문교(2004). 리더의 코칭행위가 조직구성원들의 인지적 유연성과 성과에 미치는 영향. **인적자원관리연구**, 15(3). 한국인적자원관리학회. 31-48; 조성진(2009). 앞의 논문; 259-275; Sue-Chan, C., & Latham, G. P.(2004)."The Relative Effectiveness of External Peer and Self-Coaches". *Applied Psychology: An International Review*, 53. 260-278; Bowles, J. E., & Picano, J. J.(2006). "Dimensions of Coaching Related to Productivity and Quality of Life". *Consulting Psychology Journal: Practice and Research*, 58. 232-239; Agawal, R., Angst, C. M., & Magni, M.(2009). "The performance of Coaching: A Multi-level Analysis Using Hierarchical Linear Modeling". *The International Journal of Human Resource Management*, 20(10). 2110-2134; Onyemah, V.(2009). "The Effects of Coaching on Salespeople's Attitudes and Behaviors: A Contingency Approach". *European Journal of Marketing*, 43(7/8). 938-960.

55) 조성진(2009). 앞의 논문. 82.

56) 도미향(2006). 가족역량 강화를 위한 리더십 코칭 적용. **코칭연구**, (1). 한국코칭학회. 21-41.

57) 조성진(2009). 앞의 논문; 조성진(2013b), 코칭이 대학생의 자기효능감, 가족관계 및 성과에 미치는 영향. **교양교육연구**, 7(4). 한국교양교육학회. 281-313.

58) 김혜연(2008). 건강가정지원센터에서 활용할 수 있는 라이프코칭 프로그램 개발에 관한 연구: 배경과 이론. **한국가정관리학회 기타 간행물: 학술보고서**. 81-89; 김혜연 · 김성희 · 이경희 · 곽인숙(2008). 가족자원경영의 관점에서 본 코칭의 적용가능성에 관한 연구. **한국가정관리학회지**, 26(1). 한국가정관리학회. 137-147.

59) 이언 멕더모트 · 웬디 제이고(박정길 · 최소영2007). **코칭 바이블**. 서울: 웅진윙스. 251.

60) Werner, J. M., & DeSimone, R. L.(2006). *Human Resource Development*. Thomson: South-Western. 388-390.

61) 조성진 · 정이수(2018). 국내 코칭 연구 동향 및 향후 연구 방향: 진전(1995년~2017년)과 전망. **인적자원개발연구**, 21(3). 한국인적자원개발학회. 269.

62) 로버트 하그로브(박재원 역, 2006). **불가능한 미래를 성취하는 마스터풀 코칭**. 서울: 김앤김북스. 131.

63) 조성진(2013d). 코칭 연구를 위한 근거이론방법론 적용을 위한 탐색적 연구. **코칭능력개발지**, 15(3). 한국코칭능력개발원. 248.

64) Evers, W. J. G., Brouwers, A., & Tomic, W.(2006). A Quasi-experimental study on management coaching effectiveness. *Consulting Psychology Journal: Practice and Research,* 58. 174-182.

65) 김 렬(2011). **사회과학도를 위한 연구조사방법론**. 서울: 박영사; Kerlinger, F. N.(1986). Foundations of Behavioral Research(3rd ed.). NewYork: Holt, Rinehart and Winston.

66) 김 렬(2011). 위의 책.

67) 조성진(2013d). 앞의 논문. 248.

68) 김 렬(2011). 앞의 책.

chapter 03 핵심 코칭 기술(I): 경청과 피드백

1. 경청의 정의와 중요성

가. 코칭의 시작과 경청

코칭은 일단 고객이 말하는 것을 잘 듣는 것에서부터 출발한다. 그래서 코칭은 경청(傾聽)에서부터 시작된다고 해도 과언이 아니다. 그만큼 경청은 코칭에 있어서 중요한 부분을 차지한다. 따라서 고객의 말을 잘 듣고 그것을 잘 이해하는 능력이 없다면, 코칭은 성공할 수 없다.

사람들은 누구나 진실한 대화를 나누고 싶어 한다. 그리고 대화를 하면서 상대방에게 깊은 인상을 남겨 주고 싶어 한다. 따라서 진실한 대화 시간을 갖는 것은 살아가는 데 있어 무척 중요한 일이다. 그런 차원에서 하루 생활 가운데 진실한 대화를 얼마나 많이 나누고 있는지, 일주일 동안 얼마나 많은 시간을 진정한 대화를 나누는 데 할애하고 있는지에 대한 자기 성찰과 점검이 필요하다. 이것을 확인할 수 있는 최선의 점검방법은 다음과 같이 자신에게 묻는 것이다.

- "나는 말하기보다 듣기를 즐기는가?"
- "나는 남의 말을 진지하게 듣고 있는가?"
- "나는 대화를 나누고 있는 상대방의 이야기를 귀 기울여 들어주는가?"
- "어떤 사람과 의견이 대립할 때, 나는 진지하게 듣고 그의 관점을 이해하려고 하는가?"

- “나는 다른 사람의 말을 듣는 다양한 방법들을 알고 있고, 또 실천하고 있는가?”
- “내가 좀 더 많은 얘기를 들어주어야 할 사람이 있다면, 그는 누구인가?”

이 질문들에 대한 대답은 우리에게 중요한 의미를 지닐 것이다. 이 질문들은 우리가 잘 듣고 있는지를 되돌아보게 한다는 점에서 더욱 그러하다. 그런데 유능한 코치라면, 위의 질문에 대한 자신만의 대답을 당연하게 가지고 있어야 한다. 코치에게 있어 잘 듣는다는 것, 나아가 경청한다는 것은 코칭의 시작이기 때문이다.

나. 듣기와 경청의 차이

대화와 의사소통에 있어 듣기(hearing)는 말하기(speaking)와 함께 매우 중요한 기능을 한다. 어떤 사람은 말하는 것보다 듣는 것을 더욱 중요시하고, 듣기에 많은 시간을 할애하라고 강조한다. 사람에게 귀가 두 개이고 입이 하나인 이유는 말은 조금만 하고 많이 들으라는 뜻이라고 말하기도 한다.

듣기는 상대방을 이해할 수 있는 중요한 수단 가운데 하나이다. 우리가 흔히 말하는 듣기는 ‘hearing’에 가깝다. 여기서 듣는다는 것은 정보를 받아들이는 수신자의 위치에서 듣는 것이고, 이때는 대개 사실이나 정보를 듣는다. 만일 최근에 열린 스포츠 경기의 득점 기록이나 승패, 날씨, 공연 일정 등을 알고 싶다면, 라디오를 켜고 거기서 흘러나오는 소리를 들으면 된다. 이런 소통은 대개 밋밋하고 아무런 감정이 개입되지 않는다. 즉, 듣기는 나를 기준으로 상대방이 하는 말에만 초점을 두면 되는 것이다. 그러다 보니 상대방이 전하려는 의미가 왜곡될 가능성이 항상 존재한다.

그런데 코칭에서 강조하는 듣기는 우리가 일반적으로 얘기하는 듣기와는 여러 가지 면에서 다르다. 코칭에서 의미하는 듣기는 그저 열심히 듣는 것(hearing)이 아니다. 고객의 위치와 관점에서 그와 공감하면서 듣는 경청(listening)을 말한다.[1)]

다. 경청의 정의와 중요성

1) 경청의 정의

경청기술(listening skill)은 코치가 코칭을 진행하는 동안 코칭고객의 말을 어떻게 들을 것인가에 대한 기법이다. 그리고 경청기술은 코칭에서 고객과 관계를 형성하고, 그의 문제해결을 돕는 데 상당히 중요한 역할을 차지하기 때문에 꾸준히 연습하고 익혀야 할 기술이다.

경청이란 단어에는 '듣다, 관찰하다, 초점을 맞추다, 집중하다. 주의하다. 귀를 기울여서(傾) 듣는다(聽)'는 의미가 모두 포함되어 있다. 여기서 우리가 주목할 것은 듣고 싶은 것만 듣는 것이 아니고, 귀를 기울여 듣는 것이다.

의사소통에서 문제가 발생하는 데는 여러 가지 이유가 있지만, 대개 상대방의 이야기를 그저 듣기만 하기 때문이다. 그러나 상대방의 이야기를 경청하면, 그가 전달하고자 하는 내용을 왜곡해서 듣거나 오해하는 경우가 거의 없다. 일반적인 듣기가 상대방의 말에만 초점을 맞추는 데 비해, 코칭에서 말하는 경청은 고객의 말은 물론 사실과 감정의 구분, 그리고 고객의 표정에 숨어 있는 의미까지 함께 읽으며 듣는 것을 말한다.[2)]

2) 경청의 중요성

경청은 코칭고객이 전달하고자 하는 말만 듣는 것이 아니다. 고객의 말에 포함된 내용과 함축된 의미, 느낌 등을 충분히 이해할 만큼 집중해서 듣는 것을 말한다. 코치는 고객이 하는 말 뒤에 숨은 감정, 갈등, 낙심 등에 관한 표현도 잘 들을 줄 알아야 한다. 심지어 고객이 말하지 않는 것까지도 듣는 것이 중요하다.

그런데 경청이 이렇게 중요하고 탁월한 효과를 발휘하는 데도 사람들이 주변의 이야기에 진심으로 귀를 기울이지 않는 이유는 무엇일까? 조직 안에서 상사가 부하 직원들의 이야기를 대충 흘려듣는 이유는 무엇일까? 부모가 자녀의 얘기를 건성으로 듣는 이유는 무엇일까?

어떤 경우이든 경청하지 않은 일차적인 책임은 상사나 부모 그리고 리더에게 있다. 진정한 리더라면, 자기 주변의 작은 소리에도 귀를 기울이면서 경청해야 한다. 어떤 경우이든 부모는 자녀가 말하지 않은 것까지 세심하게 살피려고 노력해야 한다. 리더나 부모가 이런 태도를 지니고 있어야 부하나 자녀들은 자신이 겪고 있는 문제가 무엇인지 얘기할 수 있다. 그리고 어떤 방식으로 해결하면 좋을지 적극적으로 의견을 개진할 수 있다.

듣는 사람들은 그가 누구이든 어떤 문제에 부딪힐 때마다 자연스럽게 주변의 소리에 귀를 기울이려면, 오랜 훈련이 필요하다. 경청하는 훈련을 통해서 놀랍도록 많은 변화를 가져올 수 있다. 진심으로 남의 말을 귀 기울여 들어주는 자세가 상대방에게 강한 신뢰와 자신감을 안겨 주기 때문이다.

2. 경청의 종류와 방법

가. 경청의 종류

1) 적극적 경청

적극적 경청(active listening)은 코치의 판단이나 충고 없이 코칭고객이 표현하는 말뿐 아니라 행동, 표현 속에 숨겨져 있는 감정이나 사고까지 경청하는 것을 말한다. 그리고 적극적 경청은 고객이 말한 것 이외에 태도, 에너지 수준, 음성의 톤(tone), 보이는 태도를 통해 고객의 의도, 감정, 상황까지도 듣는 것이다.[3)] 이것은 단순히 사실을 받아들이는 것이 아니라 고객의 말에 더욱 몰입하여 그의 생각과 감정을 이해할 마음으로 듣는 것이다. 이처럼 적극적 경청은 철저하게 말하는 고객에게 초점을 맞춘다. 코치들이 적극적으로 경청할 때, 고객들은 안심하며 솔직하게 자신의 얘기를 털어놓으며, 마음을 열고 더 친밀하게 대화를 나눌 수 있다.

보통 일반적인 대화에서는 상대방의 이야기를 이해하기 위한 목적으로 듣기보다는 어떤 대답이라도 할 의도로 듣는 경우가 많다. 그러나 적극적 경청은 코칭고객의 이야기를 비판하거나 판단하지 않고 있는 그대로 수용하며, 그의 감정을 진심으로 이해하려고 노력하며 듣는 것을 말한다. 고객의 이야기를 코치 자신의 관점에서 판단하며 평가하기보다는 고객의 이야기를 그대로 반사하듯 서술해 주는(descriptive) 방법으로 경청하는 것이다. 그러면 고객은 코치가 자신을 진정으로 이해하려고 노력한다는 것을 깨닫게 된다.

적극적 경청은 코치가 코칭고객이 말하는 언어적인 표현뿐만 아니라 비언어적인 표현까지도 이해하고 경청하는 것이다. 코칭에서 고객이 전하는 말이나 단어가 전해 주는 정보에는 대개 한계가 있기 마련이다. 오히려 비언어적 표현이 더 많은 정보를 전달해 주는 경우가 많다. 즉, 코치는 비언어적으로 전달되는 정보를 통해 고객의 감정, 정서, 숨은 의도를 파악할 수 있다. 적극적 경청은 코치가 고객의 마음을 반영해 주거나 그에게 들은 말을 다시 코치 자신의 말로 표현하면서 확인시켜 준다는 차원에서 '반영적 경청'(reflective listening)이라고도 말한다.

적극적 경청의 반응양식에는 명료화하기(clarification), 바꾸어 말하기(paraphrasing), 반영하기(reflection), 요약하기(summarizing)가 포함된다.[4)]

첫째, '명료화하기'는 코칭고객이 한 이야기를 잘 경청한 후에 "…라는 뜻인가요?"라고 되묻는 것이다. 이를 통해 고객의 말을 정확하게 들었는지 확인할 수 있고, 모호하고 혼란스러운 내용을 명료하게 할 수 있다. 둘째, '바꾸어 말하기'는 고객이 한 말을 코치 자신의 말로 바꾸어 표현하는 것이다. 이를 통해 객관적인 내용을 확인하고 강조할 수 있다. 셋째, '반영하기'는 고객의 말 가운데 감정과 관련된 부분을 바꾸어 말하는 것이다. 이를 통해 고객은 자신 속의 감정이나 표현한 감정을 더 잘 지각할 수 있다. 넷째, '요약하기'는 고객의 말을 압축하여 그 핵심을 두세 문장으로 말하는 것이다. 이를 통해 고객이 지나치게 반복적으로 말하는 것을 막을 수 있고, 진행된 대화 내용을 검토할 수 있다.

2) 헌신적 경청

코칭에서 진행하는 대화는 잡담, 단순한 의견이나 충고, 가십거리나 유머, 냉소적인 논평과는 여러 면에서 다르다. 코칭 대화는 사람들이 합리적인 목표를 설정하고 계획을 세우며, 자신이 세운 계획을 실행에 옮기는 방법만을 모색하도록 하는 대화도 아니다. 코칭 대화는 고객에게 긍정적인 영향을 끼치고 싶다는 강렬한 열의로 가득 찬 대화이다.

코칭 대화는 코칭고객이 이루고자 하는 목표를 효과적으로 달성함으로써 궁극적으로 그가 성장하고 발전하도록 코치와 고객이 완전히 헌신하고 몰입된 상태에서 말하고 경청하는 대화이다. 이처럼 코치와 고객이 서로 완전히 몰입한 상태에서 경청하는 것을 '헌신적 경청'(committed listening)이라고 하는데, 이것은 앞서 말한 적극적 경청에서 한 단계 더 나간 것이다.[5)]

헌신적 경청은 코치가 코칭고객이 진정으로 원하는 것을 파악하기 위해 그의 마음속에서 말하는 것을 듣고, 그 사람으로부터 최고의 것을 도출하도록 헌신하며 경청하는 것을 말한다. 이것은 코치 자신의 소중한 시간과 관심, 그리고 코치 자신의 존재를 고객에게 선물로 제공해 주기 위해 헌신하며 경청하는 것이다. 헌신적 경청은 고객이 열정적으로 관심을 가진 것을 밝혀내고, 그것이 고객이나 조직의 목표와 어떻게 연결되는지를 파악하기 위해 헌신적으로 경청하는 것이다. 헌신적 경청은 모든 사람이 고객을 거부하고 싫어할지라도 그의 위대함에 헌신적으로 귀를 기울이는 것이다. 심지어 모든 일이 잘못되어 가고 있을 때도 고객의 진정한 존재에 귀를 기울이고, 그가 자신의 본래 모습으로 돌아가도록 지원하는 것이 헌신적 경청이다.[6)]

3) 직관적 경청

직관적 경청(intuitive listening)은 코칭고객이 마음에 품고 있는 주요 관심사를 직관적으로 짚어 내기 위해 고도로 집중하며 경청하는 것이다.[7)] 다시 말하면, 직관적 경청은 코치가 고객이 말하는 동안 알아채지 못하는 모순점, 어휘들에서 드러나는 태도와 감정, 각기 다른 시간에 반복해서 나타나는 주제들에 깊이 집중하여 경청하는 것이다. 그리고 고객의 표현에서 감지할 수 있는 가치와 신념, 미래에 대한 꿈과 좌절, 발전을 가로막는 행위 등에 집중하며 경청하는 것이다.

나. 바람직한 경청 방법

제대로 경청하려면 무엇을 어떻게 실천해야 하는가? 경청은 대부분 사람이 실천하기에 쉽지 않은 행동이다. 경청을 잘 실행하기 위해서는 무엇보다 개인의 노력이 필요하다. 특히 코칭에서 경청은 아주 중요한 기술 가운데 하나이기 때문에 유능한 코치가 되기 위해서는 끊임없이 경청하는 훈련을 해야 한다.

경청을 잘 실행하기 위해서는 고객의 음성(音聲) 언어와 비음성(非音聲) 언어를 잘 파악해야 하고, 침묵을 적절하게 활용할 줄 알아야 한다.

1) 음성 언어 경청하기

코칭이 진행되는 동안 코칭고객은 여러 가지 단어나 말로 자신의 상황과 심정을 표현한다. 고객의 말, 즉 음성 언어를 경청할 때는 그것이 사실이나 사건을 말하는 것인지, 관점이나 입장을 이야기하는 것인지, 아니면 감정 또는 정서를 나타내고 싶은지를 잘 파악하여 이해해야 한다. 그 표현방식을 미리 알아두면 고객의 상황, 입장, 사실관계, 감정 상태를 이해하는 데 상당한 도움이 된다. 몇 가지 예를 들면 다음과 같다.

첫째, 코칭고객의 말 속에는 사실이나 사건을 표현하는 것이 있다. 예컨대, "친한 여자 친구가 한 명 있다.", "어제 남자 친구를 만났다.", "지난주에 남편과 좀 다투었다.", "동료직원과 언쟁이 있었다.", "두통이 자주 생긴다." 등과 같은 표현이다.

둘째, 고객의 말 속에는 자신의 관점, 입장, 현재 이해하고 있는 내용을 말하는 표현이 들어 있다. 예컨대, "그 친구는 나를 무시하고 있다.", "나는 매일 저녁 어머니를 도와야 한다.", "그녀는 나를 좋아하지 않는다.", "상사는 나와 생각이 아주 다르다." 등과 같은 표현이다.

셋째, 고객의 말 속에는 사람의 느낌, 감정, 정서 상태를 나타내고 싶을 때 사용하는 표현이 들어 있다. "나는 그때 무척 화가 났었다.", "지금 무척 우울하다.", "A 학점을 받고 정말 기뻤다.", "그 사람을 정말 보기 싫었다.", "상사의 그런 태도에 심한 모멸감을 느꼈다." 등과 같은 표현이다.

코치는 코칭고객의 말투나 문장에서 어떤 부분이 강조되느냐에 따라 그 가운데 무엇이 중요한지 알 수 있어서 고객의 말을 잘 경청해야 한다. 예컨대, 고객이 "난 드라마는 보고 싶지 않습니다."라고 문장을 말한다고 가정해 보자. 여기서 고객이 "난 '드라마'는 안 보고 싶다."라고 말한다면, 그것은 드라마는 보고 싶지 않지만 다른 무엇인가는 하고 싶다는 것으로 추측할 수 있다. 이것은 고객의 행동이나 취향에 관련된 얘기일 수 있다. 하지만, "'난' 드라마는 보고 싶지 않습니다."라고 말한다면, 앞의 예와 다른 의미의 말이 된다. 즉, 다른 누군가는 드라마를 보고 싶을지 몰라도 자신만은 드라마를 보고 싶지 않다는 뜻으로 해석할 수 있다. 이것은 정체성과 관련된 부분이다. 한편, 같은 말(문장)인데도 말의 억양(intonation)을 달리하면 같은 문장이 전혀 다른 의미로 들릴 수 있다. 따라서 코치는 코칭을 할 때, 고객의 말투, 강조하는 부분이나 억양을 예민하게 경청해야 한다.

2) 비음성 언어 경청하기

코치는 가끔 음성으로 전달되지 않는 비음성 언어를 통해 코칭고객을 보다 잘 이해할 수 있는 때가 있다. 특히 여성 고객이나 내성적이고 소극적인 고객과 코칭을 할 때, 그의 비음성 언어에 집중한다면 그가 겪는 상황이나 간절히 해결하길 원하는 문제의 본질을 손쉽게 이해할 수 있다. 비음성 언어는 여러 가지 기능을 한다.

첫째, 비음성 언어는 종종 음성 언어로 말한 것을 재확인하거나 반복하는 기능을 한다.

만일 코치가 코칭고객의 말에 적절하게 공감을 해 주었을 때, 고객이 몸을 약간 앞으로 기울이면서 눈을 반짝이며 활기 있는 목소리로 이렇게 말했다고 가정해 보자. "맞습니다. 코치님의 말씀처럼 제 심정이 정말 그래요."라는 말과 함께 약간의 손동작을 했다면, 이때 고객의 비음성 언어는 음성 언어를 재차 확인하는 것이다.

둘째, 비음성 언어는 음성 언어를 부정할 때 사용되기도 한다.

예컨대, 코칭고객이 "괜찮아요. 난 아무렇지도 않아요."라고 말하면서 목소리가 떨리고 얼굴이 붉어졌다면, 이것은 음성 언어를 비음성 언어가 부정하는 경우로 볼 수 있다. 이처럼 고객이 실제로 분노, 시기, 질투, 미움, 증오 등의 감정을 느끼고 있으면서도 그렇지 않은 듯이 말할 때, 그의 표정, 목소리 등은 그의 말과 상반되는 메시지를 보내는 경우가 많다. 사람들은 대개 음성 언어보다 비음성 언어를 신뢰하는 경향이 있어서 코치는 코칭을 진행할 때 이런 같은 경우를 항상 염두에 두어야 한다.

셋째, 비음성 언어는 때때로 음성 언어로 전달되는 어떤 내용을 강조하는 기능을 한다.

듣는 사람에게 시선 맞추기, 손의 동작, 얼굴의 표정, 강조하는 말을 한 후의 침묵 등이 이에 속한다. 주먹을 불끈 쥐고 상대방의 얼굴을 바라보며 결의에 찬 목소리로 말을 하는 것은 대개 자신의 말을 강조하기 위한 경우이다. 그리고 어떤 말을 한 후 약간 침묵하는 것은 자신의 말을 강조하고자 할 때 취할 수 있는 행동이다.

3) 침묵을 적절하게 활용하기

다른 사람의 말을 경청할 때는 침묵을 적절하게 활용할 줄 아는 것이 필요하다. 침묵을 두려워해서는 안 된다. 침묵을 어색하고 답답하게 생각하는 사람도 있지만, 편안한 마음으로 대화에 임한다면 침묵도 기꺼운 마음으로 누릴 수 있다. 특히 코칭에서는 침묵을 적절히 활용할 줄 아는 지혜가 필요하다. 대개 코치를 찾아오는 사람들은 마음을 굳게 먹고 자신의 이야기를 털어놓는다. 이런 경우 대개 코칭고객은 코치의 질문에 대해 성실하게 대답한다. 이때 코치가 던지는 질문은 고객이 깊은 생각에 빠지게 하는 경우가 있다.

어떤 질문은 평소에 전혀 생각해 보지 않은 것이기에 쉽게 대답할 수 없을 때도 있다. 이때 코치가 질문한 후에 할 일은 그 대답을 기다리면서 여유 있게 침묵을 활용하는 것이다. 따라서 진정으로 코칭고객의 내면에서 우러나오는 메시지를 경청하려면, 코치가 침묵하면서 고객이 편하게 자신의 이야기를 하도록 배려하면 된다. 즉, 코치는 침묵의 시간을 활용하여 고객의 마음의 소리를 경청할 준비만 하면 된다. 코치에게 있어 말하는 것보다 침묵하는 것이 훨씬 효과적인 이유가 바로 여기에 있다.

4) 바람직한 경청을 위한 주의사항과 실습

이상에서 설명한 바람직한 경청에 대해 잘 이해했다면, 다음에 할 일은 실제로 여러 현장에서 제대로 경청하는 것이다. 경청에 대해 잘 이해하는 것과 제대로 경청하는 것은 별개의 일이다. 의사소통이 잘 되는 상사나 부모가 되려면, 유능한 코치가 되길 원한다면, 경청 실습에 투자하는 시간을 들이고 더 노력해야 한다. 이때 몇 가지 사항을 염두에 두어야 한다.

① 코칭고객의 소리가 아닌 그가 말하는 내용에 집중하여 경청한다. 코치는 고객의 얘기를 경청할 때, 성급하게 가정하는 것을 피하고, 고객의 감정을 읽으려고 노력하는 것이 바람직하다.

② 코칭고객이 말하지 않는 비언어적 표현도 경청한다. 그러기 위해서는 얘기하는 고객의 태도, 얼굴의 표정, 말의 속도, 억양, 시선, 몸짓 등을 세밀하게 관찰하며 경청하는 것이 바람직하다.

③ 코칭고객의 얘기를 정확하게 이해했는지 반응하며 경청한다. "아, 예", "아, 그렇군요.", "그 얘기는 …다는 말씀이군요." 등의 말을 하면, 고객과의 대화가 원활하게 진행된다.

④ 코칭고객의 말을 중간에 끊지 않고 경청하되, 그를 이해하려고 노력하며 경청한다.

경청 실습을 하다 보면, 우리가 일상생활에서 상대방의 얘기를 그냥 듣기만 했다는 것을 깨닫는 사람들이 의외로 많다. 그래서 경청이 쉽지 않다고 말하는 사람들도 있다. 하지만 경청 실습을 거듭할수록 경청 실력은 늘어 갈 것이다. 경청기술은 계속 연습하면 누구나 구사할 수 있는 기술이다. 다만, 몇 가지 사항에 초점을 두고 경청하면, 더욱 바람직한 대화를 이끌어 갈 수 있다.

① 코칭고객이 하는 얘기의 흐름을 놓치지 않는다. 코치가 코칭을 할 때 다른 생각을 잠시라도 한다면, 고객의 얘기에 집중할 수 없고, 그가 무슨 얘기를 했는지 흐름을 놓칠 수 있다.

② 코칭고객이 하는 얘기의 핵심어를 기억하고, 코치 자신의 말로 바꾸어 표현한다. 그러면 고객은 코치가 자신의 얘기를 잘 이해하고 있다고 생각하고, 자신의 얘기를 계속 이어갈 것이다.

③ 얘기하는 코칭고객의 감정 상태를 파악한다. 고객은 코치가 자신의 감정을 잘 이해하고 있다고 느끼면, 자신이 존중받고 있다고 생각한다. 그리고 코치가 자신의 얘기에 공감한다고 느끼며 대화를 계속해 나간다.

④ 코칭고객의 얘기를 요약하여 말해 준다. 이것은 진행되는 대화를 중간중간 정리하는 데 도움을 준다.

⑤ 코칭고객이 얘기하는 도중에 침묵을 적절하게 활용한다.

우리가 일상생활을 할 때, 상대방의 얘기를 경청하는 것은 매우 중요한 일이다. 코칭에서도 경청은 코칭을 원활하게 진행하는 데 아주 중요한 역할을 한다. 그래서 적극적인 경청은 코치가 갖추어야 할 핵심적인 기술이다. 현대인들은 자신의 얘기를 들어줄 누군가를 열심히 찾고 있다. 그 상대가 코치일 수도 있다.

적극적 경청에서 한 걸음 더 나아가 헌신적으로 경청한다면, 더 말할 나위가 없을 것이다. 헌신적 경청을 위해 필요한 것은 코칭고객을 배려하는 코치의 헌신적인 자세와 태도이다. 헌신적 경청 역시 끊임없는 연습이 뒷받침되어야 한다. 헌신적으로 경청할 때, 앞서 언급한 것을 포함하여 몇 가지 사항에 유의해야 한다.

① 코칭고객을 판단하거나 비판하지 않고 경청한다. 어떤 경우든 코칭에서 판단과 비판은 절대 금물이다.

② 코칭고객의 얘기를 거울에 반사하듯 서술해 주면서 경청한다.

③ 코칭고객이 자신의 원래 모습으로 돌아가도록 지원하면서 경청한다.

코치가 코칭고객과 함께 효과적인 코칭을 진행하길 원한다면, 그 출발은 경청에서 비롯된다. 앞서 설명한 몇 가지 유의사항을 잘 기억한다면, 바람직한 경청을 할 수 있다. 나아가 유능한 코치가 되길 원한다면, 다음에 소개하는 사항도 함께 기억하고 실천해야 한다. 이것들은 현장에서 활동 중인 전문코치들의 실전 경험을 바탕으로 정리한 것이다.

① 코칭고객이 설정한 의제(이슈)에 집중하며 경청한다.
② 코칭고객의 인식, 감정 및 관심사 등에 주의하면서 경청한다.
③ 코칭고객의 감정을 이해하며 경청하되, 그 감정에 휘둘리거나 휩쓸리지 않는다.
④ 코칭고객이 말하고자 하는 것의 핵심을 파악하며 경청한다.
⑤ 코칭고객의 얘기를 경청할 때, 다른 생각을 하지 않는다. 경청하는 사람의 머릿속이 복잡해지면, 어떤 얘기도 제대로 들을 수 없다.
⑥ 경청할 때 코치는 코칭고객이 편하게 얘기하도록 배려하고, 가능한 말을 많이 하지 않는다.
⑦ 경청할 때 코치는 확고한 태도를 유지함으로써 코칭에 자신감을 보여 준다.
⑧ 경청할 때 코치는 다음 단계로 넘어가기 위해 서두르지 말아야 한다.

코치에게 바람직한 경청을 위한 왕도는 없다. 꾸준한 연습과 훈련만이 유능한 코치가 되는 비결이다. 다만, 한 가지 더 기억할 점은 고객의 마음속 얘기를 헌신적으로 경청하는 코치가 되겠다고 결심하는 것이 선행되어야 한다는 것이다.

다. 경청을 방해하는 장애물

경청에서 가장 중요한 일은 상대방의 말을 정말 잘 경청하는 것이다. 코칭고객은 코치가 자신을 이해하기 위해 진심으로 경청하고 있는지, 그저 코치가 말할 차례를 엿보고 있는지 파악하며 얘기한다는 것을 항상 염두에 두어야 한다.

그런데 어떤 형태의 코칭을 진행하든 적극적이고 헌신적인 경청을 방해하는 장애물들이 종종 나타난다. 그것은 효과적인 경청을 방해하는 장애물 또는 '잡동사니들'[8]이다.

1) 내부적 잡동사니의 종류와 제거 방법

경청을 방해하는 내부적인 잡동사니는 바로 코치 자신의 내부에서 일어나는 것들이다. 코치 자신을 어렵게 만드는 내부적인 잡동사니는 다음과 같은 것들이다.

첫째, 코치들에게 가장 빈번하게 발생하는 내부적 잡동사니 가운데 하나는 '다음에 어떤 질문을 할까 하는 생각'이다. 코칭을 진행할 때 코칭고객은 열심히 자신의 얘기를 하는데, 코치는 다음에 어떤 질문을 할 것인지 생각하느라 고객의 얘기에 완전히 집중하지 않는 경우가 발생한다. 그러다 보면 코치는 고객이 털어놓는 얘기의 핵심을 놓치게 되고, 고객은 자신의 얘기에 집중하지 않는 코치에게 더 말하고 싶지 않다는 것을 느낀다.

둘째, 잡념, 고정관념, 선입견, 편견, 다른 생각, 주관적인 판단 등도 코칭을 진행하는 도중에 생길 수 있다. 이것들은 누구나 일상생활에서 경험하는 것들이고, 코칭고객의 내부에서도 수시로 생길 수 있다. 이것들이 코칭에서 문제가 되는 것은 코칭 과정에서 수시로 발생할 수 있고, 코치의 효과적이고 헌신적인 경청을 방해하기 때문이다. 따라서 코치는 효과적인 코칭을 진행하기 위해서 이런 것들로 인해 방해를 받지 않도록 항상 주의를 기울여야 한다.

내부적인 잡동사니들 가운데 더욱 조심하고 경계해야 할 것은 고정관념, 선입견, 주관적인 판단 등이다. 이것들은 코칭을 할 때 아무런 도움이 되지 않고, 오히려 코칭의 효과를 반감시킨다. 코치가 코칭을 진행하면서 코칭고객과의 대화를 통해 여러 가지 정보를 얻게 되면, 그에 대한 선입견을 지닐 수 있다. 그리고 코치가 세심하게 주의하지 않으면, 코칭 이슈들에 대해 코치 자신의 고정관념이나 주관적인 판단을 개입시킬 여지가 있다.

이처럼 코치가 자신의 내부에서 살아 움직이는 여러 가지 내부적 잡동사니들을 제대로 통제하지 않으면, 코칭고객의 코칭 이슈들에 개입하고 싶은 유혹에 쉽게 빠질 수 있다. 나아가 고객에게 충고한다거나 문제의 해답을 제안하는 실수를 범할 수도 있다. 이것은 코칭의 성공에 중대한 걸림돌이 되는 만큼, 코치는 이런 일이 절대 발생하지 않도록 철저하게 경계해야 한다.

코칭 과정에서 발생할 수 있는 코치 내부의 잡동사니를 제거하는 일은 정말 중요한 일이다. 내부적 잡동사니들 가운데 잡념, 사념, 다른 생각 등의 경우는 코치가 제거하겠다는 의지만 있다면, 비교적 손쉽게 해결할 수 있다. 코칭을 실시하기 이전에 별도의 시간을 마련하여 고객에 관한 자료를 검토하면, 코칭에 좀 더 몰입할 수 있다. 명상을 해 보거나 음악을 들으며 마음의 평정을 찾는 방법도 내부적 잡동사니들을 제거하는 데 도움이 된다.

2) 외부적 잡동사니의 종류와 제거 방법

외부적인 잡동사니에는 차 소리, 전화벨 소리, 시끄러운 음악, 컴퓨터 자판 두드리는 소리, 잡담, 휴대전화 벨이나 알림 소리, TV에서 나오는 소리 등이 여기에 포함된다. 이것은 주로 코칭을 진행하는 외부적 환경에 관한 것으로서, 코치는 코칭을 진행하기 전이나 코칭할 장소를 정할 때 이런 외부적 잡동사니들이 있는지 철저하게 점검해야 한다.

대면 코칭(face to face coaching)을 할 때, 사전에 코칭 장소와 시간을 정하는 것이 좋다. 예컨대, 비즈니스 코칭이나 임원 코칭의 경우 코치가 코칭고객이 근무하는 기업을 방문하여 코칭을 진행하기도 한다. 이때는 그들의 업무와 구성원들(상사, 동료, 부하 등)로부터 방해를 받지 않도록 사전에 필요한 조치를 해야 한다. 내부에서 그런 환경이 조성되지 않을 때는 이런 방해요소들이 차단되는 기업 외부의 적합한 장소를 선택하는 것이 좋다.

전화 코칭(tele coaching)의 경우에도 이런 외부적 잡동사니들로부터 방해를 받지 않는 시간에 적당한 장소에서 코칭을 진행하도록 코칭고객과 사전에 충분히 협의해야 한다. 코칭을 진행하는 도중에 다른 전화가 걸려 오지 않도록 충분히 사전조치를 취해야 한다. 그리고 코치 자신도 그런 환경에 노출되지 않도록 코칭을 진행하기 전에 자신의 주변 환경을 반드시 점검해야 한다. 특히, 코치는 자신의 전화나 휴대전화로 인해 코칭에 방해를 받지 않도록 주변에 있는 전화선을 아예 차단하거나 휴대전화를 꺼 두길 권한다.

3. 피드백

피드백(feedback)은 대단한 효과를 발휘할 수 있다. 피드백을 기꺼이 원하고 받아들이는 사람은 자신의 역량을 한층 높일 수 있다. 피드백이 없으면 사람과 사람 사이에 의미 있는 관계를 형성하기가 어렵다. 그래서 어떤 사람은 피드백하지 않고 살아가는 것은 눈을 감은 채로 세상을 살아가는 것과 마찬가지라고 말하기도 한다.[9)]

제대로 된 피드백을 받으면, 업무를 수행하는 데 있어 나타나는 장단점을 효과적으로 파악할 수 있다. 피드백을 통해 자신이 미처 알고 있지 못했던 사실을 새롭게 파악할 수도 있다. 직장생활, 스포츠, 학습 등 삶의 모든 측면에서 계속해서 발전하기 위해서는 수준 높고 적절한 피드백이 필수적이다. 수준 높은 피드백을 제공하는 것은 특정한 기법이나 기술에 얽매이는 것이 아니다. 상대방을 진심으로 소중하게 여기고, 그의 있는 그대로의 모습에 대해 말하는 것이다. 궁극적으로 수준 높은 피드백은 인생을 풍요롭고 매력적으로 만든다.

가. 피드백의 정의

피드백은 '어떤 사람이 수행한 행동의 결과의 효과성에 대한 직접적이고 정확한 정보를 알 수 있는 정도'라고 정의할 수 있다.[10)] 이 정의를 코칭에 적용하면, 피드백은 코칭고객의 말과 행동에 대해 코치가 구체적으로 표현해 줌으로써, 그가 앞으로 어떻게 행동해야 할지에 대해 동기를 부여하는 것이다. 코치가 고객에게 무엇을 잘하고 있는지, 어떤 점이 뛰어나고 탁월한지, 그리고 자신의 행동을 고치고 발전하기 위해서 무엇을 해야 할지에 대해 말해 주는 것이 피드백이다. 이처럼 피드백은 구체적인 문제를 다루고, 확실한 내용을 포함하며, 그 이후의 행동 또는 개선 방향을 보여 줄 때 효과적이다.[11)]

나. 피드백의 내용

1) 일반적이고 구체적인 성과

코치의 가장 큰 역할 가운데 하나는 코칭고객이 이룬 성과를 객관적으로 관찰하고, 그것을 토대로 적절한 피드백을 해 주는 것이다. 코치가 고객의 이야기를 듣고 적절하고 진심 어린 피드백을 해 준다면, 그는 피드백을 받아들일 것이다. 이때 피드백을 제대로 해 주려면, 코치가 고객의 구체적인 성과를 정확히 관찰하는 것이 무엇보다 중요하다. 피드백은 구체적이고 객관적인 사실과 성과에 바탕을 두어야 한다.[12)]

예컨대, 금연을 주제로 진행하는 코칭에서 코치는 "지난 한 주 동안 많은 유혹이 있었을 텐데, 흡연 횟수를 주 3회로 줄이셨다니 정말 잘하셨습니다. 진심으로 응원과 함께 박수를 보냅니다."라는 피드백을 해 줄 수 있다. 마찬가지로 체중 감량을 주제로 진행하는 코칭이라면, 코치는 "지난 한 주 동안 매일 30분씩 줄넘기를 거르지 않고 계속하셨다니 그 노력에 박수를 보냅니다. 이런 추세라면 우리가 목표하는 기간 안에 바라는 만큼 감량할 수 있을 것 같습니다."라는 피드백을 해 줄 수도 있다. 이처럼 고객이 이룬 구체적인 성과에 대해 피드백을 해 줄 때, 그 피드백이 의미가 있다.

2) 태도나 행위

코칭고객이 직면하는 문제 가운데 그의 태도나 행위에 직접 관련된 것이 있다. 이 경우에도 코치는 그에게 적절한 피드백을 해 줄 수 있다. 특히 대인관계에 문제가 있어 어려움을 겪는 고객의 경우에는 일정한 때까지 그의 태도와 행위를 객관적으로 관찰함으로써 적절한 피드백을 해 줄 수 있다. 이 경우, 코치는 고객의 언어적 메시지뿐만 아니라 비언어적 메시지, 즉 행동, 표정, 태도 등의 변화를 수시로 파악하여 의미 있는 피드백을 해 줄 수 있다.[13)]

예컨대, "당신의 그런 세심한 배려가 부하의 자신감을 높이는 데 상당한 도움이 된다고 생각합니다.", "어머님의 그런 따스한 눈빛과 손길이 아드님의 마음을 푸는 데 바람직한 역할을 한다고 생각합니다.", "당신의 세심한 관심과 작은 배려가 여자 친구의 마음을 움직이는 하나의 요인이라 생각합니다." 등과 같이 고객이 행하고 있는 태도나 행위에 대해 구체적으로 피드백해 줄 수 있다.

그런데 직접적인 피드백이 긍정적일 경우는 별다른 문제가 발생하지 않지만, 부정적인 피드백일 경우에는 약간의 위험성을 동반한다. 특히 후자의 경우에는 코치와 코칭고객 사이에 신뢰가 충분히 형성되어 있어야 가능하다는 것을 항상 명심해야 한다.

3) 미래의 잠재력과 가능성

코치는 코칭고객의 미래 잠재력에 대해서도 피드백을 해 줄 수 있다. 코칭은 고객의 가능성과 잠재력을 최대한 발휘하도록 지원하는 것이다. 이때 고객의 개인적 포부와 희망을 분명하게 밝히도록 하는 것은, 그가 코칭에 적극적으로 임하도록 할 뿐만 아니라 자신의 성장과 발전을 위한 학습에도 관심을 지니게 한다. 따라서 코치는 코칭을 진행하면서 고객이 가지고 있는 여러 가지 장점과 특징 가운데 그의 성장과 발전에 도움이 될 만한 요소를 정확하게 피드백해 주어야 한다.[14] 예컨대, "그런 적극적인 자세가 앞으로 당신의 성장에 있어 중요한 역할을 한다고 생각합니다."라고 피드백해 주는 것이다.

한편, 코칭고객이 자신의 약점과 단점에 너무 집착해서 자신을 한없이 무능하고 쓸모없는 사람으로 인식하고 있을 때도, 그의 장점과 미래의 잠재력을 발견할 수 있도록 적절하게 피드백해 주어야 한다.

다. 피드백의 종류

1) 지지적 피드백

지지적 피드백(supportive feedback)은 긍정적인 에너지에 바탕을 두고 코칭고객의 견해를 존중하고, 배려하며, 격려하고, 지지하는 것이다. 그리고 고객이 자신감을 지니도록 그가 실행한 것을 인정하고, 칭찬하는 것이다.[15] 간단히 말해, 고객이 잘한

점을 칭찬하고, 긍정적으로 지지하는 것이다. 코치는 고객이 좋은 행동을 강화하도록 그의 행동을 격려하고 지지하는 강력한 피드백을 해 준다. 지지적 피드백은 긍정적인 점을 강화하는 차원에서 긍정적 피드백이라고도 할 수 있다.

지지적 피드백의 대표적인 경우가 칭찬과 인정이다. 간단히 살펴보면 다음과 같다.

첫째, 칭찬은 코칭고객이 긍정적인 행동을 했을 때, 그 행동 및 행동의 결과를 구체적으로 언급하면서 신뢰와 감사를 표현하는 것이다. 칭찬은 고객이 자신감을 지니게 하고, 동기를 부여하며, 바람직한 행동을 계속해서 반복하도록 자극한다. 코칭에서 다음과 같은 표현들을 사용하면서 고객을 칭찬할 수 있다.

- "지난 한 주 동안 어려운 상황에서도 약속을 잘 실천해 주셔서 감사합니다."
- "지난주에 약속한 것을 모두 지켰다니 정말 잘하셨습니다. 감사합니다."
- "따님과 여러 차례 대화를 시도하셨다니 정말 잘하셨습니다."
- "부하직원과 진심 어린 대화를 나누기 위해 여러 번 만나셨다니 정말 대단하십니다."

그런데 칭찬을 할 때 주의해야 할 점이 있는데, 그것은 사실에 근거하여 칭찬해야 한다는 것이다. 진실하지 못하거나 쓸데없는 칭찬은 효과가 없으며, 코칭에 아무런 도움이 되지 않는다. 아무런 근거 없는 행동에 대해 사람들이 경계하듯이, 거짓되고 진실하지 못한 칭찬은 고객에게 좋은 느낌을 주지 못한다. 그런 경우 칭찬의 가치는 떨어지고, 코치와 코칭고객 사이에 쌓인 신뢰는 무너지기 시작한다. 칭찬은 사실에 근거하여 즉각적으로 하되, 진실하고 공정해야 한다.

둘째, 인정은 근본적인 인식을 의미하는 것으로 코칭고객의 존재 자체를 인정해 주는 것이다. 인정은 코치가 고객의 행동이 무엇을 의미하는지, 얼마만큼 마음의 대가를 치르게 하는지, 그리고 고객에 대해 무엇을 이해했는지를 그에게 전달하는 것이다.[16] 고객을 인정하는 것은 그의 자존감을 높여 주고, 신뢰를 강화하는 것이다. 그리고 고객의 행동을 촉진하고, 그가 자신의 가치를 느끼는 데 도움을 주는 효과가 있다. 코칭을 할 때 다음과 같은 표현들을 사용하면서 고객의 존재를 인정할 수 있다.

- “오늘 정말 기분이 좋으신 것 같습니다.”
- “오늘은 얼굴이 정말 밝아 보입니다.”
- “목소리가 한층 높아지신 것을 보니 기분이 좋으신 모양입니다.”
- “자녀와의 관계가 많이 호전되셔서 그런지 얼굴이 훨씬 환해 보입니다.”

2) 교정적 피드백

교정적 피드백(corrective feedback)은 코칭고객이 개선해 나가야 할 부분을 구체적으로 언급함으로써, 그것을 적절하게 고쳐 나가는 데 도움이 되는 피드백이다.[17] 잘못된 점을 지적하고, 고객의 발전을 위해 앞으로 어떻게 바꿀지를 언급하는 것이다. 이런 측면에서 교정적 피드백은 발전적 피드백이라고도 할 수 있다. 앞서 언급한 지지적 피드백이 긍정적인 행동의 반복에 목적이 있다면, 교정적 피드백은 행동의 변화에 그 목적이 있다.

그런데 교정적 피드백은 비난하거나 비판하려는 것이 목적이 아니다. 한 개인 자체나 그의 잘못에 초점을 맞추는 것이 아니라 문제 자체에 초점을 맞추어 정중하게 피드백해야 한다.[18] 실제 코칭을 진행할 때, 많은 훈련과 연습 없는 상태에서 교정적 피드백을 하는 것은 비난이나 질책이 되기 때문에 주의해야 한다. 그래서 교정적 피드백은 아주 조심스럽게 다루어야 하며, 성장과 발전을 위한 방법이 함께 제시되어야 무리가 없다. 그러므로 코치는 교정적 피드백을 해 줄 때, 고객에게 좌절감을 주지 않고, 냉소적이지 않도록 아주 조심할 필요가 있다.

3) 피드백을 해 줄 때 유의해야 할 점

사람들은 모든 점을 분명하고 완벽하게 이해한다고 생각하지만, 사실은 그렇지 못하다. 이때 피드백을 구하면, 잘못되고 있는 것이 무엇인지, 앞으로 어떤 식으로 해야 개선할 수 있는지를 배울 수 있다. 때로는 이야기하는 사람이 그것을 듣는 사람에게 피드백을 구할 수 있다.

그런데 피드백을 제공하는 것은 실제로 매우 까다롭고, 그리 쉬운 일이 아니다. 그래서 코치는 어떤 식으로 피드백을 해 주는 것이 고객에게 도움이 될지를 항상 염두에 두어야 한다. 따라서 코치는 피드백이 코칭에서 유의미한 기술이지만, 피드백해 주어야 할 때는 세심한 주의를 기울여야 한다.[19)]

지지적 피드백은 정도가 과하지 않도록 수준을 잘 조절하는 것이 매우 중요하다. 칭찬과 인정을 할 때 코치의 진심이 제대로 전달되지 않으면, 고객은 칭찬과 인정의 진정성을 의심할 수 있다. 따라서 코치는 코칭을 진행하는 전체 과정에서 쌓인 신뢰를 바탕으로 사실에 근거한 지지적 피드백을 해야 한다.

교정적 피드백은 조심스럽게 진행해야 한다. 교정적 피드백은 때에 따라서는 비난과 질책이 되기 때문에 실제 코칭에서는 세심한 주의를 기울여야 한다. 코치가 자신의 판단과 선입견에 근거하여 교정적 피드백을 해 주면, 본래의 의도와는 달리 불필요한 오해가 생길 수 있고, 코칭 진행에 상당한 어려움을 겪을 수도 있다. 따라서 코치 자신이 스스로 판단하기에 코칭에 대해 상당한 자신감이 생기지 않았다면, 교정적 피드백은 가능한 삼가는 것이 바람직하다.

피드백해 줄 때 세심하게 주의를 기울이지 않을 경우, 그 피드백은 무의미한 피드백이 되거나 때에 따라서는 학대적 피드백이 될 수도 있다.

무의미한 피드백(insignificant feedback)은 피드백 내용이 너무 막연하거나 일반적이어서 피드백을 받는 사람조차 피드백의 목적이 무엇인지 파악하지 못하는 경우를 말한다. 이런 무의미한 피드백은 인간관계를 형식적인 차원으로 전락시키고, 어떤 유의미한 발전을 가져다주지 않는다.

그리고 학대적 피드백(abusive feedback)은 다른 사람에게 상처와 절망을 주고, 모멸감을 안겨 줌으로써 관계 형성과 유지에 부정적인 영향을 끼치는 것을 말한다. 실제로 수많은 사람은 다른 사람들에게 상처와 절망을 주는 학대적 피드백을 무의식적으로 사용하고 있다. 그래서 많은 사람이 학대적 피드백에 둘러싸여 많은 갈등을 초래하고 있다. 따라서 유능하고 훌륭한 코치가 되고 싶다면, 무의미한 피드백과 학대적 피드백을 하지 말아야 한다.[20)]

라. 바람직한 피드백 방법

일상생활에서 사람들은 피드백을 잘 해 주지 않는다. 그래서 유능한 코치가 되려면, 피드백해 주는 방법을 열심히 연습할 필요가 있다. 그리고 코칭을 진행할 때, 몇 가지 사항들을 유념해야 한다. 여기서 소개하는 사항들은 실제 코칭 현장에서 활동하는 전문코치들의 경험을 바탕으로 정리한 것이다.

① 코치는 적절하고 예의 바른 언어를 사용하여 침착하게 피드백을 한다.

② 코치는 자신의 느낌을 솔직하게 표현하면서 피드백을 한다.

③ 코치는 사실과 근거를 바탕으로 피드백을 하되, 코칭고객이 불필요하게 추측하지 않도록 명확한 피드백을 한다.

④ 코치는 눈에 보이거나 평가할 수 있는 구체적인 행동이나 태도에 초점을 두고 피드백을 한다.

⑤ 코치가 충분하게 연습하지 않았거나 코칭고객과 충분한 친밀감(rapport)이 형성되지 않았을 때는 교정적 피드백을 삼가는 것이 바람직하다.

⑥ 코치는 코칭고객이 무엇을 원하는지 혹은 무엇을 모르는지에 대해 다른 관점에서 알도록 그의 얘기를 재구성해서 분명하게 피드백을 한다.

⑦ 코치가 피드백해 줄 때, 감정적이거나 과잉반응을 삼가는 것이 바람직하다.

미주

1) 조성진(2008). **코칭ABC**. 서울: 도서출판 심포지움. 129-130.
2) 조성진(2008). 위의 책. 130.
3) 게리 콜린스(양홍주 · 이규창 역, 2011), **게리 콜린스의 코칭바이블**. 서울: 한국기독학생회 출판부. 135.
4) 이희경(2005), **코칭입문**, 서울: 교보문고, 76-77.
5) 로버트 하그로브(박재원 역, 2006). **불가능한 미래를 성취하는 마스터풀 코칭**. 서울: 김앤김북스. 106-107; 조성진(2008). 앞의 책. 143.
6) 로버트 하그로브(박재원 역, 2006). 위의 책. 106-110.
7) 게리 콜린스(양홍주 · 이규창 역, 2011), 앞의 책. 136.
8) 어떤 코칭 프로그램에서는 이 잡동사니를 '오리들'이라고 부르기도 한다(www.koreacoach.com).
9) 조성진(2008). 앞의 책. 173.
10) 송계충 · 정범구(2003). **조직행위론**. 서울: 경문사. 443.
11) 게리 콜린스(양홍주 · 이규창 역, 2011). 앞의 책. 147.
12) 조성진(2008). 앞의 책. 174.
13) 조성진(2008). 앞의 책. 176.
14) 조성진(2008). 앞의 책. 177.
15) 조성진(2008). 앞의 책. 178.
16) 이언 맥더모트 · 웬디 제이고(박정길 · 최소영 역, 2007). **코칭 바이블**. 서울: 웅진윙스. 194.
17) 조성진(2008). 앞의 책. 180.
18) 게리 콜린스(양홍주 · 이규창 역, 2011). 앞의 책. 275.
19) 조성진(2008). 앞의 책. 182-183.
20) 조성진(2008). 앞의 책. 183-184.

chapter 04

핵심 코칭 기술(II): 질문

1. 질문의 중요성과 힘

가. 질문의 중요성

우리는 일상생활에서 대화를 통해 자신의 느낌과 생각을 전달하고 정보를 주고받는다. 이때 우리는 대개 서술이나 질문하는 두 가지 방식 가운데 하나를 선택한다. 대화할 때, 누군가 질문을 하면 상대방의 감정이나 생각, 현재 상황 등에 대해 좀 더 깊이 알 수 있거나 그에 적절한 조치를 하는 계기를 마련할 수 있다.

사람은 대부분 자신의 내부에 있는 해답을 자각하지 못하거나 심지어 자신의 내부에 해답이 있다는 사실 자체를 믿지 않는 경우가 많다. 그래서 자신의 내부에 있는 해답을 스스로 찾도록 누군가의 도움이나 지원이 필요하다. 이것은 마치 자신의 모습을 보려면, 거울이 필요한 것과 마찬가지다. 자신의 잠재의식을 들여다보려면, 누군가 거울의 역할을 하는 것이 필요하다. 이처럼 거울 역할을 하는 매개체가 바로 코치가 던지는 질문(question)이다.[1]

코칭의 핵심적 활동 가운데 하나는 코칭고객이 다른 관점에서 자신을 돌아보도록 하는 것이다. 가끔 그것은 자신이 어떻게 다른 사람에게 영향을 미치는가를 인식하는 것이고, 때로는 자신이 속한 상황을 전체적으로 조감하고 전망하는 것이다. 그리고 자신이 어떤 상태에 있고, 무슨 생각을 하며, 어떻게 느끼고, 무엇을 원하는지에 대해 자신과 친밀하게 대화하는 것이다.[2]

우리가 자신과의 대화 속에서 찾기를 바라는 해답은 대개 현재 의식이 아닌, 그 사람이 의식하지 못하는 잠재의식 속에 있다. 그런데 의식의 화살이 항상 외부로 향해 있어 자신이 원하는 해답을 스스로 찾기가 쉽지 않다. 예컨대, 부하가 항상 상사의 눈치만 살피며 상사가 주는 해답만을 기다리고 있다면, 부하 자신의 내부에 있는 잠재력이나 능력은 아무리 시간이 흘러도 밖으로 표출되지 않는다. 마찬가지로 학생이 부모나 교사가 때마다 알려주는 해답만을 기다린다면, 학생의 잠재능력은 영원히 깊은 잠에 빠져 있을 것이다. 그것을 깨우는 것 가운데 하나가 질문이다.

질문은 평상시에 외부로 향해 있던 의식의 화살을 자신 내부로 향하도록 바꾸는 힘을 가지고 있다. 따라서 코치가 해야 할 일은 코칭고객에게 질문함으로써 그가 평소에 생각하지 못했던 것을 생각하도록 하는 것이다. 생각한다는 것은 의식의 화살표를 잠재의식이 있는 곳으로 돌리고, 깊은 곳에 있는 해답을 스스로 찾는 것을 말한다. 이처럼 코치가 고객에게 적절한 질문을 던짐으로써 고객은 자신의 잠재의식 속을 여행하게 되는 것이다.

그러나 현실은 그렇지 못하다. 그동안 가정에서는 부모가, 학교에서는 교사가, 회사에서는 상사가 그들의 생각과 방식대로 자녀, 학생 그리고 부하들이 움직여 줄 것을 강요해 왔다. 그러다 보니 스스로 생각하지 못하는 사람들을 양산해 왔다. 이제는 바뀌어야 한다. 코치가 적절한 질문을 함으로써 자녀, 학생 그리고 부하들이 스스로 생각하도록 도와야 한다. 그래서 코칭고객이 자신의 내부에 있는 해답을 스스로 찾도록 해야 한다.

나. 질문의 힘

코치의 바람직한 질문은 코칭고객의 마음속에 있는 가능성과 잠재력을 자극하는 힘을 가지고 있다. 질문은 고객의 고정된 감정을 뒤흔들 수 있고, 창의성과 희망을 자극한다. 그래서 질문은 앞으로 어떻게 달라질 수 있을지 상상하게 하는 힘이 있다. 나아가 질문은 지금까지 불가능했던 것을 가능하도록 만드는 힘도 가지고 있다. 어떤 의미에서 좋은 질문은 기적의 질문이라고 볼 수 있다.

바람직하고 좋은 질문은 몇 가지 아주 특별한 힘을 가지고 있다.[3]

첫째, 질문하면 답이 나온다. 누구라도 질문을 받으면 대답을 하지 않을 수 없기 때문이다. 둘째, 질문은 생각을 자극한다. 질문은 질문하는 사람과 질문을 받는 사람의 사고를 동시에 자극한다. 셋째, 질문하면 정보를 얻는다. 적절한 질문을 하면 원하는 정보를 얻을 수 있다. 넷째, 질문하면 통제가 된다. 모든 사람은 스스로 상황을 통제하고 있을 때 편안하고 안전하게 느낀다. 그런데 질문을 하게 되면 자신의 감정을 진정시키고, 원하는 방향으로 상황을 이끌어 갈 수 있다. 그래서 결국 질문을 하는 사람이 유리한 입장에 서게 된다. 다섯째, 질문은 마음을 열게 한다. 사람들은 자신의 사연, 의견, 관점에 대한 질문을 받으면 우쭐해진다. 질문하는 것은 상대방의 이야기에 관심을 보여 주는 것이어서 아무리 과묵한 사람이라도 그의 생각과 감정을 드러낸다. 여섯째, 질문은 귀를 기울이게 한다. 적절하게 질문하는 능력을 높이면 더 분명한 대답을 듣게 되고, 중요한 일에 집중하기 쉬워진다. 일곱째, 질문에 답하면 스스로 설득된다. 사람들은 누가 해 주는 말보다 자신이 하는 말을 믿는다. 사람들은 자신이 생각해 낸 것을 쉽게 믿는 경향이 있다. 그래서 요령 있게 질문하면, 사람들의 마음을 특정한 방향으로 움직일 수 있다.

코칭에서 질문은 대단한 힘을 발휘한다. 어떤 코칭고객은 자신이 무엇을 할지, 어떻게 해야 할지, 어디로 가야 할지를 코치가 자신에게 직접 제시해 주기를 원한다. 그러나 유능한 코치는 고객에게 해답을 제시하지 않는다. 그 대신에 고객이 생각하도록 자극하기 위해 정곡을 찌르는 질문을 던진다. 코치의 바람직하고 적절한 질문은 고객이 깊이 생각하도록 격려하고, 그의 가능성과 상상력을 자극한다. 그리고 고객의 며칠 후 혹은 몇 년 후의 비전을 발견하도록 돕고, 그가 가지고 있는 무한한 잠재력을 발견하는 계기를 만들어 준다.

코치의 질문은 코칭고객이 해결하고자 하는 이슈와 관련된 현실을 알아차리고, 자신이 바라는 목표를 이루는 데 필요한 해결책과 실행 계획을 세우도록 돕는 아주 핵심적인 코칭 기술이다. 그래서 코치가 고객에게 던지는 질문은 고객이 자신의 문제를 스스로 해결할 수 있는 해답을 찾는 데 많은 도움을 준다. 그래서 혹자는 질문을 코칭 기술의 백미(白眉)라고 주장하기도 한다.

2. 질문의 종류

질문의 종류에는 개방(열린) 질문과 폐쇄(닫힌) 질문, 확대 질문과 특정 질문, 미래 질문과 과거 질문 그리고 긍정 질문과 부정 질문이 있다.[4] 이들 가운데 코치가 알아두고 꼭 연습해야 할 질문은 개방 질문, 확대 질문, 미래 질문 그리고 긍정 질문이다. 이것들의 공통점은 모두 코칭고객의 가능성을 최대한 이끄는 것을 목적으로 하는 바람직한 질문이라는 점이다.

여기에서는 바람직한 질문과 그렇지 못한 질문을 함께 설명할 것이다. 그것은 바람직하지 못한 질문을 하지 않도록 미리 경계함으로써 코치가 쉽게 범할 수 있는 실수를 줄이고자 함이다.

가. 개방 질문과 폐쇄 질문

1) 개방(열린) 질문

개방 질문은 코칭고객이 자신의 의견을 스스럼없이 얘기하도록 던지는 질문을 말한다. 코치가 개방 질문을 던지면, 고객은 더 많이 생각하게 된다. 그리고 고객 자신의 대답에 주의를 기울이게 되고, 자신의 마음을 열게 된다. 다시 말하면, 개방 질문은 고객이 자신의 마음 문을 열고, 더 심층적인 대답을 할 수 있게 한다.

바람직한 개방 질문을 하려면, '어떻게', '무엇을' 등과 같은 표현을 한두 마디 붙이면 된다. 코치는 코칭고객의 상상력을 자극하기 위해 개방 질문을 자연스럽게 사용하도록 꾸준히 연습해야 한다. 개방 질문에 속하는 예로 다음과 같은 것들이 있다.

- "내가 무엇을 도와드릴까요?"
- "어떤 이유로 코칭을 받으려고 하십니까?"
- "당신의 인생에서 가장 중요한 것은 무엇입니까?"
- "그 임무를 잘 마칠 수 있었던 이유는 무엇이었습니까?"
- "어떻게 그런 결정을 내리시게 되었습니까?"

- "이 일을 더 효과적으로 하려면, 어떤 점을 개선하면 좋겠습니까?"
- "다른 관점으로 보면, 상황이 어떻게 바뀔까요?"
- "요즘 생활은 어떻습니까?" 등

2) 폐쇄(닫힌) 질문

폐쇄 질문은 단답형의 신속한 대답을 얻을 수 있지만, 그 이상의 설명은 이어지지 않는 질문이다. 이것은 질문은 대답하기 쉬워서 필요한 정보를 손쉽게 얻을 수 있지만, 대답하는 사람의 생각이나 사고를 자극하지 않는다. 그리고 대화가 계속 이어지도록 하는 질문이 아니어서 대화 도중에 어색한 분위기를 연출할 수도 있다.

이처럼 폐쇄 질문을 통해 신속하게 대답을 얻을 수 있지만, 대답하는 사람의 상상력과 잠재력을 자극할 수 없어서 코칭에 사용하는 질문으로는 적절치 않다. 따라서 코치는 폐쇄 질문을 하지 않도록 주의해야 한다. 폐쇄 질문에 속하는 예로 다음과 같은 것들이 있는데, 우리가 일상적인 대화에서 많이 사용하는 것들이다.

- "보고서를 끝냈습니까?"
- "제출할 과제는 모두 마쳤습니까?"
- "대학 생활에 만족하십니까?"
- "수업은 모두 끝났습니까?"
- "도서관에서 필요한 책을 대출받았습니까?" 등

나. 확대 질문과 특정 질문

1) 확대 질문

확대 질문은 질문을 받은 사람이 바로 그 자리에서 대답할 수 없는 질문으로, 즉 '예', '아니오'로 쉽게 대답할 수 없는 둘 이상의 해답이 있는 질문을 말한다. 확대 질문은 코칭고객이 지닌 능력이나 가능성과 잠재력을 확대한다는 의미에서 이렇게 불린다.

코칭에서 주로 사용하는 질문은 주로 이런 종류의 질문이다. 코칭고객이 코치로부터 확대 질문을 받으면, 고객 내면에 깊이 잠재된 의식을 자극하여 많은 생각을 하게 된다. 다시 말하면, 코치가 확대 질문을 하고 고객이 이에 대답하는 과정을 반복하면서 고객은 자신이 바라는 대답을 스스로 찾기 위해 많은 생각을 하게 된다. 그리고 자신의 문제를 해결할 수 있는 해답을 찾는 데 많은 도움을 받는다. 따라서 코칭을 할 때, 코치는 고객의 가능성과 잠재력을 이끄는 확대 질문을 늘리려는 노력을 끊임없이 해야 한다. 확대 질문에 속하는 예로 다음과 같은 것들이 있다.

- "당신은 정말 하고 싶은 일은 어떤 것입니까?"
- "당신이 가장 소중하게 여기는 것은 무엇입니까?"
- "반드시 성공한다면, 꼭 하고 싶은 일은 어떤 것입니까?"
- "이번에는 어떤 부분을 새롭게 개선하고 싶습니까?"
- "어떻게 그런 결론을 얻었습니까?"
- "현재 상황을 어떻게 보고 있습니까?"
- "대학생인 당신에게 가장 중요한 것은 무엇입니까?" 등

2) 특정 질문

특정 질문은 대답이 하나밖에 없어서 누가 질문하더라도 기본적으로 같은 대답이 나오는 질문을 말한다. 특정 질문은 대개 코칭고객이 말한 내용을 확인하거나 단순한 선택을 촉구할 때 사용한다. 이것은 질문을 받는 사람이 그다지 깊은 생각을 하지 않더라도 바로 쉽게 대답할 수 있는 질문이다.

그래서 특정 질문은 질문을 받는 사람의 상상력을 자극하지 않고, 가능성을 확대하지도 않는다. 특정 질문은 단순한 답을 요구하기 때문에 코칭고객의 상상력과 가능성을 자극하지 않는다는 점에서 폐쇄 질문과 유사한 측면이 있다. 특정 질문에 속하는 예로 다음과 같은 것들이 있다.

- “여자 친구는 몇 학년입니까?”
- “지금 무슨 학과 몇 학년입니까?”
- “입학한 지 얼마나 되었습니까?”
- “무슨 동아리에 가입했습니까?”
- “댁의 아드님은 몇 살입니까?” 등

다. 미래 질문과 과거 질문

1) 미래 질문

미래 질문은 미래의 행위나 가능성에 초점을 두는 질문으로써 질문 속에 미래형의 단어가 포함된 질문을 말한다. 미래 질문은 고객의 가능성을 이끌기에 적당한 질문이다. 미래의 가능성과 잠재력에 초점을 맞추는 것이 코칭인 만큼, 미래 질문을 하는 것이 과거 질문을 하는 것보다 더 효과적이다.

코칭은 항상 코칭고객의 가능성에 초점을 맞추고 있어서 기본적으로 미래지향적이다. 가능성은 과거에 있는 것이 아니라 미래에 존재한다. 따라서 고객이 과거 지향적 사고를 지닌 사람이라면, 코치는 새하얀 도화지에 그림을 그리는 심정으로 미래 질문을 늘려 가는 것이 필요하다. 그래서 고객이 미처 깨닫지 못한 자신의 가능성과 잠재력을 발휘하도록 상상력을 자극할 필요가 있다. 미래 질문에 속하는 예로 다음과 같은 것들이 있다.

- “앞으로 1년 후에 당신의 삶이 어떻게 달라지기를 원하십니까?”
- “그것을 완수하기 위해서 앞으로 어떻게 하는 것이 좋겠습니까?”
- “앞으로 무엇을 새롭게 더 실천해 보고 싶습니까?”
- “반드시 성공한다면, 어떤 일을 하고 싶습니까?”
- “새롭게 프레젠테이션을 한다면, 어떤 부분을 개선해 보겠습니까?”
- “자기소개를 다시 할 기회가 있다면, 어떻게 다르게 시도하겠습니까?” 등

2) 과거 질문

과거 질문은 과거의 행위나 생각에 초점을 맞춘 질문으로, 대개 질문 속에 과거형의 단어가 포함된 것을 말한다. 과거 질문은 의식의 화살을 과거로 돌리기 때문에 코칭고객의 상상력을 자극하거나 가능성을 확대하는 데 도움이 되지 않는다. 대개 문제를 겪고 있는 고객의 과거 기억 속에는 현재의 문제 해결과 자아실현에 방해가 되는 것들이 많다. 따라서 과거의 부정적 기억이 그 사람의 가능성을 한정해 버리는 경우가 많아서 과거 질문은 그다지 좋은 질문이 아니다. 과거 질문에 속하는 예로 다음과 같은 것들이 있다.

- "왜 아직 그것을 하지 않았습니까?"
- "지금까지 어떻게 했기에 이런 결과가 나왔습니까?"
- "엊그제 말했던 것을 하지 않은 이유는 도대체 무엇입니까?"
- "지난 한 달 동안, 도대체 무엇을 한 것입니까?" 등

라. 긍정 질문과 부정 질문

1) 긍정 질문

긍정 질문은 '아니다'라는 부정적인 의미가 질문 속에 없는 것을 말한다. 긍정 질문을 받았을 때, 듣는 사람은 선택 폭이 넓고 밝은 어감을 느낀다. 그래서 대답하는 코칭고객의 의식이 긍정적인 방향으로 흘러가서 문제 해결에 많은 도움을 준다. 대개 긍정적인 질문을 하면, 긍정적인 대답을 얻는다.

따라서 코치는 코칭고객이 그의 가능성과 잠재력을 마음껏 발휘하고, 궁극적으로 자신의 문제를 스스로 해결하도록 돕기 위해서 긍정 질문을 많이 사용하는 것이 바람직하다. 긍정 질문에 속하는 예로 다음과 같은 것들이 있다.

- "어떻게 하면 일이 순조롭게 진행되겠습니까?"
- "여기서 확실한 것은 무엇입니까?"

- "여기서 잘 되는 것은 어떤 것입니까?"
- "어떤 멋진 대책을 세우셨습니까?"
- "앞으로 일어날 수 있는 결과에 대비해서 지금 할 수 있는 일은 무엇입니까?"
- "이 문제를 전화위복으로 만드는 방법은 무엇입니까?" 등

조직 안에서 상사가 긍정 질문을 하면, 부하직원의 사고를 전환하는 계기를 주거나 사기를 진작시키는 데 도움이 된다. 예컨대, 제출한 보고서로 인해 상사로부터 심하게 꾸중을 들은 부하직원을 코칭한다고 가정해 보자. 부하직원은 스스로 '나는 왜 이렇게 멍청한가? 나는 왜 제대로 하는 일이 하나도 없을까?'라고 자신을 부정적으로 생각하기 마련이다. 그리고 '상사라고 해서 나한테 적절한 정보도 주지 않으면서 일이 제대로 처리되기를 기대해도 되는 거야?'라고 상사를 원망할 수도 있다.

이럴 때 코치인 상사의 질문이 아주 중요한 역할을 한다. 상사가 "완전한 보고서를 제출하려면, 어떻게 해야 합니까?", "이 보고서에서 잘된 부분은 어떤 것입니까?", "어느 부분을 개선해야 한다고 생각하십니까?", "도움이나 지도를 받을 수 있는 분이 누구입니까?" 등의 질문을 하면, 부하직원의 사고가 전환될 수 있다. 이런 긍정적인 질문은 '나는 왜 이렇게 무능한가?'라고 생각하면서 스스로 좌절하고 무기력해지는 부하직원의 생각을 바꾸는 계기를 제공한다. 이처럼 상사의 긍정적인 질문 사용 여부에 따라 부하직원의 사고는 얼마든지 달라질 수 있다.

2) 부정 질문

부정 질문은 질문 속에 '아니다'라는 의미의 부정형 단어를 포함하는 질문을 말한다. 부정 질문을 던지면, 듣는 사람은 왠지 선택 폭이 좁고 어두운 어감을 느낀다. 그리고 부정 질문을 받았을 때는 대개 의식의 방향이 부정적인 방향으로 흘러간다. 그래서 코칭고객의 의식을 부정적인 방향으로 흐르게 하여 스스로 한계나 벽을 만들어 버리는 경우가 많다. 부정 질문에 속하는 예로 다음과 같은 것들이 있다.

- "왜 일이 순조롭게 진행되지 않았습니까?"

- "확실치 않은 것은 무엇입니까?"
- "잘 안 된 것은 어떤 것입니까?"
- "대책을 전혀 세우지 않은 이유는 무엇입니까?" 등

3. 바람직한 질문의 특징과 방법

가. 바람직한 질문

1) 발견 질문과 강력한 질문

앞서 언급한 바람직한 질문 즉, 개방 질문, 확대 질문, 미래 질문 그리고 긍정 질문은 코칭고객의 내면에 있는 해답을 찾는 데 도움을 주는 발견 질문(discovery question)이다. 이런 질문들은 고객의 생각을 자극해서 자신에 대해 인식하게 하고, 내면 깊숙이 자리 잡고 있던 해답들을 발견하도록 돕는다.

발견 질문들은 "왜(why)"라는 단어로 시작하기보다 주로 "어떻게(how), 무엇(what)"과 같은 단어로 시작된다. 전자가 판단, 비판, 추궁 및 방어적 태도를 부추기는 측면이 있는 데 비해, 후자는 잠재력과 가능성을 북돋우고, 희망과 미래를 지향하는 측면이 있다. 따라서 코치는 코칭고객이 현재의 일과 역할을 넘어 미래에 더 많은 것을 이루도록 지원하는 차원에서 발견 질문을 사용하는 것이 바람직하다.

코칭은 코칭고객에게 해야 할 일을 말해 주거나 제안하거나 지시하지 않는다. 코칭은 고객이 스스로 생각하고, 그동안 생각하지 못했던 해답을 발견하도록 돕는 것이다. 코치는 질문을 통해 고객의 참신한 생각을 자극하고, 새로운 통찰력을 갖도록 독려한다. 그리고 코치는 질문을 통해 고객의 문제를 명확히 하고, 혁신적인 가능성을 찾아내도록 돕는다. 이런 측면에서 코치가 고객에게 던지는 발견 질문은 강력한 질문(powerful question)이다.

강력한 질문은 가끔 코칭고객을 무방비 상태로 만들어서 그가 제자리에 멈춰 서서 생각하게 한다.[5] 그래서 질문을 받은 고객이 이전에는 전혀 생각해 보지 않았던 것

들을 탐색하게 하고, 어떤 사안을 새로운 시각으로 바라보도록 자극한다. 그리고 현재 겪고 있는 이슈의 해답을 색다르게 재구성해 보도록 촉진한다. 한 마디로, 강력한 질문은 깊이 생각하도록 자극하는 큰 힘을 가지고 있다. 이런 강력한 질문에 속하는 예로 다음과 같은 것들이 있다.

- "당신에게 성공이란 어떤 의미가 있는 것입니까?"
- "어떻게 하면 당신이 좋은 대학생이 될 수 있습니까?"
- "당신을 이토록 즐겁게 만드는 것은 무엇입니까?"
- "당신의 현재 상황을 호전시킬 수 있는 것들은 무엇입니까?"
- "당신이 성공했다는 것을 어떻게 알 수 있습니까?"
- "이 일은 당신의 가치관과 어떻게 연결될 수 있습니까?"
- "여기서 어떤 새로운 가능성을 발견할 수 있습니까?" 등

2) 과제 질문

과제 질문은 결과에 대해서는 나중에 얘기하기로 하고, 먼저 깊이 생각하고 행동하도록 제안하는 것이다. 이것은 마치 과제를 내듯 질문을 던지는 것이다. 대개 사람들은 자신에게 어떤 과제가 생기면, 그것을 해결하기 위해 생각을 많이 한다.

어떤 질문들은 대답하기 위해서는 깊이 생각할 시간이 필요한 경우가 많다. 그런 질문들은 자기 성찰, 사색 그리고 깊이 생각하면 효과를 볼 수 있는 문제들과 관련된 것이다.[6] 바쁜 일상생활을 보내는 현대인들은 매일 반복적인 생활에 젖어 있다 보니 잊고 지나가거나 깊이 생각하지 않고 넘기는 일들이 많이 생긴다. 하지만 어떤 이슈는 간단히 해결되지 않고, 자신의 깊은 내면에서 해답을 도출해야 하는 것도 있다. 이때 코치가 던지는 과제 질문은 깊은 우물에서 물을 길어 올리는 것과 같은 역할을 한다.

나. 바람직하지 못한 질문

앞에서 살펴보았듯이 질문은 특별한 힘을 가지고 있다. 특히 코칭에 있어 질문의 힘은 정말 대단하다. 코치의 효과적이고 적절한 질문은 코칭고객의 상상력과 가능성을 자극하여 그가 자신의 문제를 스스로 해결하는 데 많은 도움을 준다. 그래서 코치는 코칭을 진행할 때, 개방(열린) 질문, 확대 질문, 미래 질문 그리고 긍정 질문을 자유롭게 구사할 줄 알아야 한다. 하지만, 폐쇄(닫힌) 질문, 특정 질문, 과거 질문 그리고 부정 질문은 코치에게 권장할 수 없는 바람직하지 못한 질문이다.

코치가 코칭을 진행할 때, 질문과 관련하여 경계해야 할 것들이 있다. 코치는 다음과 같은 바람직하지 못한 질문을 사용하는 상황이 생기지 않도록 항상 유의해야 한다.

첫째, 코치가 "왜"라는 표현이 들어간 질문을 사용하는 것은 바람직하지 못하다. 일상생활에서 "왜"라는 말이 들어간 질문은 궁금한 것이 있을 때, 자주 사용된다. 특히, 한참 지적 호기심이 풍부한 성장기 아동들은 궁금한 점을 해결하기 위해 "왜"라는 의문사가 포함된 질문을 자주 한다. 이때는 "왜"라는 질문 자체만으로도 의미가 있다. 하지만, "왜"라는 표현의 이면에는 비판, 판단 및 추궁의 의미도 함께 포함되어 있다. 그래서 때에 따라서는 "왜"라는 말이 포함된 질문으로 인해 어색한 상황이 생기고, 급기야 인간관계가 어려워지는 경우도 생긴다. 따라서 코치는 코칭을 진행하면서 "왜"라는 단어를 사용하지 않도록 유의해야 한다.

둘째, 코치가 자신의 호기심을 채우기 위해 고객에게 질문하는 것은 바람직하지 못하다. 다양한 주제를 대상으로 코칭을 진행하다 보면, 코치 자신이 정말 궁금해서 물어보고 싶은 것들이 얼마든지 생길 수 있다. 코칭을 진행하는 도중에도 코치의 호기심을 자극하는 많은 사항이 생기다 사라지곤 하다. 이때 코치의 궁금증을 해소하기 위해 코칭고객에게 질문하는 실수를 범하지 말아야 한다. 코치가 해야 할 일은 고객이 겪고 있는 문제를 스스로 해결할 수 있도록 도와주는 것이지, 코치 자신의 궁금증을 해소하는 것이 아니다.

셋째, 코치가 코칭을 하는 동안 유도 질문을 하는 것은 바람직하지 못하다. 유도 질문은 코치 자신이 원하는 대답을 코칭고객이 말하도록 유도하는 것이다. 유도 질문은 그 자체가 이미 어떤 대답을 제시하는 것으로, 질문하는 사람의 의도가 다분히 들어가게 된다. 코치가 코칭을 진행하면서 자신이 원하는 답을 얻으려는 욕심에 사로잡힐 때, 유도 질문을 사용하게 된다. 코칭을 제대로 이해하지 못한 채 처음으로 코칭을 진행할 때, 이와 비슷한 일들이 가끔 생긴다. 유도 질문은 그 자체가 대답하는 사람에게 어떤 정보를 주는 것이어서 이미 오염된 질문이다. 따라서 유능한 코치가 되기 위해서는 유도 질문을 사용하지 않도록 철저하게 주의해야 한다.

다. 바람직한 질문 방법

코칭 기술 가운데 가장 핵심적이면서 어려운 기술이 질문기술이다. 현장에서 활동하는 전문코치들도 대체로 이것에 동의할 것이다. 그렇다면 이 어려움을 극복하는 방법은 무엇일까? 안타깝게도 질문을 잘하기 위한 왕도는 없다. 질문하는 방법을 꾸준하게 연습하는 것 외에는 다른 방법이 없다.

바람직한 질문을 잘하는 사람, 그리고 유능한 코치가 되기 위해서는 몇 가지 사항에 유의하면서 질문 연습을 할 필요가 있다.

① 코칭고객이 얘기하는 도중에 다음에 할 질문을 미리 생각하지 않는다. 코치가 다음에 할 질문을 생각하는 순간, 고객의 얘기가 들리지 않을 가능성이 있다.
② 코칭고객의 얘기를 경청하면서 그의 시각이나 관점을 이해한 후에 질문한다.
③ 코치는 코칭고객이 원하는 방향으로 나아가도록 질문한다. 고객이 뒤(과거)를 돌아보게 하거나 합리화할 수 있는 질문을 던지는 것은 바람직하지 못하다.
④ 코칭고객이 발견, 통찰 및 행동하도록 초점을 잘 맞추어 질문한다. 이것은 고객이 겪는 문제를 해결하는 데 아주 중요한 일이다.
⑤ 같은 질문을 연속해서 3차례 이상 질문하지 않는다.
⑥ 코치는 가볍고 활기찬 코칭 환경을 조성하기 위해 적절하게 유머를 사용한다.
⑦ 코치는 자주 사용되는 질문 목록을 만들고, 그것들이 입에 익숙해질 때까지 반복하여 연습한다.
⑧ 코치는 질문을 계속 연습, 연습 또 연습한다.

라. 질문과 학습 코칭

질문은 모든 코칭 분야에서 중요하게 사용되는 핵심 기술이다. 코치가 적절하고 바람직한 질문을 하면, 코칭고객은 자신의 이슈를 해결할 창의적인 아이디어를 내고 그것을 생산적인 방향으로 연결하는 데 큰 도움을 얻는다. 특히, 청소년, 대학생과 청년을 대상으로 진행되는 청소년 코칭, 학습 코칭 그리고 커리어 코칭에서 질문의 중요성은 아무리 강조해도 지나치지 않다.

하지만 우리의 교육 현실은 그렇지 못하다. 학생들에게 던지는 의미 있는 질문이 이미 사라진 지 오래되었다. 교실이나 강의실에 있는 학생들은 자기의 생각을 표현하고, 자신의 상상력을 동원하여 대답하는 데 익숙하지 않다. 오히려 주어진 예문 가운데 하나를 고르는 객관식 질문과 단답형 대답을 요구하는 질문에 익숙해 있다.

그러다 보니 학생들은 자신의 미래와 비전에 대해 스스로 생각할 겨를이 없고, 공부가 필요한 이유에 대해 진지하게 생각해 볼 필요성을 느끼지 못한다. 부모나 교사, 또는 교수가 요구하는 대답을 앵무새처럼 이야기하거나 설령 대답하더라도 "예", "아니오"라는 식의 단답형일 경우가 많다. 어떤 때는 아예 대답조차 하지 않아 부모나 교사, 또는 교수들을 답답하게 만드는 경우도 많다.

도대체 어디에 문제가 있는 것일까? 이런 현상이 나타날 수밖에 없는 원인은 무엇일까? 그 대답은 의외로 간단하다. 부모나 교사, 또는 교수가 제대로 질문하지 않기 때문이다. 즉, 자녀와 학생들이 지닌 무한한 가능성과 상상력을 자극하는 적절한 질문을 하지 않기 때문이다. 부모는 자녀가 좋은 대학으로 진학하는 것에만 모든 초점을 맞추고, 어린 시절부터 자녀들을 압박한다. 교사는 학생들이 정말 하고 싶은 일이 무엇인지에 대해 진지하게 질문하지 않는다. 교수들은 연구와 취업률 제고에 몰두한 나머지 대학생들의 일상생활이나 인생에 대해 별로 질문하지 않는다. 그러니 청소년과 대학생들의 마음속 깊은 곳에 있는 잠재의식을 자극하지 않은 채, 같은 대답만을 인정하고 강요하는 풍토가 생길 수밖에 없다. 결과적으로 이런 분위기 속에서 창의성을 지닌 인재들을 키워 내기가 어렵게 된다.

우리의 젊은 미래 세대에게 당장 필요한 것은 그들의 미래와 하고 싶은 일 등에 대해 진지하고 적절하게 질문하는 것이다. 그들이 더 창의적인 의견을 내고 그것을 효과적인 방향으로 연결하는 데 필요한 것은 질문이다. 그리고 그들의 대답을 경청하고 효과적으로 피드백해 주는 것이 필요하다. 이런 우리의 현실을 극복하는 의미 있는 대안 가운데 하나는 부모, 교사 그리고 교수가 적절하게 질문하고, 자녀나 학생들의 대답을 헌신적으로 경청하며, 효과적으로 피드백해 주는 기술을 배우는 것이다. 그것이 바로 학습 코칭, 청소년 코칭 및 커리어 코칭의 핵심이다.

미주

1) 에노모토 히데타케(황소연 역, 2004). 부하의 능력을 열두 배 키워주는 마법의 코칭. 서울: 새로운 제안. 86.

2) 이언 맥더모트・웬디 제이고(박정길・최소영 역, 2007). 코칭 바이블. 서울: 웅진윙스. 95.

3) 도로시 리즈(노혜숙 역, 2002). 질문의 힘. 서울: 더난출판사. 24-25.

4) 도로시 리즈(노혜숙 역, 2002). 위의 책; 에노모토 히데타케(황소연 역, 2004). 앞의 책. 98-109; 이희경(2005), 코칭입문. 서울: 교보문고. 83-87.

5) 게리 콜린스(양흥주・이규창 역, 2011). 게리 콜린스의 코칭 바이블. 서울: 한국기독학생회 출판부. 141-142.

6) 게리 콜린스(양흥주・이규창 역, 2011). 위의 책. 145.

chapter 05 코칭대화 프로세스

1. 일반대화와 코칭대화의 차이

가. 일반대화와 코칭대화

인간은 대화를 통해 자신을 드러내거나 감정과 느낌을 표현한다. 그리고 타인과의 대화를 통해 정보를 주고받거나 새로운 사실들을 접한다. 나아가 우리는 대화를 통해 자신의 능력에 대해 잘 이해하거나 자신의 어리석음을 깨닫기도 한다. 우리가 예전의 모습과 비교하여 어느 정도 성장하고 발전했는지 아니면 퇴보했는지도 대화를 통해 알 수 있다. 이처럼 대화는 인간들 사이에서 일어나는 아주 자연스러운 현상이다.

그런데 코칭에서 행해지는 대화는 이런 일반적인 대화와는 다르다. 코칭 대화는 잡담이나 단순한 의견 교환 또는 친구들에게 충고하는 대화가 아니다. 사람들 입에 자주 오르내리는 가십거리나 유머는 더욱 아니고, 냉소적인 논평에 몰두하는 대화도 아니다. 어떤 목표를 성공시키기 위한 합리적인 전략을 모색하는 대화도 아니고, 다른 사람이 무엇을 잘못했는지를 알아내고 추궁하기 위해 심문하는 대화도 아니다. 코칭에서 행해지는 대화, 즉 코칭 대화(coaching conversation)는 다음과 같은 특징을 가진 놀라운 대화이다.[1)]

- 코치가 사람들에게 영향을 미치고 싶다는 열의로 가득 찬 대화
- 상대방이 성공하도록 완전히 헌신한 상태에서 말하고 듣는 대화
- 사람들이 실망을 안겨 주거나 실수할 때도 그들의 위대함을 인식하는 대화
- 거리낌 없이 통찰력 있는 피드백을 제공하는 대화

- 사람들이 새로운 가능성이나 획기적인 혁신 방법을 파악하고 완전히 새로운 방식으로 거듭나게 하는 대화
- 사람들이 영감과 능력과 힘을 얻었다는 것을 느끼게 만드는 대화

이런 독특한 특징을 지닌 코칭대화는 코치와 코칭고객 사이에서 일정한 절차와 과정을 거치며 이루어진다. 그 절차를 '코칭대화 프로세스'(coaching conversation process)라고 부른다.

나. 코칭대화에서 필요한 것들

코칭은 코칭고객과 코치가 함께 이슈를 해결하려는 목적이 분명한 여정이다. 즉, 코칭은 확실한 목적이 있는 대화이다. 고객이 겪는 문제를 그가 스스로 해결하도록 돕겠다는 목적이 분명한 대화이다. 그래서 고객은 때에 따라 코치에게 기꺼이 대가를 지급하는 것이다.

이런 코칭대화에서는 다음과 같은 것들이 필요하다.

첫째, 코칭대화에서는 적절한 절차(process)가 필요하다. 코칭에서 코치와 코칭고객이 목적을 달성하는 방법은 여러 가지이다. 이때 먼저 해야 할 일은 나아갈 방향을 정하는 것이다. 자동차 운전하는 경우를 예로 들어 보자. 일단 가고자 하는 목적지가 결정되면 방향이 정해진다. 그러면 가로질러서 갈 수도 있고, 때로는 돌아가는 방법도 있다. 방향만 잘 설정되었다면, 언젠가는 목적지에 도달하기 때문이다. 코칭에서도 목적과 방향을 잘 유지하려면, 그것에 따라 대화를 풀어 가는 적절한 절차가 필요하다.

이처럼 코칭대화는 절차가 있어서 반복해서 진행할 수 있다. 두 명의 코치가 같은 코칭고객을 대상으로 코칭을 진행한다고 가정해 보자. 두 명의 코치가 각기 다른 시점에 같은 고객을 상대로 코칭을 진행하더라도 다루는 이슈가 같다면, 고객이 도달하는 결론은 비슷해진다. 설령 두 코치가 각기 다른 절차를 활용하여 코칭대화를 진행하더라도 고객이 추구하는 목적과 방향만 일정하다면, 비슷한 결론에 도달하게 된다. 이것이 가능한 이유는 코칭대화를 풀어 가는 데 사용되는 일정한 절차가 있기 때문이다.

둘째, 코칭대화에서 필요한 것은 코치와 코칭고객이 각각 지닌 열정과 의지다. 코

칭에서 코치는 코칭고객이 이슈를 해결하는 대안을 찾는 과정에서 항상 그와 동행한다. 이때 중요한 점은 고객과 코치가 공통의 관심사인 이슈를 해결하려는 뜨거운 열정과 확고한 실천 의지가 필요하다는 것이다. 이것은 자동차 차체와 엔진이 아무리 튼튼하고 견고하게 제작되었더라도 연료가 없으면, 자동차가 전진할 수 없는 것과 같은 이치이다. 결국, 코칭대화를 이어 나가려면, 적절한 절차가 있어야 하고, 코치와 고객 모두 문제를 해결하려는 열정과 의지가 병행되어야 한다.

2. 코칭대화 프로세스의 정의와 종류

가. 코칭대화 프로세스의 정의

사람들이 코칭을 받는 이유는 무엇인가 달라지기 원하기 때문이고, 그런 차원에서 코칭은 변화를 일으키는 것과 관련이 있다. 코칭은 코치와 고객이 서로 만나서 실행하는 쌍방향 의사소통으로써, 한 번 혹은 여러 번에 걸쳐 진행된다. 그래서 코칭대화 프로세스는 '코치와 고객이 이슈를 해결하기 위해 서로 의사소통을 하는 데 필요한 구조화된 코칭대화의 단계 또는 과정'이라고 정의할 수 있다.

어떤 코칭고객의 관심사와 이슈는 한두 번의 코칭을 통해 해결된다. 하지만, 대개 그 이상의 코칭 회기(session)가 필요한 경우가 많고, 때에 따라서는 몇 개월 동안 진행되기도 한다. 코칭이 한두 번의 회기에서 끝나든 몇 개월에 걸쳐 진행되든, 구조화된 대화 단계를 거친다는 점이 일상생활에서 사용하는 대화와 다르다.

현재 국내외에서 사용되고 있는 코칭(교육) 프로그램은 저마다 고유한 경로(unique path)인 코칭대화 프로세스를 포함하고 있다. 이것은 코치와 코칭고객이 함께하는 코칭 여정을 안내하는 표지판과 같은 역할을 한다. 이때 어느 부분을 강조하느냐에 따라 코칭 프로그램에 속한 코칭대화 프로세스 형태가 달라진다. 이처럼 개별 코칭 프로그램은 고객이 자신의 문제를 스스로 해결하도록 돕는다는 차원에서는 모두 같은 목적을 지닌다. 하지만, 그것을 풀어 가는 코칭대화 프로세스는 각기 다르고, 고유하며, 독특하다.

그래서 어떤 코칭대화 프로세스를 활용할 것이지는 전적으로 코치에게 달려 있다. 자신의 몸에 잘 맞고 어울리는 옷을 골라 입는 것처럼, 코칭대화 프로세스도 코치 자신에게 잘 맞는 것을 선택하여 활용하면 된다. 여러 사람이 입은 옷을 고르면 좀 익숙해 보일지 모르지만, 나만의 고유함이 없어서 자신의 옷을 직접 지어 입는 사람들도 있다. 이처럼 코치는 자신의 코칭(프로그램)에 잘 맞는 코칭대화 프로세스가 필요할 때는 코칭대화 프로세스를 새롭게 개발하여 사용할 수도 있다.

나. 코칭대화 프로세스의 종류와 절차

자동차를 운전할 때 지도를 사용하지 않고도 목적지를 찾아갈 수 있다. 하지만 도로 지도나 내비게이션의 도움을 받으면, 불필요한 우회를 방지하거나 막다른 길을 피하면서 목적지에 순조롭게 도착할 수 있다. 마찬가지로 코치가 코칭대화 프로세스를 사용하지 않고도 코칭고객과 함께 코칭을 진행할 수 있다. 하지만 코치가 사용할 코칭대화 프로세스가 있다면, 고객과 함께하는 코칭 여정을 순조롭게 진행할 수 있다.

그래서 각각의 코칭 프로그램은 저마다 코칭 여정을 안내하는 표지판 역할을 하는 코칭대화 프로세스를 가지고 있다. 이것은 각각의 코칭 프로그램을 다른 것과 구분하는 주요한 특징이 된다. 일반적으로 어떤 코칭 프로그램 사이의 차이는 코칭 모델과 그 속에서 활용되는 코칭대화 프로세스의 차이라고 볼 수 있다.

코칭 프로그램에서 사용되는 코칭대화 프로세스는 모두 단계별 절차(process)가 정해져 있다. 각 단계는 개별 코칭 프로그램마다 차이가 나지만, 대개 3~6단계를 거친다.

여기서 몇 가지 코칭대화 프로세스를 소개하면 다음과 같다.[2)]

먼저, 킨로우(Kinlaw, D.)의 코칭대화 프로세스(이하에서는 'K 프로세스'라 줄임)는 '직면하기 → 반응 활용하기 → 대안 점검하기'라는 3단계를 거친다. 퍼니스(Fournies, F. F.)의 코칭대화 프로세스('F 프로세스')는 '문제를 시인하기 → 대안 상호 토의하기 → 행동 상호 동의하기 → 사후 점검 → 성취결과 칭찬하기'와 같은 5단계를 거친다.[3)] 그리고 휘트모어(Whitmore, J.)가 사용한 코칭대화 프로세스(GROW, 'G 프로세스')는

'목표 설정하기 → 현실 확인 → 대안 찾기 → 실행 의지 확인'이라는 4단계를 거친다.[4] 나아가 코칭 교육기관인 CCU의 코칭대화 프로세스('C 프로세스')는 '초점 맞추기 → 가능성 발견 → 실행 계획 수립 → 장애요소 제거 → 마무리'라는 5단계를 거친다.[5]

우리나라에서는 코칭 도입기에 외국 프로그램을 번역하여 사용하는 경우가 많았다. 하지만 최근에는 독자적인 코칭대화 프로세스를 개발하여 사용하는 경우가 많아졌다. 국내 코칭 프로그램에서 사용하는 코칭대화 프로세스 가운데 몇 가지를 소개하면 다음과 같다.

먼저, 박창규와 이소희가 공동 개발한 코칭대화 프로세스(ANCHOR, 'A 프로세스')는 '기대 목표 → 현실 인식 → 핵심가치 →경로 찾기 → 장애 요인 → 다짐하기'라는 6단계를 거친다.[6] 이희경이 제안한 코칭대화 프로세스(GRROW, 'GR 프로세스')는 '목표 정하기 → 현실 파악 → 핵심 니즈(needs) 인식 → 대안 탐색 → 실천 의지 확인'과 같은 5단계를 거친다.[7]

한편, 조성진이 개발한 코칭대화 프로세스(iCAN 전략모델, 'i 프로세스')는 '정형화하기 → 환경 파악하기 → 실행 계획 수립하기 → 양육하기'라는 4단계를 거친다.[8]

이상에서 언급한 국내외 코칭 프로그램에서 활용하는 코칭대화 프로세스를 정리한 것이 <표 5-1>이다.

<표 5-1> 주요 코칭대화 프로세스 사이의 비교

구 분	K 프로세스	F 프로세스	G 프로세스	C 프로세스	A 프로세스	i 프로세스
이슈 / 목표의 정형화	직면하기 반응 활용하기	문제 시인하기	목표설정	초점 맞추기	기대 목표	정형화하기
상황(환경) 인식			현실 확인		현실 인식	환경 파악하기
대안 탐색	대안 점검	대안 상호 토의하기	대안 찾기	가능성 발견	핵심가치	실행 계획 수립하기
실행계획수립 및 의지 확인		행동 상호 동의하기	실행 의지 확인	실행 계획 수립 장애 요소 제거	경로 찾기 장애 요인	
점검/마무리		사후 점검 성취결과 칭찬		마무리하기	다짐하기	양육하기

출처: 조성진(2009). 코칭이 자기효능감, 성과 및 가족관계에 미치는 영향과 이에 대한 감성지능의 조절효과. 충남대학교 대학원 박사학위 논문. 28쪽에서 발췌, 재정리함.

다. 코칭대화 프로세스 사이의 공통점과 차이점

각각의 코칭대화 프로세스마다 단계별로 언급한 내용이 약간씩 다르긴 하지만, 몇 가지 공통점을 확인할 수 있다.[9)]

- 코칭의 이슈(issues)와 목표(goal)를 정하고 있다.
- 이슈를 해결하기 위한 대안을 모색하는 과정에 고객을 동참시키고 있다.
- 문제해결 대안을 실행하는 계획을 수립하고, 그것을 실천하려는 의지를 확인하고 있다.

어쩌면 세 가지 공통점은 당연할지도 모른다. 앞서 언급했듯이 코칭은 코칭고객의 문제를 해결하기 위해 코치가 지원하는 과정이다. 따라서 고객의 이슈나 주제를 효과적으로 해결하고자 한다면, 코치와 고객은 먼저 목표를 정해야 한다. 이 과정에서 현실과 목표 사이의 차이(gap)를 확인한 다음, 코치는 고객이 문제를 해결할 수 있는 대안들을 탐색하는 과정을 지원한다.

그런 후에 코치는 코칭고객이 대안을 실행하는 계획을 수립하는 것을 돕고, 그것을 실천하려는 그의 의지를 확인한다. 이것은 고객이 코칭을 통해 자신이 겪고 있는 문제를 해결하길 원하고 코치가 그것을 돕기로 합의했다면, 당연히 거쳐야 할 단계이다. 그렇다면 어떤 코칭대화 프로세스이든지 위 세 가지 과정이 모두 포함되어야 한다는 것은 분명해진다. 이것은 국내에서 개발된 코칭대화 프로그램의 경우에도 마찬가지이다. 결국, 이 세 단계가 포함되지 않은 코칭대화 프로세스는 고객이 해결하고자 하는 이슈를 효과적으로 해결하기에 적절하지 않은 것이라고 보아도 지나치지 않다.

한편, 각각의 코칭대화 프로세스 사이에는 다음과 같은 차이점도 있다. ‘K 프로세스’와 ‘F 프로세스’는 코칭고객의 의지에 대해 각기 다른 가정을 하고 있다. 즉, ‘K 프로세스’는 코치가 고객의 성과 문제에 대해 코칭대화를 진행할 때, 감성적인(emotional) 측면을 강조하고 있다. 그래서 코치가 고객의 감정과 저항을 어떻게 다루는지에 대해 더 상세하게 다루고 있다. 이에 비해, ‘F 프로세스’는 합리적인(rational)

측면을 더 강조하면서 코치가 고객의 저조한 실적(또는 성과)들을 다루려 한다는 점에서 차이가 있다. 그리고 성과문제가 완벽하게 제거되지 않더라도 고객이 행한 노력과 그가 이룩한 개선에 대해 칭찬하고 인정해야 한다는 것을 강조하는 등 코칭의 사후 점검을 강조하는 점이 특이하다.

국내에서 활용되는 코칭 프로그램 가운데 외국 프로그램을 번역하여 사용하는 경우에는 원래 코칭 프로그램에서 제시된 코칭대화 프로세스를 그대로 사용하고 있다. 이에 비해 국내에서 새롭게 개발된 코칭 프로그램의 경우에는 개발자가 코칭 단계에서 특별히 강조하고 싶은 부분을 코칭대화 프로세스 절차에 포함하는 경우가 많다.

3. iCAN 코칭대화 프로세스의 특징과 내용

가. iCAN 코칭대화 프로세스의 특징

앞서 설명한 기존의 코칭대화 프로세스에서 확인할 수 있는 공통점을 모두 포함하면서도 새로운 관점을 강조할 수 있다면, 그것은 코치들에게 반가운 일이다. 기존의 코칭대화 프로세스에서 자칫 소홀하기 쉬운 부분을 보완하는 새로운 형태의 코칭대화 프로세스를 모색한다면, 코칭의 지평을 넓히는 데 충분히 의미 있는 일이다.

앞서 코칭 철학에서 언급했듯이, 인간은 무한한 가능성과 잠재력을 지닌 존재이다. 그래서 설령 코칭고객이 현재에는 여러 가지 문제를 겪더라도 언젠가는 그것을 해결할 수 있는 해답을 스스로 찾을 수 있다. 따라서 코치는 그때까지 인내를 가지고 기다려 줄 필요가 있다. 그러나 어떤 사람이 특정한 문제를 해결하는 데 그동안 자신이 사용해 오던 방식만을 고집한다면, 그것이 오히려 나쁜 습관으로 굳어질 수도 있다. 따라서 문제를 해결하는 데 도움이 되는 의미 있는 방법들을 개발하는 데 더 많은 시간을 허비할 수도 있다.

따라서 코칭고객이 겪고 있는 이슈의 특성과 그가 처한 상황에 맞추어 다른 관점에서 생각하거나 시각을 바꾸어 코칭을 진행할 필요도 있다. 예컨대, 개미 한 마리가 뫼비우스의 띠 위의 한쪽 끝에서 다른 한쪽 끝으로 기어가고 있다고 가정해 보자.

자신이 가고자 하는 방향으로 열심히 기어서 가지만, 결국 개미가 도달할 수 있는 곳은 출발했던 바로 그 지점이다. 혹시나 해서 다시 시도해 보지만, 결과는 종전과 같을 수밖에 없다. 인간이라면 살면서 누구나 뫼비우스의 띠 위의 개미와 같은 상황을 경험할 때가 있다. 이때 할 수 있는 일 가운데 하나는 누군가 가위로 뫼비우스의 띠를 끊어 주는 것이다.

이런 인식을 바탕으로 코칭고객이 문제를 스스로 해결함으로써 계속해서 발전하도록 지원하는 것을 강조하고, 새로운 접근방법을 시도한 것이 'iCAN 코칭대화 프로세스'(i 프로세스)이다([그림 5-1] 참조). 이것은 합리적 의사결정과정과 전략적 사고에 근거한 문제해결 방식에 착안하여 새롭게 개발된 것이다. 'iCAN 전략모델'이라고도 불리는 이것의 단계별 전개 과정을 살펴보면, 합리적 의사결정과정과 매우 비슷하다는 점을 발견할 수 있을 것이다.

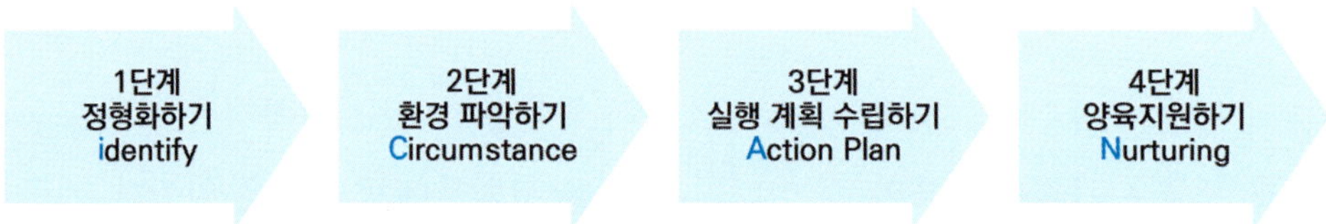

[그림 5-1] iCAN 코칭대화 프로세스

나. iCAN 코칭대화 프로세스의 단계별 내용

1) 1단계: 정형화하기(identify)

이 단계에서는 코칭고객의 현재 상태, 코칭에서 논의할 이슈, 고객이 코칭을 통해 도달하고자 하는 목표 등에 대해 동의하고, 그것들을 구체적으로 정형화한다. 이때 코치는 고객이 다루길 바라는 이슈의 내용, 그로 인해 일어나는 갖가지 감정 등에 대해 편안하게 얘기하도록 최상의 분위기를 조성해야 한다.

이 단계에서 코치가 해야 할 일을 구체적으로 살펴보면 다음과 같다.

첫째, 코치는 질문을 통해 코칭고객의 관심사를 알 수 있다. 이때 코치가 단순한 정보수집 차원을 넘어서 고객에게 진정으로 관심을 가지면, 그는 더 솔직하게 자신의 마음을 열 수 있는 용기를 얻는다. 코치가 진심으로 관심을 가진다는 것은 고객이 원하는 것, 말하는 것, 생각하는 것, 그리고 고객이 정말 어떤 사람인지에 대해서도 순수한 관심을 드러내는 것이다. 코치의 이런 태도는 고객을 더 잘 이해하는 데 도움이 된다. 그러면 고객은 자신의 목표, 기대, 생활방식, 가치관, 느낌, 그리고 관계 등에 대해 생각하기 시작한다. 코치가 고객에게 진심으로 관심을 지니고 있다는 것을 보여 주는 가장 바람직한 방법은 적절한 질문이다.

이때 코치는 여러 가지 질문을 사용할 수 있다. 다만, 이때 코치가 가장 주의해야 할 점은 코치의 개인적 관심이나 고객의 사생활에 관련된 개인적인 질문을 피해야 한다는 것이다.

- "당신은 무슨 일을 하고 있습니까?"
- "어떤 일이 당신에게 좋았습니까?"
- "당신이 과거에 성공적으로 경험했던 것은 무엇입니까?"
- "당신이 목표를 성취했을 때, 그 모습은 어떠했습니까?"
- "당신이 흥미를 느끼는 것은 어떤 것입니까?"
- "지금 말씀하신 것 가운데 어떤 것을 가장 중요하게 생각하십니까?" 등

둘째, 코치는 질문을 통해 코칭고객이 해결하길 바라는 이슈를 구체화하는 데 도움을 주어야 한다. 코치가 적절하게 질문하면, 고객은 이슈에 관한 생각과 느낌에 대해 생각하기 시작한다. 그리고 이 과정을 통해 해결해야 할 주제의 본질이 무엇인지 분명하게 느끼게 된다. 이때 코치가 염두에 두어야 할 것은 고객이 직접 대화할 이슈를 선정하게 하는 것이다. 유능한 코치는 자신의 판단으로 코칭 주제를 선정하거나 고객에게 자신이 선정한 주제로 코칭을 시작하도록 권유하지 않는다.

이때 코치는 여러 가지 질문을 사용할 수 있다. 이런 질문들을 통해 코치는 코칭고객의 현재 상태를 확인할 수 있다. 그리고 코칭에서 무엇을 원하며, 무엇을 성취하려고 하는지를 파악할 수 있다. 나아가 고객이 코칭을 받을 준비가 되어 있는지도 알 수 있다.

- "오늘은 어떤 이야기를 하고 싶습니까?"
- "오늘 얘기하고 싶은 것은 무엇입니까?"
- "지금 해결하길 바라는 것은 어떤 것입니까?"
- "무엇이 달라지길 바라십니까?"
- "당신이 처한 현실과 원하는 모습 사이에는 어떤 차이가 있습니까?" 등

그런데 코치가 코칭고객과 대화하는 도중에 그가 처음에 얘기한 주제에서 잠시 벗어날 수도 있다. 설령 고객이 그렇다 하더라도, 코치는 고객의 대화를 끊지 말아야 한다. 이때 코치가 할 일은 적절한 방법으로 고객이 해결하길 바라는 주제로 다시 돌아와서 얘기하도록 하는 것이다.

셋째, 코치는 질문을 통해 코칭고객이 도달하길 바라는 목표, 희망과 비전을 구체화하도록 도와주어야 한다. 이것은 고객이 이루고자 하는 목표가 구체적으로 무엇이고, 그것을 이룬 후에는 어떤 사람이 되고 싶은지에 대해 생각하도록 돕는 것이다. 이 과정을 통해 코치는 고객의 미래에 대한 비전과 꿈을 파악할 수 있다. 그리고 고객은 자신이 이루고자 하는 목표와 현실 사이의 차이(gap)를 충분히 인식할 수 있다.

이때 코치는 여러 가지 질문을 사용할 수 있다. 이런 질문들을 통해 코치는 코칭고객이 목표를 이룬 후의 모습을 상상하게 하고, 코칭에 대한 고객의 기대를 끌어올릴 수 있다.

- "오늘 코칭에서 무엇을 얻기를 바라십니까?"
- "당신의 인생이 어떻게 달라지길 바라십니까?"
- "코칭을 모두 마쳤을 때, 당신은 어떤 모습을 하고 있을까요?"
- "앞으로 6개월 후에 지금의 어려움이 해결되었다면, 그때 당신의 모습은 어떨까요?"
- "당신이 정말 이루고 싶은 목표는 무엇입니까?"
- "당신이 정말 바라는 것은 무엇인가요?"
- "만일 당신이 이루고자 하는 목표가 10이라면, 현재는 어느 정도입니까?" 등

정리하면, 1단계인 '정형화하기'는 코칭고객의 현재 상태와 정체성, 해결되길 바라

는 이슈의 실체, 바라는 목표와 그 정도를 확인하도록 돕는 단계이다. 이 단계에서 코치는 앞으로 진행될 코칭을 통해 고객이 자신의 목표를 달성할 수 있다는 자신감과 자신에 대한 믿음을 가지도록 세심하게 배려해야 한다. 코치의 이런 노력은 고객과 신뢰를 형성하는 데 많은 도움을 준다.

2) 2단계: 환경 파악하기(Circumstance)

이 단계에서는 코칭고객이 처한 내외부의 환경 또는 상황을 객관적으로 파악할 수 있다. 즉, 고객이 달성하고자 하는 목표와 관련된 현재 상황과 환경이 어떤지를 구체적으로 점검하도록 도와주는 단계이다. 이런 과정을 통해 고객은 코칭 주제를 둘러싼 개인의 배경, 생각과 느낌, 신체적 상태, 현상, 경험, 사건들이 서로 어떤 연관성을 갖는지 이전보다 더 잘 알 수 있다. 그리고 고객은 자신을 어렵게 하는 문제의 원인은 무엇인지, 자신이 겪고 있는 문제가 타인과 어떤 관련이 있는지 등을 파악할 수 있다. 그리고 어떻게 문제를 해결할 수 있는지, 자신의 문제를 효과적으로 해결하는 데 어떤 행동이 도움이 되는지 등에 대해 전반적으로 통찰할 수 있다.

이 단계에서는 여러 가지 질문을 활용할 수 있다.

- "당신에게 어떤 것이 더 중요합니까?"
- "그러한 결정을 내리는 데 어떤 요소들이 작용했습니까?"
- "당신이 정말 원하는 모습을 이루는 데 어떤 어려움이 있습니까?"
- "당신이 미래에서 바라본다면, 이 상황이 어떻게 보입니까?"
- "지금까지 그 문제에 대해 어떤 행동을 취했습니까?"
- "이슈를 해결하기 위해 지금까지 어떤 것을 시도해 보셨습니까?"
- "지금 더 개선되어야 할 부분은 무엇입니까?" 등

이런 질문들은 코칭고객의 현재 상황과 여건을 명확하게 해 주고, 현재 지점에서 원하는 지점으로 가기 위해 무엇이 필요한지를 인식하는 데 도움을 준다. 많은 사람은 여러 가지 이유로 곤경에 빠져서 어려움을 느낄 때 코치를 찾아온다. 누구든지 현재 상황을 충분히 고려하지 않고 변화를 시도하면 벽에 부딪히기 쉽다. 이때 곤경에 처한 상황을 이해하고 거기서 벗어나기 위한 해답을 찾는 데 코치의 적절한 질문은 큰 도움을 준다. 그래서 코치는 효율적인 코칭을 위해서는 코칭고객이 자신을 둘러싼 상황이 어떤 기능을 하는지를 파악하도록 돕는 것이 좋다.

예컨대, 개인이나 조직이 방향을 잃고 어디로 갈지 잘 모를 때, 그동안 경험하지 못한 갈등이 생겼을 때, 동료애가 사라졌을 때 코치의 질문은 현재 상황을 이해하고 목표를 세우는 데 도움이 된다. 그리고 누군가 자신이나 조직의 비전을 점검하고 수정하여 새로운 전략을 세움으로써 변화를 위한 준비가 필요할 때, 정곡을 찌르는 코치의 적절한 질문은 바라는 결과를 얻는 데 충분히 가치 있는 역할을 한다.

요약하면, 2단계인 '환경 파악하기'는 코칭고객이 처한 내외부의 환경 또는 상황을 구체적으로 점검하고 파악하도록 요청하는 단계이다. 이 단계에서 코치는 고객이 처한 상황을 냉정하고 객관적으로 살펴보도록 도와주어야 한다. 코치의 이런 노력은 고객의 문제해결을 위한 해결책 발견에 많은 도움을 준다.

3) 3단계: 실행 계획 수립하기(Action plan)

이 단계는 변화와 발전을 가져올 수 있는 구체적인 대안을 찾고, 행동계획을 세우며, 수립된 계획을 실행하기 위한 실천 의지와 각오를 확인하는 단계이다. 즉, 고객이 바라는 목표를 이루는 구체적인 모든 대안에 대해 자유롭게 대화하고 실천 의지를 확인하는 단계이다.

이런 과정을 통해 코칭고객은 자신이 실행할 수 있는 현실적인 대안을 발견할 수 있고, 목표달성을 위해 필요한 분명한 행동지침을 갖게 된다. 그리고 자신이 세운 실행 계획을 꼭 실천할 것임을 다짐하고, 그동안 진행된 코칭대화 전체를 점검해 보기도 한다. 이런 차원에서 볼 때, 코칭은 어떤 목적을 세우고 그것을 달성하는 데 필요한 행동을 촉진하는 활동이다.

이 단계에서 코치는 다음에서 설명하는 것들에 대해 충분히 인식하고 코칭고객을 도와주어야 한다.

첫째, 코치는 코칭고객이 현재 이슈를 해결하는 대안들을 스스로 찾도록 도와주어야 한다. 이때 대안은 예전에 해 보지 않은 것이 바람직하고, 대안은 많을수록 좋다. 만일 코칭고객이 대안들을 쉽게 찾거나 대답하지 못하면, 코치는 조금 기다려 주는 것이 좋다. 여기서는 여러 가지 질문을 활용할 수 있다.

- "바로 지금 먼저 취할 수 있는 행동은 어떤 것입니까?"
- "당신의 힘으로 변화시킬 수 있는 것은 무엇입니까?"
- "문제를 해결하기 위해 새롭게 시도할 수 있는 것은 무엇입니까?" 등

그런데 실제 코칭을 진행하다 보면, 가끔 예기치 않은 난관에 부딪히는 경우가 있다. 코칭 주제가 해묵은 과제이거나 여러 번 시도했음에도 해결되지 않은 주제를 다룰 때이다. 해결할 수 있는 대안을 정말 모르는 때에 코치와 코칭고객은 전혀 예상하지 못한 어려움에 직면하게 된다. 코치가 고객에게 실행과 관련한 질문을 해도 그가 별다른 대답 없이 계속 모르겠다고 반응하면, 코치는 당황하게 된다.

예컨대, 코칭을 진행하다 보면 다음과 같은 경우가 가끔 발생한다. 코치가 고객에게 "어떤 새로운 방법을 시도해 보시겠습니까?", "그 외에 또 다른 방법은 없습니까?"라고 질문하고, 그의 대답을 기다린다. 그동안 코치는 이렇게 생각할 수 있다. '코칭은 코치가 해답을 주는 것이 아닙니다. 당신 스스로 해답을 찾을 수 있습니다. 그래서 나는 참고 기다리겠습니다', '당신의 문제를 해결할 수 있는 해답과 도구는 당신 안에 있습니다. 그것을 찾아보십시오.' 이 순간 정적이 흐르고 코치가 코칭의 대답을 기다리며 미소를 짓고 있지만, 그는 오히려 코치의 눈을 피하며 답답함을 느낀다. 아직 자신의 문제를 스스로 해결할 수 있다는 자신감이나 믿음도 적은데, 코치가 해답을 묻고 기다리고 있으니 고객은 어찌해야 할 바를 모르는 것이다.

이때 코치가 취할 방법은 무엇일까? 코칭고객에게 새롭게 시도해 볼 방법이 무엇인지 다시 한번 질문할 것인가? 아니면 어떤 대답이라도 할 때까지 인내하며 계속 기다려야 하는가? 유일한 정답은 없다. 설령 정답이 있더라도 그것은 주제와 상황에 따라 다를 것이다. 만일 고객이 한 가지 대답을 했다면, 그것을 잘 실행하도록 지지하고 격려하면 된다. 두어 차례 질문해도 고객이 대답하기 어려워하면, 다음 회기까

지 생각하도록 권유하는 방법도 바람직하다.

여기서 코치가 주의해야 할 점은 자신의 경험에 비추어 조언하거나 처방을 제시하려는 유혹에 빠지지 말아야 한다는 것이다. "~하면 어떨까요?", "제 생각에는 ~을 해야 한다고 생각합니다만…", "왜 ~은 하지 않습니까?" 등의 접근방법은 고객에게 극심한 무력감을 심어 줄 뿐이다. 코치의 이런 대응은 고객에게 "당신은 이 문제를 혼자 힘으로 해결할 수 없습니다."라고 말하는 것과 다름없다.[10] 코치의 이런 태도는 코칭 철학과 정면으로 배치되는 바람직하지 않은 행동이다. 코치는 코칭고객의 의견과 재능에 맞추어 해결책을 찾도록 도와야 한다는 것에 초점을 맞추어야 한다.

둘째, 코치는 코칭고객이 목적지에 도달하기 위해 어떻게 행동할 것인지 생각하도록 자극해야 한다. 고객 스스로 자신이 도달하고 싶은 곳이 어디인지 가고 싶은 곳이 어디인지 찾았다 해도, 거기에 도달하기 위해서는 수단과 방법이 필요하다. 코치는 고객이 이 부분에 대해 더 생각하도록 격려하며 자극해야 한다. 고객이 발견한 수단과 방법이 현실적이고 구체적인지를 확인해야 한다. 나아가 고객이 생각한 대안을 제대로 실천하는지를 확인하는 방법에 대한 고객의 의견도 알아보아야 한다. 고객이 세운 계획을 실천하지 않는다면, 의미 있는 변화를 만들 수 없기 때문이다. 이때 코치는 여러 가지 질문을 활용할 수 있다.

- "그것을 어떤 방법으로 실행할 수 있습니까?"
- "그 방법은 고객에게 어떤 도움을 주리라 생각합니까?"
- "그 외에 다른 방법은 어떤 것이 있을까요?"
- "지금 발견한 방법을 어디에 다시 활용할 수 있습니까?"
- "그 방법(계획)을 언제부터 시작할 생각입니까?"
- "당신이 세운 계획을 잘 실행하고 있다는 것을 제(코치)가 어떻게 알 수 있습니까?" 등

일단 코칭고객이 변화를 위한 행동을 실천하기 시작하면, 코치는 점검 작업을 진행한다. 그리고 고객의 행동에 조금이라도 진전이 있다면, 코치는 그것을 칭찬해 주고 축하해 주면서 그것을 계속하도록 격려한다. 만일 고객이 목표에 도달하지 못했

다면, 그 이유가 무엇인지 생각하도록 지원한다. 이때 코치는 고객을 비난하거나 판단하면 안 된다. 고객에게 기대치를 달성하도록 요구하기보다 지금보다 나은 모습을 보여 주기를 기대하며 믿음을 심어 주어야 한다.

셋째, 코치는 코칭고객이 자신이 정한 실행 계획을 실천하는 과정에서 예상되는 장애물이나 걸림돌을 생각해 보도록 도와야 한다. 코칭을 진행할 때, 여러 가지 형태와 크기의 장애물이 나타난다. 아무 때나 나타나고, 모든 코칭 과정마다 나타난다. 흔하게 나타나는 것도 있고, 식별하기 어려운 것도 있다. 심지어 어떤 장애물은 코칭고객과 직접적인 관계가 없는 외부에서 오기도 한다. 고객이 그의 앞을 가로막고 있는 심리적 장애물이나 다른 형태의 걸림돌을 극복하지 못하면, 제대로 된 진전이 일어나지 않는다. 고객의 심리적 저항은 아무 생각 없이 자연스럽게 오는 것이 아니다. 현재 상태를 유지하려는 저항에는 반드시 이유가 있다. 특히 고객에게 과거에 실패한 경험이 있다면, 그는 무엇이 자신을 막고 있을지 대개 알고 있다. 물론 그것들은 고객이 통제하기 어려운 외부적인 것들도 있지만, 가장 큰 장애물은 고객 자신 안에 있는 것들일 때도 있다.

그래서 코치는 무엇이 코칭고객 앞에 걸림돌로 작용할 것인지, 그것들이 고객의 실행을 어떻게 방해할 것인지, 그것들을 극복하기 위해 고객이 할 수 있는 것은 무엇인지를 질문을 통해 확인할 필요가 있다. 그 질문을 통해 코치는 고객의 실행과정에서 방해가 될 것들을 확인하고, 고객이 의미 있는 변화를 시작할 준비가 되어 있는지를 알 수 있다.

이때 코치는 코칭고객의 발전을 가로막는 자기 패배적인 행동을 드러내 직면하게 하고, 그것에서 벗어나도록 돕는 것이 중요하다.[11] 그러나 설령 고객이 그 장애물들을 알아차린다 해도, 그것을 인정하기는 쉽지 않다. 따라서 코치가 그 장애물이 존재한다는 것을 알았다 해도 성급하게 지적하는 것은 조심해야 한다. 여기서는 여러 가지 질문을 사용할 수 있다.

- "이것을 실행하는 데 어떤 장애물이 있을 것으로 생각합니까?"
- "약속하신 것을 행동하는 데 어떤 걸림돌이 있을 것으로 예상합니까?"

- "이런 장애물이 생기는 이유는 무엇이라고 생각합니까?"
- "언제 이런 장애물들이 자주 나타납니까?"
- "걸림돌을 치우려면, 어떤 일을 해야 한다고 생각하십니까?"
- "장애물 제거하는 데 도움을 받을 수 있는 사람은 누구입니까?"
- "걸림돌을 제거하는 데 코치인 제(코치)게 요청할 것이 있다면 무엇입니까?" 등

사람은 자신이 원하는 것을 달성하는 데 필요한 변화와 관련된 최소한의 행동을 해야 한다는 것을 알고 알지만, 여러 가지 이유로 그것을 실행하는 데 어려움을 겪는다. 그리고 자신 앞에 나타난 장애물 앞에서 머뭇거린다. 변화에는 필수적으로 저항이 따른다. 변화를 익숙하게 생각하거나 손쉽게 장애물을 해결하는 사람은 많지 않다. 사람들은 자신에게 전진하지 못하는 많은 이유가 있거나 다른 사람에게 무언가 압력을 느낀다면, 변화에 강력하게 저항할 수 있다.

이때 코치가 할 일은 누구에게나 저항이 있음을 인정하고, 코치가 그것을 이해한다는 것을 코칭고객에게 보여 주는 것이다. 그리고 코치는 새로운 행동이 아직 몸에 배지 않은 고객을 지지하고 격려해 주어야 한다. 고객이 달성하고자 하는 목표와 변화해야 하는 이유를 계속 상기시켜야 한다.[12)]

정리하면, 3단계인 '실행계획 수립하기'는 코칭고객이 문제를 해결하는 구체적인 대안들을 스스로 찾고, 변화와 발전을 위한 행동계획을 세우는 단계이다. 그리고 고객에게 예상되는 장애물을 확인하고, 계획을 실행하기 위한 고객의 실천 의지와 각오를 확인하는 단계이다. 이 단계에서 코치는 고객이 많은 해결책을 찾도록 그의 상상력을 자극하고, 걸림돌을 잘 극복했을 때 다가올 행복한 미래를 상상하도록 격려하며 지지해 주어야 한다. 코치의 이런 노력은 고객의 실행 의지를 한층 더 강화하는 데 많은 도움을 준다.

4) 4단계 - 양육 지원하기(Nurturing)

이 단계는 코칭고객이 지속적인 자기발견과 자기계발을 통해 셀프 코칭(self-coaching)이 가능하도록 도와주는 단계이다. 다시 말해, 고객이 스스로 발전하는 단계에 이르

도록 계속해서 양육하는 단계이다. 앞 단계에서 고객이 새로운 행동을 시작할 것을 결심하고 실제로 행동에 돌입하면, 새로운 습관과 사고방식이 고객의 삶에 서서히 스며들기 시작한다. 코칭이 진행되면서 고객은 새로운 인식과 통찰력이 생기고, 새로운 경험을 한다. 그리고 예전보다 더 새롭고 더 명확한 목표를 찾기도 한다. 이런 행동이 몇 개월이나 수년간 반복되면, 고객의 습관이 바뀐다. 이처럼 고객이 의미 있는 성취를 통해 습관을 바꾸는 것은 그의 뇌 속에서 새로운 회로를 개척하는 것이다. 이때 코치의 지지와 격려는 새로운 행동을 형성하는 데 많은 도움을 준다.[13)]

코치는 코칭고객이 노력하는 모습을 보일 때, 그것이 아무리 작아 보여도 옆에서 응원해 주어야 한다. 고객을 앞에서 끌어 주고 뒤에서 밀어 주는 것은 고객이 좌절을 겪을 때 흔들리지 않게 돕는 것이다. 그리고 그가 지치고 자신에 대한 믿음과 추진력을 잃을 때, 다시 집중하도록 돕는 것이다.[14)] 코치는 고객의 행동과 성취를 격려하고 인정하는 치어리더와 같은 존재가 되어야 한다. 그러면 고객은 내재된 잠재력과 가능성을 효과적으로 발휘할 것이고, 스스로 자신의 문제를 해결해 간다. 그리고 다른 사람의 처방이나 지시 없이도 스스로 발전할 수 있는 능력과 자신감을 기르게 된다. 여기서는 여러 가지 질문을 사용할 수 있다.

- "실행 계획을 수행하는 과정에서 새롭게 느낀 것은 무엇입니까?"
- "이번에 새롭게 느낀 것을 다른 부분에 어떻게 적용해 볼 수 있을까요?"
- "지금처럼 좋은 성과를 계속 유지하려면, 어떤 일을 더 할 수 있습니까?" 등

그런데 실제로 코칭을 진행하다 보면, 가끔 예기치 않은 경우를 경험할 때가 있다. 코칭고객이 약속한 사항을 제대로 실천하지 않거나 그에게 의미 있는 변화가 일어나지 않았다고 생각하는 경우이다. 코칭을 몇 회기 진행하는 동안 실행 계획을 수립하여 그것을 반드시 실행하겠다고 코치와 약속했지만, 고객이 그것을 어기는 일이 계속 반복된다면 의미 있는 결과를 얻기 어렵다.

이럴 때 코치가 취하는 방법에는 무엇이 있을까? 만약 이때 코치가 코칭고객에게 도움이 되는 무엇이 있다면, 그것은 의미 있는 일이다. 만일 고객 스스로 결정한 행동이 나쁜 습관을 계속 반복하게 되는 경우라면, 그런 실수를 줄이도록 돕는 것도

코치가 선택하는 방법 가운데 하나이다. 고객이 '뫼비우스의 띠' 위에서 계속 헤매고 있다면, 코치가 그것을 가위로 끊어 주는 방법도 때에 따라서는 효과적일 수 있다. 그러면서 고객이 이룬 사소하고 작은 성취를 칭찬하고, 계속해서 자신감을 북돋울 필요가 있다. 이런 상황에서 코치는 세 가지를 마음속에 되새기고 있어야 한다.[15)]

① 긍정적인 인정은 행동을 반복하게 한다.
② 부정적인 인정은 예상치 못한 행동을 하게 한다.
③ 인정하지 않는 것은 부정적인 행동을 하게 한다.

이처럼 코치의 인정과 지지가 있다면, 코칭고객은 서서히 자신감을 회복하고, 버티는 힘을 키울 수 있다. 그리고 마침내 자신이 바라는 결과를 달성할 수 있다. 이처럼 코치는 궁극적으로 고객 스스로 셀프 코칭을 진행할 수 있는 수준에 이를 때까지 헌신하는 마음으로 그를 양육해 주어야 한다. 여기서 코치는 여러 가지 질문을 활용할 수 있다.

- "코치인 제가 무엇을 도와드리면 좋겠습니까?"
- "이 계획이 성공하기 위해 혹시 코치의 도움이 필요한 부분이 있습니까?" 등

요약하면, 4단계인 '양육 지원하기'는 코칭고객이 지속적인 자기발견과 자기계발을 통해 스스로 발전하는 단계에 이르도록 계속해서 양육하는 단계이다. 이 단계에서 코치는 고객이 자신의 문제를 해결하는 과정에서 얻게 된 경험과 자신감을 바탕으로 이후에 발생하는 문제도 스스로 풀어 가도록 지원해 주어야 한다. 코치의 이런 관심과 노력은 고객 자신도 코칭하는 리더로 성장하는 데 큰 도움을 준다.

다. 코칭대화 프로세스를 잘 진행하는 방법

코치가 코칭고객과 함께 효과적인 코칭을 진행하기 위해서는 코칭대화 프로세스 전체 과정을 꿰뚫고 있어야 한다. 이때 몇 가지 사항들을 항상 염두에 두어야 한다. 여기서 소개하는 것들은 대개 코칭 현장에서 활동하는 전문코치들의 경험을 바탕으

로 정리한 것이어서 꼭 새겨 둘 필요가 있다.

① 코칭대화를 진행하는 도중에 알게 된 코칭고객의 비밀을 철저하게 준수한다. 이것은 코치의 직업윤리 가운데 가장 핵심적인 요소이다.
② 코칭대화 프로세스 단계별로 소개된 질문들이 입에 익숙해지도록 충분히 연습한다.
③ 유능한 코치가 되고 싶다면, 창의적인 질문을 많이 개발하는 것이 바람직하다.
④ 코칭고객이 큰 그림 속에서 현재 상황을 점검하도록 목표와 현실 사이의 차이(gap)를 자유롭게 오가며 코칭을 진행한다.
⑤ 코칭고객이 코칭을 진행하면서 실행한 것과 알게 되고 배운 것을 인정해 준다.
⑥ 코치 자신의 코칭 진행계획에 초점을 맞추되, 코칭대화 프로세스 전개 도중에 코칭고객에게 방향 전환이 일어나면, 언제라도 코치의 태도와 행동을 조정할 수 있어야 한다.
⑦ 코칭고객이 결정을 내리고 자신을 계발할 수 있는 능력을 키워 준다.
⑧ 코칭고객이 결정한 것을 '당장 실행하도록' 돕는다.
⑨ 코칭고객 스스로 정한 목표를 이루기 위한 행동을 취할 것을 분명하게 요청한다.
⑩ 코칭고객의 말과 행동이 일치하지 않을 때, 사소한 일과 중요한 일, 상황적인 행동과 반복적 행동을 구분한 것을 요구한다.
⑪ 코칭고객이 코치와 합의한 행동을 취하지 않을 때, 단호하지만 긍정적으로 사실을 지적하되, 서로 신뢰할 때에 한정해서 그렇게 한다.
⑫ 코칭고객의 성장과 미래 성장 가능성을 칭찬해 준다.

앞 장에서 논의한 것들과 코칭대화 프로세스까지 학습했다면, 이제 코칭의 많은 부분을 학습한 것이다. 현장에서 코칭을 직접 전개할 수 있는 지점까지 도달했다고 볼 수 있다. 하지만 그러기 전에 코칭대화 프로세스 전체 과정을 충분히 실습하여 익숙한 상황까지 도달하는 것이 코칭 효과를 배가시킬 수 있는 지름길임을 명심해야 한다.

따라서 전문코치가 되기 위해 자격증 취득에 대비하는 독자라면, 다양한 사람들을 대상으로 코칭대화 프로세스를 꾸준히 실습할 필요가 있다. 전체 코칭 과정을 효과적으로 전개하는 유능한 코치가 되기 위해서는 꾸준한 연습 외에는 왕도가 없다.

미주

1) 로버트 하그로브(박재원 역, 2006). **불가능한 미래를 성취하는 마스터풀 코칭**. 서울: 김앤김북스. 107.
2) 여기서 각각의 코칭대화 프로세스를 지칭하여 'K 프로세스', 'G 프로세스' 또는 'i 프로세스'로 약칭하여 부르는 것은 해당 코칭 프로그램에서 그렇게 부르기 때문이 아니다. 현재까지 코칭대화 프로세스를 구분하는 합의된 기준이 없어서 저자가 줄여서 표기하는 것일 뿐이다.
3) Werner, J. M., & DeSimone, R. L.(2006). *Human Resources Development*. Thomson. 381-382.
4) Whitmore, J.(2002). *Coaching for Performance*(3rd ed.,). Nicholas Brealey Publishing. 57-96.
5) CCU Korea · 한국리더십센터(2020). **코칭클리닉**. hpp://www.eklc.co.kr
6) 이소희(2008). **멋진 응원 코칭**. 서울: 신정. 185.
7) 이희경(2005). **코칭입문**. 서울: 교보문고. 96-106.
8) 조성진(2015). **진로설계와 코칭리더십**. 경기: 정민사. 144-147.
9) 조성진(2015). 위의 책. 146-147.
10) 이언 맥더모트 · 웬디 제이고(박정길 역, 2007). **코칭 바이블**. 서울: 웅진윙스. 53.
11) 게리 콜린스(양형주 · 이규창 역, 2011). **게리 콜린스의 코칭 바이블**. 서울: 한국기독학생회출판부. 162.
12) 게리 콜린스(양형주 · 이규창 역, 2011). 위의 책. 293.
13) 게리 콜린스(양형주 · 이규창 역, 2011). 앞의 책. 84.
14) 이언 맥더모트 · 웬디 제이고(박정길 역, 2007). 앞의 책. 192-193.
15) 로버트 하그로브(박재원 역, 2006). 앞의 책. 97.

chapter 06 코칭 진행과 코치 되기

1. 코칭 프로세스

가. 코칭 프로세스의 정의

사람은 모두 생로병사(生老病死)라는 생명주기(週期)를 거친다. 각 기간의 길이는 개인에 따라 약간씩 차이가 있지만, 누구나 이런 주기를 거치는 것은 같다. 제품도 비슷한 생명주기를 가지고 있어서 어떤 제품이 생산되었다가 사라지곤 한다. 마찬가지로 코칭도 주기가 있는데, 그것을 '코칭 프로세스'(coaching process)라고 부른다. 이것은 코칭을 준비하는 단계에서부터 코칭을 마칠 때까지 전체 과정 또는 절차를 말한다. 크게 세 주기로 나누는데, 앞으로 이것을 '코칭의 3주기'라 부르기로 한다.

코칭은 대개 주기에 따라 진행된다. 물론 때에 따라서 주기 순서대로 진행되지 않는 때도 있고, 주기 순서가 뒤바뀔 경우도 간혹 있다. 그러나 대체로 의미 있는 효과가 나타나는 코칭을 진행하고 싶다면, 지금부터 설명할 세 단계를 거치는 것이 바람직하다.

나. 코칭 전에 할 일: 사전 코칭

이 단계는 코칭을 본격적으로 진행하기 전(前)의 준비과정(pre-coaching)이다. 엄밀한 의미에서 이것은 본격적으로 코칭이 전개되는 시점이 아니라고 생각할 수도 있지만, 이 과정을 얼마나 잘 거치느냐에 따라 코칭의 성패가 좌우된다. 이 단계에서 코

칭을 효과적으로 전개하기 위한 적절한 조건이 마련되지 않으면, 코칭을 원활하게 진행하기 어렵다.[1)]

이 시기에 점검해 보아야 할 사항으로는 코칭에 동의하기, 관계 형성하기(rapport), 코칭 환경 이해하기, 코칭 계약하기, 인적 및 물적 자원 파악하기 등이 있다.

1) 코칭에 동의하기

코치와 코칭고객은 코칭의 필요성과 코칭을 시작하는 것에 대해 서로 충분히 공감해야 한다. 사람들은 누구나 어떤 문제를 자신의 관점과 방식대로 해결하고자 한다. 그런데 그것이 가끔 마음대로 되지 않을 경우가 있다. 그때는 자신이 진행하는 문제해결 방식의 한계를 실감한다. 그 후에 사람은 다른 방법을 찾거나 다른 사람에게 도움을 요청한다. 코치의 도움이 필요한 시기 즉, 코칭을 시작할 수 있는 시기가 된 것이다. 이를 '코칭의 순간'(coaching moment)이라 부른다.

코칭의 순간은 변화의 계기가 될 코칭의 필요성에 동의하는 때이다. 코칭고객이 변화의 필요성에 동의하지 않으면, 어떤 형태의 코칭도 시작하기 어렵다. 고객이 변화에 동의하지 않는다는 것은 현실에 그대로 안주하고 싶다는 것을 의미한다. 고객이 다음과 같은 상태일 때, 코칭을 시작하는 것이 바람직하다.[2)]

- 성장하고 변화하기를 원할 때
- 지난 1년간 변화하기 위해 노력했지만, 잘 안 될 때
- 새로운 가치, 행동, 아이디어를 적극적으로 고려할 때
- 미래에 대해 생각할 수 있을 때
- 변화하겠다고 다짐했을 때
- 위험 부담을 두려워하지 않을 때
- 필요하면 기꺼이 자신의 삶을 재구성하길 바랄 때

누구든 타인에게 자신을 공개하는 것은 부담되는 일이다. 그래서 코치를 찾아온 코칭고객이 코칭을 통해 자신의 문제를 잘 해결할 수 있을지 궁금하게 생각하는 것은

당연한 일이다. 특히, 자신의 고용주나 상사가 보냈거나 부모님이나 배우자가 권해서 코칭을 받으려는 사람이라면, 더욱 그렇다. 따라서 자신이 겪는 문제를 효과적으로 해결하기 위해서 고객은 자신의 상황과 심적 부담에 대해 코치와 충분히 의견을 나누어야 한다. 그리고 코치는 고객이 겪는 문제를 효과적으로 도울 준비가 되어 있다는 것을 제대로 설명할 필요가 있다. 코칭을 전개할 수 있는 상황인지 서로 확인하는 것이다.

이때 중요한 것은 코치와 코칭고객 사이의 신뢰(trust)이다. 두 주체 사이에 신뢰가 쌓이지 않는 한, 코칭을 진행하기 어렵다. 그래서 코칭을 시작하기 전에 반드시 신뢰 관계를 구축해야 한다. 특히, 기업에서 부하직원의 성과문제를 대상으로 코칭을 진행하고자 한다면, 상사(코치)는 사전 성과 분석과 그 결과에 대해 부하직원(고객)이 받아들이고 인정하는 절차가 필요하다. 그 이후에 비로소 코칭을 진행할 수 있다.

2) 관계 형성하기

코칭에서는 코치와 코칭고객 사이에 친밀한 관계를 형성하는 것(rapport)이 무엇보다 중요하다. 코칭은 성숙한 인격체 사이의 만남이다. 그래서 코칭을 진행하기 전에 서로가 인격적인 존재이고, 서로 존중받아야 마땅한 존재라는 것을 충분히 인식해야 한다. 그렇지 않으면 아무리 코칭 형식을 갖추더라도 진정한 의미에서의 코칭을 진행할 수 없다.

그래서 코치는 코칭고객의 성장을 도우려면, 고객에 대해 알고 그와 좋은 관계를 만들어야 한다. 그리고 그의 현재 상태가 어떤지 파악하는 데 시간을 들여야 한다. 따라서 코치와 고객은 신뢰를 바탕으로 서로 인격적인 대우를 해 주어야 하고, 또한 그럴 것이라는 믿음을 형성해 가는 과정이 필요하다.

코치와 코칭고객 사이에 이미 신뢰가 형성된 때에는 이 단계를 생략할 수도 있지만, 그렇지 않다면 다양한 방법을 통해 이 과정이 선행되어야 한다. 특히 코치는 고객과 나눈 개인적인 대화 내용에 대해 철저하게 비밀을 보장한다는 것을 이 단계에서 반드시 확인시켜 줄 필요가 있다.

코칭은 코치와 코칭고객 사이의 수평적인 관계에서 출발한다. 그러나 이런 관계는 두 주체가 처음 만났을 때부터 형성되는 것이 아니다. 설령 두 사람이 예전부터 알고 지내던 사이더라도 지금까지 감추어 둔 속 얘기를 시작할 고객으로서는 머뭇거리기 마련이다. 그래서 상호 협력적인 관계에서 출발하는 코칭이라도 그 전에 해야 할 일이 있다. 코치와 고객과의 관계가 더 자연스럽고, 신뢰하며, 서로 존중하는 관계로 발전하도록 더 노력하는 것이다. 친밀감이 생기고 비슷한 생각을 하며, 유사한 관점을 가지고 서로에 대한 신뢰를 빠르게 발전시켜 나갈 필요가 있다. 대개 이런 시간이 길어질수록 둘 사이의 관계는 확실히 발전하고 파트너십도 한층 성숙해진다. 그럴 때 비로소 코치와 고객 사이에 라포(Rapport)가 생겼다고 말할 수 있다.

3) 코칭 환경 이해하기

코칭을 진행하려면 오리엔테이션과 계약서 작성 등 코칭을 진행할 수 있는 환경을 먼저 조성해야 한다. 앞의 두 단계가 순조롭게 진행되면, 코치는 코칭고객에게 코칭이 무엇이고, 어떻게 진행되는지 등에 대해 자세하게 안내해야 한다. 그리고 코치가 어떤 경력을 쌓았는지, 코치가 되기 위해 어떤 훈련을 받았는지, 어떤 자격(증)을 취득했는지 등에 관해 설명해 주는 것도 바람직하다. 여하튼 코치를 찾아온 이유가 무엇이든, 고객이 처한 상황을 개선하기 위해 그와 파트너십을 맺고 작업하는 것에 대해 코치는 충분히 헌신할 준비가 되어 있다는 점을 느끼게 해 주어야 한다.

코치는 코칭이 정신과 의원이나 병원에서 다루는 치료행위를 하지 않는다는 것을 설명해야 한다. 그리고 코칭은 강제적으로 진행되지 않고, 코치가 판단하고 평가하지 않는다는 점도 설명할 필요가 있다. 이처럼 코치가 앞으로 진행될 코칭이 어떤 환경에서 진행되는지에 대해 친절하고 긍정적인 마음으로 일관되게 설명해 주어야 한다. 그리고 코칭 후에 진행될 절차와 방법, 미리 주의하면 좋은 사항, 고객의 권리와 의무 등에 대해 구체적으로 설명해야 한다. 그런 후에 고객이 이런 모든 사항에 대해 최종적으로 동의할 경우 계약서를 작성한다.

4) 코칭 계약하기

다음에 할 일은 코치와 코칭고객이 계약하는 과정이 필요하다. 코치는 앞의 과정을 통해 고객이 코칭을 시작할 상황이 되었는지 파악하고, 그와 친밀한 관계를 형성한다. 그리고 실제로 코칭이 어떤 환경에서 진행되는 것인지 고객에게 잘 설명했다면, 다음 절차를 진행할 필요가 있다. 고객이 코칭을 진행할 것을 결심했다면, 그와 협력관계를 시작한다는 차원에서 계약서를 작성해야 한다. 계약서에는 다음 사항들이 포함되어야 하고, 코치와 고객은 각각의 사항에 대해 상의한 후에 정해진 양식에 서명한다.

① 코칭고객과 코치가 서로 바라는 목표와 기준
② 코칭 진행 시 서로의 역할과 책임
③ 코칭을 진행하는 회기(session)
④ 코칭 시간과 장소
⑤ 코칭 수수료(coaching fee)에 대한 사항(금액, 청구방법, 지급방법 등)
⑥ 어느 한쪽이 코칭 약속을 취소하는 방법

코치와 코칭고객은 이외에 실제 코칭을 진행할 때 예견되는 것들에 대해서도 세심하게 살펴보고, 서로 합의할 필요가 있다. 이때 고려할 사항으로는 다음과 같은 것들이 있다.[3)]

① 코칭고객이 코칭 회기(session)를 연기하거나 취소하고 싶을 때, 어떻게 해야 하는가?
② 코칭고객이 추가적인 문제와 긴급한 사안을 묻고 싶을 때, 어떻게 해야 하는가?
③ 합의된 코칭 시간 외에 코치에게 전화해도 되는가?
④ 위 사항을 합의해야 한다면, 어떤 절차를 밟아야 하는가?
⑤ 코치는 위탁자[4)]에게 보고해야 하는가? 그렇다면 어디까지 말할 것인가?
⑥ 코치가 위탁자에게 보고해야 할 경우, 어떻게 비밀을 보장할 것인가?

5) 인적 및 물적 자원 파악하기

코칭 계약을 마친 후 본격적인 코칭을 시작하기 전에 코치는 코칭고객의 인적·물적 자원에 대한 기본적인 조사를 할 필요가 있다. 코칭에서는 코칭 과정에 대한 도움 여부를 떠나 고객의 몸과 마음 상태에 관심을 두어야 한다. 코치와 고객은 코칭을 시작하기 전에 코칭에서 최상의 것을 주고받기 위해 어떤 상태가 좋은지, 그런 상태에 있기 위해 무엇이 필요한지에 대해 분명히 알아 두어야 한다. 그리고 코치는 고객이 코칭을 진행하기에 적절한 상태가 되도록 도와주어야 한다. 이때 코치와 고객은 몇 가지 사항들을 미리 점검할 필요가 있다.[5)]

- 창의적인 사색의 시간을 가진다.
- 몸이 보내는 신호에 귀를 기울여 경청한다.
- 바로 다음 목표로 달려가기보다 틈을 내어 자신의 성공과 성취를 즐긴다.

코치는 코칭고객을 더 자세하게 이해하는 데 필요할 경우 간단한 인적 사항(가족관계 등)을 파악하고, 코칭의 종류에 따라 고객의 상황을 점검하는 데 도움이 되는 다양한 검사(성격유형 검사, 인성검사, 적성검사, 학습유형 검사 등)를 진행할 수 있다. 그리고 필요할 경우, 코칭 이외의 다른 인적 서비스를 받아 본 적이 있는지를 확인하고 그 결과를 코칭에 활용할 수도 있다. 이 과정에서 점검할 사항들을 제대로 확인한 다음에 본격적으로 코칭을 진행한다.[6)]

다. 코칭 진행: 본 코칭

이것은 본격적으로 코칭이 진행되는 시점(main-coaching)이다. 코치는 적절한 질문, 헌신적 경청, 긍정적이고 지지적인 피드백, 직관, 공감 등 다양한 코칭 기술을 활용하면서 코칭고객과 함께 코칭대화 프로세스에 따라 코칭을 진행해 나간다. 이때 코치는 정기적으로 중간 점검을 할 필요가 있다. 코칭은 한정된 시간 동안 이루어지는데, 중간에 그간의 성과를 점검해 보는 것은 효과적인 코칭을 진행하는 데 도움이 된다.

이것은 코칭의 초점을 더 명확히 하여 생산적인 방향으로 나아가기 위함이다. 이때 코치는 여러 가지 질문들에 대해 대답할 필요가 있다.[7)]

① 나(코치) 자신은 코칭을 잘 진행하고 있는가?
② 코칭고객은 얼마나 잘하고 있는가?
③ 남은 시간 동안 합의한 목표에 도달하려면, 무엇을 해야 하는가?
④ 바람직한 코칭을 위해 앞으로 추가로 고려해야 할 사항은 무엇인가?
⑤ 고객은 현재까지 진행된 코칭에 대해 만족하고 있는가?

라. 코칭 후에 할 일: 사후 코칭

코칭을 시작하기 전에 준비하는 과정이나 본 코칭 과정만큼 코칭 후의 과정을 잘 관리하는 것도 중요하다. 사후 코칭(post-coaching)은 코칭고객이 정한 하나의 주제를 계속해서 다루거나 어떤 이슈가 완결된 다음 단계에 주로 진행된다. 이때 코치는 고객이 코칭을 진행하는 과정에서 성취한 것들을 칭찬하고 인정하고, 고객의 성과와 노력을 충분히 지지해 주는 것이 필요하다. 필요하다면, 고객의 요구와 상황에 따라 여러 가지 사항을 조치할 수도 있다. 예컨대, 고객의 핵심 이해관계자들에게 객관적인 평가를 요청할 수도 있다.[8)]

사후 코칭은 궁극적으로 코칭고객이 자신의 문제를 해결하는 해답을 효과적으로 찾고, 나아가 스스로 발전하도록 계속해서 관심을 가지고 양육하는 일련의 후속 과정이다. 즉, 고객이 셀프 코칭(self coaching)을 할 수 있는 수준에 이르도록 코치가 효과적으로 돕는 사후 절차이다. 그런 차원에서 사후 코칭을 이른바 '팔로업 코칭'(follow up coaching)이라고도 할 수 있다.

2. 코칭 스타일

가. 코칭 스타일과 성격유형

사람들은 누구나 자신이 지향하는 가치와 신념에 따라 생각하고 행동하며, 자신만의 고유한 방식으로 살아간다. 그리고 자신의 삶 속에서 경험한 것들을 기준으로 타인과 관계를 맺으며 살아간다. 이때 중요한 것은 저마다 독특한 방식으로 살아가는 사람들이 서로 다르다는 것을 인식하는 것이다. 이것이 잘 안 되면 다툼과 갈등이 생긴다. 그래서 사람들은 자신과 타인을 이해하기 위한 노력을 시작했다. 그리고 사람과 관련된 다양한 개념들을 개발하고 학문을 발전시켰다. 성격이나 체질이라는 개념이 그렇고, 심리학이 그런 과정의 총체적인 산물이다.

인간은 모든 삶의 문제를 바라보고 해결하는 데 자신만의 고유한 필터를 사용한다. 그 필터 가운데 하나가 성격(personality)이다. 이것을 통해 자신을 드러내고, 타인을 이해한다. 무언가를 배우고, 미래에 대해 기대하며, 기뻐하고 사랑에 빠질 때도 성격이라는 필터를 활용한다. 이런 성격은 개인에게만 국한되는 것이 아니다. 팀, 집단, 단체 및 조직들도 나름의 성격을 지니고 있다.

이처럼 인간관계, 성장과 발전, 그리고 많은 문제를 해결하는 데 있어 한 사람의 성격(유형)이 의미 있는 요소 가운데 하나로 작용한다. 특히 성격 특성은 타인과 상호작용할 때 잘 드러난다. 그래서 대인관계에서 발생하는 갖가지 현상을 제대로 이해하고 문제점을 해결하기 위해서는 자신과 타인의 성격에 대해 알아보는 것이 큰 도움이 된다.

따라서 코칭을 진행하면서 코칭고객의 가치관, 열정, 강점과 약점 등과 함께 성격을 알면, 그를 이해하는 데 도움이 된다. 실제로 코칭을 진행하다 보면, 한 개인의 다양한 사고방식과 가치관, 행동이 여러 가지 형태로 드러난다. 이때 성격과 관련된 부분도 많이 발견된다. 성격에 따라 반응하는 것이 다르고, 인간관계에 대처하는 모습이 다르다. 목표를 달성하기 위한 구체적인 방법이나 행동도 모두 다르다. 그래서 코치는 코칭고객의 성격에 따라 코칭을 진행하는 속도나 그에게 반응을 보이는 방법, 코칭대화의 속도와 억양 등을 조절하기도 한다.

현장에서 코칭을 진행하다 보면, 대부분의 일이나 현상들이 코치와 코칭고객의 성격에 따라 다르게 나타나는 것을 경험한다. 예컨대, 코치의 성격에 따라 코칭을 진행하는 방식이나 고객의 감정과 반응에 대응하는 양식, 그리고 문제를 해결해 가는 스타일이 조금씩 다르다. 물론 고객도 코칭에 대해 반응하는 방식, 문제를 해결하는 대안들을 탐색하거나 결정하는 방식, 그리고 실행 계획을 행동으로 옮기는 방식 등이 모두 다르다는 점을 확인할 수 있다. 이처럼 코칭 과정에서 코치와 고객 사이에 발생하는 각기 다른 반응양식과 행동 등을 통틀어 '코칭 스타일'(coaching style)이라고 한다.

그런데 코칭 스타일에 대해 본격적인 논의하기 전에 한 가지 주의할 점이 있다. 사람을 어떤 몇 가지 유형으로 분류한다는 것 자체가 위험할 수 있다는 점이다. 대부분 사람은 서로 다른 유형을 접하면, 바로 우월한 것과 열등한 것으로 구분하는 잘못을 범하기 쉽기 때문이다. 사람들은 자신과 다른 것을 쉽게 받아들이지 못한다. 그래서 둘 가운데 하나는 옳고 다른 하나는 틀린 것이거나, 아니면 적어도 한쪽이 더 좋은 것이고 다른 쪽은 덜 좋다고 여기는 경향이 있다. 그리고 우열을 쉽게 선악과 연결해 버리고, 서로 다르면 한쪽을 그르다고 단정 짓는 경우가 많다. 세상의 모든 갈등의 원인이 여기에서 비롯된다.

따라서 이런 생각을 바꾸지 않으면, 체질과 성격유형 분류에 대해 아무리 객관적으로 설명해도 소용이 없을 수도 있다. 자신의 치우침을 아는 것이 체질과 성격유형에 대한 이해의 첫걸음이다. 그 치우침이 잘못된 것이나 열등한 것이 아니라 그저 출발점을 그곳에 잡았을 뿐임을 느끼는 것이 성격과 체질을 이해하는 첫걸음이다.[9)]

나. 코칭과 성격유형의 측정

1) 성격유형의 측정 목적

성격은 여러 요소의 합(合)으로 이루어진다. 그 안에는 선호도, 행동, 태도, 관심분야, 두려움, 방어기제 등을 포함한 다양한 요소들이 함께 존재한다. 성격은 외부의 자극이 없는 한, 그것의 힘만으로 꾸준히 자신을 만들어 간다. 외부의 자극이 없을 때 성격은 그가 선택하는 정보만을 받아들이며, 결과적으로 자신의 무의식적인 반복 패턴을 강화해 간다. 그래서 우리는 성격을 통해 어떤 사람에 대한 많은 것을 알 수 있다. 다양한 방법을 통해 성격유형을 측정할 수 있고, 그 결과는 한 개인의 성격 특성 또는 행동 스타일에 대한 객관적인 정보를 제공해 준다.

우리는 여러 가지 목적을 위해 한 개인의 성격유형을 측정한다.[10)]

첫째, 예측하기 위한 목적으로 성격유형을 측정한다. 특정 상황에서 한 개인이 어떻게 행동할 것인지 그의 미래 행동을 예측하는 데 성격유형의 측정 결과는 매우 유용하게 활용될 수 있다.

둘째, 누군가를 이해하기 위한 목적으로 성격유형을 측정한다. 이것을 측정하고 결과를 보면, 한 개인의 행동상의 문제를 발견할 수 있고, 그에 따른 대처방안도 마련할 수 있다.

셋째, 연구를 진행하기 위한 목적으로 성격유형을 측정하기도 한다. 연구대상자들의 행동을 설명하고 규명하는 데 도움이 될 만한 정보를 얻기 위해 성격유형을 측정한다.

2) 성격유형의 측정 결과의 활용과 코칭

코칭을 진행하는 과정에서 성격유형에 대한 측정 결과를 활용하는 것은 두 가지 측면에서 의미가 있다.[11)]

첫째, 코치는 성격유형 검사를 통해 고객을 이해하는 데 도움이 되는 있는 정보를 사전에 확보할 수 있다. 코치는 코칭을 진행하면서 겉으로 드러나는 코칭고객의 행동에 대해서는 쉽게 인식하지만, 그의 내면의 동기 등에 대해서는 모두 알지 못한다. 다시 말하면, 어렴풋이 고객의 동기를 인식하지만, 그의 내면 깊숙이 자리 잡는 동기에 대해서는 자세히 알 수 없다.

그러나 여러 가지 방법을 통해 코칭고객의 성격유형을 사전에 파악한다면, 그의 내면세계를 공감할 수 있는 많은 단서를 비교적 쉽게 찾을 수 있다. 이것은 고객을 좋고 나쁨으로 구분하려는 것이 결코 아니다. 고객의 행동을 잘 이해함으로써 그와의 의사소통 과정에서 생기는 불필요한 오해와 문제를 피하고, 그가 자신의 문제를 풀 수 있는 해결책을 잘 찾도록 효과적으로 돕는 데 그 최종 목적이 있다.

코칭은 코치와 코칭고객이 서로 주고받는 정보, 감정, 이해, 공감을 바탕으로 서로가 바라는 최상의 결과를 얻기 위해 노력하는 과정이다. 이때 코치가 고객의 상황과 심정을 공감하고 신뢰를 형성하는 것이 무엇보다 중요하다. 그래서 코치가 고객을 이해할 수 있는 정보를 사전에 얻을 수 있다면, 그것은 코칭에 많은 도움이 된다. 즉, 코치는 고객의 성격유형을 사전에 이해함으로써 그의 무의식적인 반복 패턴과 정체성을 이해하고, 고객의 강점을 찾는 데 많은 도움을 얻을 수 있다.

둘째, 코치는 성격유형 검사를 통해 코치 자신의 코칭 스타일을 이해할 수 있다. 코치는 자신의 성격유형을 사전에 파악함으로써 다른 사람과의 관계에서 어떤 행동들을 취하게 되는지 스스로 알 수 있다. 그리고 자신이 취한 행동의 원인이 무엇이고, 특정한 행동에 대해 다른 사람과 다른 반응을 보이는 이유에 대해서도 사전에 알 수 있다. 이것은 안정적이고 효과적으로 코칭을 진행하는 데 아주 유용한 도움을 준다.

코치가 특정한 행동 유형에 대해 자신이 어떻게 반응할지를 예측하는 것은 코치 자신을 효과적으로 통제한다는 것을 의미한다. 이것은 결국 전체 코칭을 잘 진행할 가능성을 높이고, 실수를 줄이는 데 도움을 준다. 따라서 코치가 자신의 성격유형을 파악하고 있는 것은 고객에게도 다행스러운 일이고, 몸과 마음이 건강한 상태에서 코칭을 진행하는 데도 도움이 된다.

다. 체질 이론과 성격 유형론

체질 이론에 대해 본격적으로 논의하는 것이 이 책의 주요 목적이 아니다, 다만, 코칭 현장에서 코치가 코칭고객의 고유한 특성을 빨리 파악할수록 코칭 전개에 도움이 된다는 것을 경험한 적이 많아서 여기서는 간략하게 언급하고자 한다.

1) 체질의 정의와 중요성

인간의 특성을 나타내는 체질(體質, constitution)에 대해서는 의학, 심리학, 생물학, 교육학, 미학 등의 분야에서 옛날부터 많은 관심을 가져왔다. 그러다 보니 체질에 대한 정의는 학자들의 견해에 따라 각기 다르게 표현되고 있다. 자연관에서 출발하여 전체를 관찰하는 견해가 있고, 유전생물학, 병리학 또는 임상심리학 차원에서 체질을 해석하는 견해도 있다.

일반적으로 체질이란 '한 개체의 활동능력과 적응능력을 지배하는 반응태세(反應態勢)를 말하며, 신체적 특성과 정신적 특성 및 병적 영향에 대한 저항력' 또는 '형체에 기능을 결부시킨 것으로 유전적 체질의 형성요소와 생활환경의 요소가 합치되어 형성되는 것'으로 정의할 수 있다.

한 사람의 체질을 파악한다는 것은 '다름'과 갈등의 원인을 파악할 수 있다는 차원에서 중요한 의미가 있다. 체질은 선천적이며 바뀌지 않는다. 대개 사람은 각기 다른 요소를 가지고 있어서, 세상을 받아들이고 세상에 대해서 자신을 표현하는 방식이 근본적으로 다르다. 그리고 한 사람이 서로 다른 요소를 동시에 가지고 있지만, 그것이 노골적으로 드러나지 않기 때문에 갈등의 원인이 되기도 한다. 어찌 보면 이런 체질 같고, 또 어찌 보면 저런 체질 같아 보인다.

요즘과 같이 전체적으로 교육수준이 향상되고 사람들 사이의 교류가 활발한 사회에서는 모든 사람에게 다양한 체질적 특성이 섞여 나오게 마련이다. 대부분 사람은 다른 체질의 사람이 나타내는 행동 양식을 적당히 흉내 내며 산다. 그래서 체질의 차이가 그 정도로 근본적인 차이라는 것을 인식하기가 쉽지 않다. 체질 문제를 해결하는 것은 크게 두 가지이다. 하나는 체질의 차이에 따른 마음의 출발점에 대해서 이해하는 것이고, 다른 하나는 체질의 한계를 극복하는 방법을 아는 것이다.[12)]

2) 동서양의 체질 이론

동양의 체질 이론에서는 주로 사람의 성질에 근거하여 체질을 분류하고, 체형에 대해서는 극히 단편적으로 서술되어 있다. 동양의 체질 이론으로는 동양의학 최고의 원전인 『황제내경(黃帝內徑)』의 음양이십오인론(陰陽二十五人論), 음양 생리 측면에서 체형의 기능과 감정을 결부한 『황제내경』 통천편(通天篇)의 오태인론(五態人論), 그리고 장경악(張景岳)의 음양인론(陰陽人論) 등이 있다.

먼저, 음양이십오인론에서는 인간을 피육근골(皮肉筋骨)의 차이, 기혈음양(氣血陰陽)의 편승과 상하 성쇠(盛衰)에 따라 목형인(木形人), 화형인(火形人), 토형인(土形人), 금형인(金形人)으로 나누었다. 그리고 오태인론에서는 인간의 체질을 태양인, 소양인, 태음인, 소음인, 그리고 음양화평지인(陰陽和平之人)으로 분류했다. 마지막으로, 음양인론에서는 인간의 체질을 양장인(陽臟人)과 음장인(陰臟人)으로 구분한다.

한편, 서양의 체질 이론은 고대에는 우주 요소에 따른 분류를 추구하였고, 현대로 오면서 점차 해부 조직학, 심신의학, 면역학적 관점에서 다양하게 분류하며 발전하고 있다. 서양 성격연구의 근원은 그리스 의학자인 히포크라테스의 체액병리설(體液病理說)로 거슬러 올라간다. 그는 우주의 구성이 화(火), 수(水), 풍(風), 토(土)의 네 가지 요소로 되어 있고, 인체의 형성도 혈액(血液), 점액(粘液), 황담즙(黃膽汁), 흑담즙(黑膽汁)이라는 네 가지 기본물질인 체액으로 구성되어 있다고 주장했다.

이것을 바탕으로 갈레누스(Galenus)는 인간의 체질을 각각 다혈질, 담즙질, 우울질, 점액질이라는 네 가지 기질로 분류했다. 첫째, 다혈질은 온정적이고 사교적인 특성이 있다. 그리고 대개 빨리 흥분하고 명랑하다. 둘째, 담즙질은 인내심이 약하고 정서적이며 조급한 특성이 있다. 하지만 용감하고 매우 객관적이다. 셋째, 우울질은 인내심이 강하고 지속적인 특성이 있다. 그러나 우울하고 주관적이며 보수적이다. 마지막으로, 점액질은 냉담하고 정서가 느리고 부드러우며 조용한 특성이 있다. 하지만 인내심이 강하고 고집이 세기도 하다.

독일의 심리학자 융(C. G. Jung)은 외향성과 내향성이라는 일반적 태도 유형과 사고관의 심적 기능에 따라 사람을 여덟 가지 유형으로 분류하였다. 내향적인 사람은 갈등 상황에서 자신을 후퇴시키는 경향이 있고, 사람을 피하고 혼자 있기를 좋아한다. 그에 비해 외향적인 사람은 많은 사람과 함께 있고 싶어 하고, 진취적이고 사교적인 특성이 있다.

3) 우리나라의 체질 이론

우리나라 체질 이론으로는 이제마가 제창, 임상에 활용한 사상체질의학(四象體質醫學, 또는 사상의학)이 있다.[13] 이것은 사상구조론(四象構造論)을 바탕으로 사람을 태양인(太陽人), 소양인(少陽人), 태음인(太陰人), 소음인(少陰人)으로 나누었다. 그리고 각 체질에 대한 생리, 병리, 진단, 병증, 치료와 약물에 이르기까지 서로 연관이 있어서 임상에 응용할 수 있는 새로운 방향을 제시하고 있다.

사상의학에 따르면, 체질은 먼저 체형이나 외형에서 나타나는 느낌(容貌詞氣), 성격이나 심성(心性), 생리(生理)나 병이 들었을 때의 증상(症狀)을 관찰하여 진단한 후에 마지막으로 한약이나 음식을 먹은 뒤의 반응을 통해 진단하게 된다. 이처럼 사상의학에서는 다른 체질 이론과 달리 한 사람의 체질을 여러 가지 측면을 종합적으로 파악하여 진단하고 있다.

4) 현대의 성격 유형론

현대에는 심리학적인 특성에 따라 성격을 구분하는 성격 유형론이 주를 이루고 있다. 현재 활용되고 있는 성격유형 진단 도구로는 다양한 것들이 많다. 이 책에서 그것들을 모두 설명하는 것이 주요 목적이 아니다. 따라서 여기서는 우리가 자주 활용하는 MBTI(Myers-Briggs Type Indicator), 에니어그램(Enneagram), DiSC 행동 유형 모델에 대해서만 간단하게 살펴보고자 한다.

첫째, MBTI는 이것은 마이어스(K. C. Myers)와 브리그스(I. B. Briggs)가 개발한 성격유형 진단 도구이다. 이것은 인간의 성격유형을 외향(E) - 내향(I), 감각(S) - 직관(N), 사고(T) - 감정(F), 판단(J) - 인식(P)과 같은 네 가지 관점에서 구분한다. 그리고 개인이 쉽게 응답할 수 있는 설문 조사를 통해서 본인이 인식하고 판단할 때 선호하는 경향이 어떤지를 찾는다. 나아가 이런 선호 경향들이 하나 또는 여러 개가 합쳐져서 인간의 행동에 어떠한 영향을 미치는가를 파악하여 실생활에 응용하도록 제작된 것이다.

둘째, 에니어그램은 창시자 구르지예프(G. I. Gurrdjieff)와 오스카 이카조(O. Ichazo),

클라우디오 나란조(C. Naranzo) 등을 통해 발전되어 왔다. 그리고 1991년, '리소-허드슨 에니어그램 성격유형 검사지'(RHETI)가 개발되면서 성격유형을 알아보는 데 유용한 도구로 활용되고 있다. 이 검사 도구는 성격유형을 모두 아홉 가지 즉, 개혁가(1번 유형), 조력자(2번 유형), 성취자(3번 유형), 예술가(4번 유형), 사색가(5번 유형), 충성가(6번 유형), 낙천가(7번 유형), 지도자(8번 유형), 중재자(9번 유형)로 나누고, 각각의 특성을 설명하고 있다.

셋째, DiSC 행동 유형 검사는 미국의 심리학자 마스톤(W. M. Marston)이 개발한 도구이다. 이것은 인간이 환경을 어떻게 인식하고, 환경 속에서 개인의 힘을 어떻게 인식하느냐에 따라 인간 행동 유형을 각각 주도형(dominance), 사교형(influence), 안정형(steadiness), 신중형(consciousness)으로 나누고, 각각의 특징을 설명하고 있다.

라. 코칭 스타일 활용에 있어 유의할 점

코칭은 코치와 코칭고객이 서로 대화하고 반응을 주고받는 쌍방향 의사소통 과정이다. 이때 두 주체가 모두 사람이기 때문에 둘 사이의 성격과 반응의 차이로 인해서 예기치 않은 일들이 일어날 수 있다. 그 가능성이 아주 작더라도 그것을 간과하면, 실제 코칭에서 불필요한 일들이 생길 때 당황할 수 있다.

그래서 코치가 어떤 일에 대한 자신의 반응 성향과 코칭고객의 성격 등에 대해 미리 이해한다면, 원활하게 코칭을 진행하는 데 많은 도움을 얻는다. 따라서 코치 자신과 고객의 성향을 있는 모습 그대로 파악한다면, 많은 어려움을 예방할 수 있다. 특히 코치가 고객을 진심으로 이해하려고 노력한다면, 그의 성격과 성향을 이해하는 것이 필수적이다. 코칭 스타일에 대한 고찰이 필요한 이유가 여기에 있다.

그러나 앞서 잠시 언급했듯이, 바람직한 코칭 스타일이란 존재하지 않는다. 코치는 자신과 코칭고객이 가지고 있는 그대로의 모습을 진심으로 이해하려고 노력하는 것이 필요하다는 것을 잊지 말아야 한다. 이처럼 코치 자신과 고객의 성향을 미리 파악하고, 그것이 실제 코칭 전개 과정에서 어떻게 작용할 것인지를 미리 파악해 두는 것은 효과적인 코칭을 위해 매우 유용한 일이다.

3. PCSI 코칭 스타일

앞에서 언급한 체질 이론과 성격유형 검사는 실제 코칭 현장에서 다양한 방법으로 활용된다. 많은 코칭 프로그램에서는 코칭 스타일을 파악하기 위해 저마다 고유한 진단방법과 해석내용을 소개하고 있다. 그리고 전문코치들도 본격적으로 코칭을 진행하기에 앞서 고객의 성격유형을 미리 검사하고, 측정 결과를 코칭에 활용하기도 한다.

사람들은 저마다 독특한 개성, 가치관, 성격을 지니고 있다. 실제로 코칭을 진행하면 정도 차이는 있지만, 개인의 특성들이 어떤 형태로든 겉으로 드러나기 마련이다. 따라서 코칭을 진행할 때 코치가 코칭고객을 유심히 관찰하면, 이런 사실들을 확인할 수 있다. 물론 코치 자신의 성격유형에 따라 코칭 진행방법과 결과가 다소 달라지는 때도 있다. 하지만 대개 코칭의 결과는 고객의 성격유형과 고유한 특성에 좌우되는 경우가 많아서 여기서는 고객의 성격유형에 한정하여 설명하기로 한다. 그리고 저자가 활용하는 진단 도구에 한정하여 설명할 것이다.

가. PCSI 코칭 스타일 검사 도구

앞서 언급했듯이 코치들은 본격적인 코칭을 전개하기 전에 코칭고객을 이해하는 차원에서 각종 성격유형 검사를 활용한다. 어떤 전문코치는 더 정교한 진단 도구를 활용하기도 하고, 어떤 코칭 기업(coaching firm)에서는 진단 도구를 독자적으로 개발하여 활용하기도 한다. 그런데 안타까운 점은 그들이 사용하는 대부분의 성격유형 검사 도구들이 외국에서 개발된 것을 번역하여 그대로 사용한다는 점이다. 물론 그것들이 신뢰도와 타당도를 갖춘 좋은 진단 도구이지만, 한국인의 특성을 제대로 반영한 것인지에 대해서는 동의하기가 쉽지 않다.

이런 차원에서 사상의학의 장점을 코칭에 잘 접목할 수 있다면, 그 자체만으로 상당히 의미 있는 일이다. 즉, 코치가 코칭고객의 특성과 심성을 파악하는 데 사상체질 진단 결과를 활용할 수 있다면, 이것은 코칭과 사상의학 두 측면에서 모두 의미 있는 일이 될 것이다. 앞으로 설명할 'PCSI 코칭 스타일 검사지'(Personal Coaching Style

Inventory)는 이런 차원에서 노력한 흔적이라고 볼 수 있다.

다행스럽게도 사상의학의 체질 분류를 접목한 'PCSI 코칭 스타일'에 따른 성격유형 분류는 앞서 간단하게 언급한 몇 가지 성격유형 진단 도구들과 비교할 때, 일맥상통하는 점이 있었다. 예컨대, 융은 직관형, 감성형, 감각형, 사고형이라는 네 가지 유형을 제시했다. 사람들은 이 네 가지 기능 가운데 어느 하나를 우월적 기능으로 가지고, 나머지 셋을 각각 2차 기능, 3차 기능, 열등 기능으로 가진다고 주장하였다. 이에 비해 사상의학에서는 우월적 기능에 따라 2차 기능과 3차 기능이 고정된다는 점이 다를 뿐, 융의 이론과 비슷한 구조를 지니고 있다.[14] 따라서 독자들이 'PCSI 코칭 스타일'의 분류와 유형별 특징을 이해하는 데 어려움을 느끼지는 않을 것이다.

나. PCSI에 따른 코칭 스타일 분류

사상의학에 따르면, 전반적으로 태양(太陽)은 이치를 알리고 퍼뜨리고 하는 것에 관심이 가는 기운(氣運)이고, 소양(少陽)은 구체적인 일을 알리고 퍼뜨리는 것에 관심이 가는 기운이다. 그리고 태음(太陰)은 구체적인 일의 기반을 튼튼하게 하고 완성하는 일에 관심이 가는 기운이며, 소음(少陰)은 이치를 튼튼하게 하고 완성하는 일에 관심이 가는 기운이다. 이 네 가지 기운이 각각 태양인, 소양인, 태음인, 소음인이 마음을 쓰는 가장 기본적인 기운이다.

사상의학의 체질 분류에 기반을 둔 'PCSI 코칭 스타일' 분류 역시 인간을 네 가지 유형 즉, A형, B형, C형 그리고 D형으로 각각 구분한다. A형은 태양인의 특성을 가진 '주도 · 지시형'(Director), B형은 소양인의 특성을 가진 '사교 · 과시형'(Presenter), C형은 태음인의 특성을 가진 '우호 · 안정형'(Mediator), 그리고 D형은 소음인의 특성을 가진 '분석 · 전략형'(Strategist)이다. 일할 때 의사소통하는 방식과 지향하는 업무 스타일에 따라 이 네 가지 성격유형을 구분하여 정리한 것이 **[그림 6-1]**이다.

물론 여기서 사상의학 체질 유형을 설명하는 것이 주요 목적이 아니다. 하지만, 이것은 코치 자신과 코칭고객을 이해하는 데 도움을 주고, 나아가 제8장에서 후술할 대학생이나 청년의 자기 이해를 위한 기초적인 정보를 제공하는 차원에서 구체적으로 살펴볼 필요가 있다.

각 유형의 특성과 코칭 스타일에 대해 살펴보면 다음과 같다.[15] 구체적으로 유형별로 체형상 특징, 기본성향, 장점과 약점 및 일상생활에서 관찰되는 모습 등을 소개할 것이다. 그리고 융의 관점과 일맥상통하는 부분을 소개한 후에, 해당 유형을 특성을 가진 코칭고객을 코칭할 때 유의할 사항을 소개하는 순서로 살펴볼 것이다. 독자에 따라서는 이런 설명이 길다고 생각할 수도 있다. 하지만 해당 유형의 여러 가지 특징을 다양한 기준으로 소개하는 것은 향후 만날 고객을 더 이해하는 데 도움이 될 것으로 생각하기 때문이다.

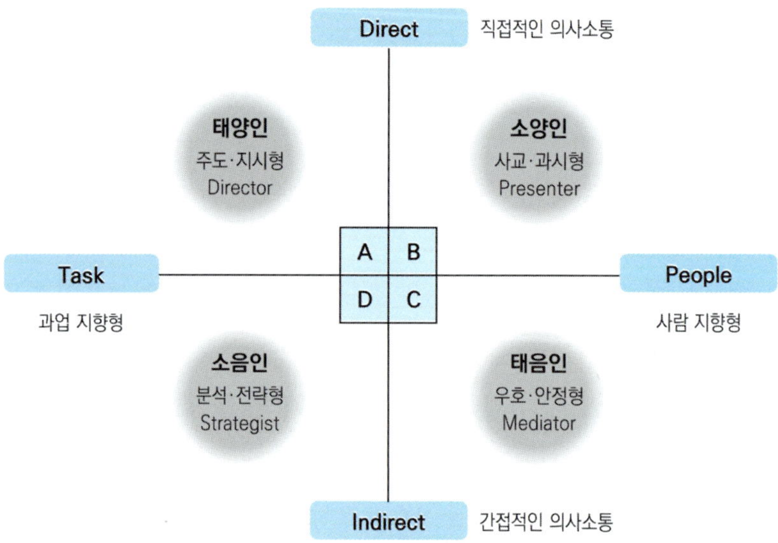

[그림 6-1] 성격유형별 코칭 스타일ⓒ
출처: 조성진(2010). 코칭에센스, 씨앤씨글로벌(주). 62.

1) 태양인(A형)의 특징과 코칭 방법

태양인의 체형은 머리, 목덜미 부위가 상대적으로 발달하고 허리 부위가 가늘어서 기(氣)가 위로 상승하는 면이 있다. 눈에 광채가 있고 살이 찌지 않은 마른 편이며, 오래 걷거나 서 있기 힘들다. 용모는 건장하고 과단성이 있으며 깔끔하고 단아하다.

떳떳한 태도를 지니고 있어서 초연하고 거만해 보이며, 현실적인 면보다는 이상적인 면을 좇는다.

태양인은 사람들이 무엇이 문제인지 모르고 잘못하고 있는 일들에 끼어들어서 바로 잡으려고 애쓴다. 과거에는 어울리고 꼭 필요했던 관습이나 제도라도 시간이 흐르면 어울리지 않게 되는 경우가 많은데, 이런 것을 먼저 파악하는 것이 태양인이다. 즉, 각각의 상황을 계속 변화하는 과정의 하나로 파악할 수 있는 능력이 태양인의 장점이다. 그래서 태양인은 하나의 영역에서 중점을 두어야 할 부분과 부차적인 부분을 구분할 줄 알고, 어디에 힘을 쏟을지를 잘 안다. 대충해도 될 것은 대충할 줄 아는 것이 태양인의 또 다른 장점이다. 특히, 주변 상황이 급격히 변화할 때, 주력할 부분을 빨리 파악하는 태양인의 능력은 큰 힘을 발휘한다.

태양인은 기본성향에 있어서 확실히 급진적인 면이 있다. 네 가지 체질 가운데 무엇보다 변화에 대한 두려움을 가장 적게 느낀다. 그래서 기존의 체제를 바닥부터 흔드는 변화일지라도 그것이 옳다고 생각하면, 주저 없이 그것을 주장한다. 그래서 "그것은 옳지 않다."라는 말을 가장 쉽게 하고, 결과적으로 기득권 세력과 부딪히는 경우가 많다. 그러나 태양인이 오류를 지적하는 부분은 그 상황 하나에 한정하여 지적할 뿐, 임의로 확대하거나 폄하되지 않으니까 사람들이 받아들이기 쉬운 면이 있다. 진보나 혁명이론을 제공하는 경우가 많고, 학술적인 방면으로 기질이 발휘되면 전혀 새로운 영역을 개척하는 선구자가 되는 경우가 많다.

원래 태양인은 파벌을 만드는 일을 잘 하지 않는다. 그런데 만일 그가 조직을 만든다면, 열린 상태를 유지하면서 오는 사람을 막지 않고 가는 사람을 잡지 않는다. 그러나 가장 배타적인 파벌을 만드는 것도 태양인인데, 그것은 태양인이 어설프게 태음인을 흉내 내기 때문에 나타나는 일이다. 태양인은 어떤 일을 추진할 때는 더 명확하게 방향을 제시하고 점검해 주는 점이 돋보인다. 그리고 태양인이 여러 사람과 관련된 공적인 일을 할 때는 상황을 정확하고 빠르게 인식하기 때문에 남에게 속을 일이 없다. 그러나 태양인이 태음인을 잘못 이해하고 어설프게 흉내 낼 때는 자신과 생각이 다른 사람에 대해 지적하면서 행동을 일일이 통제하고, 지시하며, 틀렸다고 잘라 낼 수 있다.

태양인은 자신의 직관대로 행동하는데, 이때 주변 사람들이 자신의 직관에 따른 행동을 받아들일 수 있는지 없는지를 전혀 신경 쓰지 않는다. 이런 비열함은 항상 남의 앞에 서려고 할 때 더욱 심해진다. 강한 것만을 추구하면 제멋대로 하는 마음이 점점 강해져 결국 비열함이 심해지는 것이다.

융의 관점에 따르면, 태양인은 한마디로 주관과 독창성을 중시하는 직관이 강한 유형이다. 직관이란 일이 돌아가는 이치와 원리를 수용하는 것으로, 복잡하게 얽혀 있는 상황에서 핵심을 잡아내는 능력을 말한다. 즉, 연관된 정보들의 관계를 파악하면 부분에 치우치지 않고 핵심으로 가는 능력을 말한다. 태양인의 직관은 옳은 부분을 찾아내는 능력보다 잘못된 부분을 찾아내는 쪽에 더 강하다. 특히, 태양인의 강한 직관은 정보를 평가하는 데 강점을 가진다. 그래서 정보의 양이 많아지면 정보 사이의 관계를 잘 파악하고, 상황에 따라 적용할 것과 적용하지 말아야 할 것을 고르는 데 태양인의 직관 능력이 쓸모가 많아진다. 그러나 반면에 정보의 교류 측면에서는 어려움을 겪는다.

태양인의 일상생활을 살펴보면, 늘 가정 밖의 일에 먼저 신경을 쓰고 집에 동료들을 떼로 몰고 오는 경향이 있어서 가정을 등한시하기 쉽다. 어떤 일을 할 때도 정확한 기준을 정한 뒤에 시작하는 것이 아니라 그때마다 결정한다. 한 가지 일에 몰두하다가 정리를 제대로 하지 않고, 벌려 놓은 다른 일이 문제가 되면 또 좇아가 그 일에 몰두하는 경향이 있다. 태양인은 법을 중요하다고 생각하지만, 실제의 법은 틀린 것이 많다고 느낀다. 그러나 법이 틀렸다고 생각하더라도 주로 이론적인 옳고 그름을 먼저 인식하고, 실제로 행동으로 나타나는 데는 시간이 걸린다. 예컨대, 각종 교통 규제가 불합리한 면이 많이 보일 때, 그것이 싫으면 차라리 운전하지 않지만 일단 운전할 때는 잘 준수한다. 하지만 정말 불합리하게 단속되었다고 생각하면 절대 승복하지 않는 특징이 있다.

이런 태양인의 특성을 가진 코칭고객을 대상으로 코칭을 진행할 때는, 어떤 일이든 깊이 생각해 보도록 권하는 것이 바람직하다. 그리고 한 가지 일을 정리한 뒤에 다른 일을 시작하도록 돕는 것이 좋다. 일의 결과에 초점을 맞추어 빠른 속도로 일을 진행하는 점이 돋보이는데, 이때 사람을 먼저 생각하도록 안내하고, 실제 행동할 사항들을 점검하는 것을 잊지 않도록 지원하는 것이 좋다.

2) 소양인(B형)의 특징과 코칭 방법

소양인의 체형은 가슴과 흉곽 부위가 발달하고 엉덩이가 작아서 상대적으로 상체가 왕성하고 하체가 약하다. 가슴 부위가 발달해 가슴을 쭉 펴고 다니며, 걸을 때는 상체가 흔들리면서 안정감 없이 걷는다. 눈매는 날카롭고 입은 크지 않다. 입술이 얇고 턱이 뾰족하며, 머리가 앞뒤로 나온 사람이 많다. 소양인 가운데 소음인처럼 키가 작고 단정한 사람도 있다. 용모는 안정감이 적고 다리가 가볍다. 날래고 용맹을 좋아하고 활달하며, 행동이 민첩하나 경솔한 면이 있다.

소양인은 '좋다 또는 싫다'를 판단하는 기능이 명확해서 자신이 싫어하는 일은 잘하지 못한다. 그리고 소양인은 자신이 좋아하는 것을 많은 사람이 좋아하는 쪽에 맞추는 본능이 있다. 예컨대, 세상에서 이익을 중시하는 경향이 있으면, 그의 감성이 이익 쪽으로 발달한다. 그리고 세상에서 명예를 중시하는 경향이 있으면, 그의 감성이 명예 쪽으로 발달하게 된다. 당연히 세상에서 재미를 중시하는 경향이 있으면, 그의 감성이 재미 쪽으로 발달하게 된다. 이처럼 소양인은 낯선 사람끼리 그냥 모이는 것을 좋아해서 사람이 모이는 것을 좋아한다. 실제로 연예인을 보면, 일반인의 경우보다 소양인의 비율이 높다.

소양인은 어떤 주장이나 사실을 들었을 때, 이것을 자기 것으로 만드는 속도가 빠르다. 그래서 일반적인 기준에 안 맞으면 바로 배척하고, 일반적인 기준에 비추어 그럴듯하면 바로 받아들인다. 소양인은 대중이 일반적으로 지지하는 것을 일단 받아들이면, 그때는 그것이 자기 생각이고 자기주장이라고 생각하는 경향이 있다. 그것을 누구에게 들었는지는 그리 중요하지 않게 생각한다. 소양인이 이런 태도를 보이는 것은 각각의 상황에서 사람들이 일반적으로 받아들이는 것을 느끼는 능력이 뛰어나기 때문이다.

보통 소양인의 목소리는 일반적으로 크다. 이것은 성량이 풍부하다는 것이 아니라 자기주장이 강하다는 것이다. 소양인은 다른 사람의 감성에 대한 느낌이 빨라서 대중이 일반적으로 지지하는 바를 느끼고, 받아들이고, 이를 주장한다. 즉, 자기주장에 대해 반박받을 여지를 이미 줄여 놓고 시작하기 때문에 목소리가 클 수밖에 없고, 말투가 공격적인 경우도 많다.

소양인은 남을 업신여기는 것을 싫어하고, 자신이 업신여김을 당하는 것도 싫어한다. 그리고 소양인은 남에 대한 배려가 부족한 것에 대해서 노여움을 잘 느낀다. 그래서 남을 잘 배려하지만, 그만큼 남도 자신을 배려해 주기를 바란다. 그러다 보니 소양인은 싫은 사람과 같이 있는 것을 유독 못 견딘다. 그 자리가 끝날 때까지 그럭저럭 잘 어울리지만, 그 싫은 감정이 남아 있는 동안에는 그 사람과 마주치는 자리에는 어떤 핑계를 대서라도 빠지려 한다. 다만, 감정이 잘 바뀌니까 그런 싫은 감정이 오래가지 않을 뿐이다.

소양인의 장점은 여러 사람과 관련된 공적인 일을 하는 데 상황을 정확하고 빠르게 인식하는 것이 뛰어나다는 것이다. 소양인은 어떤 일을 시작할 때 최악의 경우를 상상해 보는 것만으로 기분이 나쁘다고 생각한다. 그것을 미리 상상해 볼 이유가 없다고 생각하여 자기가 좋아하는 쪽에 적극적으로 개입하는 경우가 많다. 그래서 미래를 예측하는 태도에 있어 항상 자기가 적극적으로 개입했을 경우의 확률을 계산한다. 결과적으로 소양인의 계산에서는 당연히 좋은 쪽의 확률이 올라가고, 좋을수록 더 열심히 개입하게 되니까 확률이 더 올라가는 것이다.

소양인의 기본성향은 개혁적이고, 공적인 약속을 지키려는 의욕이 강하다. 그리고 일반적으로 대중에게 받아들여지는 것을 중시하는 경향이 있어서 다수를 추종한다. 그러나 다수가 변화를 원할 때와 현상 유지를 원할 때, 각각 그 개혁성이 나타나는 정도에 차이가 나게 된다. 소양인은 사회 통념상 나쁘다고 하는 일, 예컨대 도박이나 복권과 같은 일에는 손을 잘 대지 않으려는 경향이 있다. 그래서 소양인은 세상의 예법, 관행 등에 가장 민감하고, 예법에 어긋나면 바로 지적한다. 그것을 보고 다른 사람들은 소양인은 입바른 소리를 잘한다는 평을 한다.

그리고 "너 옳지 않다.", "너 나쁘다."처럼 자신의 감정을 실어서 말하는 경우가 많아서 상대방이 받아들이기 어려워하는 상황을 연출하기 쉽다. 그에 비해, "논리적으로 안 맞는다.", "당신이 실수한 것 같다."라는 말을 들을 때, 마치 자신이 비난이라도 받은 듯이 화를 내는 경우가 다른 체질보다 조금 자주 있다.

소양인은 보편성을 추구하고, 보편적 상황에 강해서 일반화하고 추상화하는 것을 잘한다. 보편이 정립되지 않은 영역에서는 각자 방향을 나누어 일하는 것이 오히려 보편적인 방법이라고 편하게 생각한다. 따라서 하나의 보편에 대한 집착은 오히려 없다. 많은 사람의 동의를 얻은 바를 각각의 집단에서 보편처럼 사용하면 된다고 본다. 소양인의 이러한 보편 중시 경향은 잘 되면 대중과 같이 호흡하는 강한 현장성으로 나타나지만, 단순한 다수 지지나 관행, 일반론을 보편이라고 믿으면 여러 가지 실수를 저지른다. 예컨대, 함부로 사람을 선동하거나 힘이나 세(勢)에 의존하는 버릇을 낳기도 한다.

소양인은 어떤 정보를 받아들일 때 그 정보를 쉽게 받아들이지만, 급한 성격 때문에 정보를 취득하는 데 시간이 걸리면 서둘러 판단하는 악습이 있다. 이런 경향은 정보를 전달할 때, 그 정보에 대한 자신의 느낌까지 전달하면서 자신도 모르는 거짓말을 하며 과장하는 오류를 범하게 된다. 소양인이 이런 것을 극복하기 위해서는 항상 어디까지가 사실이고 어디부터가 내 감정인지를 구분하는 훈련이 필요하다.

융의 관점에 따르면, 소양인은 한마디로 보편과 결과를 중시하는 감성이 풍부한 유형이다. 감성이란 '좋은가 또는 나쁜가?'를 판단하는 것으로, 고립된 상황에서 생기는 것이 아니라 타인 또는 외부 환경과의 접촉에서 발생한다. 소양인은 사람들의 감정 파악을 잘하기 때문에 사람들이 보통 무엇을 좋아하고 싫어하는지를 잘 안다. 그래서 소양인이 "알았다."라고 말하는 것은 당신의 기분을 파악했다고 이해하면 무리가 없다. 이처럼 소양인이 감성은 빠르고 변화무쌍하여 항상 기분파처럼 보이지만, 의외로 현실적이다. 그래서 소양인은 상황을 변경 가능한 변수로 본다. 따라서 각 개인이 처한 상황은 극복의 대상이라고 생각한다. 어떤 사람이 어설프게 상황 논리를 펴면, 소양인은 바로 "왜 당신이 처해 있었던 특수한 상황을 바꾸려고 노력하지 않냐"라고 지적하며 핑계 대지 말라고 한다.

한편, 수양이 부족한 소양인은 매사를 남과 비교하고, 사람을 야멸치게 대한다. 그리고 함부로 사람을 몰아세우고, 조그만 잘못에도 심하게 닦달하는 식으로 행동한다. 조직구성원들에게 있어 가장 최악의 경영자가 이런 경우이다. 야박한 경영자는 차라리 회사가 망하면 망했지 절대 남에게 너그럽게 대하지 않기 때문이다.

소양인의 일상생활을 살펴보면 다음과 같다. 소양인은 자신의 능력이나 형편을 고려하지 않고 일을 벌이는 경향이 있고, 중간에 쉽게 포기한다. 그래서 소양인은 일단 일을 벌이는 것을 줄여야 한다. 소양인이 어떤 문제에 부딪혔을 때 가장 원하는 것이 위로와 공감이고, 또 남에게도 그런 것을 잘한다. "나는 당신의 말에 공감한다.", "당신이 그 문제를 해결하려고 애쓰는 모습에 깊은 감사를 느낀다." 등의 말에 소양인은 큰 힘을 얻는다. 그런데 소양인 상사와 소양인 부하직원 사이에 어떤 문제가 발생했을 때, 소양인 상사가 그냥 퍼붓기가 쉬워서 소양인 부하직원은 상처를 입을 경향이 높다. 따라서 잠깐 그 자리를 피하고 조금 가라앉은 다음에 다시 말하는 것이 서로에게 가장 좋은 방법이다.

소양인은 예상치 않은 일이 생기면, 그때마다 알아서 대처하면 된다고 생각하는 편이다. 과정이란 목적을 위한 것이라는 인식이 다른 체질보다 강한 편이다. 예컨대, 휴가를 갈 경우, 목적지로 가는 것이 매우 어려우면, 아예 목적지 자체를 바꾸는 경향이 있다. 그리고 목적지에 도착해서도 여러 상황이 여의치 않으면, 그때 상황을 보아가며 다시 대책을 세우면 된다고 생각한다. 자동차를 이용하여 여행을 갈 때도 일반적으로 사람들이 가장 많이 선택하는 길을 선호하기 때문에 고속도로를 고집하는 경향이 있다. 고속도로로 가면 막히는 듯해도 신호가 없어서 전체 이동 시간은 오히려 짧고, 그래서 좋은 곳에 빨리 즐기는 게 낫다고 생각하는 경향이 있다.

이런 소양인의 특성을 가진 코칭고객을 대상으로 코칭을 진행할 때는, 위로, 공감 및 경청에 더 관심을 두고 코칭을 진행하는 것이 좋다. 그리고 그가 중요하다고 생각하는 것에 초점을 맞추어 진행하되, 코칭 회기(session)를 재미있게 진행하는 것이 효과적이다. 그리고 원하는 결과를 얻기 위해 집중해야 할 것이 무엇인지 느끼도록 도와주는 것이 바람직하다.

3) 태음인(C형)의 특징과 코칭 방법

태음인의 체형은 허리 부위가 굵고 목덜미가 가늘다. 상대적으로 체구가 크고 기골이 장대하다. 뚱뚱하고 건장한 사람이 많으나 간혹 마른 사람도 있지만 뼈대는 굵다. 걸음걸이는 느리고 안정성이 있으나 허리를 흔드는 편이다. 얼굴은 윤곽이 뚜렷하고 이목구비가 크고 선명하다. 입술이 두껍고, 피부도 두껍다. 용모는 위엄이 있고 무슨 일에나 법도가 있다. 공명정대한 태도를 지니고 있으나 음흉하고 욕심이 많으며 고집스러운 면도 있다.

태음인은 구체적인 문제 해결 방법을 제시한다든가 어떤 일의 한 부분을 대신 맡아 주는 등 좀 더 실질적인 일을 할 때 기뻐한다. 어떤 말을 들으면 일단 끄덕끄덕하며 미소를 짓는 경향이 있다. 태음인은 이런저런 인연으로 관계가 맺어진 사람들 사이의 도리를 지키는 일에 능하여 서로 상대의 상황을 인정하고 서로 도우려고 하는 마음을 비교적 많이 가지고 있다.

태음인은 자신이 경험하지 못한 새로운 상황에 빠지는 것을 두려워한다. 경험이 없다는 것은 그 일에 대한 정보를 충분히 가지지 못했다는 것을 의미하기 때문에, 일을 시작할 때는 새로운 상황이 최악인 경우를 따져 보고 시작하는 경향이 있다. 가장 좋지 않은 때에 자신이 버티며 감당할 수 있는지를 먼저 계산해 보는 것이다. 그래서 어떤 일을 새로 시작할 때, 주저하며 시간을 들인다. 대신에 막상 일을 시작하고 나면, 그 뒤는 주저하는 것이 없다. 끝까지 물고 늘어져서 어떻게 해서든 끝을 낸다. 즉, 태음인은 자기가 할 수 없는 일에 헛심을 쓰는 일이 적다는 것이다.

그래서 태음인은 자신에게 잘 이해가 안 되는 것은 일단 접수하여 쌓아 두고 판단을 미룬다. 판단이 끝나지 않았기에 자신을 표현하지 않고 기다린다. 그래서 태음인이 "알았다."라고 말하며 미소를 짓는 것은 동의한다는 것이 아니다. "당신이 말하는 것이 무엇인지 접수했어. 그러나 내가 천천히 생각해 보도록 하지."라며 판단을 뒤로 미루는 것이다. 그러다가 구체적인 사실에 부딪힐 때 그것이 자기가 기억했던 것과 관련된다고 느끼면, 그것을 다시 꺼내어 비교하다가 어느덧 그것을 잘 정리한다.

태음인의 기본성향은 보수적이다. 감각을 중시하고 경험적 접근을 하게 되면 아무래도 보수적이기 쉬운데, 그것은 기존의 것이 익숙하고, 익숙한 것이 바뀌는 것은 불편하기 때문이다. 그렇지만 태음인은 약간 불편한 것은 고치기보다 그냥 감수하는 경우가 많다. 이것은 태음인이 웬만한 상황은 일단 긍정적으로 받아들이고 출발하는 경우가 많기 때문이다. 그리고 태음인은 늘 구체적인 것에 관심이 많다. 겉보기와는 달리 잔재주를 가진 경우가 많으며, 구체적으로 일을 잘 해결해 나가곤 한다. 태음인이 그럴 수 있는 것은 마음의 근본이 긍정적인 것을 늘려서 해결하려는 쪽을 향하기 때문이다.

태음인은 바로 내 옆에 있는 사람의 신뢰를 받는 것에서 시작하여 대중적인 신뢰와 지지를 얻으려 하는 경향이 있다. 나를 신뢰하는 사람들이 나를 믿을 만한 사람이라고 소개하기 시작하면, 내 말에 귀를 기울이는 사람들이 하나씩 늘어난다. 이것은 이미 신뢰할 만한 사람이라는 말을 듣고 주의를 기울이는 것이 아니라 내가 판단하고 대처하는 것이 조금 느리더라도 이를 기다려 주는 것이다.

태음인은 원래 매사에 수비적이다. 그래서 함부로 남을 공격하는 일이 없다. 그런데 수비에 자신이 없어지면, 즉 겁을 먹게 되면 과잉수비가 나타난다. 남이 나를 건드릴까 두려워 필요 이상으로 어깨에 힘을 주면서 "나 건들지 말라는 말이야."라고 무언의 시위를 하게 된다.

태음인은 경험적 접근에 익숙하다. 꾸준히 무언가를 새로 배우고, 그런 과정에서 쌓인 경험들을 쉽게 버리지 않고 잘 모아 둔다. 이런 성향 때문에 망가진 물건이나 낡은 물건도 나중에 어딘가 쓸데가 있을 것 같아서 웬만해서는 잘 버리지 않는다. 인간관계에서도 적에 대해서도 화해하고 협력할 수 있는 여지를 조금은 남겨 놓고 싶어 한다. 그래서 태음인은 뜻을 같이하는 부분이 조금이라도 있으면, 여러 당파 · 계급 · 직업에 걸쳐 다양한 친교를 맺는 경향이 있다. 그러나 그 모양이 선명하지 않고 애매해지는 때가 있다.

태음인은 정보수집에 강하다. 정보를 받아들이는 능력이 뛰어나서 다른 체질의 사람들이 소화해 내지 못할 정도의 정보량도 무리 없이 잘 소화해 낸다. 그러나 정보를 수집하는 단계에서 왜곡을 범하기가 쉽다. 태음인은 정보를 받아들이는 순간에 판단하지 않고 유보했기 때문에 그 정보가 아직 자신에게 큰 영향을 끼치지 않는다고 생각한다. 게다가 태음인은 처음 취득한 정보와 반대되는 정보를 구하는 일에도 관심이 있어서, 늘 본인은 편향되지 않은 정보를 취득한다고 믿는다. 하지만 아무리 알아

봐도 끝도 없이 새로운 정보가 나오게 되니까 판단을 미루는 악습이 더 심해질 가능성이 있다. 그래서 태음인은 정보의 양이 정보의 질을 결정하는 것이 아니라는 사실을 명심해야 한다.

융의 관점에 따르면, 태음인은 한마디로 특수(特殊)와 과정을 중시하는 감각이 섬세한 유형이다. 여기서 감각이란 벌어진 현상을 수용하고 느끼는 것을 말하며, 적절한 양이 될 때까지 자료를 확보하는 기능을 말한다. 그리고 태음인은 구체성을 중시하는 특수한 상황에 강하다. 이것은 경우에 맞는 사례를 하나씩 구체적으로 쌓아 가는 것을 말한다. 태음인이 덜 쌓인 것을 다 쌓였다고 주장하면, 그때부터 이상한 길로 빠지게 된다.

앞에서 언급했듯이 태음인이 세상을 대하는 기본적인 접근 자세는 주변에서 부딪히는 구체적인 사례를 중심으로 긍정적인 면을 하나씩 추려 모으는 방식이다. 이와 같은 방식으로는 잘못된 것을 직관으로 바로 찍어 내는 태양인을 따를 수 없다. 그런데도 태음인이 태양인을 흉내 내어 자신의 몇 가지 구체적인 경험을 개념화시키고 그것을 화려한 말로 포장하여 대단한 명제처럼 내뱉는 때가 있다. 이처럼 최대한 결론을 유보하면서 내용을 충실하게 하는 태음인의 장점을 저버리면, 충분히 검토되지 않은 것에 대해 선불리 결론을 내리는 교만함에 빠지는 것이다.

태음인이 이런 위험에 빠질 위험을 줄이기 위해서는 봉사활동, 국토순례, 사회참여 활동 등 다양한 경험을 통해 인간교류의 폭을 넓히는 것이 좋다. 그리고 태음인이 심하게 욕심을 부리면 남들과 나누지 않고 자기를 다 챙기고 나서 자기 가족을 챙긴다. 그리고 자기 가족을 다 챙기고 난 다음 주변 사람을 챙기며, 주변 사람을 다 챙기고 난 뒤에 대중을 생각한다.

태음인은 일상생활을 할 때, 예상치 못하는 일이 생기기 마련이라고 생각하고 준비하는 쪽을 택한다. 예컨대, 휴가를 이용하여 여행을 갈 때, 태음인은 목적지에 가서 여러 조건이 여의치 않으면 어떻게 하느냐를 먼저 걱정한다. 그럴 때 목적지에서 떨어진 다른 곳으로 이동하는 등 무슨 대책을 세우려면, 자동차라도 있어야 한다면서 자기 차를 가져가기를 고집하는 비율이 상대적으로 비교적 높다. 그리고 차를 운전하며 여행이나 출장을 갈 때도 가는 과정을 상대적으로 중시하기 때문에 이왕이면

경치 좋은 길을 선호한다. 조금 돌아가고 시간이 더 걸려도 안 막혀서 시원스럽게 달릴 수 있는 길을 선호하는 편이어서 평소에 각종 국도, 지방도로, 산업도로 등 샛길을 많이 알아 둔다.

태음인은 신중하긴 하지만 다른 체질과 비교할 때, 법을 가장 우습게 보는 경향이 있다. 법은 웬만해서는 각각의 특수한 상황을 다 반영시킬 수 없다는 점을 항상 불만스럽게 생각한다. 이처럼 법과 질서를 무시하는 경향이 있지만, 기본적으로 경험론적 접근방식을 선호하기 때문에 그것이 좋은지 나쁜 것인지는 해 봐야 안다고 생각한다. 그래서 어떤 제재를 당하는지 안 당하는지 확인해 가면서 조금씩 선을 넘어가는 경향이 있다.

이런 태음인의 특성을 가진 코칭고객을 대상으로 코칭을 진행할 때는, 욕심을 부리지 않고, 다양한 경험을 통해 인간교류의 폭을 넓히도록 돕는 것이 중요하다. 구체적인 사례를 쌓아 가는 것을 인정하고 지지하며, 할 수 있는 행동단계들을 구체적으로 정하도록 돕는 것이 필요하다. 하지만, 강하게 권하는 행동은 피하는 것이 바람직하다.

4) 소음인(D형)의 특징과 코칭 방법

소음인의 체형은 엉덩이 부위가 크고 가슴이 좁아서 안정감이 있다. 대체로 체구가 작으나 간혹 키가 큰 사람도 있다. 가슴이 빈약하고 이목구비가 작으며, 오밀조밀하고 단정하며 피부는 치밀한 편이다. 걸을 때 앞으로 수그러지는 사람이 많다. 용모는 단정하고 야무지게 보인다. 모든 일을 정확히 하려고 하며, 예민하고 빈틈이 없다.

소음인은 어떤 문제를 곰곰이 생각하며 열심히 몰두하길 좋아한다. 그리고 세상일을 통째로 다루는 것은 너무 힘드니까 다루기에 적절한 범위로 잘라 처리하는 것을 좋아한다. 그래서 핵심을 잡아내고, 범위를 정하며, 범위 안과 밖을 나누는 것을 잘한다. 예컨대, 과학자들이 실험할 때, 먼저 중요 변수를 결정하고 중요 변수 사이의 관계를 규명하기 위한 실험계획을 수립한다. 그리고 언제 어디서 해도 같은 결과가 나오도록 부차적인 변수들은 적절하게 통제하는데, 이런 과정들이 소음인들이 잘하는 부분이다. 학문을 세분해서 전공으로 분류하는 일도 소음인들이 잘할 수 있는 일이다.

소음인은 집중력이 뛰어나다. 소음인은 쓸데없는 정보에 눈을 돌리지 않고 자신이 지금 하는 일과 관련된 정보에만 집중하는 능력이 뛰어나다. 그래서 정보의 홍수와 같은 상황 속에서도 판단에 지장을 받거나 헷갈리는 일이 가장 적다. 소음인은 집중력이 강한 만큼 다른 사람이 집중하는 것도 존중해 준다. 그리고 집중하는 것에서 즐거움이 나온다는 것도 누구보다 잘 알고, 그런 집중을 위해서는 보호가 필요하다는 것도 잘 안다.

그래서 소음인은 분업에 대한 감각도 좋은 편이다. 즉, 내가 내 일에 몰두하도록 다른 부분은 다른 사람이 처리해 주는 것을 원하고, 남에 대해서도 그런 배려를 해 줄 줄 안다. 그러나 집중력이 강한 만큼 세상일에 서툰 경우가 많다. 그것은 집중력이 강할수록 자기가 집중하는 범위 밖의 일은 어두우니까 당연히 세상의 규칙을 본의 아니게 무시하게 되는 경우가 많다.

소음인의 장점은 함부로 경계를 넘지 않는다는 것이다. 즉, 논리에 엄밀할 뿐만 아니라 그 논리가 적용되는 한계를 쉽게 넘지도 않는다. 자신이 관심을 가지는 영역이 어느 정도 정리될 때까지는 다른 영역에 대해 무관심해지기 때문이다. 소음인이 새로운 영역에 관심을 보이는 것은 본래 관심을 두었던 영역에 대한 이해가 상당히 깊어진 뒤의 일이다. 따라서 그 이해의 정도가 주변의 다른 영역에도 어느 정도 적용 가능한 수준인 경우가 많다.

소음인이 겉으로는 침착하고 꼼꼼하며 폭을 좁히는 것 같지만, 속으로는 근본에 관심이 많아서 원리를 찾는 작업에 능하다. 즉, 겉으로는 구체적이고 작은 일에 매달려 있는 것처럼 보이지만, 사실은 개별적 상황의 해결에 매달려 있는 것이 아니라 이치를 따지고 원칙을 세우는 쪽에 관심이 가 있다.

소음인은 뜻이 맞는 친구들끼리 동지 관계를 만들어 가는 데 능숙하다. 소음인은 승상접하(承上接下)에 능하다는 말이 있는데, 이것은 윗사람을 잘 섬기고, 아랫사람을 잘 보살핀다는 뜻이다. 소음인은 소양인보다 사람의 감성을 파악하는 것이 느린 대신에 감성이 움직이는 원리를 파악하려고 노력한다. 예컨대, 힘이 좋은 사람이 땅을 파면서 삽 하나면 충분하다고 생각하며 능숙한 삽질을 자랑할 때, 힘도 약하고 삽질도 서툰 사람은 고생하면서 굴착기를 설계하고 만들어 낸다.

소음인은 자신의 의견이 틀렸다는 것을 깨닫는 순간 아무런 미련 없이 포기하는 자세를 보이는 경향이 있다. 식견(識見)이란 새로운 사실을 인식해서 자신의 견해를 세우는 것을 말하는데, 소음인이 식견을 세우는 방법은 다른 사람이 열어 놓은 길을 따라가는 것이다. 소음인은 확실한 모순이 발견되지 않는 한 몰두하고 파고든다. 그런데 남의 생각을 자기 생각이라고 주장하는 순간, 소음인의 최대 장점인 객관적 시각이 죽는다.

융의 관점에 따르면, 소음인은 한마디로 객관과 효율을 중시하는 사고가 치밀한 유형이다. 객관이란 어느 정도 나누고 구분 짓는 구획이 정리되어 있어야 적용할 수 있다. 그런데 각각의 영역마다 적용되는 기준이 달라서 영역을 구분하고 각각의 영역에서 기준을 확립하려면, 근본적으로 소음 기운이 바탕이 되어 주어야 한다. 그래서 소음인은 무언가 입력되면, 자연스럽게 '옳다 또는 그르다'가 판단되어 나오는 기제가 구축되어 있다. 그리고 하나씩 확실하게 다지고 굳혀 나가는 방식을 즐겨 사용한다.

이처럼 소음인은 보편이라는 토대가 마련되어야 객관을 적용하기 때문에 정해진 보편에 대한 집착이 강하다. 소음인은 세상의 대부분 영역에 법 혹은 법칙이 있다고 생각해서 기준이 없으면 매우 불안해한다. 그래서 소음인의 관점에서는 논리적 근거를 제시하지 않고 강요하는 것은 언어적 폭력이고, 간섭이다.

소음인은 기준을 잡는 일을 중시하고 집착하기 때문에 자신이 집중하는 일에 관한 판단이 설 때까지, 행동의 근거를 세울 때까지는 사고의 범위를 좁히는 경향이 있다. 그래서 사고 대상에서 빼기로 한 것은 과감하게 자르고 관계 자체를 무시한다. 다시 말하면, 자신과 관련되지 않는 것, 아무런 관심도 없는 것에 대해서는 아예 모르고 깜깜할 수 있다. 그래서 남들이 조금씩 하는 일들도 자신이 관심을 가지지 않는 것이면, 꿋꿋하게 하지 않고 버티는 경우가 종종 눈에 띈다. 소음인의 이런 객관 중시 경향은 혼란한 시기에 중심을 지키는 역할을 하지만, 때로는 대중과 호흡이 어긋나는 결과를 낳기도 한다.

소음인은 법을 세부적으로 정리하고 적용하는 능력이 가장 뛰어나다. 일단 보편이 확립되고 나면 그 적용에 필요한 능력은 객관이기 때문이다. 따라서 법관 가운데는 소음인의 비율이 다른 직업보다 높게 나타난다. 그리고 소음인은 자신이 법보다 우위로 인정하는 기준이 위법을 지향하면, 그 길을 그냥 따라갈 수 있다. 종교적 이유로 범행을 저지르는 확신범의 경우가 이에 해당한다.

소음인은 일상생활을 할 때, 예상치 않은 일이 생기는 경우 자체를 줄이려고 노력하는 편이다. 예컨대, 휴가로 여행을 갈 때, 목적지가 정해지면 승차권이나 입장권도 사전에 예약한다. 그리고 예약 사실도 재차 확인한 후에야 비로소 안심한다. 확인이 되지 않은 상황에서는 아예 움직이지를 않는다. 그때마다 순발력을 발휘할 생각은 아예 하지 않는 경우가 많다. 여행할 때도 자동차를 운전하는 것 자체를 싫어하는 경우가 많다. 자동차를 운전하는 경우는 그렇게 하는 쪽이 확실하게 이득을 주는 경우이다. 예컨대, 자동차를 가지고 가는 것이 확실하게 시간 절약이 된다든지, 짐이 많다든지, 아니면 무언가 뚜렷하게 유리할 때만 자동차를 몰고 간다. 그렇지 않으면 대중교통을 이용한다. 그리고 자동차를 가지고 갈 때도 항상 다니던 길을 선호하는 경향이 있다. 출발하기 전에 어느 길로 갈 것인가를 미리 모두 정해 놓고 가는 경우도 다른 체질보다 많다.

소음인의 집은 가구 배치도 쉽게 바꾸는 일이 없고, 새로운 물건을 사들이거나 물건을 내버리는 일도 드물다. 꼭 필요한 만큼 사서 유용하게 쓰고, 집안일도 가족끼리 미리 정해서 하는 경우가 많다. 그래서 소음인의 집에 들어가면 손님도 무언가 안정감을 느끼는 경우가 많다. 이처럼 소음인은 매사에 효율을 맞추기 위해서 미리 상당한 준비를 하고, 정리하는 경향이 있다. 그래서 소음인은 깊게 생각할 일이 있으면, 자기 방에 틀어박힌다. 그래야 사고의 기능이 제대로 작동하기 때문이다.

소음인은 어떤 대화에서 "나쁘다."라는 말을 듣고 '그것이 왜 그르지?'라며 혼자 고민하는 경우가 많다. '좋다 또는 싫다'를 기준으로 하는 말을 '옳거나 그르다'와 같은 기준으로 해석하니까 헷갈리는 것이다. "좋거나 싫다."라고 표현하는 것은 감정상의 문제로 뚜렷한 이유가 없는 것이 많은데, 소음인은 '싫다'에 대해서도 "그것이 왜 싫지?"를 묻는다. 이처럼 단순한 감정 표현을 논리로 이해하려니까 어려워지는 것이다.

이런 소음인의 특성을 가진 코칭고객을 대상으로 코칭을 진행할 때는, 결과에 앞서 사실과 문서를 통해 자료를 제시하는 것이 바람직하고, 이슈에 초점을 잘 유지하면서 일관성 있게 마무리하는 것이 바람직하다. 일의 질과 신뢰성을 강조하는 경향이 강하기 때문에 코칭 시간이나 계약서상의 조건을 잘 지키는 것에 더 신경을 써야 한다. 그리고 소음인에게는 세부적인 것에서 한발 물러나 전체를 보도록 지원하는 것이 바람직하다. 나아가 모든 일을 대함에 있어 가벼운 마음을 갖도록 격려하는 것이 바람직하다.

4. 코치 되기

가. 코치의 태도와 연습의 중요성

지금까지 설명한 전체 내용을 충분히 이해했다면, 코칭의 상당 부분을 학습한 것이다. 이런 독자라면, 이미 예전과 다른 변화를 경험했을 것이다. 코칭에 대한 관심이 증가했거나 전문가로서 코치가 되고 싶은 마음이 생겼을 수도 있다. 자신의 주변에 코치로 활동하는 사람이 있거나 코치에게 직접 코칭을 받은 경험이 있는 사람이라면, 더욱 그럴 것이다.

그러나 누구나 코치가 되길 바라지만, 아무나 코치가 되는 것은 아니다. 코칭 기술을 배우고 익혔다고 해서 모든 사람이 코치가 되는 것도 아니다. 코치가 되겠다고 결심하는 것은 그렇게 어렵지 않다. 하지만 전문코치가 되어 코칭 비즈니스를 전개하기 위해서는 갖추어야 할 것이 있고, 거쳐야 할 절차가 있다.

코치가 되는 것은 각 개인의 의지와 열정에 달려 있다. 그러나 그에 앞서 코치로서 지녀야 할 올바르고 적절한 태도(attitude)를 갖추는 것이 선행되어야 한다. 태도는 한 사람이 세상에 접근하는 방식이고, 문제를 바라보는 시각이다. 즉, 어떤 일이나 상황 따위를 대하는 마음가짐 또는 관점을 말한다. 코치가 되고자 하는 사람의 내적 상태를 가장 잘 나타내는 것이 바로 태도이다. 따라서 코치가 되고자 하는 사람은 코칭 관련 일이나 상황에 대한 접근방식, 코칭고객을 대하는 마음가짐, 동료 코치를 응대하는 양식, 그리고 코치로서 자신을 바라보는 관점 등 태도에 관한 자신만의 분명한 생각을 지니고 있어야 한다.[16)]

이에 대한 자신의 견해가 정리되었다면, 다음에 할 일은 지금까지 설명한 코칭 전반에 대한 꾸준한 학습과 끊임없는 훈련이다. 다시 반복해서 말하는데, 누군가 전문 코치가 되고자 한다면, 꾸준한 연습과 실전 경험 외에는 왕도가 없다.

나. 코칭 패러다임으로 전환

코치가 되고자 결심했다면, 이제는 코칭 패러다임(coaching paradigm)으로 생각하고 행동해야 한다. 코칭 패러다임은 '코칭을 바라보는 관점, 코칭고객에 대한 마음가짐, 그리고 코칭을 진행하는 접근방식 등에 대한 일종의 틀(framework)과 사고방식'을 말한다. 구체적으로 여러 가지 사항들이 코칭 패러다임과 관련된 것들이다.[17)]

① 나의 강점을 발견, 인정, 강화한다.
② 고객이 잠재력을 발휘하도록 임파워먼트를 제공한다.
③ 코칭고객의 가능성을 인정하고, 그것을 개발하도록 돕는다.
④ 코칭고객이 자신의 문제를 스스로 해결하도록 돕는다.
⑤ 지속적인 성과향상을 추구하고, 그 과정에 다른 사람들을 참여시킨다.
⑥ 상대방의 노력과 성장을 격려하고 칭찬한다.
⑦ 상대방의 말을 공감하고 이해하면서 경청한다.
⑧ 상대방을 비판, 판단, 충고, 추궁하지 않는다.
⑨ 문제 해결을 위해 다른 사람들과 효과적으로 협력한다.
⑩ 건강하고 균형 잡힌 생활을 유지한다. 등

다. 코치가 되기 위한 자기 관찰

최근 들어 개인 소득의 증가와 자아실현 욕구의 증가 등으로 인해 개인 서비스에 대한 수요가 계속해서 증가하고 있다. 경영 현장에서는 새로운 리더십에 대한 요구와 '사람 중심 경영'에 대한 관심도 눈에 띄게 높아지고 있다. 이런 추세라면 외국의 사례를 보더라도 코칭에 대한 수요도 증가할 것으로 예상한다. 나아가 이런 흐름이 계속된다면, 앞으로 더 많은 코치가 필요할 것이고, 더 많은 코치가 코칭 비즈니스를 시작하면서 새로운 코칭 분야가 속속 개척될 것이다.

코칭 비즈니스의 성장 조짐은 바람직하다고 볼 수 있지만, 이와 비례하여 코치들이 극복해야 할 과제 역시 같은 정도로 증가할 것이다. 코칭 비즈니스의 성장에 맞추어 코치 자신의 전문분야를 어떻게 선정할 것인지는 코치에게 새로운 도전과제가 아닐 수 없다. 그런 차원에서 코치의 전문분야를 선정하기 위해서는 많은 사항을 점검해 보아야 한다. 코치는 자신에게 가장 이상적인 고객이 누구인지를 찾기 전에, 자신에게 다음과 같은 질문에 대답하는 과정이 선행되어야 한다.

① "내가 가장 선호하는 분야는 무엇인가?"
② "내가 어떤 전문분야에 마음이 끌리는 이유는 무엇인가?"
③ "나는 어떤 분야에서 얼마만큼의 경험이 있는가?"
④ "나의 코칭을 매력 있게 만드는 요소에는 어떤 것이 있는가?"
⑤ "나만이 제공할 수 있는 다섯 가지 고급 서비스에는 어떤 것이 있는가?" 등

코치는 이런 질문들에 대해 대답하는 과정에서 자신이 관심을 둘 특정 분야를 발견할 것이다. 이런 과정을 통해 자신만의 확실한 비전과 대답을 얻었다면, 해당 분야와 관련된 정보를 수집하고 마케팅 활동을 펴는 등 코칭 비즈니스를 전개할 수 있다. 이때 이미 코칭 비즈니스를 전개하고 있는 믿을 만한 선배 코치들에게 코칭을 받아 보는 것도 좋은 방법이다.

라. 코치의 강점 발견과 역량 강화

코치가 코칭고객의 인생 여정에 동행하고, 어려운 시간을 잘 극복하도록 안내하는 것은 매우 의미 있는 일이다. 나아가 고객이 가치 있는 것을 생각하도록 자극하고, 인정받고 있다는 점을 느끼도록 해 준다면, 코치는 이미 그들의 삶에 의미 있는 영향을 끼치는 것이다. 이때 코치가 고객의 가능성을 발견하고 무한한 잠재력을 발휘하여 그의 성장을 효과적으로 지원할 수 있는 전문가라면, 금상첨화일 것이다. 이런 차원에서 코치는 자신이 어떤 코칭 역량을 갖추고 있는지 객관적으로 점검해 볼 필요가 있다. 코치의 핵심역량은 자신을 알리는 마케팅 포인트와 바로 직결되기 때문이다.

혹자는 전문가가 아닌 사람도 얼마든지 코칭을 진행할 수 있다고 한다고 주장한다. 당연히 특정 분야의 전문가가 아니어도 코칭을 진행하여 효과를 만들 수 있다. 코칭은 기본적으로 코칭고객이 자신의 문제를 스스로 해결할 수 있도록 돕는 과정이어서 이런 일은 얼마든지 가능하다. 따라서 모든 코치가 모든 전문분야를 섭렵할 필요는 없다.

하지만, 코치가 어떤 특정 분야의 전문적인 식견을 가지고 있다면, 그 분야의 문제를 해결하길 바라는 고객과 코칭을 진행할 때 큰 도움이 된다. 일단 그런 코치라면, 코칭고객이 사용하는 용어와 그가 처한 환경을 쉽게 이해할 수 있어서 원활하게 의사소통을 할 수 있다. 그리고 다른 코치에 비해 고객이 겪고 있는 문제를 비교적 쉽게 파악할 수 있을 것이다. 나아가 코칭 비즈니스를 효과적으로 전개하기 위한 마케팅 등 여러 활동에서도 코치의 전문적인 식견과 핵심역량은 큰 도움이 된다. 따라서 코치는 자신만의 강점을 발견하고 역량을 계발하며, 그것들이 더욱 강해지도록 최선의 노력을 다해야 한다.

그런 차원에서 코치는 자신의 핵심역량을 파악하기 위해 자신에게 다음과 같이 질문하고, 그에 대한 자신만의 대답을 지니고 있어야 한다.

① "코치로서 내가 가지고 있는 특별한 장점은 무엇인가?"

② "나는 고객에게 어떤 특별한 이익을 줄 수 있는가?"

③ "나는 어떤 분야에 전문적인 식견과 경험을 지니고 있는가?"
④ "나는 어떤 분야에 대해 더 공부하고 연구할 필요가 있는가?" 등

여기서 하나 더 짚고 넘어갈 것이 있다. 코치가 특정 분야에서 전문적인 식견과 경험을 갖추었다고 해서 항상 바람직한 것은 아니라는 점이다. 코칭을 진행하는 동안 코치가 자신의 전문적인 식견과 경험을 함부로 활용하지 않도록 잘 통제하지 않는다면, 언제든지 예기치 않은 상황에 직면할 수도 있다. 전문적인 식견과 경험을 바탕으로 자신도 모르는 사이에 고객에게 해결책을 제안하거나 충고하거나 조언할 수 있기 때문이다.

코치가 전문적인 식견을 바탕으로 코칭고객에게 해답을 제시하거나 조언하는 것은 진정한 의미에서 코칭이 아니다. 이처럼 코치가 가진 특정 분야의 전문적인 식견은 마치 양날의 칼과도 같아서 코칭에 약(藥)이 되기도 하지만, 잘못 활용하면 독(毒)이 될 수도 있다. 따라서 코치는 이 점을 항상 염두에 두어야 한다.

그 외에 코치가 다음 사항들에 대한 정보, 자료 그리고 자신만의 경험을 갖추고 있는 것도 역량 강화에 도움이 된다.

- 코칭 관련 자료(학술 논문, 데이터, 잡지 등)를 확보, 공유하는 네트워크
- 다양한 코칭 프로그램을 보고 평가할 수 있는 안목
- 코칭 프로젝트나 코칭(교육) 프로그램 개발 작업에 직접 참여한 경험
- 코칭 관련 각종 제안서를 작성할 수 있는 능력 등

마. 코치가 되기 위한 교육과 훈련

코치는 비교적 최근에 생긴 직업이며, 하나의 안정된 직업으로서의 특징을 제법 갖추어 가는 중이다. 적어도 국내에서는 코치 윤리 규정과 행동규칙 등이 이미 마련되었고, 코치의 교육과 훈련에 관해서도 많은 연구와 노력이 병행되고 있다.

유능한 코치가 되기 위해서는 계속해서 연습해야 하고, 새로운 습관을 만들며, 새로운 기술을 숙련해야 한다. 그리고 가능한 많은 사례를 경험하도록 끊임없이 코칭을

진행하는 것이 필요하다. 유능한 코치가 되려면, 연습 이외에 왕도는 없기 때문이다.

그리고 코치는 자신의 코칭 역량 강화에 도움이 된다면, 무엇이든 학습할 기회를 열어 두는 것이 바람직하다. 코치는 완벽한 척하거나 완벽해지려고 애쓸 필요가 없다. 모르거나 잘못한 것이 있으면 솔직하게 인정하면 된다. 그리고 자신의 관점이나 현 상황을 고집하기보다 다른 의견과 생각에 마음의 문을 열어 두면 된다. 나아가 자신의 부족한 부분을 채우기 위해 기꺼이 배우면 된다.

그렇다면 이제 남은 관심은 유능한 코치가 되기 위해 어떤 교육이나 훈련을 받아야 하는지에 관한 것이다. 코치가 배울 수 있는 가장 좋은 방법은 스스로 질문하는 것이다. 게리 콜린스는 이와 관련하여 몇 가지 의미 있는 질문을 던지고 있다.[18)]

① "많은 기관이 제공하는 훈련 프로그램 가운데 어떻게 좋은 프로그램을 선별하는가?"

② "널리 알려지고 수준 높은 인증 프로그램과 비용만 내면 수료증을 주는 프로그램을 어떻게 구분하는가?"

③ "도대체 수료증이 필요하기는 한 것인가?"

④ "수료증이 더 유능한 코치가 되는 데 과연 도움이 되는가?"

어떤 코칭 프로그램이든 매우 유용하다. 수료증을 발급하는 대부분의 코칭 훈련 기관에서 학습의 기회를 제공한다는 점은 가치 있는 일이다. 그리고 그곳에서 코칭 훈련을 마친 참가자들에게 수료증이나 인증서를 발급한다. 그러나 자신의 수료증이나 인증서를 자랑스러워해도 고객이 그것을 중요하게 생각하지 않는다면, 코치는 다른 것을 통해 자신의 역량과 코칭 효과를 검증해야 하는 과제를 안게 된다.

그런 차원에서 코치는 코칭 훈련 외에 다양한 분야의 다른 훈련을 받을 필요가 있다. 신문, 방송, 인터넷 등 대중매체에서 소개하는 다양하고 검증된 프로그램을 기록해 두었다가 적절한 시기에 교육받는 것은 좋은 방법 가운데 하나이다. 코치가 이런 교육이나 훈련을 받아 두면, 다양한 고객과 코칭을 진행할 때 더 유연하게 대처할 수 있는 역량과 여유를 가질 수 있다. 그리고 코칭고객에게 더 나은 코칭 서비스를 제공할 수 있다.

코칭에 관심을 가진 사람이라면, 누구나 코칭 경험과 코칭 역량을 증명하는 증거와 관계없이 코칭 비즈니스를 시작할 수 있다. 코칭 훈련을 많이 받지 않았거나 스스로 코치라고 주장하는 사람이라도 자신을 설득력 있게 홍보하면, 얼마든지 고객을 확보할 수 있다. 그러나 코치가 제대로 된 교육이나 훈련을 받지 못한 채 코칭을 진행한다면, 코칭고객을 제대로 이해하지 못할 뿐만 아니라 결과적으로 그에게 해(害)를 끼칠 수 있다는 것을 잊어서는 안 된다. 코칭은 한 사람의 영혼을 다루는 소중한 인적 서비스이기 때문이다.

바. 코칭 마이크로 트레이닝

코치는 코칭을 할 때, 코칭고객의 말을 주의 깊게 경청하면서 그것의 의미와 감정, 원하는 것들을 알기 위해 상당한 노력을 기울여야 한다. 그리고 고객이 지닌 잠재력과 가능성을 최대한 발휘하도록 그의 생각을 자극하는 적절한 질문을 해야 한다. 그리고 이 과정에서 피드백하는 기술을 적절하게 구사해야 한다. 이때 코치가 취하는 태도와 자세는 코칭의 성공 여부에 많은 영향을 끼친다. 따라서 코치는 바람직한 코칭을 진행하기 위해서 끊임없이 연습해야 한다. 여기에서 한 가지 방법을 소개하고자 한다.

코치들이 코칭에서 필요한 의사소통 기술을 훈련하는 데 활용할 수 있는 방법으로 '마이크로 트레이닝'(micro-training)이 있다. 이것은 달성하고자 하는 성과문제 정형화하기, 문제의 원인을 파악하고 진단하기, 비디오 감상, 역할연기 연습 등을 포함한다. 이것은 대면 의사소통(face-to-face communication) 기술을 개발시키는 데 효과적인 것으로 증명되었다. 이 프로그램에서 가르치는 기술과 구성요소를 간단히 소개하고자 한다.[19)]

1) 기본적인 경청기술

기본적인 경청기술은 코칭고객이 대화에 적극적으로 참여하는 데 도움을 준다. 이때, 다음과 같은 구체적인 방법을 활용하면, 고객과 신뢰를 형성할 수 있고, 나아가

의사소통을 원활하게 할 수 있다.

첫째, 코치의 상체와 몸을 코칭고객을 향해 앞으로 편안하게 기울인다. 고객과의 시선 접촉(eye contact)을 계속 유지하고, 이야기가 딴 방향으로 흐르지 않도록 주제에 집중한다. 따스하고 자연스러운 목소리로 말하고, 고개 끄덕임, 눈으로 말하기, 단순한 음성 반응 등을 활용하면서 고객에게 충분한 지지를 보내 준다.

둘째, 고개 끄덕임은 매우 단순한 행동이지만, 상황과 맥락에 따라 매우 다양한 의미를 준다. 아무 때나 마구 고개를 끄덕이는 것은 코칭고객에게 경망스럽다거나 심지어 제대로 듣지 않는다는 느낌을 줄 수 있다. 하지만 적절한 고개 끄덕임은 코치가 사려 깊게 경청하고 있다는 느낌을 줄 수 있다. "으흠", "아~", "예", "그랬군요." 등과 같은 단순한 음성 반응은 고객의 말을 이해한다는 표현이다. 코치가 이런 기술들을 적절히 활용하면, 고객의 말을 경청하며 공감하고 있다는 느낌을 그에게 줄 수 있다.

2) **피드백해 주기**

피드백은 긍정적이고 미래지향적인 차원에서 코칭고객의 행동에 대해 구체적으로 표현함으로써 동기를 부여하는 것이다. 코치의 피드백은 고객이 정확하게 의사소통을 했는가에 대한 정보를 제공하는 역할을 한다. 피드백할 때는 판단하지 않는(non-judgemental) 태도로 적절한 현재 진행형의 말을 사용한다. 그리고 코치는 고객이 통제할 수 있는 적당한 사항에 대해 적절한 피드백을 제공한다. 이때 피드백은 고객에게 확실하고 명확한 데이터를 제공할 수 있다.

3) **바꾸어 말하기**(paraphrasing)

이것은 코치가 코칭고객이 말한 것을 다른 말로 바꾸어 간결하게 다시 말하는 것이다. 즉, 고객의 말을 듣고 이해한 바를 그에게 다시 확인받는 것이다. 특히, 코치가 고객의 말을 제대로 이해하지 못했을 때 그의 말을 요약하고 바꾸어 말함으로써, 코치가 어느 정도 이해하고 있는지, 고객이 이야기를 계속 이어 가도 좋은지를 확인할 수 있다.

이와 같은 기술은 코칭고객의 이슈를 명확하게 하고, 코치가 자신을 이해하고 있으며, 계속 자신을 지지한다는 것을 알도록 하는 데 도움을 준다. 이때 주의할 점은 사실(fact)에 근거한 것이어야 하며, 코치 자신의 판단이 개입되지 않도록 하는 것이다.

이런 기술은 코칭고객이 전달하려는 바가 분명하지 않을 때, 고객이 여러 가지 주제, 내용, 상황, 사건 등을 한꺼번에 말하고자 할 때, 고객이 무슨 말을 하고 있는지 혼돈에 빠졌을 때 적절하게 사용하면 도움이 된다.

4) **느낌 반영해 주기**(reflection feeling)

이것은 코치가 코칭고객과의 대화에서 드러나는 생각이나 감정을 코치가 다시 보여 주면서(reflect) 자신이 잘 따라가고 있음을 알려 주는 것이다. 그리고 고객이 자신의 느낌을 표현하고 열린 의사소통을 하도록 강화하는 것이다. 이처럼 느낌 반영하기는 고객의 느낌을 구체화하고, 코치와 고객 사이의 신뢰를 형성하는 데 도움을 준다.

코치는 코칭을 진행하는 동안 코칭고객의 이름이나 대명사를 활용하고, "당신의 느낌은 마치 ~하게 들립니다."라는 표현을 사용하여 중간 점검을 한다. 그리고 코치가 고객이 느낀 감정을 열거하면서 그의 느낌을 반영해 주고, "내가 맞게 이해했나요?"라는 표현 등을 사용하여 고객의 말을 정확하게 이해했는지 점검할 수 있다.

5) **열린 질문하기**(open question)

열린 질문은 고객이 자신의 의견을 이야기하고 그것을 공유하는 데 도움을 준다. 그리고 코칭을 진행하는 동안 다루고 있는 이슈를 분명하게 하고, 코칭 대화의 속도를 내는 데 도움을 준다.

6) **초점 맞추기**(focusing)

초점 맞추기는 코칭고객이 겪고 있는 잠재적인 어려움을 구체화하고, 그것들을 다루는 데 도움을 준다. 이를 통해 고객은 현재 상황과 자신이 달성해야 할 목표와의 차이(gap)를 분명하게 인식할 수 있다.

사. 코칭 윤리

윤리는 사전적 의미로, '사람으로서 마땅히 행하거나 지켜야 할 도리'라고 정의할 수 있다. 이것을 코칭에 적용하면, 코칭 윤리는 직업인이자 전문가로서 코치가 마땅히 지켜야 할 도리라고 할 수 있다. 그렇다면, 코칭 윤리는 '코치가 코칭을 진행하는 전체 과정에서 지켜야 할 인간적인 도리(道理)와 도덕적 규범(規範)'이라고 정의할 수 있다. 다시 말하면, 코칭 윤리는 코칭고객의 이슈를 해결하는 코칭 과정을 진행하면서 코치가 지켜야 할 행동 규범과 코치로서 지녀야 할 인간적인 도리라고 할 수 있다.[20)]

그런데 여기에서 주목할 것이 있다. 물론 코칭에서 이루고자 하는 목적을 달성하는 것이 중요하지만, 그것만이 최상의 목적은 아니라는 점이다. 목적에 이르는 데 활용되는 수단과 과정도 정당하고 바른 것이어야 한다. 그런 차원에서 국내외 코치단체에서는 각각 윤리 규정을 마련하고 있다.

1) 한국코치협회의 코칭 윤리[21)]

한국코치협회는 아래의 윤리 강령을 바탕으로 기본 윤리(제1조~제2조), 코칭에 관한 윤리(제3조~제5조), 직무에 관한 윤리(제6조~제8조) 및 고객에 대한 윤리(제9조~제10조) 등에 관한 윤리규칙을 제정, 활용하고 있다(자세한 사항은 부록 참조). 그리고 코치 자격 인증 과정에서 이에 대한 지원자의 의지를 확인하는 차원에서 '코치 윤리 강령 준수 서약서'를 꼭 작성하여 제출하도록 규정하고 있다.

① 코치는 개인적인 차원뿐만 아니라 공공과 사회의 이익도 우선으로 합니다.
② 코치는 승승(勝勝)의 원칙에 따라 개인, 조직, 기관, 단체와 협력합니다.
③ 코치는 지속적인 성장을 위해 학습합니다.
④ 코치는 신의성실의 원칙에 따라 행동합니다.

2) 국제코치연맹의 윤리 강령[22)]

국제코치연맹(International Coach Federation: ICF)에서도 코치가 지켜야 할 윤리 규정을 총 25개 항으로 나누어 제정하고, 여러 가지 사항 등을 준수하도록 의무화하고 있다.

첫째, 전문인으로서 해야 할 행동에 관한 규정(제1항~제8항)에서는 코치의 정직성과 그것을 이행하지 않았을 때 생기는 법적 문제, 코치의 전문성과 역할 등에 관한 내용을 담고 있다. 둘째, 이해 상충에 관한 규정(제9항~제12항)에서는 코칭 과정에서 생기는 이해 상충 문제, 코칭 행위에 대한 올바른 사항 등에 관한 내용을 포함하고 있다. 셋째, 고객에 관한 규정(제13항~제21항)에서는 잘못된 정보제공 금지, 계약 사항 철저 준수, 부적절한 신체 접촉과 성관계 금지 등에 관한 내용을 담고 있다. 넷째, 비밀 유지와 사생활에 관한 규정(제22항~제25항)에서는 고객에 대한 철저한 비밀 유지, 관련자들의 사생활 비밀 유지 등에 관한 내용을 포함하고 있다.

아. 코치 자격증 취득

현재 성공적으로 활동하는 코치들 가운데 표준화된 코치 인증 자격증이 없어도 자신의 경험과 식견을 바탕으로 성과를 내는 사람들도 있다. 그래서 코치 인증 제도를 통한 코치 자격증의 필요성과 가치에 대한 찬반양론이 있는 것도 사실이다.

그러나 코칭 인증 자격증이 없거나 적절치 못한 수준의 자격을 가진 사람들을 포함하여 많은 사람이 코칭 분야에 종사하기 시작하면서, 표준적인 훈련과 인증 절차에 대한 압력이 거세지고 있다.[23)] 최근 들어 우리나라에서도 코칭이 빠른 속도로 퍼지고 전문코치가 많이 배출되면서 코치 인증제도와 코칭 프로그램 인증제도 등의 문제를 다각적으로 검토해야 한다는 주장이 제기되고 있다.[24)]

코칭은 사람들이 겪는 일과 문제를 스스로 해결하도록 돕는 전문적인 인적 서비스이다. 따라서 코치가 전문적인 교육과 훈련을 받아야 하는 것은 당연한 일이다. 그것을 평가하는 제도 중의 하나가 '코치인증시스템'(coach certification system)이다.

여기서는 적절한 절차와 공신력을 제법 갖춘 기관에서 관리하는 인증 코치 자격증의 종류와 취득 절차에 대해 간단히 살펴보기로 한다. 다만, 기존의 모든 코치 자격(증)에 관해 소개하는 것이 이 책의 주요 목적이 아니어서 여기서는 국내외에서 대표적인 기관의 자격요건에 관해서만 소개하고자 한다.[25)]

1) 국내 코치 자격 인증 지원요건

〈표 6-1〉 코치 자격 인증 지원요건(ACPK, **한국코치협회**)

구분	KAC	KPC	KSC
지원 자격	코칭 교육 수료 및 코칭(실습) 종료 후	KAC 취득 후 6개월 이상	KPC 취득 후 1년 이상
지원서	별도 양식		
서약서	코치 윤리 강령 준수 서약서		
교육 시간	20시간	60시간	150시간
코칭 시간	50시간	200시간	800시간
멘토 코칭 받기	-	KAC 취득 후 6개월 이상 5시간	KPC 취득 후 6개월~1년 미만 10시간
고객 추천서	2인 각 1통(총 2통)		
코치 추천서	KAC 2인 이상 각 1통(총 2통)	KPC 2인 이상 각 1통(총 2통)	KSC 2인 이상 각 1통(총 2통)
필기시험	온라인으로 실시		에세이 제출
실기시험	10분 시연	15분 시연	30~40분 시연
인증 심사비	20만 원	30만 원	40만 원
코치 자격 유지 기간	3년 주기 연장	5년 주기 연장	
자격 유지 보수 교육	인증 후 3년간 30시간 교육 참가	인증 후 5년간 50시간 교육 참가	인증 후 매년 10시간 교육 참가
	협회 역량 교육(교육위원회 주관), 협회/지부 월례 세미나(1시간/회), 코치 대회(4시간/회) ACPK 인증 프로그램 수강		
의무 사항	* 인증자격 유지를 위해 위해서는 협회 정회원 이상의 자격 유지 필요 * 각 코치 인증자격 취득 후, 자격 유지 보수 교육 필수		

※ KPC 응시를 위한 교육 시간 60시간 가운데 '기본 인증 프로그램'은 최대 20시간 인증되고, '심화 인증 프로그램' 20시간 이수는 필수이다. 나머지 20시간은 심화 또는 '역량 강화 인증 프로그램' 가운데서 선택할 수 있음.

국내에서 가장 대표적인 코치 자격 인증 기관인 한국코치협회에서는 현재 세 종류의 자격증을 인증하고 있다. 이 자격증은 모두 국내 민간자격증을 총괄하는 한국직업능력개발원에서 인증하는 것들이고, 까다로운 조건과 엄격한 절차를 거쳐 코치 자격 여부를 결정하는 공신력을 갖춘 것이다. 앞의 〈표 6-1〉은 한국코치협회의 코치등급별 지원요건을 정리한 것이다.

2) 외국 코치 자격 인증 지원요건

해외에서 코치 자격을 인증하는 가장 대표적인 단체는 국제코치연맹(International Coach Federation)을 들 수 있다. 여기서는 모두 세 종류의 코치 자격을 인증하고 있다(〈표 6-2〉 참조). ICF 한국 지부(chapter)에서 국내 코치들을 대상으로 코칭 관련 활동을 전개하고 있고, 자격증에 대해서는 다양한 정보를 제공하고 있다. 등급별로 구체적인 자격요건과 필요한 서류에 대해서는 해당 홈페이지를 참고하기 바란다.

〈표 6-2〉 코치 자격 인증 지원요건(국제코치연맹)

구분	필요 시간(이상)		기타 (무료 코칭 시간)
	교육	코칭	
ACC(Associate Certified Coach)	60	100	25시간 이하
PCC(Professional Certified Coach)	125	750	75시간 이하
MCC(Master Certified Coach)	200	2,500	250시간 이하

미주

1) 조성진(2008). **코칭ABC**. 서울: 도서출판 심포지움. 230.
2) 게리 콜린스(양형주 · 이규창 역, 2011). **게리 콜린스의 코칭 바이블**. 서울: 한국기독학생회 출판부. 122-123.
3) 이언 맥더모트 · 웬디 제이고(박정길 역, 2007). **코칭 바이블**. 서울: 웅진윙스. 115.
4) 실제로 코칭을 진행할 때는 코칭의 양 당사자인 코치와 고객이 서로 만나 코칭 진행과 관련된 모든 사항을 결정하고 코칭을 시작한다. 하지만, 때에 따라서는 코칭 실시 여부 결정과 코칭 수수료 지급 등에 대해 코치와 코칭고객이 아닌 다른 사람이 책임질 것을 약속하고, 코칭을 의뢰할 경우가 가끔 있다. 예컨대, 기업의 책임자가 코치에게 구성원들에 대한 코칭을 의뢰하거나 부모가 자녀에 대한 코칭을 의뢰할 경우가 여기에 속한다. 이때 기업의 책임자와 부모는 위탁자가 되는 것이다.
5) 이언 맥더모트 · 웬디 제이고(박정길 역, 2007). 앞의 책. 130-133.
6) 조성진(2008). 앞의 책. 232.
7) 이언 맥더모트 · 웬디(박정길 역, 2007). 앞의 책. 122.
8) Gladis, S.(2007). "Executive coaching builds steam in organization". *T+D*. 12.
9) 김명근(2003). **애노희락의 심리학**. 서울: 개마고원. 14-18.
10) 이희경(2005). **코칭입문**. 서울: 교보문고. 116-117; 조성진(2008). 앞의 책. 248-249.
11) 조성진(2008). 앞의 책. 249-251.
12) 김명근(2003). 앞의 책. 40-45.
13) 사상의학은 세 가지 특징이 있다. 첫째, 품수의학(稟受醫學)적 특징이 있다. 체질은 선천적으로 결정되므로 부모와 조상의 특징을 생김새와 성품에서 질병의 경향에 이르기까지 전하여 받는다는 것이다. 둘째, 심신의학(心身醫學)적 특징이 있다. 이제까지의 의학은 주로 우리의 눈이나 감각기관을 통하여 확인할 수 있는 환자의 신체만을 치료 대상으로 삼았다. 그러나 사람은 몸으로만 구성되어 있지 않고 마음이 함께 있어야만 사람으로서의 가치를 제대로 발휘할 수 있다. 따라서 병을 치료하는 데 마음을 동시에 다루어야 한다는 것이다. 그래서 사상의학은 마음의 영향을 가장 크게 고려하여 사람들의 마음 쓰는 방식이 기본적으로 어떻게 다르며, 그런 마음 씀씀이가 장기에 어떤 영향을 미치는가를 고려하고 있다. 셋째, 체질의학(體質醫學)적 특징이 있다. 이것은 주로 치료 측면에 있어서 체질에 따라 그 특징이 다르므로 체질의 차이를 고려하여 같은 병이라 하더라도 치료방법을 다르게 적용할 필요가 있다는 것이다. 한국사상체질의학회(2020). http://www.esasang.com
14) 김명근(2007). 사상체질에 따른 성격 특성에서 나타나는 후천적 체질화의 영향. **한국심리학회 연차학술대회 논문집**. 152-153.
15) 김명근(2003)이 쓴 『애노희락의 심리학』(개마고원)이라는 책은 저자가 사상의학의 체질 분류

에 따른 유형별 특성을 정리하는 데 큰 도움을 준 책이다. 따라서 체질 유형별 특성에 대해 구체적이고 자세하게 알고 싶다면, 이 책을 참고하면 좋을 것이다.

16) 조성진(2019). **코칭에센스**. 경기: 양성원. 176.

17) 조성진(2019). 위의 책. 179.

18) 게리 콜린스(양형주 · 이규창 역, 2011). **게리 콜린스의 코칭 바이블**. 서울: 한국기독학생회출판부. 418.

19) Werner, J. M. & DeSimone, R. L.(2006). *Human Resource Development.* Thomson: South-Western. 387.

20) 조성진(2019). 앞의 책. 196.

21) 한국코치협회(2020). 코칭 윤리. http://www.kcoach.or.kr

22) ICF(2020). Coaching Ethics. http://www.coachfederation.org

23) 이에 대한 자세한 사항은 2008년 출간된 『*International Dublin Declaration on Coaching*』에서 확인할 수 있다. 게리 콜린스(양형주 · 이규창 역, 2011). 앞의 책. 384; Williams, P., & Anderson, S. K.(2006). *Law and Ethics in Coaching: How to Solve and Avoid Difficult Problems in Your Practice.* New York: Wiley.

24) 조성진(2013c). 대학생 코칭 프로그램 운영 효과 분석과 활성화 방향 모색: 3개 대학 4개 사례를 중심으로. **코칭능력개발지**, 15(3). 한국코칭능력개발원. 244.

25) 조성진(2019). 앞의 책. 200-201; 한국코치협회(2020). 인증 자격요건. http://www. kcoach.or.kr; 국제코치연맹(2020). http://www.coachfederation.org

part

II

경력개발: 이해와 실제

chapter 07 진로설계와 자기 이해

1. 진로계획의 중요성

가. 청년 시절과 진로

길을 가는 사람에게는 도달하려는 곳이 있고, 항해하는 배도 도착하는 항구가 있다. 어떤 사람이든 목적지를 알고 있다면, 다음에 할 일은 어느 방향으로 갈지를 결정하는 것이다. 방향을 정하는 데 가장 큰 도움을 주는 것은 바로 나침반이다. 설령 그것이 아주 작은 것일지라도 방향을 잡을 때, 나침반은 큰 도움을 주는 쓸모 있는 도구이다.

우리 인생도 마찬가지이다. 항구를 출발하는 배에 나침반이 있듯이, 인생을 항해하는 사람에게도 나침반이 있어야 한다. 깜깜한 사막에서 밤하늘에 빛나는 북극성을 보고 방향을 찾듯이, 우리 인생에서도 그런 북극성이 있어야 한다. 한 사람의 인생에 있어서 나침반은 자신이 소중하게 생각하는 것과 삶을 이끌어 가는 역할을 한다. 양심, 가치, 원칙, 사망 등과 같은 것이 바로 나침반에 속하는 것들이다. 인생을 살아갈 때, 이런 것들을 활용하여 제대로 방향을 잡고 가는 것이 속도를 높여 빨리 가는 것보다 훨씬 중요하다. 다른 사람보다 먼저 출발하고 속도를 높여 고속도로를 달리더라도, 방향을 잘못 잡았다면 되돌아와야 한다. 그래서 인생은 속도가 아니라 방향이다.

청년 시절이 이런 시기에 속한다. 이 시기는 초기성인기(early adulthood)라고도 하는데, 연령적으로는 대략 18~25세 사이인 것으로 본다.[1] 이 시기는 신체적 · 정신적으로 성숙해지기 시작하고, 사회적 · 경제적 독립을 준비하는 시기이다. 특히, 대학생은 이 시기에 자율과 강제가 교차하는 역설적 상황 속에서 갖가지 일들로 인해 고민과 갈등을 경험하며 살아가고 있다.[2)] 여하튼 이 시기에 자신의 인생을 어떻게 꾸려 나갈 것인지를 결정하고, 대강의 밑그림을 그려야 한다. 그리고 자신의 진로에 대한 구체적인 계획을 수립하고, 그것을 실행하는 데 필요한 행동을 해야 한다.

그런데 지금 우리 대학생들과 청년들은 조금 다른 환경에 처해 있다. 중・고교 시절에는 대개 다른 대안을 생각할 겨를도 없이 상급학교 진학에만 몰두하고 있다. 그래서 교사나 부모가 시키는 대로 공부만 하다가 대학에 진학한다. 막상 대학에 진학하면, 한꺼번에 주어지는 자유를 만끽하고, 좋은 직장에 취업하여 사회로 진출할 수 있다는 막연한 믿음을 가지고 생활한다. 새로운 문화와 인간관계에 대한 적응, 이성교제, 수강과목 결정과 학점 관리, 취업난에 대비한 자격증 취득 준비 등 여러 가지 고민과 갈등을 함께 경험하기도 한다.

그러면서 대학생들은 이렇게 호소한다.

첫째, 대학생들은 무엇을 하며 살아갈지 너무 막연한 상태라고 걱정한다. 실제 현장에서 대학생들과 대화하거나 코칭을 하다 보면, 이런 얘기들을 많이 듣는다. "이제는 뭔가 진로를 결정해야 하는데, 도대체 무엇을 해야 할지 너무 막연합니다.", "제가 무엇을 좋아하는지, 무엇을 하고 싶은지 전혀 생각해 보지 않았습니다.", "아무것도 해 놓은 것이 없고, 막연하게 걱정만 하고 있습니다."

둘째, 대학생들은 진로에 대한 정보가 부족하다고 말한다. "하고 싶은 일이 있는데, 그것을 어떻게 구체화할지를 잘 모르겠습니다.", "도대체 어디서부터 어떻게 시작해야 할지 막막합니다.", "내가 가진 정보도 없는데, 어디서 누구를 만나 어떻게 도움을 받을 수 있는지 잘 모르겠습니다." 등의 얘기를 많이 듣는다.

셋째, 대학생들은 나름대로 진로를 결정했지만, 확신이 서질 않는다고 염려한다. "현재 진로는 결정한 상태이지만, 정말 그것이 잘 된 것인지 불안하기도 합니다.", "내가 내린 결정에 대해 누군가와 얘기하고 싶고, 확인받고 싶습니다.", "혹시 내가 내린 결정을 바꾸면 무슨 일이 벌어질까요?" 등의 얘기를 한다. 자신이 결정한 진로에 대해 확신을 갖지 못하는 것이다.

이처럼 대학생이라면 누구나 갖는 되는 진로 관련 고민으로부터 자유로울 사람은 많지 않다. 그래서 대학에 입학하면 신입생 때부터 일단 영어나 컴퓨터 활용능력과 관련된 강좌를 신청한다. 그리고 각종 자격증이나 해외 연수와 관련된 자기계발 프로그램이나 취업 사교육에 먼저 매달리는 경우를 많이 목격한다. 물론 이런 모습을 도전적이고 열정적이라면서 긍정적으로 볼 수도 있지만, 그것보다 먼저 해야 할 일을 놓치고 있다는 점에서 아쉬움이 적지 않다. 자신이 갈 길에 대해 먼저 생각해 보는 것이 중요한데, 당장 눈앞에 닥친 일에만 몰두하는 것 같아서 매우 안타깝다.

대학을 졸업하고 사회 초년생이 된 청년들도 자신의 인생 방향을 쉽게 정하지 못하고 헤매기는 마찬가지이다. 청년들이 제 갈 길을 찾기 어려운 상황과 제도적인 탓도 있지만, 그들도 자신의 진로와 경력개발 등에 대한 확실한 그림이 없기는 마찬가지라 생각한다. 어떤 이유가 있든 청년들 자신의 진로와 경력개발에 대해 가장 많이 생각해야 하는 사람은 그래도 본인이 아닐까? 그런 차원에서 청년 시절에 자신의 진로와 경력개발에 대해 깊이 생각하는 것은 여러모로 의미 있는 일이다.

나. 진로계획의 수립

자신이 바라는 삶을 살려는 사람이라면, 자신의 인생이 어떤 모습으로 전개되길 바라는지에 대해 먼저 생각해 보아야 한다. 그리고 자신의 진로와 관련된 다양한 자료와 정보를 수집하여 분석하고, 그것을 바탕으로 생애주기 단계별로 필요한 준비와 행동을 실천하는 것이 필요하다. 예컨대, 만일 자신이 주거할 주택을 직접 건축해야 한다면, 가장 먼저 해야 할 일은 짓고자 하는 집에 관한 가능한 모든 자료와 정보를 모으는 것이다. 집의 형태, 토지, 건축비, 건축 자재 등을 꼼꼼하게 조사하고, 이런 것들을 바탕으로 자신이 지을 집의 형태를 최종적으로 선택한다. 그다음에 설계를 시작하고, 곧이어 집을 짓기 시작해야 할 것이다.

그런데 대학생들의 경우, 이런 사전 절차는 진행하지 않고, '진로는 곧 직업'이라는 생각만 하는 듯하다. 자신의 진로를 탐색하고 설계하는 것이 곧 직업을 찾고 결정하는 것과 마찬가지라고 생각하는 경향이 있는 것 같다. 그러나 이것은 위험한 생각이다. 직업은 자신의 인생 전체를 놓고 볼 때, 특정 시점의 진로에 불과하다. 어떤 사람은 평생 여러 가지 직업에 종사하며 다양한 진로를 경험할 수도 있다. 이때 어떤 하나의 직업을 가지는 것은 그의 인생 전체의 진로에 있어 특정 시점의 선택사항인지도 모른다.

이런 차원에서 대학생들이나 청년들이 자신의 진로를 설계할 때는 고등학교나 대학을 졸업한 후에 어떤 직업을 가질 것인가에 대해서만 생각해서는 안 된다. 자신이 바라는 삶을 살려면, 자신의 인생 전체를 놓고 어떤 삶을 살 것인지를 먼저 그려 보아야 한다. 그런 후에 생애주기마다 자신만의 독특한 진로를 어떻게 설정할 것인가에 대해 고민하고 준비하는 것이 바람직하다. [그림 7-1]은 한 개인의 진로와 관련된 경력개발 절차를 요약한 것이다. 이런 과정을 통해 자신의 인생 전반에 걸친 진로에 대해 생각해 보고, 고등학교나 대학교 졸업 후에 무엇을 하며 어떤 직업을 선택할 것인지를 준비하는 것이 바람직하다.

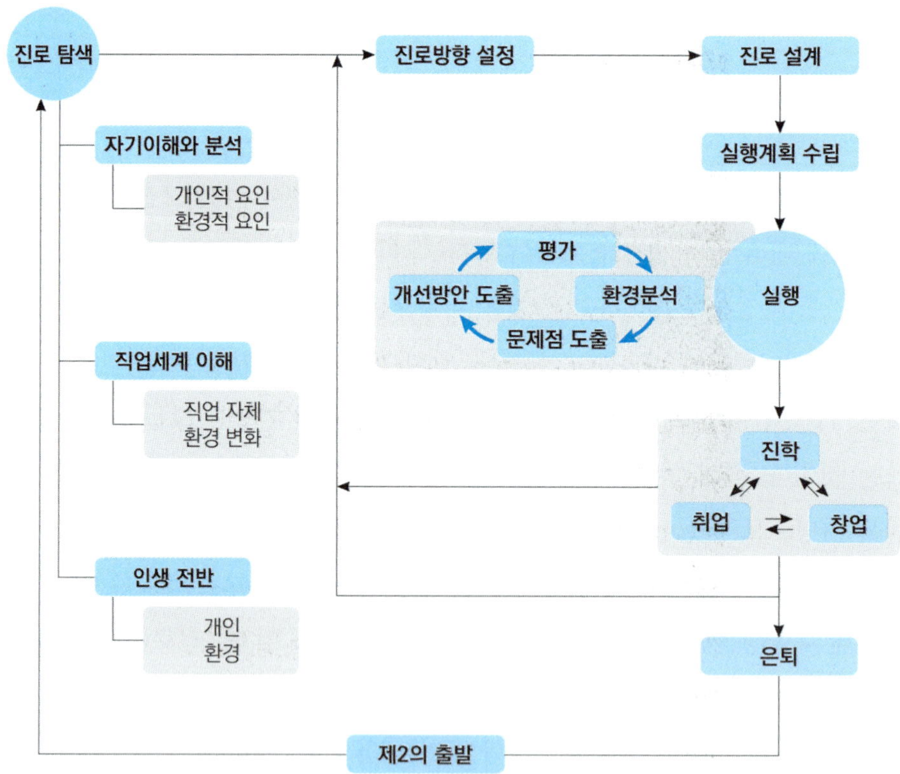

[그림 7-1] 개인의 경력개발 절차

구체적으로 살펴보면 다음과 같다.

첫째, 자신의 진로를 탐색하는 과정이 선행되어야 한다. 자신의 진로계획을 세우려면, 자신이 처한 상황과 정보에 대한 광범위한 자료를 수집하고 그것을 냉철하게 분석할 필요가 있다. 다양한 검사를 통해 자신의 성격, 적성, 흥미, 가치관, 강점이나 장점, 잠재능력, 역량 등에 대해 알아보고, 일차적으로 자신에게 가장 많은 영향을 미치는 부모와 가족의 상황이나 형편 등에 대해서도 알아보아야 한다. 이것은 만일 자동차 내비게이션의 도움을 받으려면, 자동차 상태, 목적지, 도로 상황, 휴게소, 주유소(또는 충전소), 주머니 사정 등에 대한 모든 정보와 상황을 사전에 점검해야 하는 것과 같은 이치이다.

그리고 다양한 직업에 대해 알아보고, 그 가운데 자신이 특별한 관심을 가진 직업에 대해서는 심층적으로 분석해 볼 필요가 있다. 나아가 이런 직업들이 세계 경제의 발전과 기술발달 등에 따라 어떻게 변화할 것인지에 대한 자료 등도 수집, 분석할 필요가 있다. 이런 활동은 철저하게 자신의 인생 비전과 목표, 그리고 인생계획에 바탕을 두어야 할 것이다. 즉, 자신의 역할, 생애주기별로 일어날 것으로 추측되는 사건(진학, 취업이나 창업, 결혼, 자녀의 출생과 학업, 자녀의 결혼, 은퇴와 은퇴 후의 삶 등), 미래사회의 변화에 대한 예측, 종교적 신념 등을 바탕으로 자신의 인생 전체의 그림을 그려 보는 작업이 선행되어야 한다. 이런 과정을 통틀어 진로 탐색 과정이라 하는데, 이것이 선행되어야 다음 절차를 수월하게 이행할 수 있다. 이에 대해서는 다음 절에서 더 구체적으로 살펴보고자 한다.

둘째, 충분한 진로 탐색을 전제로 자신이 나갈 진로 방향을 결정해야 한다. 앞에서 언급한 진로 탐색 과정을 얼마나 충실하게 이행했느냐에 따라 진로 결정의 수월성 여부가 결정될 것이다. 하지만 자신의 진로를 완벽하게 결정하기란 말처럼 쉽지 않다. 전혀 예상치 못한 상황과 변수가 생기기 마련이지만, 자신이 처한 현재 상황에서 최선의 결정을 내리면 된다. 그리고 일단 결정된 진로 관련 후속 절차를 진행하면서 변화하는 상황과 변수에 따라 적절하게 수정하고 보완해 가는 것이 바람직하다.

셋째, 자신의 진로 방향이 결정되면, 비로소 진로를 설계할 수 있다. 앞서 설정한 자신의 진로 방향에 맞는 분명한 목표설정과 실행 계획을 수립하는 것이 필요하다.

혹자는 자신의 진로를 충분히 설계한 다음에 자신의 진로를 결정하는 것이 좋다는 생각할 수도 있다. 하지만 그러다 보면 수시로 변화하는 상황이나 형편에 따라 수정할 수밖에 없는 진로설계에만 몰입하다가, 정작 진로 관련 결정이나 실행 계획을 조금도 이행하지 못하는 경우가 생길 수 있다. 따라서 개인차는 있겠지만, 대체로 자신의 진로 방향을 결정한 다음에 그와 관련된 진로설계를 하는 순서가 바람직하다.

넷째, 진로설계를 마치면, 그것을 바로 실행에 옮기는 것이 중요하다. 자신이 정한 진로설계와 계획에 따라 진학, 취업 및 창업 등에 관한 일들을 실행하면 된다. 그러다가 진로와 관련된 더 좋은 정보가 입수되거나 예상치 못한 일이 발생하면, 그것을 분석하여 또 다른 진로 결정에 참고하면 된다.

마지막으로, 은퇴와 은퇴 후의 삶에 대해서도 충분히 고려하고 준비해야 한다. 많은 사람이 젊은 시절부터 이것에 대해 충분히 생각하고 준비하지 않아서 실제로 은퇴한 후에 어려움에 부딪히는 경우가 많다. 특히, 초고령화 사회로 진입한 현시점에서, 한 개인이 은퇴 후의 삶에 대해 철저하게 준비하는 것은 안락한 노후를 보내기 위한 필요충분조건이라고 생각한다. 그리고 필요하다면, 은퇴 후에도 자신의 상황과 형편에 맞는 진로를 탐색하는 과정을 한 번 더 진행할 수도 있다.

다. 진로 탐색

진로 탐색이란 한 개인의 인생 전반에 걸친 과정에서 발생하는 일에 관한 사건들, 즉 자신에 대한 이해, 가정, 학업, 직업과 직장, 경력개발 및 창업 등과 관련된 모든 요소를 살펴보는 것을 말한다. 이 과정은 크게 자기분석, 직업 세계에 대한 이해 및 인생 전반에 걸친 고찰로 나눌 수 있다.

1) 자기 이해와 분석

누구나 자신이 만들어 가는 삶의 주인이 되기 위해서는 자신의 과거를 돌이켜 보고, 현재의 모습을 있는 그대로 인정하며, 미래의 삶을 설계하는 것이 필요하다. 자신이 바라는 것을 적절한 때에 꼭 이루고 싶다면, 그래서 자신만의 의미 있는 인생을 꾸려 가고 싶다면, 가장 먼저 해야 할 일은 자신에 대해 제대로 알아보는 것이다. 그런 차원에서 소크라테스의 "너 자신을 알라"(Know yourself)는 말은 자신을 잘 알고 이해하는 것이 모든 일의 시작이라는 의미로도 해석할 수 있을 것이다.

한 사람이 자신에 대해 알아보기 위해서는 자신에 관한 사소한 것들을 확인하는 것에서부터 출발해야 한다. 자신이 어떤 사람인지, 무엇을 좋아하고 싫어하는지, 어떤 일을 그토록 하고 싶은지, 어떤 삶을 살고 싶은지에 대한 생각들은 여러 가지 사소한 질문에 대해 대답을 하는 과정을 통해 의외로 쉽게 확인할 수 있다.[3)]

① 내 이름은 어떤 뜻을 지니고 있는가?
② 아주 어렸을 적 나의 꿈은 무엇이었는가?
③ 내가 가장 좋아하는 인물은 누구인가?
④ 나는 어떤 일을 하고 싶어서 잔뜩 기대하며 흥분한 적이 있는가?
⑤ 지금까지 내 인생에서 가장 즐거웠던 순간은 언제였는가?
⑥ 지금 내가 가장 자신 있게 설명할 수 있는 것은 무엇인가?
⑦ 내가 정말 원하는 것은 무엇인가?
⑧ 내가 가장 잘할 수 있는 일은 무엇인가?
⑨ 내 인생의 좌우명은 무엇인가?
⑩ 반드시 이루어진다면, 나는 어떤 일을 꼭 하고 싶은가?
⑪ 내 묘비에 무엇이라고 쓰였으면 좋겠는가?

이런 질문들에 대해 솔직하고 진지하게 대답하는 과정을 통해 자신의 참모습과 바라는 것들을 더 구체적으로 알 수 있다. 나아가 자신에 대해 더 알고 싶다면, 신뢰도와 타당도가 검증된 다양한 검사 도구를 활용하는 것이 좋다. 그런 도구들을 활용, 분석 결과를 종합하면, 자신을 더 입체적으로 이해할 수 있다. 이에 대해서는 제8장에서 구체적으로 살펴보고자 한다.

그리고 자신에게 가장 많은 영향을 끼치는 부모와 가족의 상황이나 형편 등에 대해서 알아보는 일도 자신을 이해하는 데 많은 도움을 준다. 우리는 태어나 살아가면서 사회생활에서 필요한 것들을 가족 공동체를 통해 가장 먼저 경험하고 배우곤 한다. 따라서 자신의 다양한 측면을 이해하기 위해 가족과 그들이 처한 사회경제적 여건을 살펴보는 것도 좋은 방법이다.

2) 직업 세계에 대한 이해와 분석

세상에는 수많은 직업이 있다. 그리고 역사와 시대의 흐름에 따라 수많은 직업이 새로 생기고 빠르게 변화하며 사라지곤 한다. 따라서 다양한 직업에 대해 많이 알아볼수록 자신의 직업선택에 도움이 되는 다량의 정보를 가질 수 있다. 특히, 그 가운데서 자신의 관심을 끄는 직업에 대해서는 보다 심층적으로 분석해 볼 필요가 있다. 나아가 이런 직업들이 세계 경제의 발전과 기술발달 등에 따라 어떻게 변화할 것인지에 대한 관련 정보와 자료 등을 충분히 수집, 분석해 두는 것도 큰 도움이 될 것이다.

직업을 탐색하면서 자신에게 맞는 직업을 선택하는 것이 중요하지만, 자신이 선택할 직업의 미래 전망은 어떤지, 수입은 어떤지, 또 변화하는 국내외 추세에 부응하는지 등을 고려하는 것도 중요하다. 그리고 자신이 선택하고자 하는 직업의 직무가 어떤 특성을 갖는지도 함께 검토하고 분석하는 것도 중요하다. 이에 대해서는 제9장에서 구체적으로 살펴보고자 한다.

3) 인생 전반에 대한 이해와 준비

앞서 언급했듯이 대학생들과 청년들은 자신의 진로를 탐색하고 결정할 때 몇 가지 특정 직업만 검토하고 분석하는 경향이 있다. 그리고 자신이 갖길 바라는 직업만 탐색하는 것이 곧 진로선택이라고 생각하는데, 이것은 아주 좁고 위험한 생각이다. 따라서 자신이 바라는 삶을 살려면, 인생 전반에 걸친 자신의 모습을 먼저 생각하는 것이 바람직하다.

누구든지 의미 있는 삶을 살려면, 자신의 가치관과 철학에 따른 비전, 자신이 평생 수행해야 할 역할, 종교적 신념 등을 바탕으로 자신이 걸어갈 방향에 대해 먼저 생각하는 것이 중요하다. 그리고 자신의 미래에 일어나리라 예상되는 사건, 즉 진학, 취·창업, 결혼, 자녀의 출생과 학업, 자녀의 결혼, 은퇴와 은퇴 후의 삶 등 예상할 수 있는 일들에 대해 생각해 보아야 한다. 나아가 이런 일들이 자신의 인생에서 어떤 의미를 지니는지 생각해 보고, 이런 모든 사항을 고려한 종합적인 계획(master plan)을 수립하는 것이 바람직하다. 그런 후에 자신의 모든 생각을 충분히 반영하는 진로를 선택하면 되는 것이다.

2. 진로설계와 직업설계

가. 진로설계의 의미와 준비

사람들은 저마다 성공과 행복에 대한 관점이 다르고, 어떻게 자신의 진로를 설계할지에 대한 견해도 각기 다르다. 그것은 개인마다 서로 다른 가치관을 지니고 있고, 이것이 어떤 일들의 우선순위를 결정하는 데 영향을 끼치기 때문이다. 따라서 한 사람의 진로 관련 선택이나 행동에 관한 옳고 그름을 단정적으로 말할 수는 없다.

그러나 개인의 진로설계와 관련하여 한 가지 분명한 것은 자신이 현재 수행하고 있는 역할에 대해서는 충분히 알 수 있다는 것과 자신의 미래에 대해서도 어느 정도 짐작할 수 있다는 것이다. 다시 말하면, 지금 현재의 나에게 어떤 역할이 요구되고, 생애주기에 따라 향후 어떤 역할을 할 것인지를 예상하는 것은 어려운 일이 아니다. 예컨대, 청년기에는 아들(딸), 손자(손녀), 형제(자매), 친구 등의 역할을 하고, 학교에 입학하면 학생의 역할을 한다. 그리고 취업하면, 직장인의 역할을 하고, 결혼하면 배우자, 사위(며느리) 및 부모의 역할을 하게 된다. 만일 창업하면 경영자의 역할도 할 것이다.

진로설계란 자신의 인생, 직업, 직장 등 일과 삶에 관련된 모든 요소를 체계적으로 정리하고, 목표를 세우며, 그에 필요한 구체적인 실행 계획을 세우는 일련의 과정이다. 이것은 인생의 비전과 미래의 전망을 다루고, 환경의 변화와 불확실성 및 보이지 않는 것들을 다루는 만큼 조직적이고 구체적이어야 한다. 진로설계는 개인의 특성뿐만 아니라 주변 여건과 환경도 함께 고려한 결과를 바탕으로 작성해야 한다. 나아가 미처 생각하지도 못했던 우연한 기회와 사건 등을 통해 진로가 변경될 수도 있다는 점을 항상 염두에 두어야 한다. 따라서 제대로 된 진로설계를 위해 필요한 것은 현재 나의 역할, 미래에 추가될 역할을 분명하게 이해하고, 그와 관련된 일들을 준비하는 것이다.

효과적인 진로설계를 위해서는 여러 가지 사항들에 대해 미리 생각하고 준비하는 것이 바람직하다.

첫째, 진로설계를 위해서는 자기 이해와 분석 작업이 선행되어야 한다. 다양한 도구를 활용하여 자신의 성격, 흥미, 적성, 가치관, 강점이나 장점, 재능, 역량 등이 무엇인지 파악하는 것이 중요하다. 그리고 각종 진단 도구의 결과를 종합하여 자신이 어떤 사람인지 구체적인 모습을 확인하는 것이 필요하다.

둘째, 앞의 단계에서 확인된 자신의 모습에 대한 구체적인 정보와 자료를 잘 정리, 보관해 두는 것이 필요하다. 자신을 되돌아보고 자신이 바라는 미래를 구상하는 일은 많은 수고와 노력이 필요한 일이다. 이런 과정을 통해 수집된 자신에 관한 정보와 자료들은 향후 자신의 진로를 설계하고 개척하는 데 소중한 자산이 된다. 따라서 자신의 모습이나 정체성에 관한 정보와 자료들을 잘 분류하고 정리해 놓았다가 필요할 때마다 열람하는 것은 자신의 진로선택이나 경력개발에 큰 도움이 된다.

셋째, 이런 과정에서 필요하다면 자신을 도와줄 조력자를 구하는 것도 좋은 방법이다. 대개 대학생들이나 청년들은 친구와 선배에게 자신의 진로 관련 고민을 털어놓는 경우가 많다고 한다. 그들은 아무래도 만나기 쉽고 자신과 비슷한 경험을 겪고 있어서 자신을 잘 이해할 수 있다는 기대에서 그럴 것이다. 하지만 그들 역시 제한된 경험과 정보만 가지고 있는 경우들이 많다. 따라서 대학생들이나 청년들이 자신의 진로를 선택하고 미래를 준비할 때, 주위에 있는 친구나 주위 선배들에게만 의존하는 것은 균형 잡힌 결정을 하는 데 부족할 수 있다. 이를 극복하기 위해 부모나 교수들의 경험을 듣거나 직업상담사나 직업 컨설턴트와 같은 전문가의 도움을 받는 것도 바람직하다. 최근에는 대학생들의 진로 관련 이슈들을 효과적으로 해결하도록 지원하는 커리어 코치(career coach)가 많이 배출되고 있는데, 그들에게 도움을 요청하는 것도 의미 있는 방법이라 생각한다.

나. 직업설계의 의미

직업은 개인적으로나 사회적으로 여러 가지 중요한 의미를 지닌다. 사람은 직업을 통해 생계를 유지하고, 사회 구성원으로서 역할을 분담하며, 자신의 가치를 실현하고 인생의 보람을 느낀다. 직업은 몇 가지 점에서 중요한 의미를 지니고 있다.

첫째, 경제적인 측면에서 직업은 생계유지와 경제적 활동을 영위해 가는 중요한 수단이다. 사람은 가장 기본적인 욕구인 의식주를 해결하기 위해 직업을 갖고, 이를 통해 수입을 얻으며 생계를 유지할 수 있다. 그리고 사람들은 직업을 통해 가족을 부양하고, 다양한 문화생활과 복지를 누릴 수 있는 토대를 마련하게 된다.

둘째, 심리적 측면에서 사람들은 직업을 통해 소속감과 심리적 안정감을 찾고 자아실현을 하게 된다. 사람들은 자신이 가지고 있는 소질과 능력을 발휘할 수 있는 직업에 종사함으로써 소속감과 심리적인 안정감을 찾게 된다. 그리고 사회적 발전을 추구하는 기회를 얻음으로써 자아실현이 가능해진다.

셋째, 사회적 측면에서 사람은 직업에 종사하면서 조직적이고 유기적인 관계 속에서 사회적 역할을 분담, 수행함으로써 사회를 유지하고 발전시키는 데 이바지한다. 사람은 직업을 통해 사회의 한 구성원으로서 일정한 역할을 분담하게 되고, 자신에게 맡겨진 역할을 충실히 수행할 때 사회가 유지, 발전하게 된다.

이처럼 직업은 생계유지, 자아실현 및 사회적 역할 분담을 목적으로 자신의 노동을 계속해서 제공하는 것이다. 따라서 사람은 자신의 직업에 대해 경제적 · 심리적 · 사회적으로 애착과 매력을 느낄 수 있어야 그 일에 계속해서 종사할 수 있고, 능률도 올릴 수 있다.

이런 차원에서 자신이 종사할 직업을 잘 설계하는 것은 매우 중요하고 의미 있는 일이다. 어떤 한 사람이 자신의 진로를 결정했다면, 다음에 할 일은 그 길을 가는 데 가장 적절한 직업이 무엇인지를 탐색하는 것이다. 즉, 직업에 대한 다양한 정보와 자료를 수집하고, 그것을 바탕으로 자신이 종사할 직업을 찾는 것이 바람직하다.

다. 직업설계를 위한 코칭 질문

우리는 앞서 진로와 관련된 제반 절차에 대해 개괄적으로 알아보았고, 단계마다 무엇이 중요한지를 살펴보았다. 그러나 이런 것에 관한 중요성을 인식하고 자신의 준비 부족에 대한 심각성을 느꼈다고 해서 자신이 바라는 진로를 찾거나 결정할 수 있는 것은 아니다. 물론 진로설계의 중요성을 전혀 인식하지 못한 사람들에 비하면, 이런 일은 충분히 의미 있는 진전이라고 볼 수 있다. 하지만 자신이 바라는 의미 있는 삶을 살려면, 한 걸음 더 나아가 자신을 객관적으로 바라보고 자신에게 필요한 행동을 해야 한다.

따라서 자신의 진로와 관련하여 기대하는 결과를 얻으려면, 몇 가지 코칭 질문에 대한 자신만의 분명한 생각을 지니고 있어야 한다. 즉, 앞으로 던질 질문들에 대해 자신의 내면 깊은 곳에서 무엇이라고 말하는지 그 소리에 귀를 기울이는 것이 선행되어야 한다. 자신의 미래 청사진을 제대로 만들고, 그 길을 안내할 지도를 만들기 위해서는 자신을 성찰하는 과정이 꼭 선행되어야 한다. 이것은 전적으로 자신의 몫이지 다른 누구의 일도 아니다. 그런 후에는 이런 과정에서 필요한 일들을 하나씩 실천하는 것이 중요하다.

다음 코칭 질문에 관한 자신의 대답을 정리하고, 별도의 종이에 그것을 기록해 보자.

① "당신은 진로라는 단어를 들으면, 어떤 생각이 드는가?"
② "당신은 진로와 관련하여 지금까지 어떤 일들을 해 왔는가?"
③ "진로설계는 당신에게 어떤 의미가 있는 일인가?"
④ "당신의 진로 탐색을 위해 지금 당장 할 수 있는 일은 무엇인가?"
⑤ "자신에게 의미 있는 직업을 갖기 위해 당신은 지금 어떤 준비를 하고 있는가?"
⑥ "당신의 직업설계를 위해 새롭게 시작할 수 있는 일은 무엇인가?"
⑦ "당신의 진로와 관련하여 계획한 일을 점검하거나 도와줄 사람은 누구인가?"

3. 자기 이해의 중요성

가. 자기 이해와 사회생활

대학생들을 대상으로 강의를 하거나 코칭을 진행하다 보면, 가장 많이 받는 질문이 있다. “교수님, 뭐 좋은 것 없을까요?”, “코치님, 뭐 괜찮은 곳 없을까요?” 소위 유망 직종이나 좋은 기업을 소개해 달라는 질문이다. 그러나 누구에게나 맞는 유망 직종은 없고, 어느 시대에나 좋은 직장은 없다. 중요한 것은 자신에게 맞는 직종이 무엇인지, 자신에게 잘 맞는 기업은 무엇인지를 파악하는 것이다. 자신을 주인공으로 하는 인생 무대의 시나리오는 자신이 쓰는 것이다.

그런데 안타까운 사실은 많은 대학생과 청년이 자신은 어떤 성격을 지니고 있고, 무엇을 좋아하고 싫어하며, 자신의 가치관과 적성은 어떤지에 대해 객관적으로 파악해 본 적이 적다는 점이다. 이것이 바로 지금 자신에 대한 냉정하고 솔직한 평가와 분석이 필요한 이유이다. 필요하다면, 부모님, 친구, 선배, 교수님, 코치 등의 도움을 받아 그동안 자신이 보지 못한 점을 새롭게 발견하는 기회를 맛보길 바란다.

현재보다 더 나은 내가 되기 위해 가장 먼저 해야 할 일은 ‘현재의 나’를 제대로 이해하는 것이다. 누군가 자신을 의미 있는 방향으로 바꾸고, 자신의 인생을 더 아름답게 가꾸고 싶다면, 자신을 제대로 파악하는 일을 가장 먼저 해야 한다. 그것은 자신에 대해 얼마나 알고 있는지를 스스로 점검해 보는 것이다. 이것을 ‘자기 이해’ 또는 ‘자기인식’(self-awareness)이라고 한다. 예컨대, 나는 무엇을 좋아하는지, 어떤 것을 그토록 갈망하는지, 어떤 것을 꼭 이루고 싶은지, 어떤 일을 재미있게 잘하는지, 어떤 사람과 어울리기를 좋아하는지, 어떤 삶을 살고 싶은지 등에 대해 진지하게 생각해 볼 필요가 있다. 이런 질문에 대한 자신만의 대답을 찾아보는 것이 자기 이해를 하는 출발점이다.[4)]

이런 과정을 통해 어떤 사람이 “나는 누구인가?”라는 질문에 대한 답을 찾았다면, 그것은 자신의 존재(being)에 대한 정체성을 확인한 것이다. 누구든지 자신의 존재를 바르게 인식하지 못하면, 살아가는 이유를 모르게 된다. 그리고 어떤 사람이 “나는 무엇인가?"에 대한 자신의 답을 알았다면, 그것은 자신의 역할(doing)에 대한 정체성을 확인한 것이다. 사람이 자신에게 어떤 역할이 맞는지를 알지 못한다면, 그는 정상적인 사회생활을 하기 어려울 수도 있다. 따라서 내가 누구이고, 무엇인지에 대한 자신만의 대답을 찾은 사람이라면, 그 자신이 갈 길을 찾는 것은 어려운 문제가 아니다.

이처럼 의미 있는 삶을 살기 바라는 사람이 지금 할 수 있는 가장 멋진 일은 나를 찾는 것이고, 자신을 최고로 만들 수 있는 '내 안의 나'를 발견하는 것이다. 다시 말해, 나를 나답게 만드는 가장 소중한 일은 나의 강점과 재능을 찾는 일이고, 그것들을 찾는 것이 의미 있는 삶을 사는 지름길이다.

그렇다면 자기를 이해하는 것은 사회생활과 관련하여 어떤 점에서 중요한 것일까? 우리는 사회생활을 하면서 다양한 집단과 조직 안에서 수많은 사람을 만나게 된다. 그리고 다른 사람과 여러 가지 관계를 맺고 무수히 많은 경험을 하며 살아가고 있다. 좋은 느낌을 주는 사람들과는 원만한 관계를 유지하지만, 그렇지 못할 때는 갈등과 스트레스를 경험하고 분노하기도 한다. 그러면서 우리는 다른 사람의 여러 가지 모습을 발견하지만, 나에 대한 다양한 모습도 발견하게 된다. 이런 과정을 통해 우리는 참다운 인간, 건강한 시민, 유능한 리더로서 성장해 가는 것이다.

그런데 리더에게는 한 가지 더 요구되는 사항이 있다. 리더는 단지 자신을 아는 데 그치지 않고, 나와 타인과의 '다름'과 '차이'를 이해하고 받아들일 줄 알아야 한다. 즉, 리더는 자신을 알고, 자신과 상대방이 어떻게 다르며, 그 차이점을 인정하면서 시너지(synergy)를 일으킬 것인가에 대한 자신만의 견해를 가지는 것이 필요하다. 시너지의 본질은 차이를 가치 있게 생각하는 것이다. 차이를 중요하게 생각한다는 것은 각 개인의 차이에 대해 단순하게 동의하거나 인정하는 것이 아니다. 오히려 다른 사람과의 차이를 존중하고 이를 새로운 학습의 기회로 생각하는 것이다.[5)]

나. 자기 이해를 위한 출발

자기를 이해하는 일은 능동적으로 해야 의미가 있는 것이지 억지로 될 일이 아니다. 간혹 다른 사람이 펼쳐 놓은 자리에서 어쩔 수 없이 자신에 대해 바라볼 수도 있지만, 그것은 한계가 있다. 스스로 원해서 하는 것이 아니라면, 온전한 자신을 발견하기 쉽지 않다. 그래서 자기 이해는 자신이 주체가 되어 자신이 원하는 시간에 원하는 만큼 진행해야 비로소 의미가 있는 것이다. 그러기 위해 자신만의 공간에서 조용하게 시간을 갖거나 짬을 내어 주변을 산책하면서 자신에 대해 생각해 볼 수도 있다. 그리고 단 며칠만이라도 시간을 내어 여행하면서 자신의 모습에 대해 생각해 보는 것도 자신의 존재와 역할 등을 발견하는 데 도움이 된다.

여기에서는 '나를 찾아가는 3일 여행'이라는 방법을 간단하게 소개하고자 한다. 이런 과정을 통해 얻은 결과를 토대로 자신만의 이야기를 만들어 보는 것은 자기 이해의 새로운 출발점이 될 것이다. 그 방법은 다음과 같다.

첫째, 자신만의 시간을 확보한다. 하루 가운데 자신만을 생각할 수 있는 적절한 시간을 확보하는 것이다. 하루를 마감하고 잠자리에 들기 전이라든가 새벽, 또는 아침 기상 후의 시간도 좋다. 일상생활 가운데 그런 시간을 찾을 수 있으면 다행이지만, 만약 그렇지 못한다면 마음먹고 짬을 내어 며칠간 여행을 떠나는 것도 좋은 방법이다.

둘째, 자신만의 공간을 확보한다. 외부로부터 차단된 조용한 실내 공간이면 좋다. 자신의 집이나 자주 사용하는 곳 가운데 활용할 수 있는 적절한 공간이면 좋다. 만일 그런 공간이 없다면, 교외에 있는 조용한 카페나 여행지의 공간을 활용하는 것도 좋은 방법이다. 여하튼 자신만의 생각을 정리할 수 있는 조용한 공간이면 된다.

셋째, 자신이 정한 공간에서 적절한 시간에 자신의 경험이나 추억, 현재의 모습, 미래의 꿈과 목표 등에 대해 생각하면서 자신의 존재와 역할에 대해 깊이 생각하면 된다. 그리고 그 결과를 생각나는 대로 적어 보자. 이런 과정을 3일간 반복하면서 일지를 작성하면 된다(**[실습 7-1]~[실습 7-4]** 참조).

다. 자기 이해를 위한 도구

객관적으로 자기를 이해하는 데 활용할 수 있는 방법은 다양하다. 대표적으로 **〈표 7-1〉**에 제시된 검사를 활용한다면, 많은 도움을 얻을 것이다. 그런데 본격적으로 자신을 탐색하고 이해하기 전에, 여러 가지 사항을 꼭 마음에 두어야 할 필요가 있다.

〈표 7-1〉 자기 이해를 위해 활용할 수 있는 도구

NO.	검사명	소요시간	검사할 수 있는 곳
1	MBTI(성격유형검사)	60분	KPTI 온라인 심리검사센터(http://www.career4u.net)
2	Strong 직업흥미검사	60분	KPTI 온라인 심리검사센터(http://www.career4u.net)
3	Holland 적성탐색검사	60분	한국가이던스(http://www.guidance.co.kr)
4	직업적성검사(성인용)	60분	한국고용정보원 워크넷(http://www.work.go.kr)
5	직업가치관검사	20분	한국고용정보원 워크넷(http://www.work.go.kr)
6	직업선호도검사(L형)	60분	한국고용정보원 워크넷(http://www.work.go.kr)
7	창업적성검사	20분	한국고용정보원 워크넷(http://www.work.go.kr)
8	대학생 진로준비도 검사	20분	한국고용정보원 워크넷(http://www.work.go.kr)
9	구직준비도 검사	20분	한국고용정보원 워크넷(http://www.work.go.kr)
10	영업직무 기본역량검사	50분	한국고용정보원 워크넷(http://www.work.go.kr)
11	IT 직무 기본역량검사	95분	한국고용정보원 워크넷(http://www.work.go.kr)
12	주요 능력효능감 검사	20분	한국직업능력개발원 커리어넷(http://www.career.re.kr)
13	이공계 전공적합도 검사	30분	한국직업능력개발원 커리어넷(http://www.career.re.kr)
14	진로개발준비도 검사	20분	한국직업능력개발원 커리어넷(http://www.career.re.kr)
15	기타 진로 관련 검사	방문	각 대학 담당 부서

첫째, 각종 검사 도구의 결과는 자신을 객관적으로 이해하는 데 도움을 주는 정보이긴 하지만, 그 결과가 자신을 이해할 수 있는 절대적인 자료는 아니다. 다시 말해, 검사 도구 결과는 어느 특정 시점에서의 자신의 모습을 이해하는 데 도움을 주지만, 그것이 평생을 살아갈 자신의 전부를 설명할 수는 없다. 그리고 어떤 검사 도구 결과는 특정 집단 속에서 상대적으로 돋보이는 자신의 특성을 설명해 주는 것이어서 너무 맹신해서는 안 된다.

둘째, 각종 검사 도구 결과는 자신을 이해하는 데 참고할 수 있는 매우 다양한 정보와 자료들 가운데 하나일 뿐이다. 그것들이 자신을 이해하는 데 도움을 주는 것은 맞지만, 진로와 관련된 자신의 올바른 결정을 위해서는 다른 정보와 자료도 함께 살펴보아야 한다. 예컨대, 자신의 가정환경, 희망 직업, 자신의 학업 정도, 직업의 변화, 국내외 정치・경제・사회・문화의 변화 등에 관한 정보와 자료들과 함께 고려하여 종합적으로 판단할 필요가 있다.

마지막으로, 다양한 검사 도구 진단 결과를 통해 알게 된 자신의 장점을 돋보이게 하고 극대화하는 방안을 검토할 필요가 있다. 대개 사람들은 자신의 장점보다 약점에 대해 더 잘 알고 있다. 그러다 보니 장점을 돋보이게 하는 것보다 단점을 보완하고 관리하는 데 많은 시간과 노력을 들인다. 그러나 자신의 진로와 관련하여 주어진 환경과 한정된 자원을 활용할 수밖에 없다면, 자신의 장점을 극대화하는 것이 더 효과적인 전략일 수 있다.

라. 자기 이해를 위한 코칭 질문

자신을 이해하는 일은 말처럼 쉬운 일은 아니다. 하지만 그렇다고 해서 게을리하거나 포기할 일도 아니다. 자신만의 의미 있는 삶을 살려면, 자기를 이해하는 작업은 언젠가 한번쯤은 제대로 진행해야 할 일이다. 다른 누가 대신해 줄 일이 아닌 오로지 자신이 담당할 몫이다.

그런 차원에서 자신을 제대로 이해하기 위해 다음에 소개할 코칭 질문들에 대해 자신만의 대답을 정리하는 것은 의미 있는 일이다.

① "당신이 가장 의미 있게 생각하는 세 가지 가치는 무엇인가?"

② "당신은 어떤 일에 흥미를 보이는가?"

③ "당신의 적성을 잘 활용할 수 있는 일은 무엇인가?"

④ "당신의 평소 모습과 남이 말하는 당신의 모습 사이에는 어떤 차이가 있는가?"

⑤ "자신을 이해하기 위해 지금 바로 할 수 있는 일은 무엇인가?"

⑥ "자신을 한 문장으로 정리한다면, 어떻게 표현할 수 있는가?"

미주

1) 이 시기는 신체적 · 정신적 능력이 최고조에 이르고, 유연성이 커져 많은 일을 빠른 속도로 수행할 수 있다. 이 시기에 이르러 직업 세계에 처음으로 발을 들여놓고 직장에서의 적응을 위해 노력한다. 그리고 다양한 역할요구로 인해 어려움을 느끼기도 한다. 성현란 외 공저(2019). **발달심리학**. 서울: 학지사. 19.
2) 전상진 · 정주훈(2006). 한국 후기 청소년 세대의 발달경로와 성장 유형: 서울지역 대학생을 중심으로. **한국사회학,** 40(6). 한국사회학회. 261-285.
3) 조성진(2015). **진로설계와 코칭리더십**. 경기: 정민사. 222-223.
4) 조성진(2015). 위의 책. 231.
5) 조성진(2015). 앞의 책. 232.

[실습 7-1] '나를 찾아가는 3일 여행' 일지(1일차)

구분	생각난 것들
나의 유년시절 (좋았던 경험, 슬펐던 경험)	
나의 고교시절 (진로/학업에 대한 고민과 극복한 경험)	
지금까지 성취한 경험 (자신의 능력을 발휘했던 일)	
현재의 내 모습	
현재 나의 꿈과 목표	
10년 후의 나의 모습	
30년 후의 나의 모습	

[실습 7-2] '나를 찾아가는 3일 여행' 일지(2일차)

구분	생각난 것들
나의 유년시절 (좋았던 경험, 슬펐던 경험)	
나의 고교시절 (진로/학업에 대한 고민과 극복한 경험)	
지금까지 성취한 경험 (자신의 능력을 발휘했던 일)	
현재의 내 모습	
현재 나의 꿈과 목표	
10년 후의 나의 모습	
30년 후의 나의 모습	

[실습 7-3] '나를 찾아가는 3일 여행' 일지(3일차)

구분	생각난 것들
나의 유년시절 (좋았던 경험, 슬펐던 경험)	
나의 고교시절 (진로/학업에 대한 고민과 극복한 경험)	
지금까지 성취한 경험 (자신의 능력을 발휘했던 일)	
현재의 내 모습	
현재 나의 꿈과 목표	
10년 후의 나의 모습	
30년 후의 나의 모습	

[실습 7-4] '나를 찾아가는 3일 여행' 일지(총괄)

구분		내역
1 일 차	계획	
	한 일	
	느낀 점	
2 일 차	계획	
	한 일	
	느낀 점	
3 일 차	계획	
	한 일	
	느낀 점	

chapter 08 자기 탐색과 이해의 실제

1. 성격 탐색과 자기 이해

가. 성격의 정의와 특성

1) 성격의 정의

사람들은 개인의 행동을 다양한 단어로 표현한다. 예컨대, 사람들은 '활발하다, 수줍어한다, 마음이 따뜻하다, 마음이 차갑다, 능동적이다, 수동적이다, 시끄럽다, 조용하다' 등의 표현을 사용한다. 이런 특성(trait)은 개인의 특징적인 특질을 말하는데, 성격(personality)은 개인의 행동을 구분하는 이런 특성들의 조합이다. 일반적으로 성격은 '한 사람에게 반복적이고 계속해서 나타나는 독특한 생각, 감정, 행동들'이라고 정의할 수 있다.[1)]

국내에서 성격으로 번역되어 사용되는 '퍼스낼리티'(personality)라는 말의 어원은 '페르소나'(persona)라는 용어에서 파생되었다. 페르소나는 고대 로마 시대에 배우들이 화장하는 대신에 얼굴에 쓰던 가면을 지칭하는 라틴어로, 원래는 관객들에게 그것을 쓴 배우가 일정한 태도와 행동을 보여 줄 것으로 기대할 목적으로 사용되었다. 그러나 그것은 곧 가면만이 아니라 그것이 함축하고 있는 역할까지 의미하게 되었고, 마침내 그 역할을 맡은 배우 자신을 의미하는 것으로 확대되었다.[2)]

2) 성격의 특성

사람은 저마다 고유한 성격을 지니고 있다. 나와 똑같은 얼굴을 가지고 있는 사람이 없듯이, 성격이 같은 사람은 하나도 없다. 따라서 성격은 한 사람을 다른 사람과 구별 짓는 그 사람만의 고유한 특성으로서, 개인의 행위를 이해하고 예측하는 데 도움을 준다. 그래서 우리는 어떤 사람의 성격을 표현할 때, 그가 가지고 있는 특성들을 사용하여 그 사람은 느긋하고 내성적이라든가, 그녀는 명랑하고 외향적인 사람이라는 식으로 말한다.

같은 사과와 포도라 하더라도 각각의 고유한 맛과 향을 가지고 있듯이, 어떤 사람이든 저마다 고유하고 독특한 면을 지니고 있다. 여기서 독특하다는 것은 말 그대로 독특함을 나타내는 것일 뿐, 그 자체가 좋고 나쁜 것은 아니다. 이처럼 사람의 성격은 다양한 모습을 띠고 있어서 겉모습을 보는 것만으로는 판단하기 어려운 복잡한 내면적 특성을 나타내고 있다. 그래서 같은 사건과 상황, 그리고 사람을 보더라도 각기 다른 반응을 나타낸다. 즉, 한 사람의 고유한 성격은 그의 지각, 태도, 행동 및 의사결정에 영향을 미친다.

이런 차원에서 누구나 자신의 성격을 파악하는 것이 중요하다. 특히, 진로를 결정해야 하는 대학생들이나 청년들의 경우에는 자신의 성격을 알고 그것을 있는 그대로 수용할 줄 알아야 한다. 나아가 자신을 인정하고 사랑하는 만큼 다른 사람을 수용하고 이해할 줄 알아야 원만한 사회생활을 할 수 있어서 자신의 성격을 파악하는 것은 아주 중요한 일이다. 결과적으로 사람은 자신의 성격을 파악함으로써 자신의 진로 결정과 관련된 중요한 정보를 얻을 수 있고, 사회생활을 하면서 다른 사람을 어떻게 이해하고 행동해야 할지를 결정하는 데 도움을 얻는다.

3) 성격에 관한 논쟁: 유전인가? 환경인가?

성격과 관련한 얘기를 할 때 꼭 등장하는 질문이 있다. 바로 '성격은 타고난 것인가? 아니면 환경의 영향을 받는 것일까?' 하는 물음이다. 성격이 형성되는 원인이 유전인지 아니면 환경 또는 상황인가를 놓고 오랫동안 논쟁이 이어져 왔다. 초기의 논쟁에서는 환경(또는 상황) 쪽이 지배적인 위치를 차지하고 있었으나, 그 이후에 유전인자가 같은 일란성 쌍둥이에 관한 연구가 쌓이면서 그 무게가 유전 쪽으로 기울어지기도 했다.

그러나 최근에 뇌에 관한 연구가 진행되면서 이런 논쟁은 거의 정리되는 것 같다. 즉, 뇌가 처음에는 유전적으로 형성되지만, 사람이 환경과 상호작용하는 과정을 거치면서 뇌 자체가 상당한 변화를 경험한다는 것이다. 성격을 형성하는 것 역시 환경의 영향을 받을 수밖에 없다는 것이다. 그렇다면 사람의 성격도 하는 일에 따라서 얼마든지 변할 수 있다는 결론에 이르렀고, 성격을 둘러싼 유전 - 환경(또는 상황) 논쟁은 마무리된 것 같다.[3)]

요약하면, 성격은 유전적인 요인과 환경적인 요인에 기초하여 발전된다고 보면 된다. 즉, 한 사람의 성격은 태어나기 전에 받은 유전자에 의해 영향을 받고, 자라면서 가족, 친구들, 학교, 그가 맡은 업무 등에 의해 영향을 받는다.

나. 성격검사의 종류

우리는 어떤 사람을 표현할 때, '수줍다, 게으르다, 권위적이다, 소심하다. 외향적이다' 등의 단어를 자주 활용한다. 어떤 사람을 표현할 때마다 이런 특성들이 점점 많아져 기하급수적으로 늘어나면서 이런 특성들을 관련성이 높은 것끼리 묶어서 단순하게 분류하려고 시도했다. 그런 노력의 결과로 다양한 성격검사 도구가 탄생했는데, 가장 대표적인 모형이 MBTI(Myers Briggs Type Indicator)와 빅 파이브(Big Five) 모형이다.[4)] 여기서 그것들에 대해 구체적으로 살펴보고자 한다.

1) MBTI

MBTI 검사는 가장 널리 알려진 성격평가 도구로서, 융(Jung, C. G.)의 심리학적 유형을 바탕으로 이사벨 브릭스 마이어스(Myers, I. B.)와 그의 어머니 캐서린 쿡 브릭스(Briggs, K. C.)에 의해 개발되었다.

MBTI 검사는 인간의 행동은 정말 다양하지만, 인간 내면에 잠재된 질서정연하고 일관된 선호 경향이 있다는 전제에서 출발한다. 그래서 어떤 공통된 특징에 따라 사람들을 네 가지 차원에 근거하여 모두 열여섯 가지 성격유형으로 분류하고 있다.

MBTI 검사에서는 모든 사람을 두 가지 반대되는 선호 경향, 즉 외향성과 내향성, 감각과 직관, 사고와 감정 및 판단과 지각으로 구분하고 있다([그림 8-1] 참조).

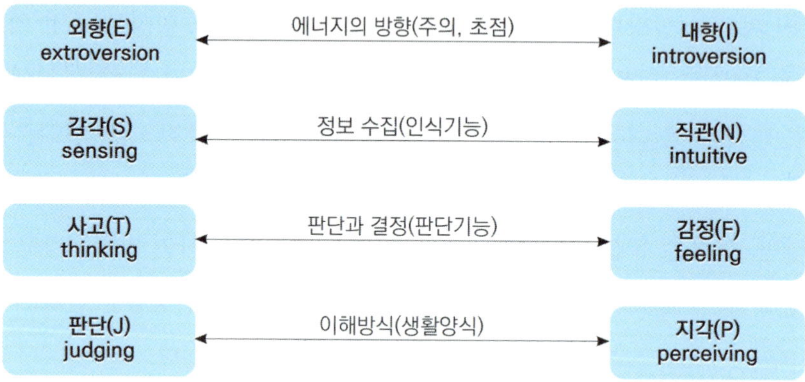

[그림 8-1] MBTI의 지표

첫째, 에너지의 방향이 어느 쪽이냐에 따라 외향성과 내향성으로 구분한다. 외향적인 사람은 주로 외부세계를 지향하고, 외부에서 에너지를 얻기 때문에 남보다 나서길 좋아하고 사람과의 교제를 즐기며, 매사에 적극적인 경향을 보인다. 이에 비해, 내향적인 사람은 주로 내부세계의 개념이나 아이디어에 에너지를 사용하기 때문에 관념적인 것에 대해 생각하는 활동을 즐기고, 조용한 환경을 선호하며, 남 앞에 나서기를 꺼리거나 부끄럼을 타는 경향이 있다.

둘째, 무엇을 인식하느냐에 따라 감각과 직관으로 구분한다. 감각형의 사람은 오감을 통해 정보를 받아들이고, 관찰능력이 뛰어나고 세세한 것까지 잘 기억하며, 질서가 잘 잡힌 것을 선호하는 경향이 있다. 그리고 실제적이고 현실적이며, 성실하고 근면하게 업무를 잘 수행한다. 이에 비해, 직관형의 사람은 어떤 사실이나 사건을 받아들이는 데 있어 오감보다는 직감이나 영감에 더 의존하고, 세밀한 것보다 큰 그림을 보는 경향이 있다. 대개 상상력이 풍부하고 새로운 것과 창의적인 것에 더 매력을 느끼는 경향을 보인다.

셋째, 판단하는 데 있어 어떻게 하느냐에 따라 사고와 감정으로 구분한다. 사고형의 사람은 어떤 정보에 대해 객관적 기준을 가지고 비교하고 분석한 다음에 판단하고자 한다. 즉, 판단에 있어 인정에 끌리지 않고 객관적인 기준과 근거를 바탕으로 논리적 결과만을 냉정하게 판단한다. 원칙과 공정성을 중요하게 여기지만, 사람의 감정이나 느낌을 간과하는 경향이 있다. 이에 비해, 감정형의 사람은 정서를 통한 사람과의 관계나 상황을 고려하여 판단하는 경향이 있다. 조화로운 인간관계를 중시하고, 친화적인 경향을 보이고, 어떤 판단을 할 때는 객관적이고 논리적인 분석보다 자신이 내리는 판단이 다른 사람에게 어떤 영향을 미칠 것인가를 더 깊이 생각하는 경향이 있다. 그러다 보니 다른 사람의 감정을 상하지 않도록 주의하는 경향이 높다.

넷째, 외부세계에 대한 태도나 적응에 있어서 어떤 양식을 보이는가에 따라 판단과 지각으로 구분한다. 판단형의 사람은 어떤 일이든지 계획에 따라 준비하고 일을 시작하며 계획대로 일을 수행하여 마칠 수 있도록 최선을 다하는 경향이 강하다. 외부세계에 관해 빨리 판단하고 결정을 내리려는 경향도 강하다. 빈틈이 없고 업무추진 일정에 대해 단호한 태도를 보이고, 목적의식이 뚜렷하다. 이에 비해, 지각형의 사람은 계획에 따라 살아가는 것보다 상황에 따라 탄력적으로 적응하면서 살아가기를 선호하다 보니 변화에 잘 적응하는 경향이 있다. 자발적이고 호기심이 많아서 새로운 사건에 관심이 많고, 여러 가지 일을 한꺼번에 벌이지만 마무리하는 데 약한 경향이 있다.

MBTI 검사는 이 네 가지 차원을 이용하여 총 열여섯 가지의 성격유형을 제시하고 있다. 이 검사는 오랫동안 기업이나 병원, 군대를 포함하여 여러 형태의 조직에서 널리 사용되고 있고, 대학의 학생 생활 관련 연구소나 심리상담센터 등에서도 많이 실시되고 있다. 각각의 유형에 대한 설명은 실제 검사를 마친 뒤 검사결과를 받으면 자세하게 설명되어 있으니 참고하기 바란다. 다만, 각 유형은 저마다 독특한 특징을 가지고 있고, 강점과 약점을 동시에 가지고 있다는 것을 염두에 둘 필요가 있다. 그리고 이 검사는 자신이 어떻게 대답하느냐를 기록하는 자기보고 방식이어서, 검사 당시 자신의 기분과 상황에 따라 다소 다른 결과가 나올 수도 있다. 그래서 여러 차례 실시하여 각각의 결과들을 비교해 보는 것이 바람직하다.

MBTI 검사결과는 자신을 아는 데 도움을 주는 의미 있는 결과들을 포함하고 있다. 그러나 그 결과가 자신의 모든 것을 온전히 설명해 주는 것은 아니어서 결과의 해석에 대해 조심할 필요가 있다. 따라서 이 검사결과에 너무 얽매이는 것은 바람직하지 못하다. 결과를 통해 도출된 자신의 강점과 장점을 잘 살리고, 반대 유형의 강점과 장점을 보고 배우는 것을 통해 결국 자신을 성장시키려고 노력하는 것이 더 중요하다.

2) 빅 파이브(Big Five) 모형

최근 들어 성격모형으로 잘 사용되는 것이 이른바 '빅 파이브 모형'이다. 이것은 사람들의 행동을 묘사하기 위해 동원되는 엄청난 특성들을 비슷한 것끼리 묶어서 몇 개의 핵심적인 특성으로 나눈 것이다. 빅 파이브 모형은 사람의 성격을 5가지 차원, 즉 외향성, 친화성, 감정적 안정성, 성실성 그리고 경험에 대한 개방성으로 나누어 구분하고 있다. 하나씩 살펴보면 다음과 같다([그림 8-2] 참조).[5]

첫째, 외향성은 다른 사람과의 관계에 대한 편안함의 정도를 의미한다. 외향적인 사람은 모임을 좋아하고, 사교적이며, 활달하고 과시적인 면이 있다. 이에 비해, 내향적인 사람은 수줍어하고, 대인관계에서 단호하지 못하며, 조용하고 무슨 일에든 삼가는 경향이 있다.

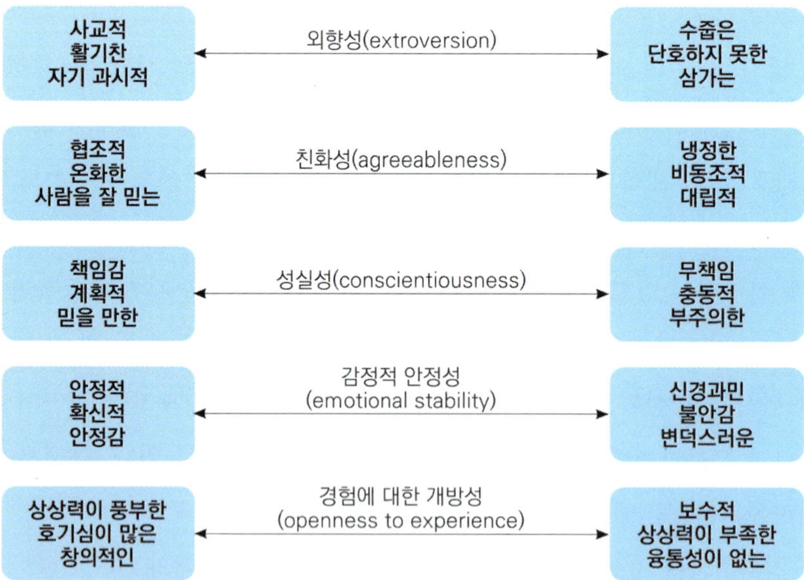

[그림 8-2] 빅 파이브 모형의 5대 성격 요소

둘째, 친화성은 다른 사람에게 순응하는 정도를 의미한다. 친화성이 높은 사람은 협조적이고 온화하며 사람을 잘 믿는 경향이 있다. 이에 비해 친화성이 낮은 사람은 냉정하고, 다른 사람의 의견에 쉽사리 동조하지 않으며, 종종 다른 사람과 대립하는 경향이 있다.

셋째, 감정적 안정성은 스트레스를 견디는 능력을 의미한다. 감정적 안정성이 높은 사람은 어떤 상황에도 잘 흔들리지 않고, 확신에 차 있으며, 안정감을 준다. 이에 비해 감정적 안정감이 낮은 사람은 신경과민에다 불안감이 높고, 조울증을 보이며, 안정감을 주지 않는다.

넷째, 성실성은 신뢰의 정도를 의미하는 차원이다. 성실성이 높은 사람은 책임감이 높고, 계획적이며, 일을 믿고 맡길 만한 사람이다. 그리고 맡겨진 일을 끈기 있게 해내는 경향이 있다. 이에 비해 성실성이 낮은 사람은 무책임, 무계획적이고, 다른 일에 충동적으로 정신이 팔리며, 부주의해서 믿을 수 없는 사람이다.

다섯째, 경험에 대한 개방성은 새로운 것에 관한 관심과 끌림의 정도를 의미한다. 경험에 대한 개방성이 높은 사람은 상상력이 풍부하고, 호기심이 많으며, 예술적인 감각이 뛰어나다. 이에 비해 경험에 대한 개방성이 낮은 사람은 보수적이고, 상상력이 부족하며, 융통성이 없고, 익숙한 것에 대해 편안함을 느끼는 경향이 있다.

빅 파이브 모형은 다섯 가지의 서로 독립된 차원을 이용하여 사람의 성격을 기술하는데, 사람마다 각 차원에 따라 제각기 다른 점수를 받게 된다. 빅 파이브 모형은 직장인들의 성과와 어떤 연관이 있는지에 대한 연구에 많이 사용되고, 의미 있는 연구결과도 축적되었다. 선행연구에 따르면, 거의 모든 직업군에서 성실성은 성과와 긍정적인 상관관계를 가지고 있는 것으로 밝혀졌다. 즉, 성실성이 높은 사람은 낮은 사람에 비해 목표가 높고, 동기부여가 잘 되어 있으며, 과업에 대한 기대수준이 높아 결국 높은 성과를 보이는 것으로 나타났다. 그리고 감정적 안정성이 높은 사람은 스트레스가 심한 상황에서 특히 작업성과가 우수한 것으로 나타났다. 그리고 친화성이 높은 사람은 고객을 상대하는 직업군과 기본적으로 갈등이 있는 상황에서 상대적으로 잘 적응하는 것으로 나타났다.[6] 이런 연구결과들은 자신의 직업을 선택하는 데 여러 가지 점에서 적지 않은 시사점을 주고 있다.

그 밖에 한 개인의 성격을 파악하기 위해서는 '통제의 위치'(locus of control)를 확인하거나 'A형과 B형'으로 구분하는 방법,[7] 에니어그램(enneagram)을 활용할 수도 있다. 그리고 최근 들어 개인행동의 특성을 알아보는 데 자주 활용되는 'DiSC 행동 유형 검사'과 '버크만(Birkman) 진단'도 자신의 특성을 파악하는 데 도움을 준다.

다. 성격 이해와 진로

진로를 탐색하길 바라는 사람들에게 있어 중요한 일은 앞서 소개한 검사 자체를 잘 아는 것이 아니라 그 검사를 통해 나타난 자신을 잘 이해하는 것이다. 따라서 실제로 그런 검사를 받아 보고, 자신의 모습을 객관적으로 이해하려는 노력이 필요하다. 다행스럽게 각종 검사는 측정된 결과를 바탕으로 한 사람을 이해하는 데 필요한 정보를 제공하고 있고, 진로와 관련된 의미 있는 정보도 함께 제공하고 있다.

그러면 실제로 받아 본 검사결과를 정리해 보자(**[실습 8-1]**, **[실습 8-2]** 참조). 그리고 검사를 통해 나타난 추천 직업과 자신이 평소 희망하던 직업과 어떤 차이가 있는지를 살펴보는 것도 흥미로운 일이다. 만약 검사결과에서 추천된 직업이 평소 생각하고 있던 것과 다르다면, 그 이유는 무엇이고, 앞으로 어떻게 할 것인지를 생각해 보는 것도 자신의 진로설계에 도움을 줄 것이다.

2. 적성 탐색과 자기 이해

가. 적성의 정의

적성이란 한 개인이 가지고 있는 잠재적인 능력, 즉 어떤 일을 잘 처리할 수 있는 능력을 말한다. 다시 말해, 적성은 어떤 일이나 업무를 수행하는 데 있어 개인에게 요구되는 능력을 말한다. 적성은 타고난 능력이나 소질 또는 지능을 의미하기도 한다. 이것은 개인마다 다르긴 하지만 각자 가지고 있어서, 이것을 발견하고 잘 개발시켜 나가는 것이 중요하다.

적성은 유전적 성향이 강하지만, 후천적으로 학습경험이나 훈련으로 계발될 수도 있다. 따라서 자신의 진로를 설계할 때도 적성에 맞는 직업을 선택하는 것이 필요하다. 그 이유는 자신의 적성에 맞는 직업을 선택하고 진로를 개척할 때, 선택한 직업과 진로에서 최고의 능력을 발휘할 수 있기 때문이다. 사람에 따라서는 적성이 맞지 않아 어렵게 입사한 회사에서 조기 퇴사하거나 선택한 직업을 포기하는 때도 있다.

1) 능력

자신의 적성을 잘 이해하고 그것을 바탕으로 의미 있는 삶을 살기 위해서 먼저 해야 할 일은 숨겨진 나의 능력(能力, ability)을 찾는 것이다. 이것은 자신의 진로설계에 있어서 큰 도움이 되는 중요한 일이다.

능력은 한 개인이 수행하는 과업에서 최대의 성과를 이끄는 데 필요한 광범위하고 안정적인 인적 특성을 말한다.[8] 능력이 후천적인 경험과 반복 훈련을 통해 향상된다고 하지만, 기본적으로 능력의 많은 부분이 선천적으로 정해진다. 능력은 정신적 능력과 육체적 능력으로 나누고, 정신적 능력은 일반지능(general intelligence)과 감성지능(emotional intelligence)[9]으로 구분할 수 있다.

2) 지능

일반적으로 지적 능력(intellectual ability)을 말하는 지능의 의미와 정의는 학자마다 다양하다. 따라서 여기에서는 비교적 폭넓은 지지를 받는 견해를 간단하게 소개하고자 한다.

지능은 매우 일반적인 정신 능력을 의미하는 것으로, 추론하는 능력, 계획하는 능력, 문제를 해결하는 능력, 추상적으로 생각하는 능력, 복잡한 아이디어를 이해하는 능력, 신속하게 배우는 능력, 그리고 경험으로부터 학습하는 능력 등을 포함한다. 이것은 단순히 책을 통해 학습하는 것, 좁은 의미의 학문적 재주, 또는 시험을 잘 보는 것 등이 아니다. 그보다는 우리 주위를 이해하고 따라잡으며, 사물에 대해서 의미를 부여하거나, 무엇을 할 것인지 찾아내는 것과 같이 더 넓고 깊은 능력을 반영하는 것이다.[10]

이런 지능을 구성하는 요소에 관해서는 학자들에 따라 다양한 견해들이 제시되었다. 최근에는 하워드 가드너(Gardner, H.)의 다중지능(Multiple Intelligence)이론이 관심을 끌고 있다. 그에 따르면, 인간의 지능은 서로 독립적인 다양한 유형의 능력으로 구성되어 상호협력하고 있다고 본다. 그는 〈표 8-1〉에서 보는 바와 같이 지능을 여덟 가지 유형으로 나누었다. 그리고 모든 사람은 비록 정도의 차이는 있지만 여덟 가지 지능을 모두 소유하고 있으며, 사람에 따라 우수한 지능영역이 각각 다르다고 설명한다. 이 이론이 우리에게 시사점을 주는 것은 학습과 교육은 각각의 사람이 지닌 특별한 능력에 집중하여 이루어져야 하고, 자신의 특별한 능력을 가능하면 빨리 찾아내어 그에 적합한 직업이나 진로를 찾아갈 것을 권하고 있다는 점이다.

〈표 8-1〉 다중지능의 유형별 특성

지능 유형	설명
언어 지능	• 복잡한 의미를 표현하는 언어를 사용하는 능력 • 언어를 이해하고 실용적 영역을 조작하는 능력
논리수학 지능	• 숫자를 효과적으로 사용하여 계산하고 정량화하는 능력 • 대상과 상징, 그것의 용법을 알아 복잡한 수학적 기능을 수행하는 능력 • 명제와 가설을 도출하는 추상적 사고 능력
공간지능	• 내·외적인 이미지를 지각, 재창조, 변형 또는 수정할 수 있는 능력 • 방향 감각, 시각, 대상을 시각화하는 능력 • 색, 줄, 형태, 구조와 관련된 지능으로 사물을 인지하는 능력
신체 운동 지능	• 신체적 기술을 잘 조절하는 능력 • 손을 사용하여 사물을 만들어 내고 변형시키는 능력
음악 지능	• 음악에 대한 전반적인 직관적 이해와 분석적이고 기능적인 능력 • 음의 리듬, 음의 높이, 음색에 대한 지각력, 변별력, 변형능력, 표현능력
인간 친화 지능	• 타인의 기분, 의도, 느낌, 동기를 분별하고 지각하는 능력 • 타인에게 동기를 부여하고 변화에 대해 유추하는 능력 • 감각과 대인관계의 암시를 구별해 내는 능력 • 실용적인 방법으로 암시에 반응하는 능력
자기 성찰 지능	• 자신을 이해하는 데 관련된 지식과 그것을 기초로 적응하는 능력 • 자신에 대해 정확히 알고, 그에 따른 자아훈련, 자존감을 위한 능력 • 자신에 대한 통찰과 통제하는 능력
자연 친화 지능	• 자연의 패턴을 관찰, 분류하여 유용한 정보를 획득하는 능력 • 자연에 대한 지식을 활용하여 농사나 광산 운영에 적용하는 능력

출처: 김주엽·송계충·정범구·박상언(2012). **조직행위론**(제3판). 서울: 경문사. 144.

3) 감성지능

감성지능이라는 개념은 메이어(Mayer, J.)와 슬로비(Salovey, P.)가 착안하고, 골먼(Goleman, D.)이 심화, 확대한 개념이다. 이것은 한 개인의 성공을 예측할 때, IQ와 표준화 성취 검사로 측정하는 지력(brainpower)보다 감정(가슴, hearts)의 힘이 더 지배적이라는 인식이 퍼지면서 많은 관심을 받기 시작했다.[11)]

그들에 따르면, 감성지능은 '자신과 타인의 감정을 조절하고, 그것들의 차이를 인식하며, 생각과 행동을 위해 감정 정보를 이용할 줄 아는 능력'으로 정의할 수 있다.[12)] 사람들이 삶의 실제적인 문제를 적절하고 훌륭하게 해결할 수 있는 능력을 사회적 지능이라고 본다면, 감성지능은 그런 사회적 지능 가운데 특히 감정의 지각, 이해 조절과 활용과 관련된 능력에 초점을 둔 개념이다.

감성지능은 네 가지 요소로 구성된다.

첫째, 자기감정 인식(self-emotion appraisal)이다. 이것은 자신의 감정을 자각하고, 감정이 자신의 삶과 직장 및 사회생활에 어떻게 영향을 주는지를 의식하는 것을 말한다. 사람은 자신의 강점과 한계를 정확하기 평가하기 위해 먼저 자기인식을 해야 한다.

둘째, 타인감정인식(others' emotion appraisal)이다. 이것은 다른 사람의 감정을 인식하고 이해하는 것을 말하는데, 사회생활 속에서 다른 사람을 이해하는 것을 의미한다는 차원에서 '사회적 인식'이라고도 한다.

셋째, 자기감정 조절(regulation of emotion)이다. 이것은 자신의 감정에 대한 조절능력을 말하는 것으로, 자신에게 부정적이거나 지장을 주는 감정(걱정, 근심, 두려움, 분노 등)을 통제할 수 있는 능력을 말한다. 다시 말해, 자신이 겪고 있는 심리적인 고통과 좌절로부터 신속하게 회복하도록 자신의 감정을 조절하는 능력을 말하는 것으로, 자기관리라고 볼 수도 있다.

넷째, 자기감정 활용(use of emotion)이다. 이것은 다른 사람의 감정을 느끼고 이해하며, 다른 사람의 감정에 적절하게 대처할 수 있고, 상대방과 원활하게 소통하고 상호작용할 수 있는 능력을 말한다. 쉽게 말해, 이것은 다른 사람들과 잘 어울리는 능력으로, 일종의 대인관계 기술을 의미한다.

감성지능은 직장인들이 자신에게 주어진 업무를 수행하거나 문제를 해결하는 데 있어 단순히 기술적인 역량만이 아니라 대인관계 관련 역량이 많이 요구되는 현실과 무관하지 않다. 그런 차원에서 감성지능이 리더십과 관련이 있다는 것이 많은 연구를 통해 밝혀졌다. 예컨대, 감성지능이 높은 리더는 그렇지 않은 리더보다 흥미롭고 열정적인 작업 여건을 더 잘 조성해 주고, 구성원 사이에 관계의 질을 높여 협동과 신뢰의 분위기를 창출한다. 그리고 구성원이 창의성을 자각하고 그것을 발휘하도록 도움을 주는 등 전반적으로 리더십의 효과와 관련이 많다는 사실이 입증되었다.

따라서 앞으로 사회생활을 잘하고 싶거나 유능한 리더가 되길 원하는 사람들은 감성지능에 관해 많은 관심을 가지고 자신의 감성지능을 높이기 위한 노력을 병행할 필요가 있다.

나. 적성검사의 실제

적성검사는 앞서 언급한 능력, 다중지능, 감성지능을 측정하는 방법으로 진행된다. 능력은 주로 IQ 검사를 통해 측정하고, 다중지능검사는 두뇌 발달이 활발한 시기인 만 4~6세 아동을 대상으로 많이 진행된다. 그리고 감성지능은 골먼(Goleman, D.)이 제안한 EQ 검사를 통해 측정하고 있다. 다만, 이 책에서는 진로와 경력개발에 관련된 논의에 초점을 두고 있어서 다른 것보다 직업적성검사에 대해 집중적으로 살펴보고자 한다.

1) 직업적성검사

현재 개인의 직업과 관련된 적성검사로는 직업적성검사가 가장 일반적으로 행해지고 있다. 그 이유는 대개 개인의 적성에 따라 직업을 선택하는 경향이 있고, 기업들도 충원하고자 하는 직무의 적합성에 맞는 인재를 선발하기 위해 인·적성검사를 실시하기 때문이다.

개인의 직업 적성은 한국고용정보원 워크넷(http://www.work.go.kr/)에 있는 직업적성검사를 통해 알 수 있다. 직업적성검사는 개인의 능력과 적성을 파악하여 적합한 직업을 선택할 수 있도록 도와주기 위한 검사이다. 즉, 직업적성검사는 구체적인 특정 활동이나 직업에 대한 미래의 성공 가능성을 예측할 수 있는 인간의 잠재력을 측정하기 위한 것으로, 직업에서 요구되는 개인의 적성을 측정하는 능력검사(ability test)이다.[13] 이 검사는 총 11개의 적성요인을 15가지 하위요인으로 구성하여 측정하고 있다(〈표 8-2〉 참조).

〈표 8-2〉 적성요인별 구성과 검사 내용

적성 요인	하위검사	검사 내용
언어력	어휘력 검사	• 동의어 찾기: 문장 속에서 주어진 단어와 같은 의미를 지닌 동의어를 찾는 검사 • 반의어 찾기: 문장 속에서 주어진 단어와 반대의 의미를 지닌 반의어를 찾는 검사 • 단어 뜻 찾기: 소리는 같지만, 문장의 맥락상 뜻이 다른 단어를 문장 속에서 제시하여 같은 뜻으로 사용된 단어를 찾도록 하거나, 단어의 뜻을 풀어놓은 글을 보고 그런 뜻을 지닌 단어를 찾음으로써 단어에 대한 지식만이 아닌 문맥 속에서 뜻을 파악하는 능력을 측정하고자 하는 검사
	문장 독해력 검사	제시된 지문의 내용과 의미 및 저자의 의도를 얼마나 정확히 이해하는지를 알아보기 위한 검사
수리력	계산력 검사	정수, 분수, 소수, 백분율 등이 사칙연산을 이용한 단순한 계산적 형태로 제시되었을 때, 얼마나 빠르고 정확하게 계산하는가를 측정하고자 하는 검사
	자료 해석력 검사	다양한 형태로 제시되는 자료들을 얼마나 빠르고 정확하게 해석할 수 있는지를 측정하기 위한 검사
추리력	수열 추리 1 검사	심리학의 망(network)을 이용하여 두 갈래로 갈라진 일련의 숫자들 사이의 관계성을 추론하여 빈칸에 들어갈 숫자를 찾는 검사
	수열 추리 2 검사	일렬로 늘어선 일련의 숫자들 사이의 관계성을 파악하여 빈칸에 올 적당한 숫자를 찾는 검사
	도형 추리 검사	칸에 제시된 도형들 사이의 관계를 파악하여 나머지 빈칸에 들어갈 도형을 찾는 검사

적성요인	하위검사	검사 내용
공간 지각력	조각 맞추기 검사	주어진 도형 일부와 어떤 조각을 합쳤을 때, 완전한 도형이 되는지를 판단하도록 하는 검사
	그림 맞추기 검사	하나의 그림을 40조각 또는 60조각으로 자른 뒤 무선으로 제시하여 올바른 그림이 되도록 그림 조각들을 배열하도록 하는 검사
사물 지각력	지각속도 검사	주어진 사물(숫자, 문자, 기호 등)을 빠르고 정확하게 지각하는 능력을 측정하기 위한 검사
상황 판단력	상황 판단력 검사	일상생활이나 직장생활 속에서 접할 수 있는 다양한 상황들에서 어떻게 행동하는 것이 바람직하고, 어떻게 행동하는 것이 가장 바람직하지 않은지를 판단함으로써 개인의 실제적 지능을 측정하기 위한 검사
기계 능력	기계 능력 검사	자연의 운동 법칙과 물리학적 원리 및 기계의 작동원리 등에 대한 판단능력과 지식을 측정하기 위한 검사
집중력	집중력 검사	방해과제(글자)가 있는 상황 속에서 주어진 과제(색과 도형에 관한 판단)를 빠르고 정확하게 수행하는 능력을 측정하기 위한 검사
색채 지각력	색 혼합 검사	두 가지의 색을 혼합했을 때 예상되는 새로운 색을 유추할 수 있는 능력을 측정하기 위한 검사
사고 유창력	사고 유창력 검사	특정 사물의 명칭과 있을 수 없는 상황을 제시한 뒤, 그 사물이 이용될 수 있는 모든 작업과 그런 상황에서 일어날 수 있는 사건들을 많이 산출해 내도록 한 검사
협응 능력	기호 쓰기 검사	특정 기호를 주어진 시간 동안 얼마나 빠르게 적을 수 있는지를 알아보는 검사

2) 직업적성검사 결과의 이해

직업적성검사 결과를 살펴보면, 적성요인별 환산점수(평균 100, 표준편차 15)와 상대적 수준을 6단계로 제시해 준다(**[그림 8-3]**, **〈표 8-3〉** 참조). 예컨대, 적성요인별 점수가 100점보다 위에 있으면 다른 사람들보다 그 능력이 우수한 것이고, 100점보다 아래에 있으면 다른 사람들보다 그 능력이 낮은 것을 의미한다.

그런데 환산점수를 해석할 때 주의할 점은 자신의 환산점수는 개인이 속한 집단과 비교한 상대적인 점수일 뿐, 그것이 절대적인 것은 아니라는 것이다. 다시 말해, 적성요인별 환산점수의 높낮이가 중요한 것이 아니라 자신이 어떤 적성요인이 강점이고 약점인지를 잘 이해하는 것이 필요하다. 그래서 직업적성검사 결과를 바탕으로 자신의 뛰어난 적성이 어떤 영역인지를 확인하고, 이것을 잘 활용하는 방법과 그런 직업이 무엇인지를 이해하는 것이 중요하다.

구분	언어력	수리력	추리력	공간 지각력	사물 지각력	상황 판단력	기계 능력	집중력	색채 지각력	사고 유창력	협응 능력
적성점수	115	90	107	70	147	136	89	130	110	77	107
수준	상	중하	중상	최하	최상	최상	중하	최상	중상	최하	중상

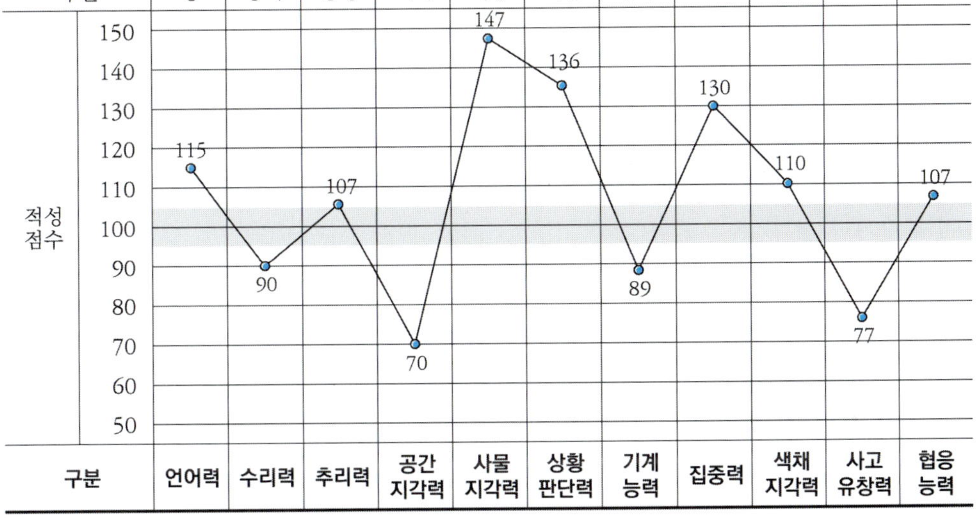

[그림 8-3] 적성요인별 점수비교표(예)

〈표 8-3〉 직업적성검사 환산점수 기준

구분	환산점수	내용
최상	120점 이상	당신의 능력은 상위 10% 이내
상	112~119점	당신의 능력은 상위 11%~20% 사이
중상	100~111점	당신의 능력은 상위 21%~50% 사이
중하	88~99점	당신의 능력은 하위 21%~49% 사이
하	81~87점	당신의 능력은 하위 11%~20% 사이
최하	80점 이하	당신의 능력은 하위 10% 이내

직업적성검사는 개인별 환산점수를 고려하여 개인의 능력을 발휘하기에 가장 적합한 직업군을 제시함으로써 직업을 선택할 때 참고할 수 있는 직업을 안내해 준다. 예컨대, 상황 판단력이 뛰어난 사람에게 가장 적합한 직업은 속기사이고, 다음으로 적합한 직업은 도서관 전문가, 직업상담원, 디자이너 등이라고 소개하고 있다. 그리고 공간 지각력이 뛰어난 사람에게 가장 적합한 직업은 화가, 만화가, 사진사, 촬영기사이고, 다음으로 적합한 직업은 측량기술자, 토목기술자, 건축설계 기술자 등이라고 소개하고 있다.

직업적성검사는 검사 전에 본인이 입력한 희망 직업의 직무수행에 필요한 최소한의 능력을 보여 주는 기준점수와 실제 검사결과에 나타난 개인의 적성 수준을 비교하여 제시하고 있어서 어떤 사람이 희망 직업을 찾는 데 필요한 능력이 무엇인지 확인하는 데 도움을 준다.

다. 적성 이해와 진로

직업적성검사는 개인의 직업탐색과 직업선택에 매우 유용하게 활용되는 직업적성요인을 측정하여 그 결과를 제공한다. 이 검사는 기업에서 실시하는 직무적성검사와 형태가 유사하다. 특히, 기업의 사원 채용 과정에서 인·적성 직무능력검사에서 통과되지 못하면 면접의 기회를 얻지 못하는 경우가 대부분이라는 현실을 고려할 때, 직업적성검사에 관해 관심을 가지고 준비하는 것은 의미 있는 일이다.

그러나 직업적성검사가 개인의 직업탐색과 선택에 관한 유일한 자료가 아니라는 것을 명심할 필요가 있다. 직업적성검사에서 비슷한 결과를 얻은 사람이라 할지라도 개인의 성격, 가치관, 세계관, 인생관 및 직업관이 다르고, 살아온 환경과 흥미도 다를 수 있다. 따라서 직업적성검사 결과에 전적으로 의존하기보다는 성격, 흥미, 희망직업, 전공, 가정환경, 직업 변화의 추세 등에 대한 정보 등을 함께 고려하여 자신의 진로를 탐색하는 것이 바람직하다.

그러면 실제로 직업적성검사를 하고(www.work.go.kr, 심리검사 → 성인용 직업적성검사), 그 결과를 별도의 양식에 기록해 보자(**[실습 8-3]**, **[실습 8-4]** 참조).

3. 흥미 및 가치관의 탐색과 자기 이해

가. 흥미의 정의와 흥미검사

1) 흥미의 정의

사람에게는 누구나 자신이 좋아하는 것과 싫어하는 것이 있기 마련이다. 자신의 진로나 직업에 관해서도 어떤 일은 하고 싶은데, 다른 어떤 일은 하기 싫다고 말하기도 한다. 자신의 진로를 결정할 때, 자신이 좋아하는 일을 찾는 것은 아주 중요한 활동 가운데 하나이다.

흥미(interest)란 개인이 잠재적으로 가치가 있다고 생각하는 것에 주의를 기울이고, 그것을 향해 나아가려는 일반적인 정서적 특성을 말한다.[14] 어떤 일에 대해 흥미가 있어서 좋아하다 보면 그 속에서 가치를 발견하고 몰입하게 되며, 결과적으로 의미 있는 성과를 거둘 수 있다. 그런 차원에서 흥미도 개인의 특성을 나타내는 의미 있는 요소 가운데 하나라고 할 수 있다.

어떤 사람이 진로를 결정할 때, 자신이 무엇을 좋아하고, 하고 싶은 일이 무엇인지를 파악하는 것은 아주 중요한 일이다. 그 이유는 자신이 하고 싶은 일을 할 때 능률도 오르고 행복감을 느낄 수 있으며, 그 분야에서 성공할 가능성도 커지기 때문이다. 예컨대, 에디슨은 전기에 대한 흥미를 지니고 있었고, 포드는 자동차에 대한 흥미가 많았으며, 파브르는 곤충에 대해 미쳐 있어서 각 분야에서 큰 발자취를 남길 수 있었다. 하지만, 만약 어떤 직업에 대한 능력이 있더라도 그 일에 대한 흥미가 없다면, 만족감을 느끼지 못하고 일의 능률도 떨어질 수밖에 없다.

2) 홀랜드(Holland) 육각형 모형

흥미라는 개념은 심리학자 홀랜드(Holland)의 이론에 기초를 두고 있다. 홀랜드는 개인의 직업에 대한 흥미를 여섯 가지 유형으로 구분하고, 각 유형에 속하는 사람들은 다른 유형과 구분되는 비슷한 특징을 공유한다고 설명했다. 그는 흥미 육각형 모

형을 제안하면서 다음과 같은 네 가지 가정을 제시하고 있다([그림 8-4] 참조).[15)]

첫째, 대부분 사람은 여섯 가지 흥미 코드인 현실형(Realistic), 탐구형(Investigative), 예술형(Artistic), 사회형(Social), 진취형(Enterprising), 관습형(Conventional)으로 설명될 수 있다.

둘째, 직업 환경 역시 현실적, 탐구적, 예술적, 사회적, 진취적, 관습적으로 분류될 수 있다.

셋째, 사람들은 자신에게 맞는 환경을 찾는다. 즉, 사람들은 자신의 기술과 능력을 발휘하고, 태도와 가치를 표현하며, 자신에게 맞는 역할을 하는 환경을 찾는다.

마지막으로, 개인의 성격 특성과 직업 환경의 상호 작용이 행동으로 나타난다. 즉, 개인의 성격유형에 적합한 직업 환경을 가질수록 개인의 직무 만족, 장기근속, 성취 등에 긍정적인 영향을 미치고 있음을 예측할 수 있다.

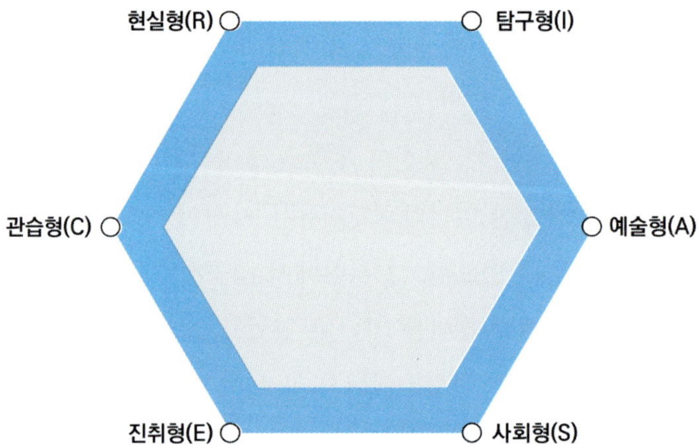

[그림 8-4] 홀랜드의 흥미 육각형 모형

출처: 김인기(2011). 진로탐색과 경력관리, 경기: 양서원, 33.

이런 가정하에 홀랜드는 개인의 성격 특성과 특정 직업에 대한 흥미 사이의 관계를 육각형 모형으로 설명하고 있다. 예컨대, 어떤 사람의 성격 특성이 육각형 모형의 현실형(R)과 일치한다면 그는 손이나 도구를 활용하여 일하는 일에 끌릴 것이고, 탐구형(I)과 일치한다면 그는 아이디어와 연구하는 분야의 일에 끌릴 것이다. 그리고 어떤 사람의 성격 특성이 육각형 모형의 예술형(A)과 일치한다면 그는 예술적인 분야의 일이 끌릴 것이고, 사회형(S)과 일치한다면 그는 사람들과 관계를 맺고 다루는 일에 더 끌릴 것이다. 그리고 어떤 사람의 성격 특성이 육각형 모형의 진취형(E)과 일치한다면 그는 사람들에게 영향을 미치는 일이나 사람들을 설득하여 제품을 파는 일에 끌릴 것이고, 관습형(C)과 일치한다면 그는 꼼꼼함이 필요한 일에 끌린다는 것이다.

여섯 가지 흥미(유형) 코드별 특성을 살펴보면 다음과 같다(〈표 8-4〉~〈표 8-9〉 참조). 각각의 흥미 유형별 특성은 해당 흥미 유형의 특성을 개괄적으로 설명한 다음, 자신과 타인의 평가, 선호하는 활동과 회피하는 활동, 적성, 성격, 가치를 설명하고 있다. 그리고 해당 흥미를 지닌 사람이 어떤 직업에 많은지를 소개하고 있다.

〈표 8-4〉 현실형(R)의 특성

구분		구체적인 특성 내용
흥미 특성		분명하고 질서정연하고 체계적인 것을 좋아하며 연장이나 기계를 조작하는 활동 및 기술에 흥미가 있음
평가	자기	사교적 재능보다는 손 재능 및 기계적 소질이 있음
	타인	겸손하고 솔직하지만, 독단적이고 고집이 있음
선호 활동		기계나 도구들의 조작을 선호함
회피 활동		타인과의 상호작용
적성		기계적 능력
성격		현실적이고 신중한 성격
가치		눈에 보이는 성취에 대한 물질적 보상
직업 유형		엔지니어, 소방관, 경찰관, 운동선수, 목수, 자동차 정비원, 군인, 운전기사 등

〈표 8-5〉 탐구형(I)의 특성

구 분		구체적인 특성 내용
흥미 특성		관찰적 · 상징적 · 체계적이며 물리적 · 생물학적 · 문화적 현상의 창조적인 탐구를 수반하는 활동에 흥미가 있음
평가	자기	대인관계 능력보다는 학술적 재능이 있음
	타인	지적이고 현학적이며 독립적이지만 내성적임
선호 활동		자연 및 사회현상의 탐구, 이해, 예측 및 통제를 선호함
회피 활동		설득 및 영업활동
적성		학구적 능력
성격		분석적이고 지적인 성격
가치		지식의 개발과 습득
직업 유형		언어학자, 심리학자, 물리학자, 생물학자, 시장조사 분석가 등

〈표 8-6〉 예술형(A)의 특성

구 분		구체적인 특성 내용
흥미 특성		예술적 창조와 표현, 변화와 다양성을 선호하고 틀에 박힌 것을 싫어하며 모호하고, 자유롭고, 상징적인 활동에 흥미가 있음
평가	자기	사무적 재능보다는 혁신적이고 지적인 재능이 있음
	타인	유별나고 혼란스러워 보이며 예민하지만 창조적임
선호 활동		문학, 음악, 미술 활동을 선호함
회피 활동		틀에 박힌 일이나 규칙
적성		예술적 능력
성격		경험에 대해 개방적인 성격
가치		아이디어, 정서, 감정의 창조적 표현
직업 유형		음악가, 화가, 시인, 카피라이터, 디자이너, 배우, 헤어디자이너 등

〈표 8-7〉 사회형(S)의 특성

구 분		구체적인 특성 내용
흥미 특성		타인의 문제를 듣고, 이해하고, 도와주고, 치료해 주고, 봉사하는 활동에 흥미가 있음
평가	자기	기계적 능력보다는 대인관계를 맺는 데 소질이 있음
	타인	이해심 많고, 사교적이고, 동정적이며 이타적임
선호 활동		상담, 교육, 봉사활동을 선호함
회피 활동		기계·기술적 활동
적 성		대인 지향적 능력
성 격		동정심과 참을성이 있는 성격
가 치		타인의 복지와 사회적 서비스의 제공
직업 유형		상담가, 간호사, 교사, 성직자 등

〈표 8-8〉 진취형(E)의 특성

구 분		구체적인 특성 내용
흥미 특성		조직의 목적과 경제적인 이익을 얻기 위해 타인을 지도, 계획, 통제, 관리하는 일과 그 결과로 얻어지는 명예, 인정, 권위에 흥미가 있음
평가	자기	과학적 능력보다는 설득력 및 영업능력이 있음
	타인	열정적이고 외향적이며 모험적이고 야심이 있음
선호 활동		설득, 지시, 지도 활동을 선호함
회피 활동		틀에 박힌 일이나 규칙
적 성		경영 및 영업능력
성 격		경제적 성취와 사회적 지위
가 치		과학적·지적·추상적 주제
직업 유형		최고 경영자, 정치가, 변호사, 영업사원, 언론인 등

〈표 8-9〉 관습형(C)의 특성

구 분		구체적인 특성 내역
흥미 특성		정해진 원칙과 계획에 따라 자료를 기록, 정리, 조직하는 일을 좋아하고, 체계적인 작업 환경에서 사무적·계산적 능력을 발휘하는 활동에 흥미가 있음
평가	자기	예술적 재능보다는 비즈니스 실무능력이 있음
	타인	안정을 추구하고 규율을 잘 지키며 유능한 사람
선호 활동		규칙을 만들거나 따르는 활동을 선호함
회피 활동		명확하지 않은 모호한 과제
적성		사무적 능력
성격		현실적이고 성실한 능력
가치		금전적 성취와 사회, 사업, 정치 영역에서의 권력
직업 유형		회계사, 경리사무원, 비서, 금융사무원 등

3) 흥미검사 결과의 이해

홀랜드 흥미검사 결과는 6가지 흥미 코드와 흥미 유형별 점수로 구성되어 있다. 흥미 코드 아래에 흥미 유형별 원점수와 표준점수라는 두 가지 검사 점수가 제시되어 있다.

흥미 코드별 원점수는 자신이 어떤 유형에 가까운지에 대한 해석 자료로 활용할 수 있다. 그리고 흥미 코드별 표준점수는 다른 사람과의 비교를 위해서 원점수를 해석하기에 편리하도록 전환한 점수로써, 다른 사람들의 분포와 비교해 볼 때 본인이 상대적으로 어떤 위치에 있는지를 확인하는 데 도움을 준다. 검사결과에서 제시된 점수를 활용하면, 개인별 흥미 육각형의 모양을 그릴 수 있고, 이것의 모양과 크기는 개인별로 각기 다르게 나타난다.

한편, 흥미 육각형 모형은 자신의 흥미 코드에 적합한 직업 및 직업 훈련 직종을 제시하고 있어서 해당 직업에서 수행하는 직무특성이 무엇인지를 파악하면, 자신의 진로 설정에 의미 있는 시사점을 얻을 수 있다. 이제 실제로 직업선호도검사를 실시하고(www.work.go.kr, 심리검사 → 직업선호도검사(L형)), 그 결과를 별도의 양식에 기록해 보자(**[실습 8-5]**).

나. 가치관의 정의와 가치관검사

1) 가치관의 정의와 특성

사람들은 누구나 어떤 사물이나 사건과 일을 대할 때, 마음속에 자신만의 기준을 가지고 생각하거나 판단한다. 이처럼 한 개인이 중요하게 생각하는 결정이나 기준을 가치(value)라고 하고, 이것은 개인의 행동과 선택에 큰 영향을 준다. 이런 각각의 가치들이 모여 한 사람의 생각, 감정 등을 형성하는데, 이것을 통틀어 가치관(view of values)이라고 한다.

가치관은 특정 행위 양식이나 존재 방식이 그와 반대되는 것들보다 더 바람직하다는 기본적인 믿음을 말한다.[16)] 예컨대, 아버지의 말씀이 설사 틀리더라도 그 말씀에 따르는 것이 더 바람직한 행위이고, 사형제도는 사회정의를 위해 존재하는 것이 더 바람직하다고 생각하는 것은 개인의 가치관을 반영하고 있는 말이다.

가치관은 무엇이 옳고 바람직한가에 대한 기본적인 판단 기준을 제공하기 때문에 개인의 행동 양식과 사고에 영향을 미치고, 일상생활의 모든 결정과 선택에 있어서 중요한 기준으로 작용한다. 가치관의 기본은 10대 초기에 형성되고, 일단 형성되면 상당히 오랫동안 안정적으로 유지되는 것으로 알려졌다. 가치관의 바탕은 비교적 어린 나이에 부모나 그에 상응하는 역할을 하는 '의미 있는 타인'(significant others)에 의해서 흑백논리에 따라 습득된다. 따라서 상황에 따라 쉽게 변하지 않고, 특별한 상황이 벌어지지 않는다면, 평생 큰 변화 없이 계속되는 경향이 있다.[17)]

가치관에 대해 구체적으로 살펴보면 다음과 같다.

첫째, 가치관은 개인이 어떤 사건, 사물 및 삶을 접할 때 어디에 가치를 두느냐에 대한 그의 관점을 말한다. 예컨대, 사람에 따라 성(性)에 대해 매우 보수적인 가치관을 지닌 사람이 있고, 개방적으로 생각하는 가치관을 지닌 사람도 있다. 성에 대한 어떤 가치관을 지니고 있느냐에 따라 젊은이들의 혼전 동거에 대한 관점이 달라질 것이다.

둘째, 가치관은 다양한 상황에서 한 개인의 결정을 이끄는 신념이다. 예컨대, 어떤 사람이 흥미가 있고 적성이 맞아 사회복지사라는 직업을 선택하여 능력을 발휘할 수 있지만, 그가 금전적 보상과 성취가 중요하다고 생각하는 가치관을 지니고 있다면 그 직장을 그만둘 수도 있다.

마지막으로, 가치관은 한 사람이 어떤 방식으로 행동하게 하는 원리나 믿음을 말한다. 예컨대, 성(性)에 대해 개방적인 가치관을 지닌 젊은 세대들이라면, 부모의 반대에도 불구하고 혼전 동거를 할 수 있을 것이다. 하지만, 성에 대해 보수적인 가치관을 가진 부모들은 자녀의 혼전 동거에 대해 심하게 반대하는 행동을 할 수 있다.

2) 직업과 가치관

동물의 유일한 삶의 목표는 생존이지만, 사람은 생존을 넘어 저마다 추구하는 가치를 지니고 있다. 그것이 바로 인간의 본질이자 동물과 구분되는 중요한 특징이다. 그렇다면 직업도 자신이 추구하는 가치를 실현하는 수단이 되어야 할 것이다. 자신만이 할 수 있는 역할과 자신이 추구하는 가치를 실현하는 수단으로서 직업을 갖는 것이 진정한 의미에서의 직업의 본질일 것이다. 이런 차원에서 가치관은 직업선택에 있어 의미 있는 기준을 제공한다. 자신이 하고자 하는 일이 자신의 흥미와 적성에는 맞지만, 그것이 자신의 가치관과 맞지 않으면 그 직업을 선택하기 어렵다. 다시 말해, 자신이 좋아하고 하고 싶은 일이긴 하지만 미래의 발전 가능성과 수익성에 더 가치를 두는 사람이라면, 그 직업을 선택하기가 어렵다.

직업 가치관은 직업을 통해 충족하고자 하는 욕구 또는 상대적으로 중요시하는 기준들을 말한다. 이것은 자신의 직업과 관련된 선택을 할 때 큰 영향을 미치는 것이어서 자신이 어떤 직업 가치관을 지니고 있는지를 파악하는 것은 의미 있는 일이다.

직업을 선택할 때는 내적 가치관과 외적 가치관이 서로 충돌하면서 영향을 미친다. 내적 가치관을 중요시하는 사람은 직업을 선택할 때 자신의 성격, 흥미, 적성 등을 우선시하지만, 외적 가치관을 중요시하는 사람은 직업의 외형적인 조건, 즉 회사의 규모, 임금 수준, 복리후생 등을 중요시하는 경향이 있다. 지금까지의 연구결과에 따르면, 외적 가치관보다 내적 가치관을 추구하는 사람이 자신의 직업에 더 큰 만족감과 행복감을 느끼는 것으로 나타났다. 〈표 8-10〉은 직업 가치관을 구성하는 13가지 요인에 대한 설명을 정리한 것이다.

〈표 8-10〉 직업 가치관의 구성요인

No.	직업가치 요인	내용	관련 적합 직업
1	성　취	스스로 달성하기 어려운 목표를 세우고 이를 달성하여 성취감을 맛보는 것을 중시하는 가치	대학교수, 연구원, 연구가, 프로운동선수, 관리자 등
2	봉　사	자신의 이익보다는 사회의 이익을 고려하며, 어려운 사람을 돕고 남을 위해 봉사하는 것을 중시하는 가치	판사, 소방관, 사회복지사, 성직자, 경찰관 등
3	개별 활동	여러 사람과 어울려 일하기보다 자신만의 시간과 공간을 가지고 혼자 일하는 것을 중시하는 가치	디자이너, 화가, 운전기사, 교수, 연주가 등
4	직업 안정	해고나 조기퇴직의 걱정 없이 오랫동안 안정적으로 일하며 안정적인 수입을 중시하는 가치	연주가, 기술자, 변호사, 교사, 약사 등
5	변화 지향	일이 반복적이거나 정형화되어 있지 않으며 다양하고 새로운 것을 경험할 수 있는지를 중시하는 가치	연구원, 메이크업 아티스트, 광고/홍보 전문가, 소프트웨어개발자, 컨설턴트 등
6	심신의 여유	건강을 유지할 수 있으며 스트레스를 적게 받고 마음과 몸의 여유를 가질 수 있는 업무나 직업을 중시하는 가치	레크리에이션 진행자, 교사, 대학 교수, 조경 기술자, 화가 등
7	영향력 발휘	타인에게 영향력을 행사하고, 일을 자신 뜻대로 진행할 수 있는지를 중시하는 가치	감독 또는 코치, 관리자, 성직자, 변호사 등
8	지식 추구	일에서 새로운 지식과 기술을 얻을 수 있고, 새로운 지식을 발견할 수 있는지를 중시하는 가치	판사, 연구원, 경영컨설턴트, 소프트웨어개발자, 디자이너 등
9	애　국	국가의 장래나 발전을 위하여 이바지하는 것을 중시하는 가치	군인, 경찰관, 소방관, 사회단체활동가, 검사 등
10	자　율	다른 사람들에게 지시나 통제를 받지 않고 자율적으로 업무를 해 나가는 것을 중시하는 가치	연구원, 자동차 세일즈맨, 레크리에이션 진행자, 광고전문가, 예술가 등
11	금전적 보상	생활하는 데 경제적인 어려움이 없고 돈을 많이 벌 수 있는지를 중시하는 가치	프로운동선수, 공인회계사, 증권/투자중개인, 금융자산 운용가, 기업 고위임원 등
12	타인의 인정	자기의 일이 다른 사람들로부터 인정받고 존경받을 수 있는지를 중시하는 가치	항공기 조종사, 교수, 판사, 운동선수, 연주가 등
13	실내 활동	주로 사무실에서 일할 수 있으며, 신체활동을 적게 요구하는 업무나 직업을 중시하는 가치	번역사, 관리자, 상담원, 연구원, 법무사 등

출처: 한국고용정보원 워크넷(http://www.work.go.kr).

3) 직업가치관검사

직업가치관검사는 개인이 직업과 관련된 다양한 욕구 및 가치들 가운데 무엇을 더 중요하게 여기는가를 살펴보고, 각 개인이 생각하는 중요한 가치를 충족시킴으로써 직업만족도를 높일 수 있는 직업들은 어떤 것들인지를 탐색하는 데 도움을 주는 검사이다.

직업 가치관을 알아볼 수 있는 검사로는 한국고용정보원 워크넷(http://www.work.go.kr)이나 한국직업능력개발원 커리어넷(http://www.careernet.re.kr)에서 제공하는 것들이 있다. 여기서는 전자의 경우를 소개하고자 한다.

직업가치관검사 결과를 살펴보면, 다음과 같은 도움을 받을 수 있다.

첫째, 개인이 13가지의 직업가치관 하위요인 가운데 어떤 것을 더 중요하게 생각하는지를 제시하고, 진로를 선택할 때 반드시 고려해야 하는 가장 높은 3가지 가치를 제시해 준다.

둘째, 개인의 직업 가치점수와 우선 추천 직업 가운데 가장 적합한 직업의 가치점수를 비교하여 어떤 가치가 유사하고 어떤 가치가 차이가 나는지를 알 수 있도록 자세하게 안내해 준다. 예컨대, 검사한 사람에게 추천하는 첫 번째 직업이 금융상품설계사라면, 그 직업에서 중요시되는 가치, 즉 '성취, 금전적 보상, 몸과 마음의 여유'와 관련된 가치점수를 보여 주고, 이것이 자신이 중요하게 생각하는 가치, 즉 '금전적 보상, 변화 지향, 개별 활동'과 관련된 가치점수와 얼마나 같고, 차이가 발생하는지를 비교할 수 있도록 안내해 준다.

셋째, 검사 시 입력한 개인의 희망 직업에서 요구되는 가치점수와 본인의 직업가치점수를 비교하여 어떤 가치가 유사하고 어떤 가치가 차이가 나는지를 세부적으로 안내해 줌으로써 직업 가치관과 관련된 자신의 특성을 파악하도록 도움을 준다.

마지막으로, 개인별 검사결과를 요약하고, 가치 특성을 고려한 구체적인 추천 직업과 우선 추천 직업에 대한 정보를 제공해 준다.

다. 흥미 및 가치관의 이해와 진로

직업가치관검사를 마쳤다고 해서 그 결과만으로 자신의 직업을 선택해서는 안 된다. 물론 어떤 직업이 자신의 직업가치관 특성과 잘 맞더라도 그 직업에서 요구하는 직무를 수행할 수 있는 능력, 해당 분야에 대한 흥미와 적성 등과 내적 요인과 학력 수준, 직업의 미래 전망, 가정환경 및 경제적 여건 등과 같은 외적 요인을 함께 고려하는 것이 필요하다. 앞서 언급했듯이 각종 검사결과는 자신의 진로와 관련한 직업을 선택하는 데 안내자 역할을 하는 참고자료로써 활용해야지 그 결과만을 맹신하는 것은 바람직하지 않다.

그러면 실제로 직업가치관검사를 실시하고(www.work.go.kr, 심리검사 → 직업가치관검사), 그 결과를 별도의 양식에 기록해 보자(**[실습 8-6]** 참조).

4. 강점 및 역량 탐색과 자기 이해

가. 강점의 정의와 강점검사

1) 강점의 정의

사람은 누구나 다른 사람과 비교하여 특별히 잘하는 일이 있기 마련이다. 문제는 그것을 얼마나 잘 발견하느냐에 달려 있다. 그러나 안타깝게도 대부분 사람은 자신이 가지고 있는 특별한 장점을 발견하지 못하고 생을 마치는 경우가 적지 않다. 따라서 자신의 인생을 설계하는 시기에 있는 대학생들이나 청년들에게 있어 자신이 가지고 있는 특별한 장점, 즉 강점을 발견하는 일은 정말 중요한 일이다.

강점(strength)이란 한 가지 일을 완벽에 가까울 만큼 일관되게 처리하는 능력을 말하고, 재능과 지식 및 기술을 결합한 것이다.[18] 셀리그만(Seligman, M. E. P.)에 따르면, 대표 강점(signature strength)은 한 사람을 잘 나타내고 그의 독특함과 개성을 보여주는 긍정적인 성격 특징을 말한다. 사람들은 자신이 가지고 있는 가장 특징적인 강점을 잘 활용할 때, 더 활기찬 열정을 느끼고 진정한 자기가 표현되고 있다고 느낀다.[19] 인생에서 자신이 바라는 만족한 삶을 살려면, 자신의 약점을 고치는 데 시간과 노력을 들이는 것보다 자신의 대표적인 강점을 연마하고 활용하는 것이 바람직하다.[20]

2) 강점의 특성

강점은 여러 가지 특징이 있다.[21] 특히 재능과 비교하면, 그 특징을 잘 알 수 있다.

첫째, 강점은 그 자체로서 가치가 있는 것이다. 예컨대, 어떤 사람이 자신의 강점인 리더십을 발휘하면, 주위 사람들에게 신망을 얻고 승진을 하게 된다. 그러나 그의 강점이 바람직한 결과를 낳지 못하거나 확실한 이익을 보장해 주지 못했다고 해서 그의 강점이 소중하지 않은 것은 결코 아니다. 대개 강점은 좋은 결과를 낳지만, 어떤 일을 하고 만족하거나 긍정적인 정서를 위해 만들기 위해서 반드시 강점을 활용해야 하는 것은 아니다.

둘째, 강점은 자율의지에 따라 결정된다. 재능은 기계적으로 습득하는 경우가 많지만, 강점은 대개 자율의지에 따라 결정되는 것이어서 선택의 문제와 연결된다. 예컨대, 매장직원이 잘못 계산하여 7,000원을 더 거슬러 주었을 때, 그것을 사실대로 말하는 데는 개인의 의지가 필요하다. 그 직원에게 7,000원을 되돌려 주면서 뿌듯함을 느끼는 이유는 정직이라는 자신의 재능을 칭찬받아서가 아니다. 올바른 일을 한 것에 관해 자부심을 느끼기 때문이다. 누구나 쉽게 하는 선택을 자신도 했기 때문에 뿌듯한 것이 아니고, 쉬운 선택이 아님에도 그렇게 한 자신의 자율적인 의지에 대한 자부심이 그를 뿌듯하게 하는 것이다. 이처럼 강점은 본인의 의지에 따라 결정되는 것이다.

셋째, 강점은 낭비할 수 없다. "자네는 아주 총명한데, 그것을 썩히고 있군."이라는 표현은 그가 높은 지능지수를 선택한 것은 아니지만, 우수한 두뇌를 활용하지 않고 잘못 선택함으로써 자신의 재능을 낭비하고 있다는 뜻이다. 하지만 강점은 이처럼 낭비할 수 있는 것이 아니고, 언제 발휘하고 어떻게 계속해서 개발하느냐와 관련된 문제이다. 그래서 강점은 결단을 내리고 꾸준히 노력한다면, 평범한 사람들도 얼마든지 습득할 수 있다. 그러나 재능은 의지에 따라 습득할 수 있는 것이 아니다.

마지막으로, 강점은 시간과 환경에 무관하게 계속 나타나는 심리적인 특성이다. 어떤 사람이 딱 한 번 어디에선가 친절을 베풀었다고 해서 그가 인간애라는 강점을 발휘한다고 볼 수 있는 것은 아니다. 강점은 계속해서 만족해하며 성공적으로 수행할 수 있어야 한다. 예컨대, 빌 게이츠가 마이크로소프트사의 사업 전략을 세우는 데 매우 유능하지만, 스스로 인정한 것처럼 전략 수립에 너무 많은 에너지를 소비하고 싶지 않으므로 그의 이런 능력은 강점이라고 할 수 없다.

3) 강점 이해와 진로

성공하는 사람은 자신의 타고난 강점을 계발하고, 그것을 학습과 경험을 통해 더욱 단련시킴으로써 강점을 강화한다. 자신의 강점을 완벽하게 계발한다면, 그것은 자신의 약점이나 험난한 세상살이를 이기는 힘이 된다. 한 사람의 강점과 미덕은 불행과 심리적 장애의 고통을 완화할 수 있어서 생활의 활력을 찾는 데 핵심적인 역할을 한다. 따라서 자신의 약점과 단점을 고치려고 시간과 노력을 투자하는 것은 바람직하지 않다. 단점을 아무리 보완한다 해도 그것은 매우 나쁘지 않은 단점밖에는 될 수 없다. 오히려 자신의 강점에 초점을 맞추는 것이 훨씬 생산적인 일이다.

이런 차원에서 자신의 인생을 설계하려는 대학생들이나 청년들이 자신의 강점을 발견하고, 그것을 자신의 진로 결정과 경력개발에 활용하는 것은 의미 있는 일이다. 다음에 소개하는 사이트에 접속하면, 자신의 강점을 발견하는 데 도움을 받을 수 있다. 그곳에서 강점검사를 받아보고, 그 결과를 별도의 양식에 기록해 보자(**[실습 8-7]** 참조).

- www.StrengthFinder.com: 다섯 가지 대표적인 강점 진단 가능
- www.authentichapiness.org 내 행동 가치(Valuespin-Action) 강점검사: 스물네 가지의 자기 강점 확인 가능

나. 역량의 정의와 역량검사

1) 역량의 이해

오래전부터 역량(competency)은 기업 경영자들의 주요 관심사였다. 어떤 조직의 구성원이 아무리 동기부여가 잘 되어 있고 성실하더라도 목표 달성에 필요한 역량을 갖추지 못했다면, 의미 있는 업적을 달성하기가 어렵다. 따라서 최고경영자들과 인적자원관리 담당자들은 맡겨진 업무를 훌륭하게 수행할 역량을 갖춘 사람을 선발하기 위해 최선의 노력을 들이고 있다.

역량은 능력(ability)과 기능(skill)을 합한 개념으로, 한 사람이 전문적이고 관리적인 위치에서 효과적으로 기능하기 위해서 요구되는 능력, 행위, 태도 및 지식의 묶음[22)]이며, 어떤 일을 남보다 잘 해낼 수 있는 경쟁력을 의미한다. 역량이 어떤 요소들로 구성되어 있는가에 관해서는 학자들 사이에 의견은 다양하고, 국제적인 경쟁력을 갖춘 기업들도 각자 중요하게 생각하는 역량들이 달라서 모든 역량을 소개하기는 어렵다.

〈표 8-11〉 슬로컴과 헬리걸의 일곱 가지 핵심역량

핵심역량	설명
자기 이해 역량	자신의 강점과 약점을 알고, 지신의 공적·사적 목표를 설정하고 추구하며, 자신의 삶과 일의 균형을 이루고, 새로운 학습을 일상화하는 역량
의사소통 역량	아이디어와 생각, 느낌을 전달, 이해, 수신하는 모든 수단을 활용할 수 있는 역량
다양성 관리역량	개인과 집단의 독특한 가치를 인정하고, 그러한 독특함을 조직의 강점으로 승화시킬 수 있으며, 개인의 독특함을 있는 그대로 인정할 수 있는 역량
윤리 역량	의사결정과정에서 옳고 그름을 판정하는 가치와 원칙을 관철하는 역량
다문화 관리역량	국가와 문화 사이의 차이점을 인식하고 열린 자세로 조직과 전략적 이유에 접근하는 역량
팀 역량	조직의 목표를 달성하기 위해서 집단을 개발, 지원, 촉진, 선도하는 역량
변화관리 역량	사람이나 과업, 전략 또는 기술 측면에서 필요한 적응이나 완전한 변혁의 필요성을 인식하고 그것을 실행에 옮기는 역량

출처: 김주엽·송계충·정범구·박상언(2012). 조직행위론(제3판). 서울: 경문사. 145.

따라서 여기에서는 개인과 팀 및 조직의 유효성을 높이는 데 필수적으로 갖추어야 할 일곱 가지 핵심역량만을 간단히 소개하고자 한다(〈표 8-11〉 참조).[23] 다만, 독자들은 자신이 입사하려는 기업에서 어떤 역량을 중요시하는지를 미리 점검할 필요가 있다.

2) 대학생 핵심역량 진단시스템의 이해와 활용

대학생 스스로 자신이 어떤 역량을 지니고 있으며, 상대적으로 어떤 역량이 높고 낮은지를 아는 것은 의미 있는 일이다. 그리고 어떤 역량을 집중적으로 강화할지에 대한 객관적인 정보를 파악하는 것도 중요하다.

여기서는 교육부와 한국직업능력개발원이 주도하여 개발한 진단 도구인 '대학생 핵심역량 진단시스템'(Korea Collegiate Essential Skills Assessment: K-CESA)에 대해 간단하게 소개하고자 한다. 이것은 대학생들을 대상으로 직업 세계에서 요구되며 대학교육을 통해 길러진 역량 수준을 진단하는 온라인 진단시스템으로, 자신이 어떤 역량을 얼마나 가진 사람인지 점검해 볼 수 있는 도구이다. 이 시스템에서는 역량을 모두 여섯 가지로 세분화하고, 각 역량의 하위요소들과 관련된 능력과 기능을 측정할 수 있는 문항으로 구성되어 있다(〈표 8-12〉 참조). 따라서 해당 사이트에 들어가서 자신의 역량을 진단해 보면, 자신의 역량을 확인하거나 새로운 면모를 발견하는 데 도움을 받을 것이다.

〈표 8-12〉 대학생 핵심역량 진단시스템의 구성

구분	구성요인	문항 수
의사소통 역량	듣기, 읽기, 쓰기, 말하기, 토론과 조정	32
자원·정보·기술 활용역량	자원, 정보 및 기술을 수집·분석·활용하는 능력	30
대인관계 역량	정서적 유대, 협력, 중재, 리더십, 조직에 대한 이해	50
글로벌 역량	외국어 능력, 글로벌 환경에 대한 노출, 다문화 이해 및 수용 능력	48
종합적 사고력	평가적 사고력, 대안적 사고력, 추론적 사고력, 분석적 사고력	8
자기관리 역량	자기주도적 학습능력, 목표지향적 계획 수립 및 실행능력, 정서적 자기조절 능력, 직업의식	60

출처: 한국직업능력개발원(2014). 대학생 핵심역량진단시스템 소개 매뉴얼. 1-22.

다. 강점 및 역량 이해와 진로

대학생들과 청년들이 자신이 지닌 강점과 역량들을 확인하는 것은 아주 중요한 일이다. 그리고 강점을 어떤 방법으로 향상하는지 아는 것과 자신의 역량을 강화하는 다양한 프로그램에 적극적으로 참여하는 것은 매우 바람직하다.

다만, 어떤 진단이든 결과를 해석하는 데 있어 주의할 점이 있다. 높은 점수를 얻었다고 해서 자만할 필요가 없고, 낮은 점수를 얻었다고 해서 실망할 필요가 없다는 점이다. 진단 결과는 어디까지나 자신의 현재 모습이 그렇다는 것일 뿐이다. 자신의 현재 모습을 있는 그대로 인정하는 것은 지혜로운 사람의 기본적인 태도이다. 따라서 자신이 바라는 미래의 모습이 현재의 그것과 차이가 있다면, 노력해서 그 차이를 보완하거나 극복할 수 있다는 점을 명심할 필요가 있다.

5. 자기 이해를 통한 나 표현하기

우리는 앞에서 다양한 검사 도구들이 자신을 이해하는 데 어떤 도움을 주는지를 알아보았다. 그런 검사를 통해 자기 자신에 대해 자세하고 객관적으로 알아보았다면, 이제 그 검사결과를 바탕으로 자신을 표현해 보자. 자신을 표현하는 적절한 단어를 찾아보고, 그 단어를 바탕으로 자신을 표현하는 하나의 문장을 완성해 보자(**[실습 8-8]** 참조).

예컨대, 성격유형검사 가운데 MBTI, 직업적성검사, 직업선호도검사, 직업가치관검사, 강점검사, 대학생 핵심역량진단 그리고 창업역량진단검사의 결과를 바탕으로 자신의 현재 모습을 정리해 보는 것이다. 각각의 검사결과 가운데 특징적인 단어 2~3가지를 골라서 적고, 그것들을 중심으로 자신을 표현하는 문장을 만들어 보는 것이다. 해당 작업을 완성하면 자신의 상당한 부분을 이해하는 데 도움이 되는 결과를 얻을 것이다. 이것은 뒤에서 실시할 개인 진로설계서를 완성하는 데 큰 도움을 줄 것이고, 자기소개서를 작성하는 데도 밑거름이 될 것이다.

6. 자기 탐색과 이해를 위한 코칭 질문

우리는 앞서 자기 이해에 대해 전반적으로 살펴보았고, 그 결과를 어떻게 해석하는지를 알아보았다. 이 과정에서 저자가 제안한 것들을 성실하게 수행한 독자라면, 자신에 대해 어느 정도 알 수 있었을 것이다. 그리고 다양한 결과들을 바탕으로 자신을 표현해 보기도 했다.

그러나 자기 이해에 대한 필요성과 각종 검사의 중요성을 인식하고, 자신의 부족함에 대한 심각성을 느끼는 것만으로 자신이 바라는 진로를 찾거나 결정할 수 있는 것은 아니다. 물론 그것은 아직도 자신을 잘 이해하지 못하는 사람들에 비할 때 의미 있는 진전을 한 것이다. 하지만, 자신이 바라고 의미 있는 삶을 영위하려면, 여기에서 한 단계 더 나아가 그에 필요한 행동을 해야만 한다.

따라서 자기를 잘 이해하고 나아가 자신이 바라는 것을 제대로 찾으려면, 몇 가지 코칭 질문에 대한 자신의 의견을 분명하게 정리해 두는 것이 좋다. 적당한 시간을 내어 조용한 곳에서 자신의 내면 깊은 곳에서 말하는 소리에 귀를 기울이면 된다. 그런 다음 자신의 꿈과 목표를 이루는 데 필요한 일들을 생각하고 실천하면 된다. 그것이 곧 자신이 바라는 결과를 얻는 방법이다.

① 누군가 '당신은 누구인가?'라고 묻는다면, 당신은 어떻게 답할 것인가?

② 나의 성격 가운데 가장 큰 장점(또는 강점)은 무엇이라고 생각하는가?

③ 당신이 가장 소중하게 생각하는 가치 3가지는 무엇인가?

④ 지금까지 당신의 강점을 활용하여 성취했던 경험이 있다면 무엇인가?

⑤ 당신은 어떤 역량을 더 새롭게 발전시키고 싶은가?

⑥ 더 나은 자신을 위해 지금 새롭게 시작할 수 있는 일은 무엇인가?

⑦ 당신을 잘 이해하기 위한 일을 점검하거나 도와줄 사람은 누구인가?

미주

1) Colombia Encyclopedia: personality.

2) 김주엽 · 송계충 · 정범구 · 박상언(2012). **조직행위론**(제3판). 서울: 경문사. 117; Bumham, J. C.(1968). "Historical Background for the Study of Personality" In E. F. Bogatta & W. W. Lambert(Eds.). *Handbook of Personality Theory and Research*. Chicago: Rand McLally.

3) 김주엽 · 송계충 · 정범구 · 박상언(2012). 위의 책. 117-118.

4) 조성진(2015). **진로설계와 코칭리더십**. 경기: 정민사. 237-242.

5) 김주엽 · 송계충 · 정범구 · 박상언(2012). 앞의 책. 124-127.

6) 김주엽 · 송계충 · 정범구 · 박상언(2012). 앞의 책. 127; McShane, S. L., & Von Glinow, M. A.(2005). *Organizational Behavior*, 3rd ed.. NY: The MaGrow Hill Company.

7) 김주엽 · 송계충 · 정범구 · 박상언(2012). 앞의 책. 127-130.

8) 김주엽 · 송계충 · 정범구 · 박상언(2012). 앞의 책. 141; Kreitner, R. K. & Kinicki, A.(2001). *Organizational Behavior*, 5th ed.. NY: The MaGrow Hill Company.

9) 국내에서 혹자는 이것을 '감정지능' 또는 '정서지능'이라고 번역하기도 한다. 하지만 '감정지능'으로 번역할 경우, 우리가 일반적으로 '감정'으로 번역하는 'feeling'이라는 단어와 혼동할 수 있다. 따라서 이 책에서 'emotion'이라는 단어는 '감성'으로 표현하는 견해를 따르기로 한다.

10) 김주엽 · 송계충 · 정범구 · 박상언(2012). 앞의 책. 142-143; Gottfredson, L. J.(1997). "Mainstream Science on Intelligence(editorial)". *Intelligence*, 24. 13.

11) 윤현석 · 김언주(1996). 감정지능의 의미와 특성. **교육심리연구**, 10(3). 한국교육심리학회. 183-204.

12) 김주엽 · 송계충 · 정범구 · 박상언(2012). 앞의 책. 107-110.

13) 이형국 · 권오관 · 강기원(2013). **진로탐색과 미래설계**. 서울: 한올출판사. 96.

14) 이형국 · 권오관 · 강기원(2013). 위의 책. 80.

15) 김인기(2011). **진로탐색과 경력관리**. 서울: 양서원. 31-33.

16) 김주엽 · 송계충 · 정범구 · 박상언(2012). 앞의 책. 68; Rokeach, M.(1973). *The Nature of Human*. New York: Free Press.

17) 김주엽 · 송계충 · 정범구 · 박상언(2012). 앞의 책. 69.

18) 마커스 버킹엄 · 도널드 클리프턴(박정숙 역, 2002). **위대한 나의 발견 강점 혁명**. 서울:청림출판. 40.

19) 권석만(2008). **긍정심리학**. 서울: 학지사. 166.

20) 마틴 샐리그만(김인자 역, 2009). **마틴 셀리그만의 긍정심리학**. 서울: 물푸레. 32.

21) 마틴 샐리그만(김인자 역, 2009). 위의 책. 205-208.

22) 김주엽 · 송계충 · 정범구 · 박상언(2012). 앞의 책. 141; Slocum, J. W. & Helliegel, D.(2007).

Fundamentals of Organizationa`l Behavior(International Student Edition). China: Thomson South-Western. 4.

23) 김주엽·송계충·정범구·박상언(2012). **조직행위론**(제3판). 서울: 경문사. 145.

[실습 8-1] 자신의 성격유형 측정 결과(MBTI)

• 측정 일자 : 20　　년　　월　　일　　　　• 측정 장소 :

구분	내용
평 소 생각한 자신의 성 격	
타인이 말하는 자신의 성 격	
성 격 유 형 측 정 결 과	
바뀌길 바라는 나의 모습들	

[실습 8-2] 자신의 희망 직업과 추천 직업

• 검사 종류 :

구분	내용
평소 희망 직업	
추천 직업	
차이가 발생한 이유	
향후 대책	

[실습 8-3] 나의 직업적성검사 결과(1)

	높다고 생각되는 적성요인	적성을 발휘했던 경험
1		
2		
3		

[실습 8-4] 나의 직업적성검사 결과(2) - 직업군

최적합 직업군		적합 직업군	
직업 분류	세부 직업 분류	직업 분류	세부 직업 분류

직업적성검사를 통해 새롭게 알게 된 사실	
추천된 직업을 갖기 위해 노력할 것들	
본인의 희망 직업	
추천된 직업군과 희망 직업의 차이를 극복하기 위한 노력	

[실습 8-5] 나의 직업선호도 검사결과

나의 흥미코드:					
구분	현실형(R)	탐구형(I)	예술형(A)	사회형(S)	진취형(E)
원 점 수					
표준점수					
나의 흥미 육각형					

나의 흥미코드	
흥미 코드에 맞는 직업군	

↓

순 위	내가 선택할 수 있는 직업군	선택한 이유
1		
2		
3		

[실습 8-6] 나의 직업가치관검사 결과

순위	직업가치관	추천 적합 직업
1		
2		
3		

가장 포기할 수 없는 가치관	
그것을 포기할 수 없는 이유	
가장 적합하다고 추천된 직업(2개)	
그 추천 직업은 자신의 희망직업과 비교할 때 어떤 점에서 동일하고, 또 차이가 있는가?	

[실습 8-7] 나의 강점검사결과

순위	나의 강점	강점의 구체적인 내용과 관련 직업
1		
2		
3		

가장 내세울 만한 나의 강점	
그것을 내세우는 이유	
가장 적합하다고 추천된 직업(2개)	
그 추천 직업은 자신의 희망 직업과 비교할 때 어떤 점에서 같고, 또 차이가 있는가?	

[실습 8-8] 나 표현하기

검사 종류	단어	문장으로 나 표현하기(예)
성격유형검사 (MBTI)	명확한 목표	나는 명확한 목표를 가지고 있는 사람이다. 왜냐하면, 중고교시절부터 목표를 정해 성적관리를 잘해 왔기 때문이다.
직업적성검사	수리력	나는 수리력이 뛰어난 사람이다. 왜냐하면, 학급비 관리와 아르바이트 할 때 아무리 바빠도 단 한 번도 계산에서 실수한 적이 없기 때문이다.
직업선호도검사	규칙	나는 항상 규칙을 따르는 것이 좋다. 왜냐하면, 어떤 일을 할 때 규칙이 없으면 불편하기 때문이다.
직업가치관검사	성취	나는 목표를 정하고 그것을 이루었을 때 행복감을 느끼는 사람이다. 왜냐하면, 나의 노력에 관한 결과에 따라 동기부여가 되기 때문이다.

검사 종류	단어	문장으로 나 표현하기
성격유형검사 (MBTI)		
직업적성검사		
직업선호도검사		
직업가치관검사		
강점검사		
대학생 핵심역량 진단		
창업역량진단 검사		

chapter 09 직업탐색과 직업 세계의 변화

1. 직업선택의 중요성과 직업 세계의 이해

가. 직업선택의 중요성

한 개인에게 있어 직업이란 다양한 의미를 지니고 있다. 생계유지와 삶에 꼭 필요한 물질적 자원을 정당하게 취득할 수 있게 하는 수단이고, 바람직한 사회적 역할을 하는 수단이다. 그리고 자신의 개성을 발휘하고 자아를 실현하는 수단이 되기도 한다. 이런 차원에서 직업을 선택한다는 것은 한 개인의 자아실현과 행복추구와 연관되는 가장 중요한 의사결정 가운데 하나이다. 다시 말하면, 직업을 선택한다는 것은 한 개인의 삶의 질과 바로 연결되기 때문에 신중하게 생각해야 할 일이다.

한 번 직장을 구하면 그것이 평생직장이라는 개념이 사라진 지 오래되었다. 현재 기업에서는 수시로 구조조정이 이루어지고, 기업의 가치와 목적에 맞는 인재를 수시로 채용하는 실정이다. 따라서 요즘 사람들은 여러 번 직장을 바꾸는 환경에서 일하고 있다. 이런 환경의 변화에 능동적으로 대처하기 위해 개인은 평생직장의 개념보다는 평생직업의 개념을 잘 이해해야 한다.

평생직업은 자신이 좋아하고, 잘할 수 있으며, 적성에도 맞아 오랫동안 수입이 보장되는 일을 말한다. 즉, 자신의 적성과 흥미에 맞고 자신이 추구하는 가치관에도 적합한 직업을 선택해서 그 분야의 전문가가 된다면, 능률도 오르고 만족감도 높아질 것이며 보수도 많이 받을 수 있을 것이다. 나아가 이런 전문성을 가지고 적절한 시기에 창업도 할 수 있어서 평생직업을 가질 수 있다.

이처럼 한 개인이 직업을 선택하는 것은 그의 인생에 있어 아주 중요한 일이고, 직업에 따라 한 사람의 삶의 방향이 완전히 달라진다. 그러므로 진로를 선택할 시기에 있는 대학생들이나 청년들은 '어떤 직장을 찾을 것인가'가 아니라 '어떤 직업을 가질 것인가'에 초점을 맞추어야 한다. 그래서 지금 당장 인기 있고 급여를 많이 주는 남들이 보기에 그럴듯한 직장이 아니라, 미래에 자신의 모습이 충분히 그려지는 직업을 선택하는 것이 바람직하다.

그러기 위해서는 당연히 자신의 인생 목표, 성격, 가치관, 흥미, 적성, 역량뿐만 아니라 가정환경, 관심 사항 등을 충분히 고려하고, 그에 맞는 직업을 선택하는 것이 평생직업을 갖는 데 도움이 된다. 그리고 미래의 사회가 어떤 방향으로 가고, 어떤 모습으로 변화할 것인지에 대해서도 면밀하게 분석해서 여러 면에서 가능성이 큰 직업을 선택하는 것이 바람직하다.

이때 중요한 것은 직업에 관한 다양한 정보를 얼마나 많이 아느냐에 따라 직업에 관한 의사결정의 수준이 달라진다는 점이다. 따라서 다양한 직업을 탐색해 보고, 자신이 원하는 직업에 종사하는 사람을 만나 현장의 목소리를 들어 보는 것이 필요하다. 그리고 미래사회가 어떻게 변화할 것인지에 대한 현장 실무자와 학자들의 견해를 조사하는 등의 수고를 아끼지 말아야 한다. 지금은 수없이 쏟아져 나오는 직업정보 가운데서 옥석을 가려 적절히 활용할 줄 아는 지혜가 필요한 때이다.

나. 직업 개념의 변화와 직업 세계

직업은 경제발전과 시대의 흐름에 따라 생성, 통합, 분화, 쇠퇴 및 소멸하는 과정을 반복하면서 계속 변하고 있다. 다시 말하면, 경제발전에 따른 산업체계의 변화에 따라 기존의 직업이 없어지고, 새로운 직업이 생기며, 많은 사람이 선호하는 직업이 있는가 하면 사람들의 관심에서 점점 멀어지고 있는 직업도 있다. 직업도 사람의 생애주기와 비슷한 과정을 거치면서 통합과 분화를 거듭하고 있다. 이런 과정에서 한 직업의 생명력은 결국 급변하는 시대의 흐름에 얼마나 잘 적응하느냐에 따라 달라지는 것을 볼 수 있다.

직업의 변화 가능성을 충분히 이해했다면, 미래를 잘 예측하여 자신에게 맞는 직업을 찾는 것이 무엇보다도 중요하다. 직업을 선택할 때는 대내외 경제 환경의 흐름과 사회문화적인 변화를 함께 고려해야 한다. 예컨대, 여성의 사회진출 증가, 출산율의 저하, 맞벌이 부부의 증가, 고령화 사회로의 진입, 주5일제 근무 확산, 여가에 대한 인식의 변화, 서비스산업의 증대, 첨단과학기술의 급격한 발전, 디지털 혁명, 환경오염, 평균수명의 연장, 기업 환경의 변화, FTA 체결 증가, 세계 경제로의 편입 등이 그것이다. 이런 점들을 고려하여 직업을 탐색하는 것이 자신에게 맞는 직업을 선택하는 데 도움이 된다.

한편, 직업을 탐색할 때는 대내외 환경 변화를 고려하여 자신에게 맞는 직업을 선택하는 것도 중요하지만, 자신이 선택한 직업의 수입과 미래 전망도 함께 고려해야 한다. 그러나 유망직업 역시 환경의 변화에 따라 얼마든지 변화할 수 있으므로 자신에게 잘 맞는 유망직업을 탐색하고 선택하는 것이 바람직하다.

일반적으로 유망직업은 다음과 같은 특징을 가지고 있다.[1)]

첫째, 유망직업은 일자리가 많고 급여가 높은 직업이다. 일자리가 계속 생기거나 증가하여 다른 직업보다 취업하기가 쉽고 급여 수준이 높은 직업을 말한다. 둘째, 유망직업은 고용 안정성이 높은 직업이다. 안정적으로 계속해서 일할 수 있는 직업이다. 셋째, 유망직업은 삶의 질을 높여 줄 수 있는 직업이다. 육체적 · 정신적인 스트레스가 적고, 쾌적한 근무환경 속에서 일할 수 있으며, 자유롭게 여가를 선용할 수 있는 직업을 말한다. 마지막으로, 유망직업은 전문성과 기술력이 필요한 직업이다. 앞으로는 이직과 전직이 지금보다 더 자유로워질 것이기 때문에 해당 분야의 전문성과 기술력을 갖춘 사람을 찾는 기업이 늘어날 것이고, 그런 전문성을 갖춘 사람은 유망직업을 가질 확률이 높아질 것이다.

다. 기업의 인재상과 채용방식의 변화

경제발전에 따른 산업구조 개편에 발맞추어 기업이 원하는 인재상도 함께 바뀌는 실정이다. 과거 산업사회에서는 상사의 지시에 잘 따르고 모든 방면에서 두루 잘하는 획일적인 인재(generalist)를 선호했다. 하지만 지식 정보화 사회로 접어든 지금은 스스로 자기 일을 기획하고 실행하는 자율적이고 창조적이며 전문성을 갖춘 인재(specialist)를 선호하는 쪽으로 변화했다. 이런 경향은 사회가 변화하면서 또 다른 방향으로 변할 수도 있다. 더구나 정보통신이 발전하고 서비스산업의 비중이 점점 늘어난 요즘, 기업은 점점 창의적이고 전문성을 갖춘 인재를 요구하는 실정이다.

이런 변화에 맞추어 기업의 인재 채용방식도 자연스럽게 변화하고 있다. 인재가 곧 경쟁력이라고 인식하는 기업의 관점에서 보면, 이런 현상은 어쩌면 당연한 귀결이다. 과거에는 대규모 공개채용 방식을 선호하고, 자격요건에 따라 서류 중심으로 채용하며, 일시에 다수 인원을 채용하는 경향을 보였다. 그리고 신입사원과 경력사원을 분리하여 채용하고, 여러 가지 업무를 잘하는 범용형 인재를 선호하였다. 선발 방식은 서류를 직접 제출하거나 우편으로 작성된 서류를 제출하는 오프라인 중심의 채용을 선호하였다.

그러나 최근에는 전문분야와 직종에 따라 계열사별로 별도로 채용하는 것을 선호하고, 직무수행능력과 경력을 중심으로 인터넷 채용 사이트나 전자 메일(e-mail) 등을 통해 사람을 모집하고 있다. 그리고 신입사원과 경력사원을 혼합하여 채용하고, 특정 분야의 인원이 필요하면 수시로 채용하는 경향을 보인다. 세계시장에서 경쟁력이 있는 다국적 인재를 채용하려는 경향도 최근 들어 두드러지고 있다.

이처럼 기업의 채용환경도 시대의 흐름과 변화에 따라 다양하게 변화하고 있다. 따라서 진로선택과 경력개발을 바라는 대학생들이나 청년들은 이런 변화의 흐름을 인식하고 그에 맞춘 대책을 세울 필요가 있다. 그리고 자신의 진로설계와 결정 및 취업 전략 수립 등에 있어 이런 경향을 반드시 고려해야 한다.

2. 직업정보의 탐색과 활용

가. 직업정보의 탐색

1) 진로선택과 대학생의 현실

자신의 진로를 선택하기 위해서는 먼저 다양한 직업을 탐색한 후, 자신이 선택한 대안들 가운데 좁혀 가는 것이 필요하다. 그러나 실제로 현장에서 자신의 진로 및 직업선택과 관련하여 많은 어려움을 호소하고 있는 대학생들을 많이 만나게 된다. 그것은 대개 그들의 직업에 관한 무관심과 정보 부족에 기인하는 경우가 많다. 자신이 모르는 것에 관해 관심을 보이는 것은 현실적으로 매우 어려워서 대학생들은 대개 막연한 기대를 지니고 희망 직업을 선택한다. 그리고 직업에 대한 정보가 부족하니 자기가 잘 해낼 수 있을지 자신이 없어지고, 이것이 다시 직업선택을 어렵게 만든다. 그러다가 막바지에 다다라서는 그냥 공무원이 되겠다며 학원을 찾는 경우가 적지 않다.

그러나 대학생들이 선호하고 기대하는 바와 달리 현실적으로 대학 졸업생들이나 청년들을 가장 많이 채용하는 것은 언제나 사(私)기업이다. 하지만, 일부 대기업을 제외하고는 대학생들이 어떤 기업에 대한 알찬 정보를 접하기는 쉽지 않다. 결과적으로 직업정보에 대해 무관심하게 지내고, 시간만 보내다가 아무런 준비도 하지 않은 상태에서 직업을 정하고 취업을 하는 경우가 비일비재하다. 그리고 적성에 맞지 않는다거나 근무환경이 열악하다며 어렵게 입사한 직장을 그만두는 경우도 적지 않다. 직업선택이라는 첫 단추를 잘못 맞추는 실수를 범하게 되고, 이런 실수는 다음 직업을 선택하고 직장을 구하는 데도 일정한 영향을 미치기도 한다. 이런 실수를 범하지 않으려면, 직업에 대한 정보를 충분히 탐색한 후에, 자신이 선택한 대안들 가운데서 자신에게 가장 잘 맞는 직업을 선택하는 것이 필요하다. 그리고 그 직업을 갖는 데 필요한 준비를 하는 것이 바람직하다.

2) 고용정보시스템 활용하기

고용노동부 한국고용정보원에서 운영하는 워크넷에 접속하면, 직업에 관련된 다양한 정보를 손쉽게 얻을 수 있다.[2)] 이 사이트의 '직업 · 진로' 부분에 들어가면, 직업 심리검사, 세상의 모든 직업, 흥미로운 직업 세계, 직업인 인터뷰, 취업 동영상 및 그림으로 보는 취업 동향 등과 같은 세부 코너를 통해 직업과 관련된 다양한 정보를 소개하고 있다.

첫째, '직업 심리검사' 코너에서는 앞 장에서 설명한 다양한 검사, 즉 직업적성검사, 직업선호도검사, 직업가치관검사를 포함한 총 20종의 검사를 무료로 진행할 수 있다.

둘째, '세상의 모든 직업' 코너에서는 한국고용정보원에서 매년 실시하는 재직자 조사 결과를 바탕으로 우리나라의 대표적인 830여 개의 직업을 교육, 의료, 방송, 마케팅, 과학기술 등으로 세분하여 소개하고 있다. 구체적으로 각 직업이 어떤 일을 하는 것인지, 그 일을 하기 위해서는 어떤 교육 · 훈련이나 자격이 필요한지, 각 직업은 어떤 특성을 가지는지 등을 자세하게 소개하고 있다.

셋째, '흥미로운 직업 세계' 코너에서는 신직업 · 창직, 대상별 직업, 이색 직업 및 테마별 직업으로 나누어 각 직업에서 하는 일, 직업의 현재와 미래 전망 등을 포함한 현황을 상세하게 소개하고 있다. 그리고 해당 정보를 수시로 보완하고 있다.

넷째, '직업인 인터뷰' 코너에서는 '워크넷이 만난 사람들, 중장년 창직자 인터뷰, 청년 창직자 인터뷰, 창직 성공기'라는 분야로 나누어 현장에서 활동하는 다양한 직업인을 만나 그들을 통해 확인한 해당 직업에 대한 정보를 상세하게 소개하고 있다.

다섯째, '취업 동영상' 코너에서는 각 직업의 생생한 현장 모습과 그 직업에 종사하는 사람들과의 인터뷰 영상이 소개되어 있어서 해당 직업을 생생하게 이해하는 데 도움을 주고 있다.

마지막으로, '그림으로 보는 취업 동향' 코너에서는 취업 카드, 인포그래픽, 웹툰 형식으로 제작된 직업과 취업에 관한 정보를 소개하고 있다.

그 밖에 고용정보시스템에서는 채용정보, 고용복지정책 및 각종 훈련 정보를 제공하고 있고, '인재정보' 코너를 마련하여 기업인들이 찾는 인재를 수시로 검색하도록 편의를 제공하고 있다. 그리고 '진로상담' 코너를 통해 진로에 관한 상담도 진행하는 등 진로선택과 관련된 고민을 해결하는 데 도움을 주고 있다.

3) 온라인 직업정보 활용하기

최근 들어 전국적으로 취업포털 사이트나 전문분야 사이트가 생겨 다양한 직업정보를 제공하고 있다. 그리고 자신의 진로를 탐색할 때, 각 지방자치단체에서 제공하는 다양한 온라인 직업정보를 활용하는 것도 좋은 방법이다(〈표 9-1〉 참조). 그 밖에 학회나 직능단체나 전문직업과 관련된 협회, 자격증과 관련된 사이트를 통해서도 직업정보를 탐색할 수 있고, 한국산업인력공단 해외 취업 시스템, 한국직업능력개발원 등 국책 기관을 통해서도 직업정보를 탐색할 수 있다.

〈표 9-1〉 온라인 직업정보 제공 사이트 현황

사이트 명		사이트 주소	비고
전국	잡코리아	http://www.jobkorea.co.kr	구인·구직정보, 1000대 기업 탐색
	인쿠르트	http://www.incruit.com	구인·구직정보, 공채 달력, 합격 스펙
	사람인	http://www.saramin.co.kr	구인·구직정보, 1000대 기업 스펙
지역	사랑방잡	http://job.sarangbang.com	광주 채용정보, 구인/구직
	갬콤	http://www.gemcom.co.kr	대구지역 구인/구직
	아이잡강원	http://www.i-jobgangwon.com	강원도지역 채용, 구인/구직
전문 분야	게임잡	http://www.gamejob.co.kr	컴퓨터업계 취업 정보
	PJOB	http://www.pjob.co.kr	프로그래머 전문 사이트
	e랜스닷컴	http://www.elancer.co.kr	프리랜서 플랫폼
	어카운팅피플	www.accountingpeople.co.kr	재경직(회계/재무/세무/경리 등) 취업 정보
	미디어잡	http://www.mediajob.co.kr	매스컴 관련 취업 정보 제공
	광고정보센터	http://www.adic.co.kr	광고 관련 취업 정보 제공
	하이브레인넷	http://www.hibrain.net	대학교수, 연구직 공무원 전문
	워커	http://www.worker.co.kr	건설 분야 취업 포털
	피플앤잡	http://www.peoplenjob.com	외국기업 취업 전문

4) 오프라인 직업정보 활용하기

직업정보를 탐색하는 방법에는 온라인을 통해 자신이 바라는 직업 관련 정보를 수집하고 탐색하는 방법도 있지만, 자신이 스스로 발로 뛰어 관련 정보를 확보할 수도 있다. 대학 안에 있는 취업지원센터나 경력개발센터 등을 활용하거나 지도교수님, 기업에 취업한 선배, 지인 등을 통해 진로 및 직업 관련 정보를 청취하거나 확보할 수도 있다.

5) 공무원, 전문직 진출 및 대학원 진학 관련 정보 활용하기

앞서 설명한 직업 외에 공무원이나 전문직에 종사하길 원하는 사람도 있을 것이다. 특히, 국가고시의 경우에는 전공과 상관없이 누구나 응시할 수 있는 개방형 임용제가 등장하여 많은 취업준비생의 관심을 끌고 있다. 국가고시를 준비하고자 하는 사람들은 행정안전부에서 제공하는 '사이버국가고시센터' 또는 '나라 일터'를 활용하여 시험의 종류나 원서 접수 일정 등 관련 정보를 점검해 보는 것도 좋은 방법이다. 그리고 자신이 선택한 업종이나 직무가 정부 부처에서 관장하는 공인 자격증과 관련된 것이라면, 관련 정보를 제공하는 홈페이지를 검색하는 것이 필요하다.

한편, 자신이 선택한 전공 분야의 전문가가 되기 위해서는 사회에 진출하여 실무 경험을 쌓는 방법(취업)과 학문연구나 전문분야 교육을 위해 대학원에 진학하는 방법이 있다. 물론 이 경우에도 체계적인 준비가 필요하다. 대학원에는 학술 연구가 주요 목적인 일반대학원(석사과정, 박사과정, 석・박사통합과정), 실무 중심의 전문교육을 담당하는 석사과정이 개설된 특수대학원(경영대학원, 교육대학원, 산업대학원, 행정대학원) 및 전문가 양성을 목적으로 석・박사과정이 개설된 전문대학원(경영전문대학원, 법학전문대학원, 의학전문대학원, 약학전문대학원)이 있다. 대학원 진학에 관해서도 다양한 방법을 통해 관련 정보를 입수할 수 있지만, 일차적으로 자신이 진학하길 바라는 대학원에 다니는 선배나 재학생 또는 지도교수님을 통해 관련 정보를 입수하는 것이 가장 효과적인 방법이다.

나. 직업정보의 활용

앞서 설명한 바와 같이 온라인이나 오프라인을 통해 자신의 진로나 직업에 관한 다양한 정보를 확보할 수 있지만, 그것이 자신의 직업과 관련된 절대적인 기준이 될 수는 없다. 과학기술의 진보, 경제성장에 따른 시장 환경의 변화, 정부의 정책 등에 따라 직업을 바라보는 기준은 얼마든지 바뀔 수 있다. 그리고 개인의 성격, 적성, 흥미, 가치관 등이나 자신의 가정환경과 학업 정도, 우연히 발생한 사건 등에 따라서 얼마든지 직업선택의 기준이 달라질 수 있다. 따라서 앞서 말한 직업에 관한 정보에만 절대적으로 의존해서는 안 된다.

여러 가지 방법으로 입수한 직업에 관한 정보와 자료를 바탕으로 자신의 희망 직업 3가지를 선정하고, 각각의 특성, 전망, 준비사항 등을 별도의 양식에 적어 보자(**[실습 9-1]~[실습 9-3]** 참조).

3. 직무특성에 관한 이해

가. 직무특성 이해의 중요성

직무의 사전적 의미는 직책이나 직업상에서 책임지고 맡은 담당 사무를 말한다. 즉, 어떤 기업이나 조직에 입사하여 실질적으로 담당하는 일을 말한다. 그런데 각각의 직무마다 탁월한 성과를 도출하기 위해 요구되는 능력과 행동 특성이 있는데, 이를 직무능력이라고 한다. 다시 말해, 직무능력이란 각 직무를 수행하기 위해 요구되는 경험, 지식, 기술, 능력, 책임 등을 말한다. 따라서 직무에 따라 요구되는 역량과 자질이 각기 다르다.

직무를 이해한다는 것은 자신이 갖길 바라는 직업에서 어떤 일을 수행하는 것인지를 파악하고, 나아가 직무를 수행하는 데 필요한 자질과 역량 및 기술이 무엇인지를 파악하는 것이다. 어떤 사람이 자신이 원하는 직무의 내용을 사전에 파악한다는 것은 그 직무에 관해 관심과 열정이 있다는 것을 말한다. 그리고 자신이 바라는 어떤 직업을 갖기 위해 해당 직업의 직무에서 요구하는 자질과 역량을 파악하여 그것을 잘 갖추는 것은 중요한 일이다. 특히, 자신이 선택한 직무를 파악하고, 자신이 그 직무에 적합한 인재임을 보여 주는 것은 이력서와 자기소개서 작성과 성공적인 면접을 위해 반드시 점검해 두어야 한다.

자신이 바라는 직무 관련 정보를 파악하기 위한 가장 좋은 방법은 자신이 지원하려는 기업의 관련 부서 근무자를 만나 정보를 얻는 것이다. 하지만 그것이 쉽지 않기 때문에 일반적으로 고용노동부에서 운영하는 워크넷이나 각종 취업포털 사이트에서 제공하고 있는 자료를 활용하거나 기업의 홈페이지 등을 통해 직무 관련 정보를 확보할 수 있다.

나. 분야별 직무 구분

기업 안에서 일하는 사람들이 수행하는 직무는 매우 다양하다. 각 직무는 업종에 따라 조금씩 차이는 있지만, 크게 경영 지원, 마케팅 · 영업, 생산, 연구개발 등 4개의 직군으로 나뉜다. 하지만 최근 들어 직무가 더 세분화하는 경향이 있고, 직무별로 요구되는 자질과 역량도 점점 다양해지고 있다. 직무별 개요와 역할, 각 직무에서 요구되는 자질과 역량을 정리한 것이 〈표 9-2〉이다.

〈표 9-2〉 분야별 직무 현황

분야	직무	개요	역할	자질 / 역량
경영 지원	기획 전략	• 경영 환경 분석 • 경영전략 수립 및 점검	• 대내외 경영정보 수집 및 분석을 통해 관련 부서에 제공 • 회사의 발전과 경쟁우위를 계속해서 유지, 발전시키기 위해 전략적 방향 설정 • 관련 부서 업무 활동에 적용, 진행, 부서 간 업무 조율 관리 및 추진	분석력, 전략적 사고, 대인관계 능력, 창의성, 표현력
	회계 경리	• 회계 정보 생성 및 분석 • 회계 결산, 세무업무 처리 및 수행	• 기업회계를 바탕으로 기간별 회계 결산 수행 • 대차대조표, 손익계산서, 재무제표 작성 분석 • 세법규정 검토, 각종 세금(법인세, 부가세, 소득세, 지방세 등) 신고 및 납부	분석력, IT 활용능력, 의사소통능력, 청렴성, 계산능력
	자금 재무	• 자금 조달, 운용사업 수행 지원 • 자금계획 수립	• 경영전략, 사업계획을 바탕으로 수입/지출을 예측하여 자금 조달 운용계획 수립	분석력, 대인관계 능력, 의사소통능력, 성

분야	직무	개요	역할	자질 / 역량
			• 자금 조달, 자금 운용을 통해 최적의 방법을 사용하여 자금 운용	실성, 상황 판단력
	구매 자재	• 자재/장비 구매, 제공 및 관리 • 원가절감, 생산성 향상 • 구매계획 수립, 공급업체 관리	• 생산에 필요한 원·부자재 가격, 공급업체 동향 등 시장조사 실행 • 원·부자재 구매, 입·출고 관리 및 보관 • 자재 공급업체 관리	협상, 설득력, 사회성, 어휘 능력, 분석력, 의사소통능력
	홍보 광고	• 홍보를 통한 기업경쟁력 확보 - 대외: 기업/상품 → 광고/홍보 - 대내: 사내 커뮤니케이션 활동	• 회사의 가치, 경영활동 등을 고객들에게 홍보, 관리 • 다양한 대중매체 등을 활용한 홍보 시행, 보도자료 관리 • 회사 기획 상품 홍보 역할 담당(마케팅 지원)	대인관계 능력, 유연성, 창의력, 분석력, 설득력
	인사	• 인력 채용, 확보/유지, 육성 • 평가, 보상, 조직관리 업무	• 기업 인사체계/제도 수립(평가, 보상, 육성 등) • 인적자원 관리(채용, 충원, 부서 이동 등) • 기업 인재 육성(직무별/부서별 능력에 맞춘 교육체계 수립)	의사소통능력, 유연성, 분석력, 상황 판단력, 대인관계 능력
	교육	• 사내 경력개발 교육체계 수립 및 시행 • 교육과정 개발/운영/평가 • 자기계발 지원 업무	• 기업의 장기 및 중·단기 교육계획 수립(인성/직무/회사 비전 등) • 교육 개발/운영(자체 개발, 사외 위탁 교육 발굴) • 교육을 통한 교육 효과 분석 및 측정	의사소통능력, 분석력, 대인관계 능력, 사교성, IT 활용능력
	총무	• 비품/소모품 제공, 자산 관리 • 사무실 인프라 조성 및 관리 • 행사 및 의전 업무 수행	• 비품 및 자산 관리(부동산, 동산 등) • 쾌적하고 효율적인 근로환경 유지 • 다양한 기업 행사 준비 및 의전 업무 수행	고객 지향성, 창의력, 의사소통능력, 판단력, 대인관계 능력
	법무	• 법적 분쟁 예방/대응/해결 • 소송 수행, 법률 자문, 법령 분석 • 지적 재산권 관리업무 수행	• 기업과 관련하여 발생한 소송 수행 • 경영에 필요한 법률 자문(법률 자료 관리) • 사업수행 시 필요한 법령 분석 • 지적 재산권 관리	정부수집활용능력, 판단력, 분석력, 프레젠테이션 기술, 전략적 사고
	비서	• 임원 업무 활동 보좌 • 임원 일정 관리, 정보관리 및 문서 작성 • 방문객 접대	• 기업 임원들의 일정 관리 • 임원 담당업무 관련 정보관리 및 문서 작성 • 임원을 대신한 대내외 의사소통 역할 담당 • 내방객 접대, 임원실 사무환경 관리	대인관계 능력, 성실성, 청렴성, 의사소통능력, IT 활용능력
	사무 보조	• 자료 입력, 문서 관리 • 업무 사항 지원	• 업무에 필요한 자료 입력 및 수정 작업 • 각종 서류 정리 및 수발	IT 활용능력, 성실성, 의사소통능력, 팀워크 지향, 상황 대처력
영업 · 유통	영업 · 영업 관리	• 제품 또는 서비스에 대한 영업 및 영업 관리 활동	• 기업의 사업계획과 마케팅을 연결하여 매출 목표와 영업계획을 수립 • 관련 부서와 협조하에 영업, 판촉 활동을 전개하고 매출 관리 • 고객, 거래선을 유지 관리 • 상품정보 수집 및 공유	대인관계 능력, 설득력, 의사소통능력, 도전성, 적극성
	해외 영업 무역	• 제품 수입/수출을 통한 제품 판매, 해외시장 개척	• 해외 정보수집 및 판매전략 수립 • 기업의 해외 판매실적 관리 및 신규 거래선 개척, 수입 및 수출 관리	외국어 능력, 국제감각, 설득력, 목표 지향성

분야	직무	개요	역할	자질 / 역량
	마케팅 상품 개발	• 시장 환경 분석을 통한 판매전략 수립, 성과 관리	• 판매전략 수립을 위한 시장조사 및 분석활동 • 제품판매 극대화를 위한 마케팅전략 수립	분석력, 창의력, 전략적 사고, 수리력
	물류 유통	• 제품을 고객에게 전달하는 역할 • 물류계획 및 발송 • 입·출고 관리	• 연간 및 분기별 물류 운영계획 수립 • 고객에게 안전하게 물품 전달 • 입·출고 관리	대인관계 능력, 유연성, 고객지향, 인내력, 설득력
	판매 매장 관리	• 고객과의 최접점에서 제품의 판매 활동 관련 업무 수행	• 제품진열 및 포장, 매장관리 • 입·출고 관리, 반품관리, 고객 응대 및 관리	대인관계능력, 유연성, 고객지향, 설득력
	TM 고객 지원	• 전화로 상품을 판매, 홍보 업무	• 고객에게 전화를 걸거나 걸려 온 전화에 응대하여 제품을 판매 • 고객의 불만 처리	의사소통능력, 문제해결 능력, 대인관계 능력
생산·연구	생산 관리	• 생산계획 수립 • 인적·물적 생산 자원 관리	• 연간 또는 분기별 생산계획 수립 • 생산 실행, 생산 인력 관리, 외주 관리 • 공정관리 및 개선, 원자재 수급 관리	대인관계 능력, 리더십, 분석력, 합리성, 추진력
	생산 기술	• 생산 공정, 설비를 설계하거나 도입, 생산설비 관리	• 생산제품의 특성에 맞게 생산에 필요한 공정 설계 및 개선 • 생산설비 도입 및 개선, 설비 관리와 정비	분석력, 통솔력, 창의력, 문제해결능력, 리더십, 합리성
	생산 기능직	• 부품 등을 활용하여 제품 생산 • 결함 제품 검사	• 단계별 부품, 제품 조립 • 결함 제품을 검사하여 문제해결	유연성, 창의력, 팀워크 지향, 리더십, 성실성
	연구 개발	• 시장에 부합하는 신제품 개발 • 기존 제품의 수정, 보완 관리	• 제품 생산관리에 필요한 기술 정보 수집 • 제품 생산에 필요한 다양한 계획 및 생산, 판매 등을 연구 • 제품개선, 설계 변경, 기술 연구	분석력, 창의력, 목표지향, 도전성, 합리성
	품질	• 제품개선 및 품질 보증, 검사	• 품질 정책 및 계획 수립 • 생산제품의 품질관리 및 품질 보증 • 작업 표준화	정보수집능력, 활용력, 분석력, 의사소통능력, 전문성, 지도력
	환경 안전	• 안전시설 설치, 유지보수 • 관련 기관 수검 • 대기/수질/환경오염 방지 시설 관리	• 기업의 환경정책 수립 • 환경 점검 및 환경오염방지시설 관리 • 안전/소방/보건 관리	분석력, 대인관계능력, 협상 및 설득력, 전문성, 성실성
IT 전산	웹기획 웹 마스터	• 인터넷 사이트 관리 • 사이트상의 문제해결	• 기업에 필요한 인터넷 사이트 개발기획, 관리 • 인터넷 사이트상에서 발생하는 문제해결	유연성, 대인관계능력, 목표지향, 창의력
	웹 디자인	• 컴퓨터그래픽을 활용, 홈페이지 도안, 방송/영화/게임에 필요한 그림, 자막 등을 디자인	• 컴퓨터그래픽을 활용하여 인터넷 홈페이지 도안 • 사이트 활용에 필요한 그림 및 글자 디자인	유연성, 창의력, 목표지향, IT 활용능력
	프로 그래머	• 시스템분석자가 설계한 내용을 알고리즘을 통해 프로그램으로 구연하는 업무	• 컴퓨터 프로그램의 논리나 알고리즘 설계 • 원시 코드를 작성하여 테스트	분석력, IT 활용능력, 유연성, 창의력
	통신	• 웹 프로그램 개발, 유지보수	• 기업에서 필요한 웹 프로그램 및 모바일 프로	분석력, IT 활용능력,

분야	직무	개요	역할	자질 / 역량
	기술 모바일	• 모바일 프로그램 개발, 유지보수	그램 개발 및 유지보수	정보수집 및 활용능력 대인관계 능력
	일반 기업 IT직	• 기업의 홈페이지 관리 및 기업의 정보기술 관리업무	• 홈페이지 유지보수 • 기업의 정보 관련 프로그램 유지보수	IT활용능력, 문제해결력, 정보수집 및 활용능력
	승무원 관광	• 차/비행기/배 승객 및 사무 수행 • 좌석 점검, 안내, 주의사항 전달	• 항공기승무원, 열차승무원, 선박승무원 등 • 승객들에게 주의사항 전달, 음식물 전달 및 서비스 제공	성실성, 의사소통능력, 사교성, 상황 판단력, 국제감각, 어학 능력, 대인관계 능력
서비스	호텔 리어	• 객실 예약, 판매, 집객 홍보 업무 수행 • 종사원들의 업무 관리 • 서비스교육 및 서비스 제공	• 객실 예약업무 및 판매, 호텔 내 활동 계획 • 종사원들의 업무를 종합적으로 관리 • 부서별 매출 증진 전략 수립, 서비스 향상 및 청결 유지 관리 감독	성실성, 사교성, 인내력, 대인관계능력, 설득력, 언어능력, 국제감각, 고객지향, 문제해결력
	텔러 금융 창구	• 예금, 대출상담, 여신 • 외환, 입지금 등 창구 제반 업무	• 창구에서 일어나는 제반 업무 수행, 고객 상담 및 문제해결 업무 • 은행의 일반 업무(입출금, 예금, 대출상담, 신용 카드 업무, 여신, 방카 슈랑스, 외환 등) 수행	치밀성, 주의력, 책임성, 대인관계능력, 사교성, 계산능력, 상황판단력, 고객지향, 성취지향
전문 기타	건축 토목	• 목적에 적합하게 적절한 재료 선택 • 실용적, 심미적 구조물 형성	• 건축방법과 양식 등 기술공학적으로 건물 등 구조물 창작 • 기술, 구조 및 기능을 수단으로 쾌적하고 안전한 생활을 영위하기 위한 기술적 전개	통솔력, 대인관계능력, 추진력, 전문성, 합리성, 정교성, 책임성, 성실성, 분석력, 리더십, 성취지향
	광고 기획	• 상업적 목적을 완수하기 위해 광고매체를 활용 • 상품 및 서비스를 세상에 홍보하는 목적을 달성	• 글/그림/영상/사진 등 대중매체 및 인터넷 등을 통해 다양한 방법으로 소비자들에게 제품 및 서비스를 알려 판매를 촉진하는 활동 • 예상 구매자에게 상품 및 서비스 등에 관한 내용을 전달, 설득하여 판매 목적을 달성하는 일	창의력, 직감력, 정확성, 사교성, 설득력, 분석력, 언어능력, 상황판단력, 목표, 성취지향, 창의력, 정보수집 및 활용능력
	기자 아나운서	• 신문/통신/방송/잡지 등의 취재 및 편집 담당 • 사회, 진행 및 중계 담당	• 보도와 논평 담당, 편집, 평론 • 정보 전달의 목적을 가지고 신문 또는 방송의 간판 역할을 함 • 표준어 구사, 풍부한 표현능력을 바탕으로 사회의 다양한 분야의 관심거리를 취재, 전달함	종합분석력, 예측력, 치밀성, 수리력, 논리력, 창의성, 기획력, 분석력, 유연성, 대인관계능력, 목표, 성취지향
	조리 영양사	• 영양 기법 응용, 연구, 개발을 통한 영양 서비스 제공 • 급식 관리, 보건 상담	• 피 급식인의 건강 유지 및 식단 작성, 검식 및 배식 관리 • 구매 식품의 검수, 관리, 급식 시설 관리, 영양 지도, 위생교육 진행 • 영양 상담, 영양 상태 평가, 영양 지원 및 연구	사교성, 공감, 기민성, 전문성, 정교성, 사회성, 청렴성, 성실성, 분석력, 리더십, 의사결정력, 조정능력, 신의

출처: 이형국 · 권오관 · 강기원(2013). **진로탐색과 미래설계**. 서울: 한올출판사. 113-115.

자신이 바라는 직무를 선택할 때는 여러 가지 사항에 유의할 필요가 있다.

첫째, 기업은 채용환경 변화에 따른 직무에 맞는 특별한 인재를 선호하는 경향이 있다. 기업을 둘러싼 환경은 수시로 변화하고, 이에 맞추어 기업에서 수행할 업무도 점점 세분화하고 다양해지고 있다. 따라서 모든 일을 적당히 잘하는 범용형 인재(generalist)보다는 특정 분야에서 전문성을 갖춘 인재(specialist)를 원하고 있다는 점을 유념해야 한다.

둘째, 자신의 자질과 역량에 맞는 직무를 선택하는 것이 바람직하다. 그렇지 않으면 직무에 대한 만족도가 떨어지고, 회사에 대한 적응력이 떨어지며, 조기 퇴사나 경력단절로 이어질 수도 있다. 따라서 자신의 진로와 직업을 선택하는 데 있어 자신이 가지고 있는 자질과 역량에 대해 충분히 점검해 볼 필요가 있다. 그리고 이것에 대해 충분히 준비되었다면, 채용 면접 시 면접관들에게 자신이 해당 직무에서 필요한 자질과 역량을 잘 갖추었음을 효과적으로 보여 줄 필요가 있다.

마지막으로, 자신이 바라는 직무가 자신의 비전과 목표에 적합한가에 대해서도 고려해야 한다. 어떤 직무에 필요한 자질과 역량을 갖추고, 그 직무의 기능과 역할을 잘 이해하더라도 그것이 자신의 비전과 목표와 부합하는지가 중요하다. 그렇지 않으면 자신의 직무에 온전히 몰입하기가 힘들다.

각종 직무에 대해 충분히 이해하고 앞에서 설명한 유의사항도 잘 고려했다면, 이런 것을 바탕으로 자신의 희망직무에 관한 자신의 의견을 별도의 양식에 정리해 보자(**[실습 9-4]**, **[실습 9-5]**, **[실습 9-6]** 참조).

4. 환경 변화와 새로운 직업의 탄생

가. 환경의 변화와 직업

직업을 선택할 때는 자신이 가지고 있는 내적 조건들을 파악함과 동시에 외적인 환경 변화를 함께 고려하는 태도가 필요하다. 그 이유는 자신의 내적 조건에 따라 직업을 선택했더라도 외적인 환경 변화에 따라 직업의 생명주기가 얼마든지 달라지기 때문이다. 앞서 언급했듯이, 사회 전반에 걸친 환경 변화는 현재의 직업에도 영향을 미치고, 앞으로도 영향을 줄 것이다. 여기서는 분야별 변화가 직업에 어떤 영향을 미칠 수 있는지를 살펴보기로 하겠다.

첫째, 경제발전에 따른 기업 환경의 변화, 자유무역협정(Free Trade Agreement: FTA) 체결 증가, 글로벌 경제체제로 편입 등은 기존 국내 직업에 많은 영향을 미칠 것이다. 우리나라가 다른 여러 나라와 추진하는 자유무역협정은 국내 농업, 제조업 및 서비스산업 등에 막대한 영향을 줄 것이다. 그에 따라 농수축산업 종사자, 농수축산물 유통업자, 제조업 근로자, 컨설턴트, 금융업 종사자 등과 같은 직업에도 영향을 줄 것이다. 나아가 전 세계가 하나의 시장으로 편입됨에 따라 노동력이 자유롭게 이동할 것이고, 이런 현상은 국내 제조업 근로자들에게 직접적인 영향을 미칠 것이다.

둘째, 여성의 사회진출 증가, 출산율의 저하, 맞벌이 부부의 증가, 1인 가구의 증가 등과 같은 현상과 평균수명의 연장에 따른 고령화 사회로의 진입 등도 기존 직업에 많은 영향을 미치고, 새로운 직업 탄생에도 영향을 미칠 것이다. 최근 들어 여성의 사회진출 증가 현상이 가장 두드러진 분야는 초등교육 현장이고, 법조계나 공직사회에도 여성의 진출이 활발한 부문이다. 그리고 사회복지 수요의 증가와 고령화 사회로의 진입 등에 따라 사회복지사에 대한 수요가 급증하고 있고, 간병인이나 호스피스, 요양보호사와 같은 새로운 직업이 탄생하고 있다.

셋째, 주5일제 근무 확산, 여가에 대한 인식의 변화, 서비스산업의 증대 등으로 인해 관광·레저, 문화산업 및 서비스 관련 분야의 직업들이 관심을 받고 있다. 특히, 주5일 근무제의 도입에 따라 주말을 활용하여 여가와 문화생활을 즐기는 사람들이 급증하면서 관련 직업에 종사하는 사람이 급증했고, 소득증대로 인한 서비스산업의 급격한 발전에 따라 다양한 직업이 속속 탄생하고 있다.

넷째, 웰빙(well-being) 열풍, 건강과 삶에 관한 관심 증가, 신종 질병의 증가, 생명공학의 발전 또한 의료 및 보건 직업에 큰 영향을 미치고 있다. 식이요법 전문가, 푸드스타일리스트, 소믈리에(와인 감정사), 운동처방사, 파티 플래너, 다이어트 메이트, 조향사, 호스피스 전문 간호사, 커피 바리스타 등과 같은 신종 직업의 탄생이 이런 현상을 반영한 것이다.

다섯째, 첨단과학기술의 급격한 발전은 직업에 가장 직접적이고 큰 영향을 끼친다. 특히, 정보통신기술을 선두로 한 첨단과학기술의 발달은 일상생활의 급격한 변화를 가져왔고, 전통적인 직업을 소멸시키며, 신종 직업을 출현시키는 데 있어 큰 역할을 하고 있다.

마지막으로, 대기 및 수질오염 등과 같은 환경오염의 증가, 화석 에너지의 고갈, 지구온난화에 따른 기후의 변화 등도 직업에 많은 영향을 미친다. 환경오염을 방지하고 생태계를 복원하는 기술 개발, 태양열 · 지열 · 풍력 등을 활용한 대체 에너지 개발, 전기자동차 개발 등으로 인해 종전에는 보지 못했던 새로운 직업이 속속 탄생하고 있다.

이처럼 세상의 변화는 직업 세계도 바꾸고 있다. 우리보다 앞선 선진국에서 어떤 변화가 일어나고 있는지를 주의 깊게 살펴본 사람들이라면, 직업의 변화를 실감할 것이다. 이런 변화는 몇 가지 인식의 변화와 관련이 되는데, 여기서 몇 가지를 소개하면 다음과 같다.[3)]

- 생태적인 세상이 온다.
- 문화와 예술과 디자인의 시대가 열린다.
- 시민사회의 시대가 온다.
- 버려진 곳들이 세상의 중심이 되는 시대이다.
- 새로운 전통의 시대가 온다.
- 새로운 전문가의 시대가 열린다.
- 창조와 혁신의 시대이다.
- 파트너십과 거버넌스의 시대가 열린다.
- 글로컬(glocal) 시대가 온다.
- 창조적 자본주의 시대가 열린다.

이상에서 살펴본 여러 가지 환경의 변화는 전통적인 직업의 쇠퇴와 소멸을 부추기고 있고, 신종 직업의 탄생에 영향을 미치면서 직업 생태계를 근본적으로 변화시키고 있다. 이미 존재하는 직업에만 의존하는 사람에게는 새로운 기회가 다가가지 않을 것이다. 하지만 세상의 변화를 바라볼 수 있는 안목이 있는 사람에게는 앞으로 생길 수많은 새로운 직업이 눈에 보일 것이다.

따라서 지금 진로를 선택할 시기에 있는 사람들은 이런 환경 변화를 제대로 인식하고 이해할 필요성이 있고, 이것이 향후 직업에 미칠 파장을 충분히 예측하고 준비할 필요가 있다. "미래는 준비하는 자의 것이고, 실천하는 자의 것이다."라는 말이 있듯이, 세상은 남들보다 한발 앞서 다가오는 미래를 보고 실천하는 사람들에게 길을 열어 주고 있다. 그러므로 자신의 미래를 잘 설계하길 바라는 사람이라면, 여러 가지 환경의 변화가 직업에 어떤 영향을 미칠 것인지에 대해 지금부터 예의주시해야 한다.

나. 새로운 직업의 출현

1) 미래에 유망한 새로운 직업

우리는 지금 예전에 보았던 고속버스 안내원과 타자수를 전혀 찾아볼 수 없다. 하지만, 스마트폰 판매원이나 커피 바리스타는 주변에서 언제든지 볼 수 있다. 주위를 돌아보면, 환경 변화에 따라 새롭게 출현한 직업에 종사하는 사람들을 쉽게 만날 수 있다.

이런 추세를 반영하여 정부(고용노동부)와 한국고용정보원은 미래에 부각할 새로운 직업 육성계획을 수립하고 있다. 즉, 외국에는 있지만, 국내에는 아직 없는 직업으로서 미래 일자리 수요가 있는 직업, 외국과 국내에 모두 있지만, 법·제도 정비 등의 활성화를 통해 일자리 창출이 가능한 직업들을 소개하고 있다(〈표 9-3〉 참조).

여기에 소개된 직업들은 우리에게 아직 생소하다. 많은 사람이 아직 경험하지 못한 일이고, 그래서 그것을 선택하려는 사람들도 아직 많지 않다. 그러나 현재 많은 사람이 선택하지 않아서 오히려 더 기회가 많을 수 있다. 따라서 현재 진로를 탐색하고 있는 사람들이라면, 새롭게 생기는 다양한 직업에 관심을 가질 필요가 있다. 직업 역시 아는 만큼 보이고, 깊이 들여다볼수록 후회 없는 결정을 할 수 있다. 그래서 현재보다는 미래가 더 기대되는 직업들에 관심을 기울일 필요가 있다. 그래야 변화하는 직업 세계에 대응하며 자기 발전의 기회를 모색할 수 있다.

〈표 9-3〉 미래에 유망한 신(新)직업

구분	직업명	직무 개요	
정부 육성 지원 신직업	법·제도적 인프라 구축	민간조사원	법률이 허용하는 범위에서 의뢰인의 요청에 따른 각종 사실을 조사하거나 실종 가족 또는 문건의 소재 등을 조사한다.
		전직 지원 전문가	퇴직 후 이·전직이나 창업을 희망하는 사람에게 제2의 직업을 추천하고 이에 대한 상담 및 컨설팅을 한다.
		산림치유 지도사	숲이 가진 치유 기능을 활용하여 산림 휴양 이용자가 건강을 유지하고 회복할 수 있도록 각종 산림치유 프로그램을 개발·보급해 지도한다.
	기존 직업의 세분화 및 전문화	연구기획 평가사	기술·시장 환경 변화에 대한 통찰·분석에 숙달된 경험을 바탕으로 조직 내 새로운 R&D 과제를 선정, 관리방안을 제시하고 사업화 전략을 수립한다.
		연구 장비 전문가	과학기술 연구개발에 사용되는 전문장비에 대한 지식과 기술을 갖추고 장비 운용을 통해 데이터 산출, 해석 및 연구개발 활동을 지원한다.
		연구실 안전전문가	연구실 특성에 맞는 안전점검 및 정밀 안전진단을 수행하거나 연구실 안전에 관한 기술적인 사항을 지도하고 조언한다.
		온실가스관리 컨설턴트	온실가스 규제에 따른 경영자문, 업무 관련 대상자 교육, 온실가스 배출 감소를 위한 대응방안 또는 해결책을 제안한다.
		화학물질 안전관리사	화학물질 등록 및 위해성 평가 대행, 유독물 위급시설의 관리 계획서 작성 및 관리, 화학사고 예방 및 대응에 대한 업무를 한다.
		협동조합 코디네이터	협동조합 설립부터 설립 이후의 경영, 회계, 인사, 홍보, 마케팅 등 전 분야에 대한 컨설팅을 제공하고 설립에 필요한 절차를 대행한다.
		소셜미디어 전문가	기업의 SNS 계정을 개설·관리하여 기업의 마케팅 또는 고객 관리를 실행하거나 고객의 의견을 수렴해 분석함으로써 기업의 의사결정 및 전략 설정을 지원한다.
		지속가능경영 전문가	경영에 영향을 미치는 환경문제, 사회문제, 기업윤리 등을 종합적으로 고려하여 기업의 지속 가능성을 추구하기 위한 사업을 기획·개발·운영한다.
		녹색 건축 전문가	녹지 등 생태 공간 조성, 에너지 효율, 친환경 자재 사용 등 녹색건축 인증기준에 적합한 건축물을 계획·설계·시공·평가한다.
		주거복지사	취약계층의 주거환경을 개선하고 주거복지 정보와 서비스를 연계해 제공한다.
		문화여가사	여가생활을 원하는 수요를 파악하고 맞춤형 여가를 설계하며, 지역 문화자원의 종합적 활용·기획, 문화 복지·여가 정보제공, 문화예술 사업 컨설팅·기획 지원 등의 업무를 수행한다.
	R&D 투자 및 전문 인력 양성	인공지능 전문가	인간에 대한 이해를 바탕으로 컴퓨터와 로봇 등이 인간과 같이 사고하고 의사결정할 수 있도록 인공지능 알고리즘 또는 프로그램을 구현하는 기술을 개발한다.
		감성인식기술 전문가	인간의 감성을 인지하여 반응하는 감성 맞춤형 제품 및 서비스를 제공하는 일에 종사하는 전문가를 통칭한다. 주로 감성ICT 기술을 연구·개발·응용하는 업무를 수행한다.
		정밀농업 기술자	농업 생산·관리에 GIS·GPS 등 최신기술을 접목한 과학적인 정밀농업으로 관련 연구 및 기술 개발, 기술 보급, 기술 적용 등의 업무를 수행한다.
		도시재생 전문가	쇠퇴하는 도시의 정체성을 보존하면서 경제적·사회적·문화적·환경적으로 활성화하기 위한 계획을 수립하고 지원한다.
		빅 데이터 전문가	빅 데이터를 수집·분석해 처리하고, 의미 있는 결과를 도출해 새로운 부가가치를 창출한다.

구분	직업명	직무 개요
R&D 투자 및 전문 인력 양성	홀로그램 전문가	홀로그래피를 연구하고 개발하는 연구원과 엔지니어를 비롯해 홀로그래피 기술을 활용하여 공연과 전시 등을 기획하고 운영하는 전문 인력을 말한다.
	빌딩정보모델링 디자이너	건축물의 설계·시공·유지·관리 단계에서 BIM(Building Information Modeling)을 적용해 안전하고 친환경적이며 효율적인 시설물을 구현한다.
공공 서비스를 통한 직업적 기반 구축	임신출신육아 전문가	임신 및 출산 여성을 대상으로 임신, 출산, 육아 전반에 필요한 각종 정보와 조언을 제공한다.
	정신건강 상담전문가	지역사회 자살 예방 상담 및 단기개입 서비스를 제공한다(자살 예방 전문요원).
		알코올 또는 약물 중독으로 고통받는 사람들을 대상으로 상담 및 교육을 진행한다. (알코올 중독 예방 전문요원)
		행위중독에 대한 장단기 치료, 개입 및 재활, 상담 서비스를 제공한다. (행위중독예방 전문요원)
	과학 커뮤니케이터	학교 밖 과학교실 강사, 방과 후 과학탐구 강사, 과학 기자, 과학저술가, 과학전시물 해설사, 과학연극인처럼 과학기술을 대중과 쉽게 소통시키는 전문가를 통칭한다.
민간의 자생적 창출을 지원하는 신직업	기업컨시어지	기업의 임직원이 근무시간 동안 업무에 전념할 수 있도록 개인과 기업의 다양한 업무를 대행하는 서비스를 제공한다.
	노년 플래너	고객의 노후 건강관리법, 자손과의 인간관계, 노후설계 등에 대해 상담하고 관련 정보를 제공한다.
	사이버평판 관리자	온라인 상의 개인·기업의 평판을 관리, 인터넷 상의 악성 평판을 모니터링하여 긍정적인 변화 유도
	가정 에코컨설턴트	가정을 방문해 전기, 가스, 수도 등의 에너지 사용 실태를 진단하고 에너지를 절감하는 방법을 안내한다.
	병원아동생활 전문가	질병이 있거나 병원 치료를 앞둔 아동의 두려움과 불안을 덜어 줘 정서적인 안정을 돕는 식으로 아동 환자의 병원 생활을 지원한다.
	기업 프로파일러	시장 상황, 기업의 전략, 행동 패턴 등을 분석해 기업의 미래 행동을 예측하고, 새로운 기업 정체성의 설정 및 시장 내 전략 설정, 경쟁력 제고 전략 등을 수립한다.
	영유아 안전장치설치원	가정을 방문해 집 내외부의 위험 요소를 탐색해 제거하고, 안전장치와 시설물 등의 설치 및 안전사고 예방법을 알려 준다.
	매매주택 연출가	주택매매를 원활하게 하고 보다 높은 가격에 판매할 수 있도록 주택의 실내장식과 실외장식 측면에서 컨설팅 및 연출을 한다.
	이혼상담사	이혼을 고려하는 사람들을 대상으로 심리 상담과 법적 절차, 이혼 후의 재무, 라이프 플랜 등을 상담하고 이혼 과정에 필요한 전반적인 사항에 대해 컨설팅을 한다.
	주변 환경 정리전문가	고객의 의뢰에 따라 쾌적하고 효율적인 생활 및 사무 공간 구성을 위해 물건과 공간을 정리하는 서비스를 제공한다.
	애완동물행동 상담원	개·고양이 등 애완동물의 다양한 문제행동의 본질과 원인을 분석하고, 행동교정 프로그램을 설계하고 훈련한다.
	신사업아이디어 컨설턴트	시장 추세에 맞춰 새로운 사업 아이디어나 비즈니스 모델을 발굴하고, 고객의 요구에 따라 사업 초기에 필요한 경영전략 및 마케팅 등을 컨설팅한다.
	그린장례지도사	유가족들에게 친환경 장례방식을 설명하고 장례식과 매장을 친환경적으로 진행한다.

구분	직업명	직무 개요
	생활코치(라이프코치)	사람의 대인관계, 경력, 건강, 일과 삶의 균형, 자신감 등의 분야에서 자신의 상황을 스스로 제어하고 관리할 수 있도록 지원하는 일을 한다.
	정신대화사	외로움과 고독감을 느끼는 사람들을 대상으로 인생이 살아갈 가치가 있다는 걸 느끼게 하고 보다 행복한 생활을 할 수 있도록 정신적으로 지원한다.
중·장기 검토 과제 신 직업	수의사보조원(동물간호사)	수의사가 수행하는 다양한 진단 및 시술을 보조하며 입원하는 동물의 간호 및 동물병원 관리업무를 수행한다.
	분쟁 조정사	분쟁이 발생했을 때 재판 전에 이를 중재·조정·알선하여 분쟁 당사자들이 스스로 해결책을 찾아 분쟁을 해결하도록 돕는다.
	디지털장의사	고객 또는 유족의 의뢰에 따라 고객 또는 유족이 남긴 인터넷 계정, 게시물, 사진 등을 삭제하는 서비스를 제공한다.

출처: 한국고용정보원(2014). **미래를 함께 할 새로운 직업**. 1-277에서 발췌, 정리.

2) 첨단과학기술의 발달과 직업

첨단과학기술의 발달은 기존 전통 직업의 쇠락에 결정적인 영향을 미치고, 새로운 직업의 출현에도 큰 영향을 미친다. 가장 큰 이유는 예전에 사람들이 직접 하던 일을 기계(장치)나 소프트웨어 프로그램이 대체하기 때문이다. 미래유망 기술이 직업의 변화를 선도하는 형국이다. 예컨대, 기후·에너지 관련 산업(기후, 물, 식량, 에너지, 탄소, 환경), 건강·의료·보건·복지 관련 산업, 시니어(senior) 관련 산업, 교육 관련 산업(사이버 온라인 교육, 평생교육), 3D 프린팅 관련 산업, 클라우딩 컴퓨팅, 사물인터넷(IoT), 지능형 자동차(무인 자동차, 전기자동차) 등과 관련된 미래 유망기술이 수많은 신종 직업 출현에 이바지하고, 기존 직업의 쇠락에도 큰 영향을 미치고 있다.

이런 차원에서 미래학자들은 오래전부터 2020년에 새롭게 출현할 직업을 소개한 적이 있다. 이것들은 아직 우리에게 친숙하지 않은 직업이지만, 이미 그와 관련된 자료와 정보가 많이 축적되어 있다는 사실에 놀라지 않을 수 없다. 이런 직업들이 곧 부상할 것이라는 점은 첨단과학기술의 발전이 직업 생태계의 변화를 촉발할 원동력을 제공하고 있다는 것을 의미한다. 따라서 이런 변화의 흐름을 미리 파악해 두면, 자신의 진로를 탐색할 때 선택의 폭과 깊이를 더해 줄 수 있을 것이다.

- 아바타 디자이너(Avatar Designers)
- 증강 현실 건축가(Augmented Reality Architects)

- 대체통화 은행가(Alternative Currency Bankers)
- 종자돈 마련 자본가(Seed Capitalists)
- 글로벌 시스템 세계기구 구축가(Global System Architects)
- 거주 주변 지역 전문가(Locationists)
- 불필요한 데이터 관리자(Waste Data Managers)
- 도시농업 경영자(Urban Agriculturalists)
- 비즈니스 식민지 관리자(Business Colony Managers)
- 경쟁생산자(Competition Producers)

이처럼 첨단과학기술의 발달에 따라 기존 직업이 사라질 것이라는 예측은 우리에게 많은 것을 시사해 주고 있다. 유엔미래포럼의 한 보고서(2011.3.30.)에 따르면, 로봇에게 일자리를 내어 줄 직업으로 약사, 변호사와 변호사 보조원, 운전기사, 우주비행사, 계산원, 군인, 아기 돌봄이, 구조원, 스포츠기자와 리포터 등이 있다고 한다. 그리고 미래를 예측한 한 뉴스에서도[4] 미래 보고서를 인용하여 첨단과학기술의 발달로 인해 2030년까지 100여 개의 직업이 사라질 수 있다고 보도했다. 그 가운데 몇 가지를 소개하면 다음과 같다(**〈표 9-4〉** 참조).

〈표 9-4〉 2030년까지 사라질 것으로 보이는 직업(일자리)

첨단과학기술	소멸할 것으로 보이는 직업(또는 일자리)
무인 차량	대리운전, 운전기사, 교통경찰, 트럭 기사, 우편배달
드론(Drone)	택배, 배달, 해충구제 서비스, 지질학자, 환경 엔지니어
3D 프린터(3D Printer)	프레스 기술자, 기계 기술자, 배송, 노동조합
3D 빌딩 프린터	목수, 콘크리트 근로자, 부동산, 홈 리모델링
빅 데이터, 인공지능	기자, 의사, 영양사, 다이어트 전문가
대용량 에너지 저장기술	에너지 기획자, 환경 디자이너, 발전소 운영자
로봇기술	약사, 의사, 소매점원, 조경사, 홈 헬스케어, 군인, 계산원

3) 사회문화 환경의 변화와 직업

사회문화 환경의 변화가 직업 세계에도 영향을 미쳐서 앞으로 새롭게 출현하는 직업이 많을 것이다. 문화적 상상력과 예술적 감수성과 디자인 감각이 새로운 산업과 직업을 만들어 낼 것이고, 점차 영역이 확대되는 시민사회 영역이 새로운 일자리를 많이 창출할 것이다. 그리고 전통문화와 역사 자산과 지역 특산물 등이 새로운 직업과 연계될 것이라는 견해도 있다. 이런 시각에서 소개된 직업들을 정리한 것이 〈표 9-5〉이다.[5)]

〈표 9-5〉 세상을 바꿀 새로운 베스트(Best) 직업

구 분	새로운 직업
아무것도 없는 사람을 위한 직업	퇴근 후 생활코디네이터, '집 바꾸어 살기' 사이트 운영자, 통합분실물센터 대표, 문화 복덕방 매니저, 쉬운 한국어 전문가, 농촌일손뱅크 운영자, 자원봉사 코디네이터, 싱글족을 위한 심부름센터 대표, 대학·학과 소개투어 전문가, 명예교사뱅크 운영자
상상력으로 세상을 바꾸는 직업	업사이클 아티스트, 상상기계제작소 대표, 사회혁신 기업가, 공공 디자이너, 공공기관 기념상품 제작회사 대표, 친환경 이벤트 전문가, 텃밭농원 디자이너, 농부시장 개설업자, 다문화기업 기획자, 친환경 상품 디렉터
최초 전문가가 될 수 있는 직업	이혼 플래너, 기부 컨설턴트, 에코 라이프 디자이너, 세컨드 하우스 헌터, 모험가이드, 아름다운 이별 컨설턴트, 교사 해외연수 전문여행사 대표, 전통 제사 패키지 관광사 대표, 수형자 직업교육 컨설턴트, 국제 인턴십 매니저
살맛 나는 세상을 만드는 직업	말벗 전문가, '이 사람을 도와주세요' 사이트 운영자, 주민 소통 전문가, 청소년 치유 동물농장 운영자, 코하우징 전문가, 임대아파트 활동가, 효도 대행사 대표, '굿뉴스' 발행인, 소외 계층을 위한 디자이너, 멘토링 오거나이저
새로운 법칙을 창조하는 직업	일대일 매칭 방식 사업가, 대안대학 설립자, 윤리적 투자 전문가, 공익소송센터 운영자, 세상을 바꾸는 요리사, 나눔 식당 운동가, 마을회사 전문가, 장애프리도시 디자이너, 나눔 교육 전문가, 사회적 인턴 중개사

출처: 박원순(2011). **세상을 바꾸는 천 개의 직업**. 서울: 문학동네. 36-187에서 발췌, 정리.

이들 직업은 현재 시점에서 볼 때, 우리에게 익숙한 직업들은 아니다. 하지만 현재와 같은 흐름이 계속되고 개인주의적 경향이 가속화됨에 따라 얼마든지 좋은 직업으로 자리매김할 수 있는 직업들이라 생각한다. 특히 이들 직업은 전통적인 평생직장 시대의 시각에서 벗어나 평생직업 시대가 도래한 시점에서 예술적인 감각이나 상상력이 남다르다고 생각하는 사람들에게 많은 시사점을 준다. 나아가 여기에 소개된 각 직업을 서로 융합하여 전혀 새로운 직업을 만들 수 있는 여지도 많다는 측면에서 이런 직업에 대해 계속해서 관심을 가질 필요가 있다. 따라서 이런 직업들이 구체적으로 무엇을 하는 것인지, 자신의 개인적인 특성과 이들 직업이 어떻게 잘 결합할 수 있는지에 대해 관심을 가진다면, 진로선택의 갈림길에 선 사람들에게 흥미로운 시각을 제공할 것이다.

한편, 자신이 앞으로 특정 분야의 전문가가 되길 원한다면, 〈표 9-6〉에 소개된 직업들을 눈여겨볼 만하다. 자신의 역할과 가치를 인식하고 자신이 정말 하고 싶은 일을 하면서 특정 분야의 전문가가 되고 싶다면, 이들 직업은 의미 있는 대안이 될 수 있다.

그러나 여기서 주의할 점이 있다. 이들 직업이 지금 눈에 뜨인다고 해서 쉽게 가질 수 있는 직업은 아니다. 해당 분야의 전문가가 되는 데 필요한 것이 무엇인지 알아보고, 그렇게 되기 위해 철저하게 준비하는 과정이 필요하다. 그리고 그것을 이루기 위한 열정과 도전정신이 있어야 바라는 직업을 가질 수 있을 것이다.

〈표 9-6〉 세상을 바꿀 베스트(Best) 전문직

구 분	새로운 전문직
녹색 전문가	그린 헬스클럽 운영자, 착한 포장 전문가, 친환경 바느질 전문가, 자전거 운송회사 대표, 사회적 땡처리 전문가, 생활용품 대여회사 대표, 대안 에너지 사업가, 빗물 사용 전문가, 그린 빌딩 인증 사업가, 경제림 컨설턴트
네트워크 전문가	지역공동체 예술가, 안테나숍 운영자, 사회적 기업 '더 허브' 운영자, 도시안전 네트워크 설계사, 디지털 지식 네트워커, 제3세계 마을 교류 사업가, 기업 - 시민사회 네트워크 전문가, 시니어 살롱 운영자, 성 평등 코디네이터, 장애인 커넥터
문화예술 전문가	매장배경음악 전문가, 지역 청소년 오케스트라단 운영자, 대안 게임 기획자, 놀이 디자이너, 직장 놀이터 개발자, 에코 뮤지엄 기획 설립자, 서커스 학교 운영자, 개성시대의 여행 플래너, 전통 공연예술 기획자, 책 사냥꾼
건강 전문가	수면카페 운영자, 건강 레스토랑 운영자, 채소 전문가, 장 소믈리에, 불치병 환자 전문 영양사, 좋은 병원 · 의사 가이드, 스트레스 해결사, 건강마을 평가사, 워킹 코디네이터, 건강보험 컨설턴트
농촌 · 농업 전문가	마을 이장 · 간사, 전통문화상품 전문점 운영자, 종자뱅크 대표, 농촌 운전면허학원 원장, 귀농 · 귀촌 전문잡지 발행인, 숲 학교 설립 운영자, 공방형 민박 운영자, 농산물 고유 브랜드 전문가, 커뮤니티 비즈니스 전문가, 홈쇼핑 중계사업가
미디어 · IT 전문가	온라인 개인정보 보안관, 온라인 투표 전문가, PPGIS 생활지도 전문회사 대표, 온라인 교회 · 사찰 운영자, 소셜 에듀케이션 전문가, 소셜미디어 컨설턴트, 사회혁신 애플리케이션 개발자, 미디어 라이팅 전문가, 갤러리 전문가, 소셜 펀딩 전문가
글로벌 전문가	메가트렌드 전문가, 지구별 어린이 · 글로벌 대학생 중개인, 글로벌 대인광고 마케터, 국제 홈스테이 중개인, 좋은 습관 수입가, 세계문화 코디네이터, 세계 시민사회 애널리스트, 지방자치단체 국제사업 전문가, 세계 도시 전문가, 외국인 여행자 워킹홀리데이 단체 대표
교육 전문가	지식 성장 매니저, 평생학습 컨설턴트, 교육환경 코디네이터, 현장학습 디자이너, 청소년 대한캠프 운영자, 맞춤형 책 요약 전문가, 모든 교재 제작소 대표, 유아 양육 코디네이터, 한인동포 교육 전문가, 부모 · 아이 소통 전문가
착한 경제 전문가	사회적 기업 금융기관 대표, 사회적 기업 애드 마스터, 기업 사회공헌 컨설턴트, 공정무역 사업가, 착한 웹마켓 운영자, 장애인 공동체 회사 컨설턴트, 기부 사진 포털 사이트 운영자, 사회적 기업 포털 사이트 운영자, 해외동포 SOS 기금 운영자, 협동조합 운동가
NGO · NPO 전문가	NPO 살롱 운영자, NPO 리쿠르트 전문가, 윤리적 빌딩 사업가, 모금 전문가, NPO 투어 전문가, 시민사회 전문잡지 발행인, 비영리조직 사회공헌 전문가, 비영리연합기구 사무총장, NPO 컨설턴트, 창조적 이벤트 디자이너

출처: 박원순(2011). **세상을 바꾸는 천 개의 직업**. 서울: 문학동네. 194-313쪽에서 발췌, 정리하되 어색한 표현은 약간 수정함.

다. 새로운 직업에 대한 자기 의견 정리

지금까지 우리는 제반 환경의 변화와 발전에 따라 새롭게 출현할 것으로 예측되는 직업들에 대해 알아보았다. 그 가운데 자신의 적성, 흥미, 가치관 등 여러 가지 특성과 전공, 가정환경, 재정 상황 등 자신을 둘러싼 환경 등을 함께 고려할 때, 특별히 관심이 가는 직업들이 있을 것이다. 그것에 대한 자신의 의견을 별도 양식에 정리해 보자(**[실습 9-7]** 참조).

5. 직업과 미래 변화 예측을 위한 코칭 질문

우리는 앞서 다양한 직업과 직무에 대해 알아보고, 자신이 바라는 직업과 직무에 대한 의견을 정리해 보았다. 그리고 미래 환경 변화가 직업에 어떤 영향을 미칠 것이고, 그 결과 직업들이 어떻게 변화할 것인지에 대해서도 살펴보았다. 이런 과정을 거쳐 오는 동안 독자들은 많이 생각했을 것이고, 그것들은 자신이 바라는 의미 있는 삶을 영위하는 데 큰 도움이 될 것이다.

나아가 자신이 바라는 평생직업을 찾으려면, 몇 가지 코칭 질문에 관한 자신의 의견을 분명하게 정리해 보는 것이 좋다. 적당한 시간을 내어 조용한 곳에서 내면 깊은 곳에서 말하는 소리에 귀를 기울이면 된다. 그런 다음에 자신의 꿈과 목표를 이루는 데 필요한 일들을 하나씩 실천하면 된다. 그것이 자신이 바라는 결과를 얻는 방법이다.

① 앞으로 당신이 직업정보 탐색을 위해 추가로 해야 할 일은 무엇인가?

② 당신의 직무 적성을 알기 위해 새롭게 시작할 수 있는 일은 무엇인가?

③ 당신에게 있어 '변화'란 어떤 의미를 지니는 것인가?

④ 당신이 새롭게 변화하기 위해 지금 시작할 수 있는 일은 무엇인가?

⑤ 30년 후, 당신은 어떤 모습을 갖춘 전문가인가?

⑥ 당신의 직업정보 탐색을 도와줄 사람은 누구인가?

미주

1) 김인기(2011). **진로탐색과 경력관리**. 서울: 양서원. 89.

2) 한국고용정보원(2020). 직업 · 진로 코너. http://www.work.go.kr

3) 박원순(2011). **세상을 바꾸는 천 개의 직업**. 서울: 문학동네. 15-22.

4) 블록체인AI뉴스(http://blockchainai.kr).

5) 박원순(2011)은 여행을 통한 다양한 경험과 섬세한 관찰, 그리고 탁월한 감각과 영감을 바탕으로 모두 1,000개의 새로운 직업을 소개하고 있다. 구체적으로 우리 사회의 갖가지 변화로 인해 새로 생긴 150개 직업에 관한 사례를 들고 그것이 무엇을 의미하는지를 소개하고 있고, 자신의 아이디어를 바탕으로 한 새로운 직업 850가지를 소개하고 있다. 각각의 직업에 대한 자세한 내용은 해당 책을 참고하면 좋다. 박원순(2011). 앞의 책. 16-20.

[실습 9-1] 나의 커리어 포트폴리오(1)

• 희망직업(1) :   • 작성일자 : 20   년   월   일

구 분		자신이 수집한 정보 및 자료의 내역
희망 직업 특성	직업 분류	
	주된 업무	
	필요한 기술	
	일하는 장소	
	근무시간	
	급여(수습기간)	
	급여(최대)	
희망 직업 전망	장 점	
	단 점	
	기회 요소	
	위험 요소	
	5년 후 전망	
	10년 후 전망	
	15년 후 전망	
	유사 직업	
준비 사항	요구되는 전공	
	요구되는 교과목	
	필요한 자격증	
	도움 되는 것들	
	관련 필요 경력	
	상급 학교 진학	
지원 인력	역할 모델(1)	
	역할 모델(1)	
	도와줄 코치	

[실습 9-2] 나의 커리어 포트폴리오(2)

• 희망직업(2) :　　　　　　• 작성일자 : 20　　년　　월　　일

구	분	자신이 수집한 정보 및 자료의 내역
희망 직업 특성	직업 분류	
	주된 업무	
	필요한 기술	
	일하는 장소	
	근무시간	
	급여(수습기간)	
	급여(최대)	
희망 직업 전망	장　점	
	단　점	
	기회 요소	
	위험 요소	
	5년 후 전망	
	10년 후 전망	
	15년 후 전망	
	유사 직업	
준비 사항	요구되는 전공	
	요구되는 교과목	
	필요한 자격증	
	도움 되는 것들	
	관련 필요 경력	
	상급 학교 진학	
지원 인력	역할 모델(1)	
	역할 모델(1)	
	도와줄 코치	

[실습 9-3] 나의 커리어 포트폴리오(3)

• 희망직업(3) : • 작성일자 : 20 년 월 일

<table>
<tr><th colspan="2">구 분</th><th>자신이 수집한 정보 및 자료의 내역</th></tr>
<tr><td rowspan="7">희망 직업 특성</td><td>직업 분류</td><td></td></tr>
<tr><td>주된 업무</td><td></td></tr>
<tr><td>필요한 기술</td><td></td></tr>
<tr><td>일하는 장소</td><td></td></tr>
<tr><td>근무시간</td><td></td></tr>
<tr><td>급여(수습기간)</td><td></td></tr>
<tr><td>급여(최대)</td><td></td></tr>
<tr><td rowspan="8">희망 직업 전망</td><td>장 점</td><td></td></tr>
<tr><td>단 점</td><td></td></tr>
<tr><td>기회 요소</td><td></td></tr>
<tr><td>위험 요소</td><td></td></tr>
<tr><td>5년 후 전망</td><td></td></tr>
<tr><td>10년 후 전망</td><td></td></tr>
<tr><td>15년 후 전망</td><td></td></tr>
<tr><td>유사 직업</td><td></td></tr>
<tr><td rowspan="6">준비 사항</td><td>요구되는 전공</td><td></td></tr>
<tr><td>요구되는 교과목</td><td></td></tr>
<tr><td>필요한 자격증</td><td></td></tr>
<tr><td>도움 되는 것들</td><td></td></tr>
<tr><td>관련 필요 경력</td><td></td></tr>
<tr><td>상급 학교 진학</td><td></td></tr>
<tr><td rowspan="3">지원 인력</td><td>역할 모델(1)</td><td></td></tr>
<tr><td>역할 모델(1)</td><td></td></tr>
<tr><td>도와줄 코치</td><td></td></tr>
</table>

[실습 9-4] 나의 희망직무(1)

구분	구체적인 내역
희망 직무	
직무 내용	
필요한 자질, 기술 및 역량	
향후 발전가능성 (관련 직종)	
추가로 준비해야 할 사항	

[실습 9-5] 나의 희망직무(2)

구분	구체적인 내역
희망 직무	
직무 내용	
필요한 자질, 기술 및 역량	
향후 발전가능성 (관련 직종)	
추가로 준비해야 할 사항	

[실습 9-6] 나의 희망직무(3)

구분	구체적인 내역
희망 직무	
직무 내용	
필요한 자질, 기술 및 역량	
향후 발전가능성 (관련 직종)	
추가로 준비해야 할 사항	

[실습 9-7] 새로운 직업에 대한 나의 의견

순위	새로운 직업	새로운 직업의 구체적인 내역
1		
2		
3		

그것을 내세우는 이유	
새로운 직업은 나의 강점과 어떤 관계가 있는가?	
새로운 직업은 자신의 희망직업과 비교할 때 어떤 점에서 같고, 또 차이가 있는가?	

chapter 10 개인 진로설계서 작성

1. 진로 로드맵의 이해

가. 진로 로드맵의 정의

지금까지 우리는 여러 가지 검사와 진단을 통해 자신이 누구인지에 대해 알았고, 다양한 직업과 직무, 세상의 변화에 따른 유망직업과 미래 직업의 변화에 대한 예측도 살펴보았다. 이제 그런 과정을 통해 얻은 정보와 각각의 단원별로 진행했던 코칭 질문에 대한 대답을 바탕으로 각자의 의견을 정리해 볼 시점이 되었다. 그리고 그것을 중심으로 자신의 진로 로드맵(career roadmap)을 작성해 볼 것이다.

진로 로드맵은 자신의 진로와 관련된 지도를 말한다. 물론 진로를 개발해 가는 전체 과정에서 자신의 기억력에 의존해도 되지만, 그림으로 그려진 지도를 지니는 것이 더 효과적이다. 그리고 진로지도를 지니는 것이 자신의 진로목표를 달성하기 위해 계속해서 노력을 기울이는 데 도움이 된다. 다시 말해, 자신만의 고유한 진로 로드맵을 그리는 것은 자신의 진로 결정과 설계에 있어 매우 의미 있는 일이다. 항해할 때 지도가 필요하고, 자동차로 새로운 곳을 찾아갈 때 내비게이션이 있으면 도움이 되는 것과 마찬가지다. 진로지도는 자신의 진로 결정과 설계 과정에서 그와 같은 역할을 할 것이다.

예컨대, 대전에서 출발하여 제주도로 여행을 갈 때는 여러 가지 방법을 활용할 수 있다. 자동차와 비행기를 이용하는 방법, 기차와 배를 이용하는 방법, 버스와 배를 이용하는 방법, 자신의 승용차와 배를 이용하는 방법 등 다양한 교통수단을 복합적으로 활용하는 방법이 있다. 어떤 방법을 활용하든 목적지인 제주도에 잘 도착하는 것이 우선 중요하다. 제주도에 도착한 다음에는 얼마간의 일정으로 어떤 곳에 가서 무엇을 볼지를 결정해야 한다. 추억에 남는 제주도 여행이 되기 위해서는 이런 것에 대해 미리 준비하는 것이 바람직하다. 여행을 떠나기 전에 이런 모든 일정을 그림으로 그려서 가지고 간다면, 여행에 큰 도움이 된다. 물론 서울이나 부산에서 출발하여 제주도로 갈 때는 다른 지도가 필요할 것이다.

이와 마찬가지로 자신의 진로와 관련된 목표를 달성하기 위해 활용할 수 있는 여러 가지 방법과 길을 선택하고, 목적지에 어떻게 도착할 것인지를 미리 계획한 후에 그것을 그림으로 그려 두면, 자신의 미래 모습을 예상하는 데 큰 도움이 된다. 그래서 진로 로드맵을 그리는 것은 매우 의미 있는 일이다.

나. 진로 로드맵을 작성할 때 유의할 점

진로 로드맵을 작성하기 위해서는 몇 가지 사항을 염두에 둘 필요가 있다.

첫째, 진로 로드맵은 다양하다. 어떤 목적지에 달성하는 방법이 한 가지만 있는 것이 아니라 다양한 방법이 있다. 물론 목적지에 도달하는 가장 효율적인 방법이 있지만, 그것이 여의치 않을 때는 다른 길로 돌아갈 수도 있다. 자신이 가고자 하는 목적지에 가장 적합한 길을 선택하는 것은 오로지 자신 몫이다.

둘째, 진로와 관련하여 자신이 가고자 하는 길이 분명해야 경쟁력을 가질 수 있다. 자신이 가고자 하는 목적지가 분명해야 그 길을 가기 위해 적절한 방법을 선택할 수 있다. 그리고 그에 필요한 일들을 준비할 수 있으며, 가능한 최적의 수단과 방법을 동원할 수 있다. 만일 길을 가다 헤매거나 방향을 잘못 잡아서 가던 길을 멈추고 돌아와 처음부터 다시 출발한다면, 자원과 에너지가 소모되는 것은 당연하다.

셋째, 자신만의 고유한 노선이 있어야 힘을 발휘하고 빛을 낼 수 있다. 가고자 하는 자신만의 길이 있고, 자신의 고유함을 잘 반영한 길을 갈 때 힘이 나고 빛을 발휘할 수 있다. 같은 목적지를 향해 출발하는 사람들이라고 해서 모두 같은 지도를 가지고 똑같은 길을 가는 것은 아니다. 남이 알려 주거나 그려 준 지도를 가지고 가는 것보다 자신의 고유함을 잘 살린 지도를 가지고 가는 여행이 더 재미있고 보람될 것이다. 진로 로드맵에서도 자신만의 고유함과 특성이 잘 반영되었을 때, 열정과 에너지도 더 솟아나는 법이다.

마지막으로, 한 개인이 자신의 인생 전체를 조망한 다음에 그에 맞춘 지도를 그리고, 그것에 맞는 공부를 하며 준비하는 것이 더 효과적이다. 앞서 여러 번 강조한 바와 같이, 자신의 진로를 설계하고 결정하기 위해서는 먼저 자신의 인생 전체를 조망하고 구상하는 것이 필요하다. 목적지를 분명히 알지 못해서 길을 가는 도중에 주변 사람들에게 수시로 길을 물어보거나 다른 길을 찾아 헤맨다면, 목적지에 도착하는 시간은 더 늦어질 것이고 힘도 더 들 것이다.

진로 로드맵에 대해 어느 정도 이해했다면, 이제 남은 일은 자신만의 진로 로드맵을 그리는 것이다. 진로 로드맵은 자기 탐색, 직업탐색, 기업과 직무 탐색, 진로선택, 진로설계서 작성(1차), 목표설정, 시간 관리, 진로설계서 작성(2차, 수정 및 보완), 경력개발 계획 수립, 실행 계획 수립, 미래의 내 모습 등과 같은 순서로 그릴 수 있다. 물론 이 과정에서 자신의 특성을 반영하여 특정 단계를 첨삭하거나 통합할 수도 있다. [그림 10-1]은 진로 로드맵의 한 유형을 제시한 것이다. 이 그림을 참조하고, 앞서 수집한 정보와 자료 등을 바탕으로 자신의 진로 로드맵을 그려 보자([실습 10-1] 참조).

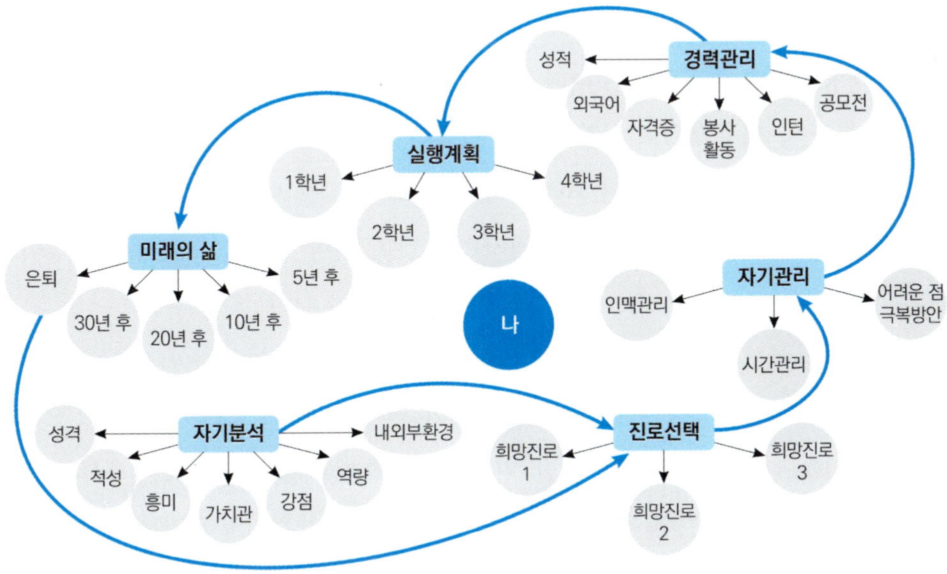

[그림 10-1] 진로 로드맵의 예시

2. 자신에 대한 SWOT 분석

가. SWOT 분석의 이해

독자들은 지금까지 충분한 자기 이해와 다양한 정보 탐색을 통해 자신의 진로와 경력개발에 관련된 많은 사실을 확인했을 것이다. 앞에서는 그런 정보와 사실을 바탕으로 간단하게 진로 로드맵도 그려 보았다. 다음에 할 일은 구체적인 진로설계서를 작성하는 것인데, 이것은 자신의 진로에 대한 통합적인 분석이 전제되어야 한다. 그것을 위해 기업에서 자주 활용하는 SWOT 분석에 대해 알아볼 필요가 있다. SWOT 분석을 통해 자신만의 진로 전략을 수립하고, 다시 이것을 바탕으로 자신만의 구체적인 진로설계서를 작성하는 데 도움이 되기 때문이다.

SWOT은 강점(strength), 약점(weakness), 기회(opportunity), 위협(threat)의 영문 앞 글자만을 따서 표기한 합성어이다. 이것은 흔히 기업의 환경 분석을 통해 강점과 약점, 기회 요인과 위협요인을 규정하고, 이것을 바탕으로 마케팅전략을 수립하는 기법이다. 다시 말해, SWOT 분석은 어떤 기업의 내부 환경을 분석하여 경쟁자와 비교되는 강점과 약점을 발견하고, 기업을 둘러싼 외부 환경을 분석하여 기회 요인과 위협요인을 찾아낸 다음, 강점은 살리고 약점은 줄이며, 기회는 활용하고 위협요인은 억제하는 마케팅전략을 수립하는 것이다.[1] 결국, SWOT 분석은 내부적으로 자사가 보유한 강점과 약점, 외부적으로 시장에서의 기회와 위협요인을 한눈에 보기 쉽게 도표로 그린 것이다. 이렇게 작성된 SWOT 메트릭스(matrix)를 바탕으로 여러 가지 요인들을 분석함으로써 자사가 시장에서 경쟁력을 갖기 위한 전략을 도출하는 과정이라 할 수 있다.

여기서 기업에서 자주 활용하는 SWOT 분석을 언급하는 이유는 이것을 활용하면 자신의 진로 관련 전략을 수립하는 데 도움이 되기 때문이다. 다시 말하면, SWOT 분석은 자신을 4가지 요소(강점, 약점, 기회, 위협)에 따라 살펴봄으로써 자신의 현재 위치를 정확하게 알고, 어떻게 나아가야 할지에 대한 구체적이고 체계적인 자기분석 작업 가운데 하나이다.

한 개인이 SWOT 분석을 활용하면, 자신의 상황(내부 환경)에 따른 강점과 약점을 파악하고, 자신을 둘러싼 외부 환경(정치, 경제, 사회, 문화 등)에 따른 기회와 위협요인을 함께 파악할 수 있다. 이런 과정을 통해 도출된 결과를 바탕으로 자신의 강점을 살리고 약점을 보완하며, 자신을 둘러싼 기회를 활용하고 위협요인을 억제함으로써 자신이 원하는 다양한 진로 관련 전략을 수립할 수 있다.

나. SWOT 분석방법

SWOT 분석은 두 단계로 나누어 진행할 수 있다.

첫 번째 단계는 내부적으로 자신의 상황을 바탕으로 다른 취업자나 경쟁자들과 비교하여 자신의 장점과 약점을 분석하는 것이다. 강점은 자신의 진로와 경력개발 관련 분야에 대한 강점으로 인식되는 것이 무엇인지 파악하는 것이다. 이에 비해 약점은 자신의 진로와 경력개발 관련 분야에 대한 약점으로 인식되는 것이 어떤 것인지를 파악하는 것이다.

예컨대, 강점은 자신을 잘 표현하는 핵심단어(keyword) 위주로 적되, 끈기, 열정, 성실, 인간관계, 외국어 능력 우수, 리더십, 책임감 등 자신의 강점에 해당하는 부분을 적는다. 그리고 약점도 마찬가지 방법으로 적되, 경제적 문제, 전공지식 부족, 자격증 미취득, 컴퓨터활용능력 부족 등 사실대로 적는다.

두 번째 단계는 자신을 둘러싼 외부 환경을 통해 자신의 기회와 위협요인을 파악, 분석하는 것이다. 기회는 외부 환경 가운데 자신에게 유리하게 작용하는 요인이 무엇인지를 파악하는 것이다. 이에 비해 위협요인은 자신에게 불리하게 작용하거나 자신을 위협하는 것이 무엇인가를 찾아내는 것이다.

이때는 자신을 제외한 모든 외부 환경의 상황과 정보를 기술한다. 주요 언론매체와 가능한 개인 정보망을 통해 입수한 정보와 사실 가운데 자신에게 영향을 끼치는 정도가 큰 순서대로 적는다. 특히, 좋은 쪽으로 작용하는 것은 기회 요인으로, 그렇지 않은 쪽으로 작용하는 것은 위협요인으로 분류한다. 예컨대, 공부만 열심히 하는 사람보다 다양한 분야의 경험과 사회생활에서의 적응력을 중시하는 경향, 아이디어 공모전 입상 경험 등 직무에 적합한 인재를 채용하는 경향 등은 기회 요인으로 분류할 수 있다. 이에 비해, 기업의 인력 감축으로 인한 고용 숫자 감소, 청년실업률 증가, 취업 경쟁률 상승 등은 위협요인으로 구분할 수 있다.

자신에 대한 SWOT 분석은 외부로부터 온 기회를 최대한 살리고 위협요인은 회피하는 방향으로 자신의 강점을 최대한 활용하고 약점을 보완하는 것이다. SWOT 분석을 통해 자신이 알고자 하는 강점, 약점, 기회, 위협요인을 알기 위해서는 다음과 같은 사전 작업이 필요하다.[2)]

첫째, 자신과 관련된 모든 내용을 차례대로 적는다. 예컨대, 가족, 친구, 학교생활, 학점, 자격증, 동아리 활동, 봉사활동, 수상 내용, 해외 어학연수 등 전반에 걸쳐 관련된 단어를 적고, 나열된 단어와 연관된 에피소드를 정리하되, 연도별로 가까운 에피소드부터 적는다.

둘째, 정리된 목록(list)은 각각 관련된 에피소드별로 그룹을 짓는다. 가장 흥미로웠던 일들, 특별한 느낌을 받은 일들, 의사 결정할 때 가장 중요하게 생각하는 것들(가치관), 나의 성격, 성향(강점, 약점), 적응 역량(노력, 결과) 등에 대해 그룹을 짓는다.

셋째, 나에게 가장 큰 영향을 끼친 소재를 중요한 것부터 다시 정렬한다. 그러면 나를 나타낼 수 있는 가장 적합한 소재가 나타날 것이다. 그 후에는 구체적인 이야기(story)를 완성하고, 필요하다면 앞 장에서 설명한 자기 진단 도구를 통해 자신을 분석해 본다.

마지막으로, 자신을 가장 잘 아는 가족, 친구, 선·후배의 의견에도 귀를 기울여 자신이 미처 알지 못했던 점도 발견하여 활용한다.

SWOT 분석은 앞서 말한 단계를 거쳐 수집된 사실과 정보를 바탕으로 말로 하거나 문장으로 기술할 수도 있지만, 더 명료하고 전체적으로 파악하기 위해 주로 메트릭스(matrix)를 활용한다. 〈표 10-1〉은 한 대학생의 사례를 중심으로 작성한 것이다. 이제 앞서 설명한 내용을 바탕으로 자신에 대한 SWOT 분석을 진행하고, 그 결과를 [실습 10-2]에 정리해 보자.

〈표 10-1〉 SWOT 분석 사례: A군

강점(strength)	약점(weakness)
• 원만한 대인관계 능력, 의사소통능력 우수 • 탁월한 외국어 실력(영어/중국어) • 전공/직무 관련 자격증 소유 • 컴퓨터 활용능력 우수(엑셀/파워포인트) • 공모전 수상 경력(2회)	• 우유부단하고 수줍어하는 성격 • 중간 정도의 평범한 학점 • 인턴, 동아리 활동 경험 없음 • 가정의 재정적 지원 곤란 • 강하지 못한 체력
기회(opportunity)	**위협(threat)**
• 능력 위주의 인재 선발 분위기 고조 • 무자료 면접 비중의 확대 • 글로벌 인재 선호 분위기 고조 • 직무에 적합한 사람 우선 채용 • 외국계 기업의 국내 진출 점차 증가	• 경쟁자들의 높은 스펙 • 경력직원 채용 선호 분위기 점증 • 임금 피크제 도입으로 정년 연장 • 지속적인 청년실업의 증가 • 비정규직/인턴 채용형태 증가

다. SWOT 분석을 통한 전략 수립

앞선 과정을 통해 자신에 대해 알아보고, 자신을 둘러싼 외부 환경을 분석했다면, 이제는 자신에게 맞는 다양한 진로 및 경력개발 관련 전략을 수립할 수 있다. SWOT 분석 결과를 통해 얻은 것들 가운데 핵심적인 SWOT 요소를 바탕으로 각각의 전략을 도출할 수 있다.

우리는 SWOT 분석을 통해 네 가지 전략을 수립할 수 있고, 변화하는 환경 속에서 다른 사람들과의 경쟁에서 살아남기 위해 자신에게 적합한 전략을 선택할 수 있다. 그 전략들을 간단히 소개하면 다음과 같다.

첫째, 강점 - 기회(S-O) 전략이다. 이것은 외부 환경의 기회를 활용하기 위해 자신의 강점을 사용하는 전략이다. 예컨대, 요즘 기업에서 선호하는 인재상이 공부만 잘하는 인재상이 아니라 다양한 경험을 가진 인재를 선호한다는 경향이 있다는 것을 기회로 여기고, 학내외에서 다양한 경험을 얻은 자신의 강점을 돋보이게 하는 전략을 수립하는 것이다.

둘째, 강점 - 위협(S-T) 전략이다. 이것은 외부 환경의 위협요인을 회피하거나 최소화하기 위해 강점을 사용하는 전략이다. 예컨대, 취업 시장에서 자신과 경쟁하는 비슷한 수준의 지원자가 많지만, 자신의 강점인 끈기와 열정을 가지고 어떤 일이든 포기하지 않고 열정을 보여 주는 전략을 수립하는 것이다.

셋째, 약점 - 기회(W-O) 전략이다. 이것은 자신의 약점을 보완·극복함으로써 외부의 기회 요인을 활용하는 전략이다. 예컨대, 최근에는 무(無) 스펙 채용 전형, 아이디어 공모전 수상 경력, 직무 관련 역량 위주의 채용 등의 경향이 있다. 따라서 비인기 전공을 이수한 사람이라도 직무 관련 인턴 활동 등을 통해 자신의 약점을 극복하면, 해당 직무에 취업할 수 있다.

마지막으로, 약점 - 위협(W-T) 전략이다. 이것은 외부 환경의 위협요인을 회피하고, 자신의 약점을 최소화 또는 보완하는 전략이다. 예컨대, 처음 하게 될 어떤 직무에 대한 부담감이 있지만, 그동안 쌓아 온 다양한 사회경험과 낯선 곳을 여행하면서 새롭게 경험한 것을 부각하여 자신의 약점을 최소화하는 것이다.

이 4가지 전략 가운데 목적 달성의 중요성, 실행 가능성, 차별성을 기준으로 자신에게 가장 적합한 전략을 선택하여 그것을 중점적으로 실행하면 된다. 앞서 예로 들었던 A군의 사례를 중심으로 그가 선택할 수 있는 취업 전략을 정리한 것이 〈표 10-2〉이다.

이제 자신에 대한 SWOT 분석을 통해 얻은 결과를 바탕으로 자신의 진로 관련 전략을 수립할 수 있을 것이다. 그 내용을 정리하여 [실습 10-3]을 작성해 보자.

〈표 10-2〉 SWOT **분석과 전략 수립 사례:** A군

	기회(opportunity)	위협(threat)
	능력 위주의 인재 선발 분위기 외국계 기업의 국내 진출 증가	경력직원 채용 선호 분위기 점증 지속적인 청년실업의 증가
강점(strength) 영어/중국어 탁월 원만한 대인관계 능력	영어/중국어 실력으로 능력 위주로 채용하는 외국계 기업에 입사 SO 전략	영어/중국어 가능한 사람을 필요로 하는 중견·중소기업에 입사 ST 전략
약점(weakness) 인턴/동아리 활동 경험 없음, 중간 정도의 평범한 학점	WO 전략 학점을 고려하지 않는 외국계 기업에 입사	WT 전략 인턴 경험을 한 후, 경력직원을 선호하는 기업의 모집에 응시

3. 개인 진로설계서 작성

가. 개인 진로설계서 작성의 의미

앞선 과정에서 자신의 진로 로드맵을 작성하고, SWOT 분석을 마쳤다면, 이제 할 일은 그것을 바탕으로 자신의 진로설계서를 작성하는 것이다. 다시 말하면, 진로 로드맵과 SWOT 분석에서 간단하게 언급된 것들을 더 구체적으로 서술하는 작업이 필요한데, 이것이 개인의 진로설계서를 작성하는 것이다. 이것은 자신이 거주할 주택의 큰 틀을 완성한 다음, 주택 각 부분의 세부 도면을 구체적으로 그리는 것과 마찬가지다.

진로설계서를 작성할 때는 여러 가지 사항에 주의할 필요가 있다.

첫째, 처음부터 완벽한 설계서를 작성하겠다는 욕심을 버리는 것이 좋다. 일단, 여러 과정을 거쳐 얻은 정보와 자료를 바탕으로 일차적으로 진로설계서를 작성하는 것이 필요하다. 그리고 필요하다면 자기의 생각을 수시로 점검해 보고 진로설계서를 부분적으로 수정해 가는 것이 바람직하다. 그렇다고 해서 어차피 수정할 것이니 1차 진로설계서를 성의 없이 대충 작성하라는 것은 아니다. 현재까지 수집된 자료와 정보를 바탕으로 최선을 다해 작성하되, 수시로 자신을 둘러싼 환경 변화 등을 고려하여 조금씩 수정해 가는 것이 좋다.

둘째, 각종 검사와 관찰, 코칭 질문에 대답하는 과정을 통해 얻은 결과들이 자신에게 무엇을 의미하는지 주의 깊게 살펴보는 것이 중요하다. 그것들을 잘 살펴보면 유사한 점을 발견할 수 있고, 몇 가지 공통점도 찾을 수 있다. 특히, 자신의 적성, 강점 및 장점들과 관련된 공통점을 쉽게 찾을 수 있고, 그런 것들을 잘 살릴 수 있는 직업들이 무엇인지 알 수도 있다. 이런 것들이 시사하는 점을 종합하면, 자신에게 적절한 직업을 찾는 데 도움을 얻을 수 있다.

셋째, 자신의 전공, 가정 형편, 직업에 대한 부모나 교수의 권유, 자신의 관심 분야 전문가들의 의견, 주변 사람들의 조언 등을 참고하여 진로설계서 작성하는 것도 의미 있는 방법이다. 물론 자기를 가장 잘 아는 사람은 자신이지만, 자기도 자신에 관한 모든 것을 다 알 수는 없다. 따라서 자기 이외의 사람들이 자신을 어떻게 생각하고 바라보는지에 대한 의견을 참고하는 것도 자신을 이해하고 진로를 탐색하는 데 도움이 된다.

넷째, 진로설계서는 시각적인 형태로 표현하는 것이 바람직하다. 자신에 대한 사실과 진로 관련 정보들을 한눈에 볼 수 있도록 일목요연하게 정리하는 것이 바람직하다. 자신의 기억력에 의존하는 것보다 언제나 잘 볼 수 있도록 시각적으로 표현하는 것이 자신이 원하는 목표를 이루는 데 도움이 된다.

마지막으로, 자신의 진로설계서를 작성하는 일보다 중요한 것은 실제로 필요한 일들을 직접 실행하는 것이다. 진로설계서 작성이 자신의 진로를 이루는 데 필요한 일이긴 하지만, 그것을 작성했다고 해서 자신이 원하는 것을 이루는 데 필요한 모든 일을 충분히 한 것은 아니다. 자신이 원하는 삶을 사는 데 필요한 일들을 준비하고 그것을 실행하지 않으면, 의미 있는 변화는 일어나지 않는다. 따라서 앞으로 설명할 실행 계획 수립과 시간 관리, 경력개발 등에 관한 실질적인 노력을 병행하는 것이 중요하다.

나. 개인 진로설계서의 작성

개인 진로설계서 작성이 무엇을 의미하는 것인지를 잘 이해했다면, 이제 할 일은 그것을 작성하는 것이다. 만약, 며칠 후 다른 사람에게 자신의 진로에 관해 소개하는 설명회 또는 경진대회가 개최된다고 가정한다면, 개인 진로설계서 속에 어떤 것들을 담고, 그것을 어떤 방법으로 표현할 것인지 등에 대한 여러 가지 생각이 떠오를 것이다. 당연히 앞서 진로 로드맵에 포함된 내용이 일차적으로 포함될 것이고, 그 외에 다양한 정보와 자료들이 추가되면 내용이 더 풍부해질 것이다.

개인 진로설계서를 작성할 때는 자신에 대한 자료와 정보들을 어떤 방법으로 엮어갈 것인지, 그것들을 어떤 방법을 통해 시각적으로 표현할 것인지를 함께 고려하는 것이 바람직하다. 물론 이때도 자신만의 고유함을 살린 개인 진로설계서를 작성해 보는 것이 바람직하다. 파워포인트를 활용하여 손쉽게 작성할 수도 있고, 자신의 스토리텔링을 강조할 수 있는 '프레지'(Prezi)라는 도구를 활용하거나 동영상으로 제작할 수도 있다.

그렇다면 이제 개인 진로설계서를 작성하고, 다른 사람들에게 설명하는 기회를 찾아보자.

다. 실행 계획 수립

진로설계서 작성의 다음 단계는 구체적인 실행 계획을 수립하는 것이다. 이것은 자신이 원하는 것을 이루는 데 필요한 실질적인 행동계획을 수립하는 것인데, 주로 목표 관리와 시간 관리와 관련된 것들이다.

먼저 인생 전체의 그림을 그린 다음, 중장기 목표를 수립하고, 다시 단기(주로 1~2년) 목표, 연간 목표, 월 목표, 주(週)목표, 일(日) 목표를 순서대로 정한다. 그리고 각각의 목표를 이루는 데 필요한 것과 자원을 나열한 후, 해당 과제마다 시간 계획을 수립하여 실천하면 된다. 이와 관련된 자세한 사항은 제11장과 제12장에서 주로 다루기로 하고, 여기서는 먼저 실행의 중요성만 강조하고자 한다.

'부뚜막의 소금도 넣어야 짜다.'라는 속담이 있듯이, 아무리 완벽하고 화려한 진로설계서를 수립했다 하더라도 그와 관련된 행동을 실행하지 않으면, 그 어떤 것도 이룰 수 없다. 목표를 잘 세우는 것만큼 그것을 이루기 위해 직접 실행하는 것도 매우 중요하다. 성공을 머리로 이해하는 것도 중요하지만, 그것을 위해 손과 발이 전혀 움직이지 않으면, 어떤 것도 이룰 수 없다. 성공하기 위해 어떤 것도 실행하지 않는 사람에게 주어지는 보상과 열매는 없다. 따라서 자신이 원하는 성공적인 삶을 살려면, 진로설계 못지않게 그것을 이루기 위한 실행의 중요성을 인식하고, 구체적인 행동을 실천해야 함은 두말할 나위도 없다. 꿈(dream)과 목표(goal)의 차이는 실행계획서를 갖고 있느냐 없느냐의 차이이다.

4. 개인 진로설계서 작성과 실행을 위한 코칭 질문

우리는 앞서 개인 진로설계서 작성의 의미와 방법에 대해 간단하게 살펴보았다. 이제 지금까지 자신의 진로와 관련된 정보와 자료들을 종합적으로 정리할 시점이 되었다. 앞으로 자신이 원하는 길을 가는 데 필요한 직업을 갖기 위해 실행한 노력을 일차적으로 총결산하는 것이다.

이 일을 더 효과적으로 잘 진행하기 위해 한 번 더 자신의 의견을 분명하게 정리해 두는 것이 바람직하다. 적당한 시간을 내어 조용한 곳에서 자신의 내면 깊은 곳에서 말하는 소리에 귀를 기울이면 된다. 그런 다음 개인 진로설계서 작성에 꼭 필요한 일들을 생각하고 실천하면 된다. 그것이 곧 자신이 원하는 결과를 얻는 방법이다.

① 나에게 '개인 진로설계서'란 어떤 의미가 있는 것인가?

....

....

....

....

....

② 자신의 개인 진로설계서를 작성하기 위해 추가로 해야 할 일은 무엇인가?

....

....

....

....

....

③ 당신이 진로설계서 작성을 도와줄 사람은 누구인가?

④ 당신이 지금 당장 실행할 수 있는 일 3가지는 무엇인가?

⑤ 당신이 지금 당장 실행하는 데 걸림돌이 되는 것은 어떤 것인가?

⑥ 그 걸림돌을 치우기 위해 당신이 지금 바로 무엇을 할 수 있는가?

미주

1) 조성진 · 강재열 · 황윤성 · 양승호(2017). 대학생을 위한 진로 탐색과 취업 전략. 경기: 양성원. 82-83.
2) 조성진 · 강재열 · 황윤성 · 양승호(2017). 위의 책. 88.

[실습 10-1] 나의 진로 로드맵 그리기

[실습 10-2] 나에 대한 SWOT 분석

강점(strength)	약점(weakness)
기회(opportunity)	위협(threat)

[실습 10-3] 나에 대한 SWOT 분석과 진로 전략 수립

	기회(opportunity)	위협(threat)
강점(strength)	SO 전략	ST 전략
약점(weakness)	WO 전략	WT 전략

chapter 11 목표설정과 시간 관리

1. 목표설정의 의미와 방법

가. 목표의 정의

1) 목표의 정의와 역할

나폴레온 힐(Napoleon Hill)이 여러 분야에서 성공한 사람들을 조사해서 그들이 가지고 있는 공통점을 찾아낸 적이 있었는데, 그 가운데 하나는 확실한 목표(goal)를 가지고 있다는 점이다. 이것은 그들이 가지고 있는 천재성이나 다른 어떤 특성보다 우선하는 것이었다.

목표란 미래에 대한 표상이고, 우리의 행동을 촉진하는 견인차와 같은 역할을 하는 것이며, 자신이 하는 일이나 업무 수행의 정도를 파악하기 위한 척도이다.[1] 즉, 목표는 우리가 가야 할 방향을 알려 주고 집중하도록 도와주는 역할을 한다. 어떤 사람이 가야 할 곳을 정해 놓지 않으면 거기에 도달할 수 없듯이, 목표가 없으면 원하는 성공을 이룰 수 없다. 목적지가 있어야 길을 떠날 수 있고, 도착하려는 항구가 있어야 배가 출항할 수 있다.

목표는 다음과 같은 역할을 한다.[2]

첫째, 목표는 선택에 대한 확실한 지침을 제공해 준다. 우리는 한정된 시간 속에서 수많은 일을 선택해야 하는 부담을 안고 살고 있다. 어떤 때는 무엇을 선택해야 좋을지 고민하다가 다른 일을 전혀 진행하지 못하는 때도 있다. 이럴 때 목표는 우리가 달성하길 원하는 활동에만 집중할 수 있도록 함으로써 상대적으로 덜 가치 있는 일에 소비하는 시간을 줄이는 데 도움을 준다.

둘째, 목표는 역경과 어려움 속에서도 쉽게 포기하지 않게 한다. 살다 보면 누구나 적지 않은 어려움과 난관에 부딪히는데, 그때마다 그만두거나 포기하고 싶다는 생각을 한 적이 있었을 것이다. 그럴 때마다 "내가 도대체 이 일을 왜 하지?", "이렇게 한다고 무엇이 바뀌겠는가?", "언제까지 이런 일을 계속해야 하는가?" 등의 생각이 들었을 것이다. 이럴 때 목표는 내가 그 일을 계속해야 하는 이유와 살아남아야 하는 이유를 깨닫게 한다. 꼭 이루어야 하는 분명한 목표가 있다는 것은 강한 의욕과 삶의 원동력을 자극하는 아주 좋은 촉진제이다.

셋째, 목표는 효과적인 해결방법을 찾게 해 준다. 목표를 정하면 자신의 주변 사물과 일들을 목표와 관련지어 새롭게 인식하게 된다. 그리고 필요한 정보들이 예전보다 눈에 잘 띄고, 새로운 아이디어가 떠오른다. 배가 고프면 식당이 눈에 먼저 보이고, 평소에 타고 싶었던 자동차가 지나가면 그것이 먼저 눈에 띄는 것과 마찬가지다.

마지막으로, 목표는 지겨움을 줄여 주고 성취감을 느끼게 한다. 목표 없이 하는 일은 달성 여부를 확인할 수 없어서 쉽게 지겨워진다. 책상 정리나 방 청소와 같이 사소한 일도 목표를 정하면 지겨움이 훨씬 줄어든다. 식탁에 수저를 놓는 일이라도 집에서 하는 것과 아르바이트를 하는 레스토랑에서 하는 것이 다른 것은 분명한 목표가 있느냐 없느냐의 차이이다. 그래서 목표가 있으면 그것을 이루었다는 성취감을 함께 느낄 수 있고, 그러니 지겨울 리도 없는 것이다.

2) 목표설정의 의의

한 개인에게 목표가 없다는 것은 마치 축구장에 골대가 없는 것과 같다. 골대가 없는데 어떻게 골인이 있을 수 있겠는가? 누구나 자신이 원하는 바가 무엇이고, 그것을 달성하면 어떻게 되는지 알고 있기 마련이다. 사람이 의식적으로 어떤 목표를 갖게 되면 그것은 그의 행동이나 동기에 영향을 미친다. 그리고 그의 에너지도 그가 가고자 하는 목표 쪽으로 흐르게 마련이다. 그래서 분명한 목표가 있으면 그것에 에너지를 집중할 수 있게 된다. 자동차를 운전할 때, 길도우미(navigation)의 도움을 받으려면 목적지를 찍어야 하는 것과 마찬가지다. 누구나 목표를 설정해야 비로소 길을 떠날 수 있고, 원하는 여정을 시작할 수 있다.

목표설정이란 미래를 예견하여 대비한다는 의미를 지닐 뿐만 아니라, 마땅히 이루고자 하는 바를 향해 자신의 힘과 에너지 및 활동 방향을 정하고 집중하는 것을 의미한다. 자이베르트(Seiwert, R. J.)도 "목표설정이란 우리가 현재 지니고 있거나 우리의 내면에 잠재된 욕구, 관심, 소망, 과제가 지닌 의도를 명확하게 파악하여 간명하게 표현하고, 이러한 목표의 실현에 초점을 맞추어 우리의 행동 방향을 설정하는 것"이라고 말했다.[3] 그는 목표설정의 의의를 다음과 같이 말하고 있다.

첫째, 목표를 설정한다는 것은 미래 지향적으로 생각한다는 것이다. 개별적 과제에만 관심을 쏟으면 세밀함에 치중하다가 본질에서 이탈할 우려가 있지만, 이와 반대로 목표에 관심을 쏟으면 개별적인 것은 커다란 전체 안에서 파악하도록 만들어 준다. 즉, 목표를 설정하면 미래의 어느 시점에 최종적으로 달성해야 하는 상태가 무엇인지를 잘 알 수 있기 마련이다.

둘째, 목표를 설정한다는 것은 특정한 원칙과 기준에 따라 자신의 행동 방향을 의식적으로 설정한다는 것을 의미한다. 우리가 어떤 행동을 의식적으로 하고자 할 때 다른 사람의 결정에 끌려다니지 않으려면, 자신이 원하는 방향과 원하지 않는 방향을 제대로 알고 있어야 한다. 그것을 알려 주는 것이 바로 목표다.

마지막으로, 목표를 설정한다는 것은 소중한 일을 하는 데 전력할 수 있다는 것을 말한다. 자신이 원하는 목표를 정확하게 인식한다면 자신의 에너지와 행동도 그쪽으로 향하게 되고, 목표를 달성하는 데 중요하지 않은 일 때문에 에너지를 낭비하지 않게 된다.

나. 목표를 세우지 않는 이유

목표를 세우는 것이 이렇게 중요한 일임에도 불구하고 사람들은 무슨 이유로 목표를 세우지 않는 것일까? 혹자는 "글쎄, 지금 하신 얘기가 그럴듯하게 들리긴 하지만,

목표를 세운다고 해서 그 일이 모두 현실로 되는 것은 아니잖습니까."라고 생각할 수도 있을 것이다. 이처럼 목표의 중요성을 인정하면서도 그것을 가지고 있지 않다면, 거기에는 분명한 이유가 있을 것이다. 사람들은 대개 다음과 같은 몇 가지 이유로 목표를 잘 세우지 않는다.[4)]

첫째, 대부분 사람은 자기 자신에 대해 실망하는 것이 두려워서 무의식적으로 목표를 세우지 않는다. 어떤 목표든 항상 실패할 위험을 수반하다. 체중을 줄이는 것이든, 학점을 올리는 것이든, 아니면 아침 운동을 매일 하는 것이든 일단 목표를 잡으면 실패할 가능성은 얼마든지 있다. 누구든지 과거에 몇 번쯤 목표를 세웠지만, 그것을 달성하지 못한 경험이 있을 것이다. 그럴 때마다 자신에 대해 가지고 있던 기대가 무너지고 자신에 대해 실망했을 것이다. 그래서 어떤 목표를 달성하는 것이 불가능하다고 생각되면, 사람들은 대개 목표를 갖지 않는 것으로 위안을 느낀다. 왜냐하면, 목표가 없으면 좌절감이나 실망감을 느끼지 않아도 되기 때문이다. 그래서 결국 사람들은 과거의 경험을 바탕으로 자신에게 실망할까 두려워서 목표를 세우지 않는다.

둘째, 사람들은 지금 만족감을 주는 유혹에 휘둘리거나 자신이 감당해야 할 부담이 싫어서 목표를 가지려 하지 않는다. 예컨대, 외국어 공부를 꾸준히 하거나 일정액을 매달 저축하는 것이 장기적으로 더 큰 만족감을 가져다준다는 것을 알지만, 지금 당장 재미있고 즐거운 텔레비전 시청, 인터넷 채팅, 스마트폰 게임, 수다 떨기, 쇼핑 등에 몰입한다. 그리고 매일 아침 일찍 일어나 달리기를 하거나 수영을 하겠다는 목표를 세우면, 아침잠을 더 줄이거나 땀을 흘리며 뛰어가야 한다는 부담을 갖게 되는 것이 싫어서 목표를 가지려 하지 않는다.

마지막으로, 많은 사람이 실제로 목표를 세우는 방법을 잘 알지 못한다. 몇십 년의 정규교육과정을 마친 대학생들과 청년들도 지금까지 목표를 세우는 방법에 대해 배우지 못했거나 목표를 세우는 방법에 대해 알아보려 하지도 않는 경우가 많다. 원하는 것을 꼭 이루고 싶다면, 그래서 자신이 원하는 사람을 살고 싶다면, 목표를 세우는 방법을 배워야 하고 목표를 세우는 데 필요한 노력도 병행해야 한다.

다. 목표설정 방법

학자들은 달성할 가능성이 많은 목표를 세우기 위해서는 'SMART 규칙'에 따르라고 조언한다. 즉, 목표는 구체적이고, 측정할 수 있으며, 행동 지향적이고, 현실적으로 세우되, 적절한 시간 개념이 포함되어야 한다는 것이다. 구체적으로 살펴보면 다음과 같다.[5)]

1) **목표는 구체적이고 명확해야 한다**(specific)

목표는 구체적이고 분명할수록 달성할 확률이 높아진다. 예컨대, '언젠가는 외국어 실력 수준을 높일 거야.', '이 분야에서 당대 최고가 될 거야.', '언젠가는 부자가 될 거야.'라는 식의 막연한 기대에 근거한 목표는 달성되기 어렵다. 이런 것보다는 '매일 30분씩 영어를 공부할 거야.', '10년 안에 컴퓨터 그래픽 디자인 분야에서 국내 최고의 전문가가 될 거야.', '40세가 되는 해의 마지막 날까지 1억 원을 저축할 거야.'라는 식으로 구체적인 목표를 설정해야 달성하기 쉬워진다. 그리고 진행 과정을 구체적으로 확인할 수 있다면, 목표를 달성할 확률이 더 높아진다.

2) **목표는 측정 가능해야 한다**(measurable)

목표는 반드시 구체적으로 명확한 숫자로 표현되고, 측정 가능해야 달성할 확률이 높아진다. 예컨대, '단시간에 체중을 줄일 거야.'라는 목표보다 '3개월 이내에 지금보다 10kg 감량할 거야.'라는 식으로 목표를 세우는 것이 좋다. 그리고 '영어 실력을 높인다.'라는 목표보다 '매일 영어 단어 10개 암기, 30일 동안 단어 300개 외우기'라고 목표를 세우는 것이 달성할 확률이 훨씬 높다. 왜냐하면, 구체적인 숫자로 목표에 대해 피드백을 받을 수 있다면, 자신의 성취 정도를 쉽게 파악할 수 있기 때문이다.

3) **목표는 행동 지향적이어야 한다**(action oriented)

목표는 사고 중심적인 것이 아니라 행동 지향적인 형태로 세워야 달성하기 쉽다.

'열심히 공부하는 대학생이 될 것이다.'라는 목표를 갖거나 '상냥하고 친절한 사람이 되겠다.'라는 목표를 갖는다면 달성하기 쉽지 않다. 왜냐하면, 이런 목표들은 실천해야 할 행동이 구체적으로 명시되어 있지 않기 때문이다. 예컨대, 열심히 공부하는 대학생이 되고 싶다면, '매일 30분 예습과 수업 종료 후 2시간 복습한다.'라는 식으로 목표를 바꾸는 것이 바람직하다. 그리고 상냥하고 친절한 사람이 되겠다는 사람의 목표는 '지금까지 인사하지 않았던 사람들에게 먼저 달려가 매일 한 번 이상 인사한다.'라는 식의 행동 지향적인 형태로 바꾸는 것이 좋다.

4) **목표는 현실적이고 실현 가능해야 한다**(realistic)

스스로 세운 목표를 달성하려면 구체적이면서도 실현할 수 있어야 한다. 예컨대, 1년 안에 백만장자가 되겠다거나 3개월 안에 공인회계사가 되겠다는 목표는 실현하기 어려운 목표들이다. 그리고 하루에 두 갑의 담배를 피우던 사람이 당장 오늘부터 금연하겠다는 목표를 세운다면, 과연 얼마나 실천할 수 있을까? 모든 계단은 하나씩 올라가야 하듯이, 큰 목표를 이루려면 실현할 수 있는 수준으로 단계를 나누고 점진적으로 실천해야 한다. 이것이 목표를 이룰 수 있는 현실적인 방법이다.

5) **시간 배정을 적절히 하고, 당장 실천해야 한다**(time-based)

목표를 잘 성취하려면 그것에 필요한 시간을 적절하게 배분하고 즉각적으로 실천하는 것이 중요하다. 목표를 이루지 못한 사람들의 특징 가운데 하나는 목표를 달성하는 데 걸리는 시간을 적절히 배분하지 못하거나 목표 달성에 필요한 실질적인 행동을 하지 않고 우물쭈물한다는 것이다. 예컨대, 일부 사람에게는 목표 달성에 필요한 행동을 바로 실천하는 것이 아니라 '언젠가는 해야지.', '내일부터 시작하면 된다.'라는 식으로 뒤로 미루는 습관이 있다. 만일, 40세까지 1억 원을 모으는 것이 자신의 목표라면, 지금 바로 단돈 천 원이라도 들고 가까운 은행으로 달려가야 한다. 그리고 이번 학기에 열심히 공부해서 장학금을 받아 부모님을 기쁘게 해 드리는 것이 목표라면, 지금 당장 책상 앞에 앉아 책을 펴야 한다.

2. 진로목표의 설정

가. 실현 가능한 목표 수립

위와 같은 과정을 거쳐 세워진 목표는 다음과 같은 조건을 추가로 충족시키면, 실현할 수 있는 바람직한 목표가 된다.[6)]

1) 긍정적인 문장으로 표현한다

목표는 부정적인 표현보다는 긍정적인 표현을 사용하여 작성하는 것이 좋다. 예컨대, '게으른 사람이 되지 말아야겠다.', '낭비가 심한 사람이 되지 말아야겠다.', '올해는 다른 사람과의 관계를 악화시키지 말아야겠다.'라는 표현을 사용한 목표보다는 '부지런한 사람이 되자.', '용돈을 매월 5만 원씩 절약하자.', '다른 사람과 좋은 관계를 유지하기 위해 내가 먼저 인사하고 칭찬하는 사람이 되겠다.'라는 식으로 긍정적인 목표를 세우는 것이 그것을 실천하는 원동력이 되는 에너지를 끌어올리는 데 도움이 된다.

2) 목표 실현을 위한 자원이 필요하다

자신이 세운 목표를 실현하기 위해서는 다양한 자원이 필요하다. 즉, 시간, 재정, 도구, 인맥 등 다양한 자원을 효율적으로 투입하고 관리할 때, 목표를 달성할 수 있다. 따라서 어떤 목표를 달성하기 위해서는 그것에 필요한 자원들이 어떤 것인지 파악하고 그것들을 준비할 필요가 있다. 예컨대, 영어 실력을 높이기 위해서는 공부할 시간, 영어 참고서, 사전, 인터넷 강의 수강을 위한 수강료, 학원 등록비 등이 필요하다. 그리고 영어 회화 실력을 높이기 위해서는 교내 외국인 친구나 원어민 강사의 도움을 받을 필요도 있다. 이처럼 자신이 세운 목표를 실현하기 위해 어떤 자원들이 필요한지 철저하게 파악하는 것은 목표를 이루기 위한 필요조건이다.

3) 다른 사람의 목표 실현이나 바람직한 상태를 방해해서는 안 된다

아무리 좋은 목표를 세웠다 하더라도 그것이 다른 사람의 성취나 행복을 방해해서는 안 된다. 내 목표를 실현하기 위해 다른 사람이 가진 자원을 가로채거나 부정한 방법으로 다른 사람을 방해하는 것은 옳지 못하다. 그리고 내 목표를 실현하기 위해 가족이나 친구, 동료 등 특정인의 무리한 헌신을 강요해서는 안 된다. 나와 다른 사람이 서로 승승(win-win)하는 좋은 방법으로 얼마든지 목표를 달성할 수 있고, 그럴 때 목표 달성 후의 성취감과 만족감이 배가될 것이며, 대인관계도 원만해질 것이다. 따라서 자신이 원하는 목표를 세울 때는 그것이 다른 사람에게 어떤 도움과 이익이 되는지를 항상 함께 살피는 것이 바람직하다.

나. SMART 규칙과 진로목표 설정

이제 진로 관련 목표를 설정해 보자. 그러기 위해서는 먼저 자신의 인생에서 가장 중요한 것인 무엇인지, 어떤 삶을 살고 싶은지 등에 대한 큰 그림을 그려야 한다. 그리고 그것을 이루기 위한 중 · 단기 목표를 세우는 것이 중요하다. 이런 큰 틀이 잡히면 자기 이해, 직업과 직무에 대한 이해, 환경 변화에 대한 예측 등 진로와 경력개발과 관련된 탐색 과정에서 확보한 결과와 정보를 바탕으로 자신의 진로를 결정하면 된다. 그리고 그에 맞는 진로설계를 하고, 자신의 구체적인 진로목표를 설정하면 된다.

목표설정의 중요성을 인식했다면, 이제 할 일은 'SMART 규칙'에 따라 자신의 진로목표를 세워 보는 것이다(〈표 11-1〉 참조). 목표를 머릿속에 기억하는 것과 글로 쓰는 것은 큰 차이가 있다. 다음의 두 가지 대표적인 사례가 글로 쓴 목표의 위력을 잘 보여 주고 있다.[7)]

먼저, 1953년 예일대학교의 한 연구팀이 그해 졸업반 학생들을 대상으로 분명한 삶의 목표를 글로 써서 가지고 있는 학생들이 얼마나 되는지 조사했다. 그들 가운데 단 3%의 학생들만 글로 쓴 목표를 가지고 있었다. 20년이 지난 1973년, 이들을 대상

〈표 11-1〉 SMART 규칙에 따른 진로목표 설정(예)

구분	내용	목표: 외국어 실력 향상하기
S (구체적)	다른 사람도 알 수 있도록 구체적으로 작성함	1. TOEIC 공부를 한다. 2. 미래영어학원에서 3. 저녁 7시에서 9시까지
M (측정 가능)	목표 달성 여부, 진행 정도를 알 수 있도록 수치화함	TOEIC 점수를 33% 높인다.
A (행동 지향)	구체적으로 실행할 수 있는 행동 중심으로 작성함	TOEIC 점수 추가 200점 향상을 위해서 1. 통학시간에 영어 단어 5개씩 암기한다. 2. 새벽 5시에 일어나 매일 1시간씩 TOEIC 공부를 한다. 3. 학원 수강 후 23시까지 복습한다. 4. 잠자는 시간을 2시간 줄인다.
R (현실적)	자신의 능력으로 현실적으로 달성할 수 있어야 함	현재 TOEIC 점수인 600점에서 800점으로 올린다.
T (시간 설정)	목표 달성 시간을 설정함	TOEIC 점수 900점에 도달하는 기간은 오늘~3개월이 되는 달 말일까지이다.

으로 추적조사가 진행되었다. 글로 쓴 목표를 가지고 있었던 3%의 사람들이 소유한 부(wealth)는 나머지 사람 모두의 (97%) 재산을 합친 것보다 더 많았다는 사실이 확인되었다.

그리고 하버드대학교의 연구결과도 이와 유사했다. 80%의 학생들은 특별한 목표가 없었고, 15%는 단지 생각만으로 목표를 가지고 있었으며, 나머지 5%는 마감 일자를 적은 글로 표현한 뚜렷한 목표를 가지고 있었다. 5%에 속하는 학생 각자가 이룬 성과를 보았더니 그들 스스로 정한 목표를 능가했고, 그들이 이룬 것을 전체적으로 보았을 때 나머지 95%를 합한 것보다 더 큰 성과를 이룬 것으로 나타났다.

그렇다면 우리가 지금 할 일은 분명해졌다. 실제로 자신의 진로와 관련하여 달성하고자 하는 3가지 정도의 구체적인 목표를 세운 다음, 그것을 별도의 양식에 작성해 보자([실습 11-1], [실습 11-2], [실습 11-3]). 한발 더 나아가 자신의 인생 전체에 걸친 목표를 설정하고, 그것을 정리하여 별도의 양식에 작성해 보자([실습 11-4]).

3. 목표 달성을 위한 시간 관리

가. 시간의 특징

사람들은 "시간은 돈(금)이다."라는 말을 자주 사용한다. 그러나 시간은 단순한 돈이 아니라 그보다 월등한 가치를 지닌 것이다. 나아가 시간은 한 사람의 인생 자체와도 같은 것이다. 이런 시간은 여러 가지 특징을 지니고 있다.[8)]

1) 시간은 변경할 수 없다

시간은 변경할 수 없이 있는 그대로 사용할 수밖에 없는 것이다. 세계를 제패한 알렉산더대왕이나 칭기즈칸과 같은 무소불위의 권력을 가진 자들도 함부로 수정하거나 고쳐 쓸 수 없는 것이 시간이다. 한 번 지나간 시간을 탈탈 털어 재활용하거나 다른 모양으로 바꾸어 쓸 수 없어서 소중하게 생각하고 사용해야 한다.

2) 시간은 저장할 수 없다

시간은 자신도 모르게 흘러가는 것이다. 그래서 저장해 놓고 두고두고 쓸 수 있는 장독 안의 된장이나 고추장과 같은 것이 아니다. 따라서 시간이 어디에서 어떻게 낭비되는 줄도 모르고 하루하루를 속절없이 흘려보내면, 다시 주워 담을 수 없다. 그런 차원에서 시간이 흘러가는 대로 그냥 내버려 두는 사람은 자기 인생도 흘러가도록 내버려 두는 사람이라고 볼 수 있다.

3) 시간은 늘릴 수 없다

시간은 누구에게나 똑같이 주어지는 것이기 때문에 짜장면 면발처럼 잡아당겨서 쭉쭉 늘일 수 없다. 아주 바쁜 사람에게는 조금 더 긴 시간이 주어지고, 할 일 없는 사람에게는 상대적으로 짧은 시간이 주어지는 것이 아니다. 시간은 남녀노소나 빈부

귀천과 관계없이 모든 이들에게 똑같은 길이와 똑같은 분량으로 주어지는 공평한 것이다.

4) 시간은 양도할 수 없다

시간은 융통성이 없고 누구의 사정도 고려해 주지 않아서 다른 사람에게 꾸거나 빌려 올 수가 없다. 따라서 지나가 버린 시간을 메꾸기 위해 다른 사람에게 시간을 꾸어 올 수도 없고, 마찬가지로 한 번 지나가 버린 내 시간을 다른 사람에게 다시 내어 줄 수도 없다. 내게 주어진 시간은 오로지 내 몫이고, 다른 사람에게 주어진 시간은 오로지 그의 몫인 것이다.

5) 시간은 끊임없이 한결같은 속도로 지나가며, 취소할 수도 없다

시간은 잠시도 멈추지 않고 꾸준히 흘러 지나간다. 독자가 지금 이 내용을 읽고 있는 동안에도 또 얼마만큼의 시간이 흘러가 버렸다. 이렇게 한 번 지나간 시간은 영원히 돌이킬 수 없다. '시간은 거꾸로 매달아 놓아도 간다.'라는 말은 어떤 상황을 무사히 넘기고 싶은 사람의 마음을 표현할 것일 뿐, 화살처럼 빠르고 속절없이 지나가서 안타까운 것이 시간이다. 그리고 시간은 항상 누군가 훔쳐 가기라도 한 듯이 순식간에 사라져 버린다.

이런 특징을 가지고 있는 시간임에도 불구하고 사람들은 지금보다 미래의 어느 때에 더 많은 시간을 가지게 될 것이고, 어쨌거나 시간을 저축할 수 있다는 착각에 빠져 시간을 소홀하게 대하곤 한다. 시간에 대한 착각을 가지는 것은 대학생이나 청년들도 예외는 아닌 것 같다. 가장 경계해야 할 태도가 아닐 수 없다.

나. 시간 관리의 정의와 의의

많은 현대인이 시간이 없거나 부족하다며 어려움을 호소하고 있다. 주어진 시간은 한정되어 있는데 할 일은 너무 많다는 것이다. 또 어떤 사람들은 상당히 많은 일을 하고 있다고 생각하기 때문에 시간이 없다는 것을 마치 신분의 상징으로 여기는 경향도 있다. 여하튼 시간이 없다는 사람들이 많고, 실제 코칭 현장에서도 시간 관리를 잘하고 싶다는 이슈를 제기하는 고객들이 적지 않다. 시간이 없거나 부족한 것은 대학생들이나 청년들도 예외는 아닌 것 같다.

그런데 여기서 생각해 볼 점이 있다. 과연 시간이 없는 것일까? 아니면 시간은 넉넉한데 관리를 잘못하는 것일까? 엄밀히 생각해 보면, 시간이 없는 것이 아니라 시간 관리를 잘못하는 경우가 많다. 실제로 시간이 정말 없다고 말하는 사람을 만나 보면, 주어진 시간을 잘못 관리하거나 낭비하는 시간이 많아 정작 해야 할 일을 잘하지 못하는 경우가 많다.

웹스터 사전에서는 시간을 "과거로부터 현재를 거쳐 미래로 이어지며 일어나는 사건들의 연속체"라고 정의하고 있다. 이 정의에서 알 수 있듯이, 시간의 기본적인 요소는 크고 작은 사건들이다. 다시 말하면, 크고 작은 사건들이 이어진 것이 결국 시간인 것이다.

시간 관리란 자기 자신과 일상생활을 관리하는 데 주어진 시간을 극대화하여 의미 있게 사용하는 것으로, 자신의 목표 달성을 위해 일상생활에서 유용한 업무처리기법을 철저하게 적용하는 것이다.[9] 시간 관리는 좁은 의미에서는 시간 활용에 있어 비효율적인 면을 제거하는 것이라고 볼 수 있지만, 넓은 의미에서는 자기관리와 생활관리 차원을 넘어 인생 관리라고 볼 수 있다. 따라서 한 사람이 시간 관리를 잘하려면, 자신의 전반적인 인생계획을 수립한 후에 무슨 일을 하든지 먼저 뚜렷한 목표를 설정해야 한다. 그리고 그것에 맞추어 시간 활용 계획을 수립하며, 자신과 주변의 자원을 효율적으로 활용하여 목표를 달성하기 위해 자신에게 주어진 한정된 시간을 잘 활용해야 한다.[10] 우리는 이미 앞에서 그런 점을 계속해서 상기시켜 왔다.

시간 관리를 잘한다는 것은 자신의 인생을 의식적으로 조절하되, 다른 사람의 의견이나 생활환경의 영향을 덜 받는 것이다.[11] 달리 말하면, 다른 사람에 의한 통제를 덜 받는 것이 시간 관리를 잘하는 것이다. 그리고 시간 관리를 잘한다는 것은 불어오는 바람에 의해 영향을 받는 것이 아니라 오히려 내가 돛을 활용하여 바람을 조절하는 것과 같은 이치이다. 이처럼 시간 관리를 잘하면, 다음과 같은 10가지 장점을 내

것으로 만들 수 있다.[12)]

- 시간을 낭비하지 않고 업무를 처리할 수 있다.
- 일(업무)에 대한 계획과 준비를 더 잘할 수 있다.
- 작업 결과가 좋다.
- 정신없이 서두르지 않아도 되고, 스트레스도 덜 받게 된다.
- 일에 대한 높은 만족도를 느낀다.
- 일을 하고자 하는 동기 유발이 더 잘 된다.
- 좀 더 어려운 업무도 처리할 수 있는 능력이 생긴다.
- 업무와 업적에 대한 압박감이 줄어든다.
- 업무상의 실수가 줄어든다.
- 일에 대한 목표 달성뿐만 아니라 인생의 목표 달성도 더 쉽게 할 수 있다.

시간 관리를 잘할 경우, 가장 좋은 점은 모든 사람에게 가장 중요한 자원이면서도 항상 빠듯하기만 했던 시간을 절약해서 자신이 원하는 것에 잘 활용할 수 있다는 것이다. 대학생들이나 청년들에게도 시간은 정말 중요한 자원이고, 이것을 어떻게 활용하느냐에 따라 자신의 현재와 미래의 모습이 달라진다.

다. 시간 관리 방법

1) 시간 관리의 핵심 사항

사람들이 시간 관리를 잘하고 싶은 이유는 대개 어떻게 시간 관리를 하느냐에 따라 자신의 인생이 달라진다는 것을 잘 알고 있기 때문이다. 그런데 아이로니컬한 것은 우리나라 사람들에게 시간 관리를 잘하고 싶은 이유를 물어보면, 대개 지금보다 일을 더 많이 하고 싶다는 대답이 돌아온다. 이 대답은 어떤 측면에서 생각하면 모순이 아닐까? 진정한 의미에서 시간 관리는 지금보다 일을 더 많이 하려고 하는 것이 아니라 자신이 정말 간절히 원하는 일을 하는 데 필요한 것이 아닐까?

시간은 모든 사람에게 공평하게 주어지지만, 사용하는 사람에 따라서 전혀 다르게 사용되는 자원이다. 따라서 시간을 어떻게 인식하느냐에 따라 시간을 관리하는 방법이 달라지고 결과도 달라진다. 시간 관리를 잘하려면, 다음과 같은 몇 가지 점에 비추어 자신이 시간을 어떻게 바라보는지에 대해 살펴볼 필요가 있다.

첫째, 현재 내게 주어진 시간을 잘 활용해야 한다. 앞서 시간은 과거, 현재와 미래의 연속체라고 정의했다. 그런데 여기서 가장 중요한 것은 바로 현재이다. 하지만 많은 사람이 자신의 과거에 얽매여 현재를 소홀하게 대하고 있는 경우가 많다. 다시 말하면, 좋은 것이든 나쁜 것이든 자신의 과거 기억을 되살려 거기에만 매달려서 현재의 시간을 잘 관리하지 못하는 경우가 많다. 이처럼 과거에 매달리는 사이에 미래의 과거인 현재가 속절없이 흘러간다는 것을 잊지 말아야 한다. 현재를 잘 활용하는 것이 시간 관리의 핵심 사항 가운데 하나이다.

둘째, 자신의 삶에서 우선순위를 잘 파악해야 한다. 사람은 살아가는 동안 매일 자신이 취할 행동을 결정하고 의사결정을 한다. 그런데 이때 반드시 우선순위가 있어야 한다. 그렇지 않으면 당장 눈앞에 닥친 일들을 해결하느라 허덕이면서 정작 자신에게 가장 소중한 일은 점점 뒤로 밀리게 되는 경우가 많다. 물론 사람마다 처한 상황과 위치가 달라서 똑같은 일이라도 각자 생각하는 우선순위도 다를 수밖에 없다. 하지만 시간 관리를 잘하려면 자신의 인생에 있어 우선순위를 먼저 정하는 것이 중요하다.

셋째, 자신에게 있어 가장 좋은 시간이 언제인지를 잘 파악해야 한다. 시간 관리의 핵심 사항 가운데 하나는 저마다 좋은 시간과 나쁜 시간을 잘 파악하여 가능하면 좋은 시간대에 가장 중요하고 의미 있는 일을 하는 것이다. 여기서 좋은 시간이란 그 시간을 사용하는 사람의 에너지가 충만하여 최고의 집중력을 발휘하는 시간이고, 나쁜 시간이란 에너지가 고갈되어 피곤하고 지루하여 어떤 일에 집중하지 못하고 정신이 분산되는 상태를 말한다.[13)]

마지막으로, 자신이 통제할 수 있는 시간과 그렇지 못한 시간을 잘 구별해야 한다. 업무, 회의, 약속 등 어떤 계획이나 일정에 따라 사전에 계획된 시간은 자신이 통제할 수 없는 시간이다. 이에 비해 어떤 일정한 계획이나 규칙이 정해져 있지 않은 자유시간이나 휴일 등은 내가 통제할 수 있는 자유로운 시간이다. 이것들을 얼마나 균형 있게 잘 사용하느냐에 따라 시간 관리의 질과 삶의 질이 달라진다.

이런 인식은 시간을 사용하는 모든 사람에게 적용되어야 할 것이지만, 현재 자신의 진로를 설계해야 하는 대학생들이나 청년들에게 있어 이것은 특히 중요하다. 따라서 시간 관리를 잘함으로써 자신이 원하는 바를 이루고 싶은 대학생이나 청년이라면, 시간 관리의 핵심 사항들을 항상 명심하고 몸에 익숙하도록 실천할 필요가 있다.

2) 시간 관리 방법과 우선순위

시간 관리를 잘하고 싶은 사람이 가장 먼저 해야 할 일은 자기 삶의 우선순위를 결정하는 것이다. 달리 표현하면, 시간 관리의 기본은 자신의 삶 속에서 어떤 것을 우선순위에 놓을지를 먼저 결정하는 일이다. 사람마다 처한 상황과 위치가 다르지만, 각자 자신에게 가장 적합한 순서를 정해서 그것에 집중해야만 원하는 결과를 얻을 수 있다. 어떤 상황과 환경 속에서 어떤 일을 우선순위에 놓을지는 자신의 사명, 가치관 및 자신이 지금 하는 일에 따라 달라질 수 있다.

우선순위를 정할 때 가장 많이 사용되는 기준이 '긴급성'과 '중요성'이다.[14] 즉, 시간 관리를 잘하기 위해서는 긴급한 일과 중요한 일을 잘 구분하여 우선순위를 정하는 것이 필요하다. 여기서 긴급한 일은 즉각적인 행동이 필요해서 지금 당장 처리해야 하는 일을 말한다. 보통 눈앞에 보이는 일들이어서 당장 처리하도록 우리를 압박하거나 재미있고 즐거운 일들이 많지만, 대부분 중요하지 않은 일인 경우가 많다. 이에 비해, 중요한 일은 자신의 사명, 가치관, 그리고 자신이 정한 우선순위가 높은 일과 관련된 일들로써 주로 결과와 관련된 일이고, 개인의 자발성과 주도성을 요구하는 일이 많이 포함된다.

그런데 사람들은 대개 긴급하지도 않고 중요하지도 않은 일들에 대해 반응하는 경향이 많아서, 시간 관리가 안 되고 결국 자신이 원하는 결과도 얻지 못하는 경우가 많다. 따라서 시간 관리를 잘하려면 자신이 하는 일들을 '긴급성'과 '중요성'을 기준으로 잘 분류하여 관리하는 것이 바람직하다. [그림 11-1]은 그 기준에 따라 대표적인 활동 내용을 구분하여 정리한 '시간 관리 매트릭스'이다.

	긴급함	긴급하지 않음
중요함	• 위기 • 급박한 일 • 기간이 정해진 업무(프로젝트) • 내일 치러야 할 시험 등 Ⅰ	• 중 · 장기 목표나 계획 • 인간관계 구축 • 자기계발, 건강관리 • 예방, 새로운 기회 발굴 Ⅱ
중요하지 않음	Ⅲ • 일부 전화, 잠깐의 급한 질문 • 일부 보고서나 우편물(메일) • 눈앞에 보이는 급한 상황 • 일부 회의 • 인기 있는 활동 등	Ⅳ • 바쁘거나 하찮은 일 • 일부 전화 • 일부 우편물 • 시간을 낭비하는 일 • 대개의 즐거운 활동

[그림 11-1] 시간 관리 매트릭스

첫 번째, Ⅰ상한에 속하는 일들은 긴급하고 중요한 일이다. 이 영역에 속하는 일은 반드시 해야 할 일이고, 지금 당장 해야 하는 일이다. 지금 들이닥친 위기, 눈앞에 벌어진 동료의 사고, 당장 준비해야 할 과제, 마감이 임박한 과제, 내일 치러야 할 시험 등과 같은 일은 지금 당장 해결하지 않으면 안 되는 긴급하고 중요한 일이다. 주로 이 영역에 속하는 일들은 많은 시간을 빼앗고 피로를 증가시키며 스트레스의 원인이 되는 것들이다. 혹자는 이 영역에 속하는 일들을 '위기' 또는 '문제'라고 부르기도 한다. 그래서 이 영역에 속한 일들에만 관심을 둔다면, 이런 활동들은 점점 늘어나게 되고 우리를 지배하게 되며, 결국 사람을 쓰러뜨리게 된다.

두 번째, Ⅱ상한에 속하는 일들은 긴급하지 않지만 중요한 일이다. 이 영역에 속하는 일은 당장 급하게 처리해야 하는 일들은 아니지만, 시간이 흐른 다음에는 매우 중요한 일이 되는 것들이 많다. 인간관계 구축, 가족과의 대화, 자기계발, 건강관리, 어학 공부, 목표설정, 진로설계, 새로운 기회의 발굴 등이 이에 속한다.

그런데 이런 일들은 반드시 해야 하는 일이긴 하지만 당장 해야 할 긴급한 일이 아니어서, 실행하지 않거나 뒤로 미루는 경우가 많다. 예컨대, 지금 건강에 자신이 있다고 해서 건강관리를 소홀히 한다면, 언젠가 건강에 이상이 생길 때는 매우 긴급하고 중요한 일이 된다. 그리고 지금 당장 외국어 공부를 하지 않는다고 해서 시험이나 취업에 별다른 영향을 주지 않지만, 평소에 외국어 공부를 조금씩이라도 꾸준히 해 두지 않으면 정작 진로나 취업을 결정할 시기에 외국어에 발목을 잡히는 경우가 발생한다.

대개 뒤로 미루기를 좋아하는 사람들은 이 영역에서 여유 있게 처리할 수 있는 것들을 급하게 처리하는 경우가 많다. 대학생이나 청년에게 있어 자신의 진로를 탐색하고 설계하는 일들이 대표적이다. 그들에게 있어 현재 시점에서 자신의 진로를 탐색하고 설계하는 것만큼 긴급하지 않지만 중요한 일은 없으니 뒤로 미루지 않도록 주의해야 한다.

세 번째, Ⅲ상한에 속하는 일들은 긴급하지만, 상대적으로 덜 중요한 일이다. 대개 사람들은 이 영역에 속하는 일이 중요하다고 착각하고 이런 일들에 시간을 뺏기기 쉽다. 일부 전화 호출, 일부 메일이나 보고서, 일부 잦은 회의, 친구나 동료의 사소한 부탁, 술자리, 축제 등이 여기에 속하는 일들이다. 대부분 사람은 이런 일들을 거절하지 못하고 끌려다니다 시간을 뺏기는 경우가 많다.

마지막으로, Ⅳ상한에 속하는 일들은 긴급하지도 않고 중요하지도 않은 일이다. 새벽까지 이어지는 컴퓨터 게임, 과도한 인터넷 검색과 TV 시청, 지나친 술자리와 도박 등 대개 즐거운 유흥활동이 이 영역에 속하는 전형적인 일이다. 대부분 사람은 이런 일들이 누적된 스트레스를 풀어 준다는 차원에서 많이 즐기고 있지만, 이런 일을 하는 데 계속해서 많은 시간을 소비하다 보면 피폐해져 가는 자신을 발견할 수밖에 없을 것이다.

시간 관리를 잘함으로써 성공적인 삶을 사는 사람들은 Ⅲ상한과 Ⅳ상한에 속하는 일에 투자하는 시간을 삼간다. 그 이유는 여기에 속하는 일들은 중요하지 않기 때문이다. 그 대신에 Ⅱ상한에 속하는 일을 하는 데 더 많은 시간을 투자하고, Ⅰ상한에 속하는 일들에 투자하는 시간을 점점 줄여 간다. 결국, 시간 관리를 잘하는 비결은 Ⅱ상한에 속하는 일들을 수행하고 처리하는 데 투자하는 시간을 늘리는 것이다. 대학생이나 청년에게 있어 자신의 진로 탐색과 설계, 꾸준히 진행하는 외국어 공부, 원만한 인간관계의 구축, 가족과의 대화, 건강관리, 자기계발 등과 같은 일들에 더 많은 시간을 투자해야 하는 이유가 바로 여기에 있다.

3) 우선순위 설정과 유지

삶의 우선순위를 정했으면 일상생활에서도 그것에 맞추어 사는 것이 바람직하다. 특히 대학생들이나 청년들에게 있어 자신의 삶에서 가장 중요한 일이 무엇인지를 스스로 가려내고, 그것을 이루기 위한 목표를 세우고 실천하는 습관을 들이는 것이 매우 중요한 일이다. 그러려면 일상생활에서 발생하는 모든 일을 대상으로 우선순위를 정하고, 정해진 순서대로 실천하는 것을 연습하는 일이 필요하다.

일상생활에서 우선순위를 정할 때, 'ABC 우선순위' 시스템을 작용하면 많은 도움이 된다. 이것은 자신이 원하는 것을 이루기 위해 매일 해야 할 일들의 목록을 정하고, 이것들을 대상으로 항목 사이에 서로 비교하여 각각 A, B, C로 구분하는 것이다. 가장 중요하거나 가치가 있는 것이라서 꼭 해야 할 일이나 항목은 A, 대체로 중요한 일이나 항목은 B, 그리고 하면 좋고 안 해도 크게 문제가 되지 않는 일이나 항목은 C로 구분하는 것이다. 그런 다음 각 항목에 속한 일들을 시간과 긴급성 등을 고려하여 A 항목을 A1, A2, A3, B1, B2, B3, 또는 Aa, Ba, Ca 등으로 세분화하면 된다. 그리고 혹시 우선순위를 정할 때 미처 생각하지 못한 일들이 새롭게 발생하면, A11, A12, B11, B12 등과 같이 구분하면 된다.

우선순위를 정할 때 A, B, C에 대한 가치 판단의 근거는 전적으로 개인에게 달려 있다. 이때 주의할 점은 가치 판단의 근거가 항상 같아야 하되, 수시로 변화하는 환경 등을 잘 가늠해서 목록에 있는 일이나 항목을 구분하면 된다. 그리고 우선순위를 정할 때 긴급한 일을 중요한 일과 잘 구분하고 분류하는 것이 중요하다. 긴급한 일이 중요한 일인 경우와 중요한 일이 긴급한 경우는 거의 없다. 긴급한 업무는 즉시 처리해야 할 일일 뿐이다.

'ABC 우선순위'는 시간에 따라 변경될 수도 있다. 예컨대, 오늘의 A가 내일의 B가 될 수 있고, 어제의 B가 오늘의 A가 될 수 있으며, 오늘의 C가 내일의 A가 될 수도 있다. 지금 주어진 시간을 최선을 다해 사용한다는 차원에서 자신의 'ABC 우선순위'를 계속해서 수정하고 변경할 수 있다.

한편, 자신의 삶 속에서 발견한 우선순위와 동기를 부여하는 에너지를 잘 유지하려면,

다음과 같은 방법을 활용하는 것이 좋다. 첫째, 자신이 발견한 자신만의 소중한 존재 의미와 꿈 그리고 목표를 적어 두는 것이다. 둘째, 앞서 발견한 것들을 자주 보는 것이다. 셋째, 적절한 간격으로 부족한 것을 찾아 보완, 수정하는 등 적절한 조치를 실행하는 것이다. 넷째, 가끔 계속해서 전진하는 것을 멈추고 자신의 주변을 둘러보는 것이다. 마지막으로, 진정으로 자신을 지원하고 격려해 주는 코치나 멘토를 찾아가 교류하는 것이다.[15)]

4) 시간 관리의 실제

〈표 11-2〉 일상생활에서 우선순위 정하기

활동 내역	대분류(ABC)	중분류(123)	소분류(123)
• <경영학원론> 시험공부(150~160쪽)			
• 학과 교수님과 진로에 대해 상담하기			
• <한국 역사의 이해>(교양과목) 과제			
• <코칭과 진로설계>(전공과목) 과제(적성검사)			
• <정의란 무엇인가> 수업			
• 친구 생일선물 사기			
• 할머님께 안부 전화 드리기			
• 어머니 쇼핑 도와드리기(아버지 생신 준비)			
• 컴퓨터 게임			
• 동아리 친구 만나 술 마시기			
• 인터넷 강의 수강하기(<TOEIC 마구 따라 하기>)			
• 전공 관련 직업 정보 검색하기			
• 친구와 영화 보기			
• 아침 운동하기(달리기, 30분)			
• 공모전 관련 정보 검색하기(5개월 후에 개최)			
• 취업한 학과 선배에게 전화하기			
• 조성진 교수님(전문코치)께 코칭 받기			
• 고교 친구와 함께 갈 무전여행 구상하기			
• 그룹 코칭 시간 알아보기			
• 시청 주관 취업 박람회 일정 문의하기			

앞서 언급한 시간 관리의 개념과 'ABC 우선순위'에 대한 이해를 바탕으로 자신이 바라는 것을 이루는 과정에서 매일 발생하는 일들을 어떻게 구분하고 처리해야 할지를 결정해 보도록 하자. 〈표 11-2〉는 대학생의 일상생활 가운데 어느 하루에 흔히 일어날 수 있는 일들을 나열한 것이다. 여기에 제시된 일들을 대상으로 자신만의 'ABC 우선순위'에 따라 구분하고, 처리할 순서도 함께 정해 보자. 그리고 처리할 순서가 모두 정해졌다면, 이것을 현재 가장 많이 활용되는 시간 관리 도구인 '플래너'(Planner)에 옮겨 적어 보자([실습 11-5], [실습 11-6], [실습 11-7] 참조).

라. 진로와 시간 관리

진로와 경력 개발과 관련된 시간 관리에서 가장 중요한 것은 이용할 수 있는 수단을 효과적으로 충분히 활용하는 것이다. 즉, 자신의 진로를 선택하고 설계하는 데 필요한 활동과 해당 시간을 점검해 보는 것이 중요하다. 그리고 여기에 들어가는 시간을 충분히 확보하기 위해 일상생활에서 불필요하게 낭비되는 시간을 줄이는 것이 무엇보다 중요하다.

그렇다면, 당신의 하루 일 가운데 자신의 시간을 빼앗아 가는 '시간 도둑'에는 어떤 것들이 있을까? 예컨대, 통학 셔틀버스 기다리는 시간, 통학버스 안에서 잠자는 시간, 친구나 동료와의 약속을 기다리는 시간, 주문한 커피가 나오기를 기다리는 시간, 다음 강의가 시작되기를 기다리는 시간, 책상 위와 책꽂이를 정리하는 시간, 세탁기가 돌아가는 시간, 중요한 메모를 찾는 데 걸리는 시간, 목적 없는 인터넷 검색에 보내는 시간, 아무 생각 없이 멍하니 보내는 시간 등이 이에 속할 수 있을 것이다. 이런 것들에 얼마나 많은 시간을 허비하고 있는지 스스로 되돌아볼 필요가 있다. 만일 이런 시간이 있다면, 그것을 자신의 진로와 관련하여 어떻게 활용하면 좋을지에 대해 진지하게 검토해 볼 필요가 있다.

한편, 일상생활에서 시간 관리 기법을 성공적으로 적용하는 데 지장을 주는 다른 걸림돌들을 알아보고, 그것을 제거하려는 노력을 병행할 필요가 있다. 특히 일상생활에서 다음과 같은 일들이 벌어지지 않는지 냉정하게 점검해 볼 필요가 있다. 만약 다음에 열거하는 사항 가운데 최소한 10가지 이상의 방해요인이 자신에게 있다면,[16) 시간 관리 전문코치나 컨설턴트의 도움을 받을 필요가 있다.

- 계획을 세우지 않는다.
- 시간 계획을 세우는 데 너무 많은 시간을 소비한다.
- 모든 것을 일일이 계획한다.
- 계획표에 모든 활동을 기록하지 않는다.
- 비현실적인 기한을 설정한다.
- 계획표에 기록한 내용을 준수하지 않는다.
- 일이나 활동을 명확하게 규정하지 않는다.
- 처리 여부를 검토하지 않는다.
- 완료하지 못한 일을 다시 계획하지 않는다.
- 우선순위를 무시한다.
- 우선순위를 잘못 설정한다.
- '아니오.'라고 거절하지 못한다.
- 앞으로의 계획을 면밀하게 검토하지 않고 기한을 정한다.
- 아무런 자제를 하지 않는다.
- 업무 방해 요인이 여기저기 도사리고 있다.
- 시간 계획 기법에 아무런 이유 없이 부정적인 관점을 취한다.
- 성의 없이 계획을 실행한다.
- 계획 단계에서 오류를 범해도 아무런 교훈을 얻지 못한다.

4. 목표설정과 시간 관리를 위한 코칭 질문

우리는 앞서 목표설정과 그에 따른 시간 관리의 의미와 구체적인 방법에 대해 살펴보았다. 자신이 수립한 진로설계서에 따른 구체적인 목표를 수립하고, 그것을 실천하는 데 필요한 시간 관리가 왜 중요하고 필요한 활동인지에 대해 이제 충분히 이해했을 것이다.

이 일을 더 효과적으로 잘 진행하기 위해 여러 가지 코칭 질문에 대한 자신의 의견을 분명하게 정리해 두는 것이 바람직하다. 적당한 시간을 내어 조용한 곳에서 자신의 내면 깊은 곳에서 말하는 소리에 귀를 기울이면 된다. 그런 다음 자신의 진로목표 설정과 그것을 이루기 위한 시간 관리에서 꼭 필요한 일들을 생각하고 실천하면 된다. 그것이 곧 자신이 원하는 결과를 얻는 방법이다.

① 지금까지의 당신의 삶에서 가장 소중했던 기억은 무엇인가?

② 당신의 인생 전체에서 가장 중요한 3가지 목표는 무엇인가?

③ 만약 반드시 이루어진다면, 꼭 하고 싶은 일 3가지는 무엇인가?

④ 당신에게 있어 진로목표를 세운다는 것은 어떤 의미가 있는 것인가?

⑤ 지금 당신의 시간 관리에서 가장 걸림돌이 되는 것은 무엇인가?

⑥ 그 걸림돌을 치우기 위해 당신이 지금 당장 할 수 있는 일은 무엇인가?

⑦ 당신의 목표설정과 시간 관리를 도와줄 사람은 누구인가?

미주

1) 이민규(2003). **1%만 바꿔도 인생이 달라진다**. 서울: 더난출판. 39.

2) 조성진(2015). **진로설계와 코칭리더십**. 경기: 정민사. 316-317.

3) 로타르 자이베르트(이은주 역, 2005). **자이베르트 시간관리**. 서울: 한스미디어. 55-58.

4) 조성진(2015). 앞의 책. 319-320.

5) 조성진(2015). 앞의 책. 320-322.

6) 조성진(2015). 앞의 책. 322-323.

7) 조성진(2015). 앞의 책. 324-325.

8) 로타르 자이베르트(이은주 역, 2005). 앞의 책. 22.

9) 로타르 자이베르트(이은주 역, 2005). 앞의 책. 14.

10) 조성진(2015). 코칭이 대학생의 자기효능감, 시간관리행동 및 진로준비행동에 미치는 영향. **코칭능력개발지**, 17(1). 한국코칭능력개발원. 69.

11) 로타르 자이베르트(이은주 역, 2005), 앞의 책. 14.

12) 로타르 자이베르트(이은주 역, 2005). 앞의 책. 17.

13) 이명원(2011). **스마트 플래너 잘 쓰는 법**. 서울: 이코북. 36.

14) 스티븐 코비(김경섭 · 김원석 역, 1994). **성공하는 사람들의 7가지 습관**. 서울: 김영사. 197-247.

15) 이명원(2011). 앞의 책. 59-61.

16) 로타르 자이베르트(이은주 역, 2005). 앞의 책. 353.

[실습 11-1] SMART 규칙에 따른 나의 진로목표(1)

구분	목표
S (구체적)	
M (측정 가능)	
A (행동 지향)	
R (현실적)	
T (시간 설정)	

[실습 11-2] SMART **규칙에 따른 나의 진로목표**(2)

구분	목표
S (구체적)	
M (측정 가능)	
A (행동 지향)	
R (현실적)	
T (시간 설정)	

[실습 11-3] SMART 규칙에 따른 나의 진로목표(3)

구분	목표
S (구체적)	
M (측정 가능)	
A (행동 지향)	
R (현실적)	
T (시간 설정)	

[실습 11-4] 내 인생 전체의 목표

<table>
<tr><th colspan="2">구분</th><th>20대</th><th>30대</th><th>40대</th><th>50대</th><th>60대</th><th>70대 이후</th></tr>
<tr><td colspan="2">핵심목표</td><td></td><td></td><td></td><td></td><td></td><td></td></tr>
<tr><td rowspan="3">경력관리</td><td>직업
직장
(지위)</td><td></td><td></td><td></td><td></td><td></td><td></td></tr>
<tr><td>성과
업적</td><td></td><td></td><td></td><td></td><td></td><td></td></tr>
<tr><td>경력
개발
(자격증)</td><td></td><td></td><td></td><td></td><td></td><td></td></tr>
<tr><td colspan="2">가정에서의
역할</td><td></td><td></td><td></td><td></td><td></td><td></td></tr>
<tr><td colspan="2">사회에서의
역할</td><td></td><td></td><td></td><td></td><td></td><td></td></tr>
<tr><td colspan="2">기타 역할</td><td></td><td></td><td></td><td></td><td></td><td></td></tr>
<tr><td colspan="2">재정 상황
(수입/연봉
총저축액)</td><td></td><td></td><td></td><td></td><td></td><td></td></tr>
<tr><td colspan="2">도움을 받을
사람</td><td></td><td></td><td></td><td></td><td></td><td></td></tr>
</table>

[실습 11-5] 나의 플래너 작성하기(1) (20　　년　　월　　일)

월

일　(　)요일

✓	우선순위	오늘의 계획	AM	예정일정
			6	
			7	
			8	
			9	
			10	
			11	
			12	
			1	
			2	
			3	
			4	
			5	

오늘의 중요 정리				
				6
				7
				8
				9
				10

[실습 11-6] 나의 플래너 작성하기(2) (20　　년　　월　　일)

월

일　(　)요일

✓	우선순위	오늘의 계획	AM	예정일정
			6	
			7	
			8	
			9	
			10	
			11	
			12	
			1	
			2	
			3	
			4	
			5	
오늘의 중요 정리			6	
			7	
			8	
			9	
			10	

[실습 11-7] 나의 플래너 작성하기(3) 플래너 (20　　년　　월　　일)

월

일　　(　　)요일

✓	우선순위	오늘의 계획	AM	예정일정
			6	
			7	
			8	
			9	
			10	
			11	
			12	
			1	
			2	
			3	
			4	
			5	
오늘의 중요 정리			6	
			7	
			8	
			9	
			10	

chapter 12 경력 개발과 취·창업

1. 경력 개발과 대학 생활

가. 경력개발의 정의와 필요성

1) 경력과 경력개발의 정의

경력이란 한 개인이 일생에 걸쳐 일을 중심으로 준비하고 경험하며, 그에 수반되는 삶 전반에 걸쳐 수행하는 다양한 역할을 의미한다. 좁은 의미에서는 직업과 일, 그와 관련된 교육 및 훈련을 말하며, 넓은 의미에서는 일에 중점을 두면서 그와 관련된 준비, 형성 및 축적, 향후 전개 과정을 포괄하는 개념으로 정의된다.

경력개발(career development)은 자신의 진로목표를 설정하고 이를 달성하기 위해 진로계획을 수립하고, 직업적 측면에서 성공하고 만족하도록 자신의 경력을 개발해 나가는 과정이다. 그리고 경력개발은 자신의 진로목표와 희망직무에 적합하도록 자신을 개발해 나가는 것이어서, 어느 한 시점에서 끝나는 것이 아니라 생을 마감할 때까지 계속해서 진행되는 것이다. 따라서 각 개인은 자신의 진로목표를 달성하는 데 필요한 전공 분야, 자격증, 교육 및 훈련 및 실무경험 등을 통해 자질과 능력을 배양해야 한다. 이것을 소홀히 할 때, 그 사람은 자신에게 찾아온 기회를 잡을 수 없게 되고, 원하는 직업을 가질 수 없으며, 조직의 발전에도 이바지할 수 없다.

그런데 경력개발에 있어 중요한 것은 자신이 설정한 진로목표와 관련된 경력을 꾸준히 쌓고 관리하는 것이다. 그러기 위해 어떤 능력과 자질이 필요한지 먼저 철저히 분석한 후, 자신을 그 일과 직무에 필요한 사람으로 만들어 가는 작업이 필요하다. 자신의 진로와 무관한 경력을 쌓는 데 많은 시간과 노력을 들이는 것은 결국 낭비가 될 뿐이다.

2) 채용시장의 변화와 경력개발의 필요성

먼저 기업의 인적자원관리방식이 변화하고 있어서 그에 부응하는 경력개발이 필요하다. 과거에는 모든 면에서 능력을 갖추고 활용할 수 있는 일반적인(general) 인재를 선호했지만, 지금 많은 기업은 자신들이 원하는 역량을 갖춘 맞춤형 핵심 인재를 선호하고 있다. 맞춤형 핵심 인재란 자신이 하고자 하는 일에 성격, 흥미, 적성이 잘 맞고, 관련 분야의 전공과목을 이수하고 자격증을 소지하고 있으며, 관련 분야에 대한 경험과 열정을 갖춘 인재를 말한다.

따라서 기업에서는 이런 인재를 선발하기 위해 역량을 바탕으로 한 인재평가시스템을 수립, 가동하고 있어서 대학생들과 청년들도 이에 대비해야 한다. 대학 입학 자체가 나의 경쟁력이고, 대학이 자신의 역량이 개발시켜 줄 것이라는 생각은 너무 안이한 것이다. 자기계발의 주체는 자신이고, 그 결과는 오로지 자신의 몫이다.

평생직업의 시대로 진입한 지금, 누구나 그에 상응하는 경력개발이 필요하다. 자신이 원하는 직업과 관련된 능력을 개발해서 해당 분야의 전문가로 성장한 뒤, 혹시 직장을 옮기더라도 직업을 가지고 평생 일할 수 있도록 전문성을 갖추는 것이 중요하다. 따라서 개인이 일하고 싶을 때까지 자신의 능력을 발휘할 수 있도록 경력을 개발해 나가는 것이 중요하고, 고령화 사회로 진입할수록 더욱 그럴 것이다.

나. 경력개발의 기초

단지 대학에 입학했다고 해서 자신이 바라는 진로를 찾는 것이 아니고, 대학 입학 자체가 자신의 경쟁력이 되는 때도 이미 지나갔다. 자신이 원하는 길을 가기 위해 스스로 준비하고 개척하지 않으면 안 된다. 자신의 역량을 개발하기 위해 최대한 노력하고, 그 결과가 곧 자신의 경쟁력이 될 수 있을 때 진로선택의 폭은 넓어진다.

그러기 위해서는 다음과 같이 경력개발을 위한 기초를 다지는 것이 필요하다.[1)]

첫째, 정보 수집광이 되어야 한다. 자신이 원하는 진로나 경력개발에 관련된 정보와 자료를 최대한 확보해야 한다. 특히, 자신이 취업하기를 희망하는 기업을 한 번도 방문하지 않고 해당 직무에 대한 최소한의 정보도 입수하지 않은 채, 입사지원서만 제출하는 것은 무모한 짓이며, 이것은 결국 자신을 채용하지 말라는 것과 다름이 없다. 자신의 진로설계서에 따라 취업 희망 기업이나 해당 직무에 대한 자료와 정보를 충분히 입수하고, 그것을 철저하게 분석하는 작업이 선행되어야 한다.

둘째, 진로 개척과 취업을 위한 기초체력을 다져야 한다. 경기를 앞둔 선수가 기초체력을 다지는 일이 필요한 것처럼 자신이 바라는 진로를 선택하는 데도 다양한 분야의 준비와 경험이 필수적이다. 학점이나 외국어 점수 외에 아르바이트, 공모전, 봉사활동, 인턴 경험, 그리고 자격증까지 요구하는 것이 최근 경향이다. 이것은 위기상황에서 문제 해결 능력을 발휘하는 지원자를 먼저 채용하겠다는 기업의 의도를 읽을 수 있는 부분이다.

최근 들어, 기업의 인적자원관리 담당자들은 다양한 경험을 가진 인재, 실전에 강한 유용한 인재, 조직이 추구하는 비전과 가치를 위해 희생할 준비가 된 인재를 선발하기 위해 다양한 평가방법을 동원하고 있다. 따라서 취업을 준비하는 대학생들이나 청년들은 면접과 같은 긴박한 상황에서의 순발력, 다양한 상황에서의 문제 해결 능력, 지원한 분야에 대한 업무 이해 정도, 조직 친화력, 신입사원으로서의 포부, 자신의 사명과 비전 등에 대해 정신없이 쏟아지는 질문을 응대하면서 자신의 의견을 조리 있게 말하려면, 충분한 준비와 연습이 필요하다.

그런데 대개 이런 일들은 장시간에 걸쳐 꾸준히 준비하는 것이지 벼락치기 공부처럼 해서는 안 된다. 진로 개척과 취업을 위해 기초체력을 다지는 일들은 오랜 시간을 투자해야 하는 일들이어서 대학교 저학년부터 장기적인 계획을 세우고 준비하는 것이 필요하다. 특히 외국어 실력과 컴퓨터 활용능력은 기본 가운데 기본인 만큼 오랜 기간에 걸쳐 꾸준히 준비하는 것이 바람직하다.

셋째, 뜻을 같이하는 사람들과 함께 준비하는 것이 효과적이다. 얼른 생각해 보아도 혼자서 수집하는 자료와 정보의 양(quantity)과 여럿이 함께 수집하는 정보와 자료의 분량이 크게 다를 것이다. 그래서 같은 진로를 가고자 하는 사람들끼리 모여 관련 정보를 함께 공유하는 스터디그룹을 만드는 것은 바람직하다. 스터디그룹의 인원은 3~5명 정도가 적당하다. 너무 많은 인원이 모이다 보면 신속한 의사결정이 어렵고, 결정된 사항을 실행하거나 추진하는 데도 쉽지 않다. 일반적으로 같은 학교에 다니는 학생들끼리 구성하는 것도 좋지만, SNS 등을 활용하여 다른 학교 학생들과 교류하는 것도 다양한 시각을 얻는 데 도움이 될 것이다. 함께 가면 멀리 갈 수 있다.

마지막으로, 자신에게 도움을 줄 수 있는 사람들을 구하는 것이 좋다. 스터디그룹이 비슷한 상황에 있는 사람들끼리 서로 의지한다는 면에서 취업을 준비하는 데 장점이 있지만, 비슷하다는 자체가 또한 한계일 수 있다. 즉, 자신들이 처한 상황이나 부족한 측면을 객관적으로 냉정하게 볼 수 있는 시각과 안목이 부족할 수 있다는 점이다. 이런 것을 극복하기 위해 도움을 줄 수 있는 인맥을 확보하거나 전문가를 찾는 일은 의미 있는 것이다. 경쟁이 갈수록 치열해지는 환경 속에서 인맥을 통해 비공개적인 취업 정보를 먼저 취득한다는 것은 바라는 기업에 취업하는 데 한발 앞서가는 것을 의미한다. 인맥을 넓히기 위해서는 1차로 접촉하는 사람이 많을수록 좋지만, 만날 사람을 잘 선정하고 그들과 좋은 관계를 계속해서 유지하는 것이 더 중요하다.

그리고 진로 및 취업 관련 전문 컨설턴트나 진로 전문 커리어 코치(career coach)를 찾아보는 것도 좋은 방법이다. 다양한 매체를 통해 취업 관련 컨설턴트들을 찾는 것은 그리 어려운 일이 아니다. 최근에는 진로와 관련된 문제와 이슈들을 전문적으로 도와주는 커리어 코치의 활동이 점점 많아지고 있으니, 이들에게 도움을 받는 것은 여러 가지 측면에서 바람직하다.

다. 경력 로드맵 제작

경력 로드맵(career road map)은 자신의 진로목표를 달성하기 위해서 어떤 역량을 갖추고 어떤 것을 경험해야 하는지에 대한 경력관리지도를 만드는 것이다(**[그림 12-1]** 참조). 경력 로드맵을 잘 만들기 위해서는 앞선 장에서 설명한 것들에 대한 이해를 바탕으로 충분한 자료 분석을 거친 후에 만드는 것이 좋다. 그때 독자들이 직접 수행해야 할 것으로 제안한 사항들을 성실하게 실행했다면, 자신의 경력 로드맵을 만드는 데 큰 어려움은 없을 것이다.

경력 로드맵을 잘 만들기 위해서는 몇 가지 사항에 유념할 필요가 있다.[2] 첫째, 자신의 진로목표를 구체적으로 설정한다. 둘째, 진로목표를 달성하는 데 필요한 자격조건들을 설정한다. 셋째, 이런 자격조건들을 달성하는 데 필요한 세부계획을 수립한다. 넷째, 수립한 계획들을 꼭 실천하겠다는 의지가 중요하다. 마지막으로, 이런 과정을 지원하고 격려해 줄 코치를 찾으면 성공확률이 더 높아진다.

진로 관련 경력 개발과 경력 로드맵을 작성하는 데 있어 한 가지 추가로 고려할 점은 우연히 자신에게 다가온 기회를 잘 살릴 수 있도록 항상 열린 감수성을 유지하는 것이다. 우연한 기회가 한 사람의 진로에 큰 영향을 미칠 수 있고, 실제로 많은 학자가 연구를 통해 그것을 증명하고 있다. 실제 우리 일상생활 속에서도 긍정적이든 부정적이든 그런 경험을 하곤 한다. 우연히 친구의 소개로 시작한 아르바이트가 직업이 되고, 다른 사람을 대신하여 참가한 오디션에서 좋은 기회를 얻거나, 별다른 기대를 하지 않고 참석한 일자리 박람회에서 좋은 직장을 찾기도 한다.

그런가 하면 부모나 형제의 사고로 인해 어쩔 수 없이 자신의 진로를 바꾸어야 하는 때도 있고, 자신이 직접 입게 된 상해로 인해 특정 직업을 선택하지 않으면 안 되는 상황을 맞이하기도 한다. 물론 후자의 경우에는 어쩔 수 없이 받아들여야 하는 측면이 있지만, 전자와 같이 긍정적인 측면에서 우연히 다가온 기회를 놓치지 않도록 자신의 주변에서 일어나는 일들을 항상 열린 마음으로 관찰하고 반응할 필요가 있다.

그렇다면 이제 자신만의 경력 로드맵을 만들어 보자. 먼저 **[그림 12-1]**을 참조하여 자신의 경력 로드맵을 만들고(**[실습 12-1]** 참조), 그것을 이루기 위해 구체적으로 필요한 실행 계획을 **[실습 12-2]**에 작성해 보자.

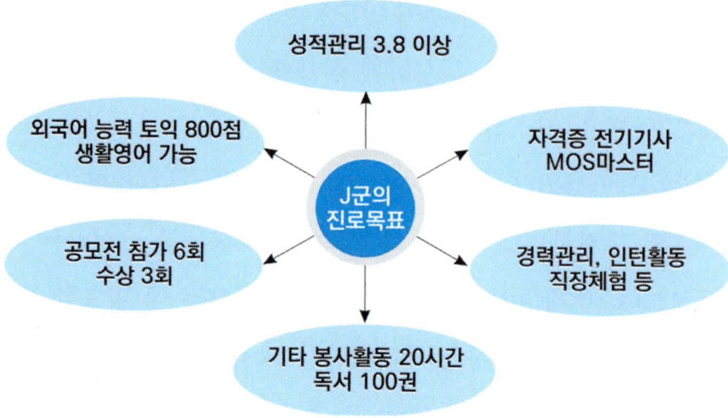

[그림 12-1] 경력 로드맵의 예시

라. 경력개발 전략 수립

대학 생활을 포함한 청년 시절은 인생 전체의 목표에 부합하는 자신의 진로를 탐색하고 결정하며 설계하는 시기이다. 그리고 이 시기는 자신의 성격, 적성, 흥미, 강점과 장점 및 처한 상황을 바탕으로 자신이 가야 할 길을 선택하고 준비하는 과정이다. 이 시기에 자신의 진로와 관련하여 얼마나 충분하게 분석하고 성실하게 준비하느냐에 따라 인생의 성패가 달라질 수 있다.

그러나 무작정 열심히 한다고 해서 되는 것은 아니고, 전략적인 접근이 필요하다. 특히 취업난이 갈수록 심각해지고 있는 시점에서 자신이 원하는 진로설계와 성공적인 취업을 위해서는 대학 생활 전반을 통해 단계별로 내실 있게 준비해야 한다(〈표 12-1〉 참조). 각각의 단계별로 자신이 준비할 일이 무엇인지 명확하게 파악한 다음, 그것을 어떻게 실행할 것인지에 대한 자신만의 전략이 있어야 한다.

〈표 12-1〉 대학 생활 중 학년별 경력개발 계획

<table>
<tr><th>구분</th><th>1학년
진로 탐색 시기</th><th>2학년
진로선택 시기</th><th>3학년
경력관리 시기</th><th>4학년
사회진출 준비 시기</th></tr>
<tr><td>핵심 사항</td><td>• 진로 관련 정보 파악
전공 및 다양한 경험을 통해 자신의 특성 및 전공 관련 정보를 수집, 분석</td><td>• 직무목표 설정
- 전공지식 기초 심화
- 직업기초능력 심화
- 직무 관련 기본 경력 관리</td><td>• 업종 목표설정
- 전공지식 심화
- 본격적인 업종 관련 준비 시작
- 직무 관련 심화</td><td>• 희망 목표기업 설정
- 수집 정보 분석
- 희망 기업에 맞춘 경력 개발
- 관련 인맥 파악, 활용</td></tr>
<tr><td>학교 생활</td><td>• 개론 과목 수강
• 학점 관리, 학습법 숙지
• 선배와의 교류를 통해 전공 관련 다양한 진출 가능성 탐색
• 학내 지원기관 파악</td><td>• 효과적인 수강 신청을 통한 학점 관리
• 직무목표를 바탕으로 복수전공 계획 수립
• 필요한 경우 전과 여부 판단 및 관련 정보수집</td><td>• 본격적인 전공학점 관리
• 자격증 연계 수강 신청
• 목표 관련 인맥 구축
• 학점 교류 사항 파악
• 대학원 진학 여부 판단</td><td>• 취업설명회, 특강 참석
• 각종 취업 관련 교육 참가
• 졸업 학점 관리
• 대학원 진학 준비
• 해외 유학 준비</td></tr>
<tr><td>외국어</td><td>• 자신의 어학 수준 파악
• 제2외국어 추가 학습 여부 판단
• 어학 공부법 숙지
• 외국인 친구와 교류</td><td>• 토익/오픽 응시
• 해외 연수, 교환학생 관련 프로그램 정보수집
• 제2외국어 학습
• 외국인 친구와 교류 지속</td><td>• 어학 수준 향상을 위한 특별계획 수립, 실천(영어 회화 실력 향상)
• 토익 점수 지속 관리
• 단기 어학연수</td><td>• 영어 면접 대비 준비
• 비즈니스 영어 회화 준비
• 제2외국어 수준 관리
• 토익 점수 지속 관리</td></tr>
<tr><td>자격증</td><td>• 컴퓨터 활용능력
• 한자 능력 수준 향상
• 공통적인 자격증 준비 및 확보</td><td>• 구직정보 분석 활용
• 직무별 구체적인 요구 역량 및 관련 자격증 파악
• 한자 능력 지속 향상</td><td>• 직무 관련 자격증 집중 확보
• 자격증 스터디그룹 결성
• 기업이 요구하는 실무 능력 확보</td><td>• 희망업종 및 직무 고려한 핵심 자격증 확보</td></tr>
<tr><td>경력 관리 활동</td><td>• 동아리, 스터디그룹
• 봉사활동 관련 정보
• 국내 여행 경험 축적
• 아르바이트 활동
• 봉사활동 실행</td><td>• 동아리 활동 지속(리더)
• 스터디그룹 지속
• 해외여행 경험 축적
• 아르바이트 활동 지속
• 봉사활동 계속 실행</td><td>• 전문적인 동아리 활동
• 직무 관련 아르바이트
• 공모전 준비 시작
• 직장체험, 기업 탐방
• 봉사활동 계속 실행</td><td>• 인턴 및 직장체험 활동
• 희망직종 관련 가산점 주는 공모전 집중 준비
• 구직 관련 동아리 활동</td></tr>
<tr><td>기타 자기 계발</td><td>• 리더십 훈련(Ⅰ)
• 스피치 훈련 수강
• 발표기법 숙지
• 독서(50권)
• 군 복무 시기 결정(男)</td><td>• 의사소통 훈련 시작
• 리더십 훈련(Ⅱ)
• 프레젠테이션 훈련(Ⅰ)
• 독서(30권)
• 군 복무(男)</td><td>• 성인 자기계발모임 참가 및 관련 정보수집
• 포트폴리오 정리
• 프레젠테이션 훈련(Ⅱ)
• 전문분야 독서(20권)</td><td>• 이력서 작성기법 숙지
• 자기소개서 작성, 보완
• 면접 관련 본격 준비</td></tr>
<tr><td>경력 개발 사항</td><td>• 대학 생활 적응
• 경력개발계획 수립
• 다양한 정보 탐색
• 커리어 코칭 받음</td><td colspan="2">• 본격적인 수준별 경력개발계획 수립 및 실행
• 전문코치의 커리어 코칭 받음
• 자신에 대한 꾸준한 피드백 받음
• 경력개발 관련 정보 업데이트</td><td>• 구직 달력 작성
• 희망기업별 맞춤식 구직 준비
• 진학 준비</td></tr>
</table>

마. 활용 가능한 다양한 제도

1) 학점 교류

학점 교류(credit exchange)는 대학끼리 협정을 맺어 일정 학기 동안 학생이 다른 대학에서 취득한 학점을 대학 사이에 서로 인정해 주는 제도이다. 만일 어떤 대학이 다른 대학과 완전하게 독립적으로 운영될 수 있다면, 학점 교류는 일어나지 않을 것이다.[3] 하지만 자원 결핍(scarcity)에 직면해 있고, 각자 전문화된 영역을 수행하기 위해 다른 대학과 상호의존적인 위치에 있는 대학들은 독립적인 형태의 교육과정을 마련하여 학생들에게 강의를 제공하는 것보다는 대학 간 학점 교류를 활용하는 것이 이점이 있다.[4]

그래서 대학들은 서로의 이해관계를 바탕으로 상호 합의에 따라 학점 교류 제도를 시행하고 있다. 이렇게 함으로써 대학은 강좌 교류를 통해 학생들의 수요에 적극적으로 대처하는 한편, 새로운 교육과정 개설에 따른 비용을 줄여서 대학 운영의 효율성을 증대하고 학생들에게 제공하는 서비스의 질을 높일 수 있다.

학점 교류는 주로 유사한 특성을 가진 대학끼리 일어나거나 지리적으로 근접한 대학 간에 일어나기도 하고, 인접 국가와 맺은 협정에 따라 학점 교류가 발생하기도 한다.[5] 어떤 형태든 학점 교류는 한 대학에서 개설된 강좌를 협정을 맺은 대학의 학생들도 수강, 학점을 인정하는 것이어서 다양한 형태를 띠고 있다. 따라서 만일 학점 교류에 관한 전반적인 사항에 대해 알고 싶다면, 본인이 소속한 대학의 교무 관련 행정부서에 문의하여 알아보거나 관련 안내 책자를 살펴보는 것이 가장 확실한 방법이다.

2) 교환학생 프로그램

교환학생 프로그램(exchange student program)은 대학 사이에 지정한 기간 동안 서로 학생을 교환하는 제도이다. 즉, 일반적으로 고등교육을 받는 학생이 다른 나라에 거주하며 언어, 문화 등을 배우는 프로그램을 말한다. 여기서 '교환'은 이 프로그램에 참여하는 다른 나라의 학생들이 서로 오고 가는 교류를 말한다. 이 프로그램은 제2차

세계 대전 이후부터 본격적으로 시행되었고, 참여자의 언어 실력을 높이며, 사회적 시야를 넓히는 것뿐만 아니라 다른 문화에 대해 이해하고 관용할 줄 아는 마음을 길러 주는 것이 주요 목표이다.[6)]

일반적으로 유학이 해당 대학의 졸업장 취득이 목적인 데 비해, 교환학생 프로그램은 짧은 기간 동안 수업만 듣고 일정 학점을 취득한 후에 다시 본래 대학으로 돌아온다는 점에서 차이가 있다. 교환학생 프로그램은 유학과 비교할 때, 기간도 짧고, 비용도 적게 들며, 학점이 인정되어서 졸업이 늦어지는 부담이 없다.

교환학생 프로그램은 일반적으로 대학의 학생 담당 부서나 국제교류 관련 부서에서 주로 관장하고 있다. 해당 사항에 대해 알고 싶다면, 그 부서를 방문하여 궁금한 사항을 알아보거나 관련 안내 책자를 살펴보는 것이 가장 확실한 방법이다.

3) **편입(학)**

편입(transfer, 編入) 또는 편입학(編入學)은 기존에 재학 중이던 학교를 그만두고 다른 학교에 중간 학년으로 입학하는 것을 말한다. 「고등교육법」에 따르면, '전문대학을 졸업한 사람이나 법령에 따라 이와 같은 수준 이상의 학력이 있다고 인정되는 사람'은 대학, 산업대학 또는 원격대학에 편입(학)할 수 있다(국가법령정보센터). 이때 법령에 따른 일정 수준의 학력에는 국내외 학교에서 취득한 학점, 「학점 인정 등에 관한 법률」에 따라 취득한 학점, 「평생교육법」에 따라 취득한 학점이 인정된다.[7)]

우리나라의 경우, 편입(학)은 크게 정원 내 편입(학)과 정원 외 편입(학)으로 구분되며, 대학 입학 정원에 대한 법적 규제[8)]에 따라 제도적으로 경직된 편이다.

먼저, 정원 내 편입(학)은 정원 내에서 배정된 신입생 정원의 범위 안에서 남는 자리가 발생한 경우에 선발하는 것으로, 일반편입이 있다.[9)] 일반편입은 가장 보편적으로 인식하는 편입의 개념으로, 4년제 대학교에서 2년 이상을 수료하거나, 2/3년제 대학에서 전문학사를 취득한 뒤 4년제 대학교의 3학년으로 편입하는 것이다.[10)]

다음으로, 정원 외 편입(학)은 「고등교육법시행령」 제29조 제2항에서 정한 정원 외 특별전형 총학생 수(數) 기준에 의하여 허용된다. 정원 외 편입(학)은 배정된 정원 외

신입생 정원의 범위 안에서 남는 자리가 발생한 경우에 선발하는 농어촌 학생 편입(학), 특성화고 학생 편입(학), 재직자 편입(학), 기초생활수급자 및 차상위계층 편입(학), 재외국민・외국인 편입(학) 등이 있다. 그리고 입학 정원의 일정 비율로 모집하는 학사편입(학), 전문대학 연계 편입(학), 전문학사 학위 소지자 편입(학)이 있다.[11)] 이런 학사 편입(학)은 4년제 대학교를 졸업하거나 학점은행제를 통해 학사학위를 취득한 뒤, 역시 4년제 대학교의 3학년으로 편입(학)하는 것이다. 학사편입은 학사학위 소지자에 한정하여 기회가 주어지는 것이어서 일반편입과 비교할 때, 모집인원도 적고 지원자도 더 적다.[12)]

만일, 당신이 어떤 대학교에 편입(학)할 의사가 있다면, 이런 기본적인 정보를 바탕으로 편입(학)하려는 대학교의 편입(학) 제도와 일정을 세밀하게 분석한 다음, 그에 상응하는 준비를 해야 할 것이다.

바. 경력개발 실행

앞에서 살펴본 경력개발 전략은 전공이나 개인의 비전과 목표에 따라 다소 달라질 수 있지만, 큰 흐름에서는 별 차이가 없을 것으로 생각한다. 한 번 더 강조하는데, 대학생이나 청년에게 있어 자신이 바라는 진로를 가는 데 필요한 경력개발계획을 수립하는 것도 중요하지만, 수립한 계획을 꾸준하게 실천하는 것이 더 중요하다. 여기서 그것에 대하 하나씩 살펴보기로 하자.

1) 외국어 능력 향상

글로벌 시대를 맞이하면서 기업에서도 외국어의 중요성이 점점 커졌고, 채용 과정에서 일정한 수준의 어학 수준을 갖춘 인재를 선호하고 있다. 따라서 글로벌 인재로서 경쟁력을 갖추려면, 전공 이외에 외국어를 꾸준히 공부해야 하는 때가 되었다. 특히 영어를 기본적으로 공부해야 한다. 물론 토익(TOEIC), 토플(TOEFL) 등의 실력도 중요하지만, 실용적인 영어를 더욱 선호하는 추세다. 그리고 면접 시에 영어로 의사소통하거나 영어 프레젠테이션을 요구하는 기업들도 늘어나고 있다. 이처럼 외국어 실력은 선택이 아닌 필수가 된 시대에 자신의 경쟁력을 높이기 위해서는 외국어 능력을 꾸준히 높이는 노력이 필요하다.

그러나 외국어 능력 수준을 높이기 위해 반드시 해외로 어학연수를 떠나야 하는 것은 아니다. 당연히 국내에서 자신의 외국어 능력 수준을 높이는 방법도 많다. 학교의 교환학생 프로그램이나 해외 연수, 대학과 외국 소재 기업과의 협약을 통해 실시되는 해외 인턴제도 등을 활용하는 방법도 있다. 그리고 외교부 홈페이지를 방문하면 국제행사에 참여할 수 있는 프로그램에 관한 정보도 얻을 수 있다.

2) 자격증 취득

직업의 전문화 시대가 된 지금, 다양한 방법으로 자신의 능력을 공식적으로 인정받는 것이 필요하다. 자격증을 취득하는 것이 가장 확실하고 공신력 있는 방법이다. 그리고 자격증을 취득하는 것은 어떤 분야에 대한 열정을 증명하는 척도가 되기도 한다. 따라서 자신이 희망하는 직무와 직업을 갖는 데 어떤 자격증이 필요한지 미리 확인하고 준비하는 것이 필요하다. 물론 자격증을 취득했다고 해서 100% 취업이 되는 것은 아니지만, 자신이 바라는 직업과 직무를 담당하는 데 필요한 자격증을 취득하는 것은 자신이 경쟁력을 높이는 것임에는 분명하다.

한편, 고도의 정보화시대인 지금, 컴퓨터 관련 자격증은 기본적인 것으로 인식하고 있다. 하지만 관련 자격증은 없어도 워드, 엑셀, 파워포인트 등과 같은 기본적인 컴퓨터 활용능력은 갖추어야 한다(〈표 12-2〉 참조). 최근 들어 각종 신제품 설명회나 보고회 등에서 스토리텔링 기법을 중심으로 한 프레젠테이션 도구로 많이 활용되고 있는 '프레지'(Prezi) 사용방법을 익혀 두는 것도 바람직하다.

자격증은 자신의 능력을 객관적으로 증명하는 도구로 활용되고 있어서 다양한 정보수집을 바탕으로 철저하게 준비할 필요가 있다. 자격증을 취득할 때는 국가공인기관이나 공신력이 있는 기관 또는 기업에서 발급하는 자격증을 취득하는 것이 유리하다. 구체적인 자격증 관련 정보는 한국산업인력공단의 Q-Net(http://www.q-net.or.kr)을 참고하면 많은 도움이 된다.

〈표 12-2〉 컴퓨터 관련 자격증

자격증명	내용	시행기관
워드 프로세스	워드 프로세싱 프로그램 운영 및 편집능력을 평가	대한상공회의소
컴퓨터 활용능력	스프레드 시트(Spread Sheet), 데이터베이스(Database) 활용능력을 평가	대한상공회의소
정보처리산업기사	컴퓨터 시스템을 통한 정보처리 전반에 관한 업무 수행능력을 평가	한국산업인력공단
정보처리기능사	초급 수준의 컴퓨터 지식과 기술을 평가	
MOS Master	Word, Excel, Power Point, Access 등 실제 활용능력을 측정	YBM 시사
ITQ	정보기술 관리 및 실무능력 수준을 평가하고 인증하는 자격시험(정보통신부)	한국생산성본부

3) 공모전 활용

기업은 이미지 제고와 우수인력 확보 차원에서 다양한 공모전을 개최, 입상자에게 인턴 기회를 제공하거나 입상자가 자사 채용에 지원할 경우 가산점을 주는 등의 혜택을 제공하고 있다. 그리고 정부 기관도 정책 입안 관련 아이디어 획득 및 확정된 정책 홍보 차원에서 공모전을 개최하고 있다. 대학생이나 청년의 관점에서는 이런 공모전이 경력개발에 도움이 됨과 동시에 취업에서도 긍정적인 요인으로 작용하기 때문에 적극적으로 활용할 필요가 있다.

하지만 공모전에 도전할 때도 전략이 필요하다. 학기 중에는 학업, 어학 공부, 동아리 활동, 아르바이트 등으로 바쁘게 지내기 때문에 무리하게 공모전에 도전하는 것은 무리이다. 따라서 공모전이 어떤 취지로 개최되는지 어떤 매력이 있는지를 파악한 뒤, 재미있는 공모전, 아이디어 및 수필공모전 등 흥미를 느낄 수 있는 비교적 쉬운 공모전부터 도전하는 것이 바람직하다. 그리고 방학 기간에는 공모전 참여를 통한 경력개발 차원에서 친구들과 함께 다소 시간이 걸리더라도 장기적인 프로젝트에 도전하는 것이 좋다. 예컨대, 학생 기자, 리포터, 모니터 활동, 제품 체험단 참여, 창업 아이템, 영상물 제작, 게임 시나리오 구상 등이 이에 속한다.

공모전에 도전할 것을 결정했다면, 공모전에서 의미 있는 결과를 얻기 위해 전략적인 접근이 필요하다. 먼저, 공모전 요강을 철저하게 분석한 뒤, 자료조사를 통해 기존 수상작이 자신들이 출품하려는 아이디어와 어떻게 다른지 등을 비교하는 과정을 통해 공모전 주최 기업의 목적과 의도를 파악하는 것이 필요하다. 공모전 준비는 [그림 12-2]에서 보는 바와 같이 크게 세 단계에 걸쳐 이루어진다. 각각의 단계별로 나뉜 과정에 철저하게 준비한다면, 의미 있는 결과를 얻을 수 있고, 자신의 경력개발에 도움이 될 것이다.

공모전 도전에 있어 가장 중요한 것은 참여하려는 공모전이 자신의 진로계획이나 전공과 관련된 것일 때 더욱 효과적이라는 점이다. 따라서 공모전 전문 사이트를 검색하여 분야별, 주제별, 응모대상자별로 분류된 다양한 정보를 활용하는 것도 공모전 수상을 위해 필요한 과정이다.

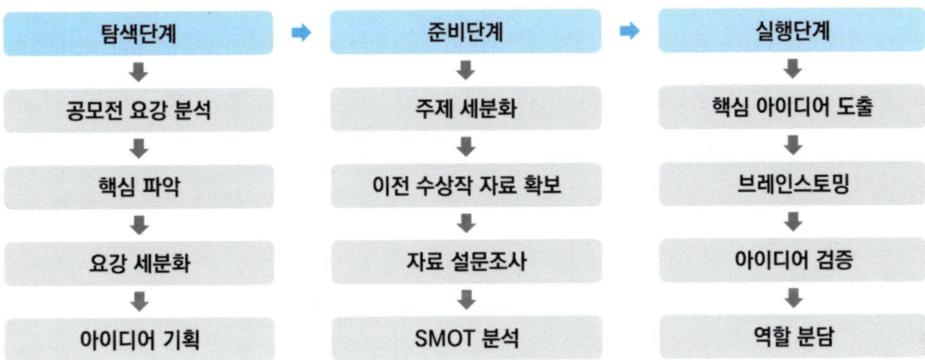

[그림 12-2] 공모전 준비 절차
출처: 이형국 외(2013). 진로탐색과 미래설계. 서울: 한올출판사. 154.

4) 인턴제도 활용

최근 들어 기업들은 채용 직무 관련 경험이 있는 지원자를 선발하려는 경향이 높아졌다. 즉, 인턴사원을 채용한 후 일정 기간 동안 현장에서 실무를 경험하게 한 뒤, 조직문화에 적합하다고 판단되는 인턴사원을 정규직으로 채용하는 사례가 점점 증가하고 있다. 기업에 따라서는 인턴사원의 70~90%까지 정규직원으로 채용하는 사례도 있다. 이렇게 하는 것에는 여러 가지 이유가 있겠지만 학점, 자격증 및 어학 점수만으로는 입사 지원자들의 실력을 제대로 검증하기가 어려워졌기 때문일 것이다.

인턴제도는 기업이나 단체 등 현장에서 일하면서 실습으로 경험을 쌓고 실무나 외국어 능력 수준을 높이기 위한 프로그램으로써, 일반적으로 대학 졸업하기 전에 사회 적응력을 높이고 전공과 관련된 일에 대한 이해를 돕는 데 목적을 두고 만들어진 제도이다. 대개 4학년 2학기에 주로 참여하는 일이라고 생각할 수 있지만, 최근에는 자신의 진로와 관련하여 지원 희망 분야에 대해 미리 경험을 쌓음으로써 기본적인 업무능력을 점검해 본다는 차원에서 대학교 저학년으로 점점 확대되는 추세다.

인턴제도를 제대로 활용하기 위해서는 여러 가지 사항에 유의해야 한다.[13)]

첫째, 명확한 진로선택을 위해 인턴제도를 활용하는 것이 바람직하다. 대학생의 상황에서 인턴제도는 기업의 인턴 경험을 통해서 자신의 기본적인 업무 수행능력이나 부족한 부분을 미리 파악하고 준비할 수 있다는 점에서 장점이 있다. 그러나 인턴 경험이 있다고 해서 무조건 취업이 잘 되는 것은 아니다. 따라서 자신이 어떤 목적으로 인턴제도를 활용하려는 것인지에 대한 분명한 이유가 있어야 하고, 그것이 자신의 진로선택과 연결되는 것이 바람직하다.

둘째, 바라는 분야의 인턴 경험을 하려면 평소에 인맥을 잘 관리해야 한다. 일부 기업은 부서의 필요에 따라 수시로 인턴을 채용하고 있다. 이런 경우 대개 사내 직원의 추천을 통해 인턴을 채용하는 경우가 많은데, 이때 자신의 기업에 근무하는 해당 대학교 출신 직원이나 관련이 있는 학과 교수님들을 통해 요청하는 경우가 많다. 따라서 평소에도 학과 출신 선배들이나 교수님과 원만한 관계를 유지해 두는 것이 바람직하다. 그리고 인턴제도를 통해 알게 된 선배나 해당 기업의 인사들과 인적 네트워크를 형성해 가는 것도 좋은 방법이다.

마지막으로, 인턴제도를 활용하기 위해서는 평소 대학 생활도 부지런하게 할 필요가 있다. 인턴제도는 주로 재학생을 대상으로 방학 기간에 이루어지는 경우가 일반적이다. 그러므로 평소에 관심을 가진 기업의 인턴 채용공고나 모집 요강 등을 꼼꼼히 살피고, 미리 지원 자격요건도 갖추어야 한다. 그리고 대부분 인턴사원에게 컴퓨터 활용능력을 요구하는 경우가 많으므로 여기에 대해서도 차분하게 준비해 둘 필요가 있다.

인턴제도 참여 방법에는 여러 가지 것들이 있다.[14)]

첫째, 국내 기업이나 다국적 기업이 실시하는 기업 인턴 프로그램들이 있다. 이것은 대개 방학 기간을 활용하여 졸업예정자들의 지원을 받아 서류와 면접 전형을 통해 인턴을 선발하므로 평소에 관심을 가진 기업들이나 업종과 관련된 인턴 모집 공고를 수시로 살펴보아야 한다.

둘째, 정부에서 실시하는 인턴 프로그램이 있다. 이것은 주로 규모는 작지만, 경쟁력을 갖추고 있는 중소기업 위주로 진행되는 경우가 많은데, 때에 따라서는 정규직 전환 프로그램과 연동되어 있어서 정규직으로 취업하는 데 도움이 되기도 한다.

마지막으로, 해외 인턴 프로그램이 있다. 이것은 국내 대학생과 청년층에게 글로벌 경영환경에 적합한 실무지식과 전문능력을 개발하는 데 도움을 주기 위해 운영되는 것이 많다. 이 프로그램의 가장 큰 장점은 외국어를 익히면서 실무경험을 쌓는 데 있다. 그러나 현지에서 사용하는 언어에 익숙하지 않다면 전문적인 업무보다는 단순 반복적인 업무를 수행할 때가 많아서 사전에 충분한 어학 실력을 쌓아 둘 필요가 있다. 그리고 최근에는 프로그램의 취지에 벗어나 저임금의 외국노동력을 확보하거나 현지 교포가 운영하는 기업이나 매장에서 근무하는 때도 있어서 적지 않은 문제점이 노출되고 있다. 따라서 사전에 꼼꼼하게 자료를 수집하거나 이미 해당 프로그램을 통해 인턴 경험을 해 본 사람들의 경험을 미리 들어 두는 것도 바람직하다. 특히, 한국산업인력공단에서 운영하는 월드잡(http://www.worldjob.or.kr) 등의 해외 취업 지원 사이트를 통해 인턴 채용 내용, 자격요건, 지원방법 등에 대한 다양한 정보를 수집할 수도 있다.

5) 직장 체험활동 참여

청년 직장체험 프로그램은 대학생들에게 직장체험을 통해 다양한 직업탐색 및 현장경험 욕구를 충족시키고, 궁극적으로 진로선택의 기회를 제공할 목적으로 시행되는 프로그램이다. 이 프로그램에 참여하는 대학생은 1일 8시간, 1주 40시간을 초과하여 근무할 수 없는 것이 인턴제도와 다르다. 이것은 대학생들의 진로 탐색과 경력 형성이 주요 목적이기 때문에 프로그램 참가자들을 근로자로 보지 않고 연수생 신분으로 본다는 차원에서 취한 조치라고 볼 수 있다.

청년 직장체험 운영기관은 고용노동부 워크넷 '청년 직장체험' 홈페이지에서 확인할 수 있고, 신청도 가능하다. 청년 직장체험 참가자는 교통비와 중식비 등을 포함한 월 일정 금액의 연수 수당을 받을 수 있고, 연수 수료생들에게는 '연수인증서'도 발급하기 때문에 취업을 앞둔 대학생들의 경력개발에 도움이 된다. 일부 대학에서는 이 프로그램을 이수하는 학생들에게 학칙에 따라 학점으로 인정해 주기 때문에 직장 및 사회경험을 쌓고, 동시에 경력개발도 한다는 차원에서 대학생들에게 아주 유용한 프로그램이다.

6) 봉사활동 참여

최근 들어 인성을 갖춘 인재를 채용하려는 기업들이 점점 증가하고 있다. 개인의 인성을 함양하기 위한 가장 실천적인 활동 가운데 하나가 봉사활동이다. 따라서 자신이 인성을 갖춘 인재라는 것을 가장 손쉽게 알리는 방법이 봉사활동 참가 여부이다. 왜냐하면, 대개 봉사활동은 이기주의에서 벗어나 이웃을 사랑하고 자신이 가진 것을 다른 사람과 함께 나눈다는 취지를 근본 배경으로 하는 활동이기 때문이다. 그래서 기업들도 직접 자원봉사센터를 운영하거나 구성원들이 봉사활동에 참여하는 것을 적극적으로 독려하며 지원하고 있다. 그리고 기업들은 다른 직원에 대한 배려와 협동심 등을 알아본다는 차원에서 신입사원 채용 시 봉사활동 경력을 우대하는 혜택을 제공하기도 한다.

봉사활동을 할 때는 여러 가지 사항을 유념할 필요가 있다.[15)]

첫째, 전문적인 기관을 활용한다. 전문적인 봉사활동을 하는 기관에서는 자원봉사에 대한 기초교육은 물론 활동 분야의 모집 기관 등에 대한 정보를 종합적으로 제공하는 경우가 많아서 편리하다.

둘째, 자신의 적성에 맞는 분야를 선택한다. 아무리 대가가 없는 봉사활동이라 하더라도 아무 일이나 하면 오히려 역효과가 날 수 있다. 다양한 봉사활동 가운데 자신의 적성이나 평소 관심 사항에 맞는 봉사활동을 하는 것이 자신에게 유익하고 바람직하다.

셋째, 장기적으로 꾸준히 활동하는 것이 좋다. 봉사활동은 가능하다면 한 곳에서 오래 일하는 것이 좋다. 특히 아동과 관련된 활동을 하는 경우엔 간헐적으로 하는 것보다 꾸준히 활동하는 것이 여러 가지 측면에서 효과적이다. 그리고 봉사활동은 한번에 몰아서 하는 것보다 조금씩 짬을 내 활동하는 것이 오랫동안 지속할 수 있는 비결이다.

넷째, 봉사 프로그램을 직접 기획하고 진행하는 것도 좋다. 봉사활동도 넓은 의미에서는 하나의 이벤트를 기획하는 것과 같다. 따라서 학과나 동아리 단위로 봉사활동을 처음부터 기획하고 준비하여 추진하는 것도 새로운 경험을 쌓는다는 측면에서 좋고, 기획단계에서부터 함께 활동할 수 있어서 학과나 동아리의 결속력을 다진다는 측면에서도 바람직하다.

마지막으로, 여건이 허락한다면 해외 봉사도 좋은 경험을 쌓는 데 도움이 된다. 해외 봉사활동은 해외 연수와 봉사활동을 동시에 하는 효과를 얻을 수 있다는 점에서 바람직하다. 해당 국가의 역사와 문화를 이해할 수 있고, 도전정신, 성취감, 국제적인 감각을 높일 수 있다는 점에서 바람직한 방법이다. 다만, 해외 봉사활동은 국내 봉사활동보다 어려움이 많고, 재정이나 건강문제와 같이 준비해야 할 사항들이 많아서 충분한 시간을 가지고 체계적으로 준비하는 것이 좋다. 따라서 해외 봉사활동은 개인적으로 준비하는 것보다는 학교나 전문기관의 프로그램을 활용하는 것이 바람직하다.

7) 동아리 활동 참여

동아리는 같은 관심사와 취미를 가진 사람들이 모여 만든 모임으로 대학 생활을 하는 데 가장 큰 영향력을 발휘하는 모임 가운데 하나이다. 대개 다양한 전공을 가진 대학생들이 모여 동아리를 이루는 것이 보통이지만, 최근에는 취업이나 공모전 준비 등 특정 목적을 위해 같은 전공을 하는 대학생들이나 소수의 유사 전공 대학생들이 모이는 동아리도 종종 생기고 있다.

동아리 활동은 여러 가지 장점이 있다.[16)]

첫째, 다양한 생각을 지닌 사람들이 모여 있어서 일찌감치 사회생활을 경험할 수 있다. 동아리는 같은 목적을 가진 사람들끼리 모여 활동하기 때문에 공동체 의식이 강해서 같은 학과 친구나 선후배에게서 느낄 수 없는 우정이나 결속력을 경험할 수 있다. 그리고 다양한 생각과 개성을 가진 대학생들과 함께 어울려 갖가지 체험과 힘든 경험을 하면서 배려와 존중, 나눔과 헌신, 선후배 사이의 예의 등을 경험할 수 있다는 차원에서 사회생활을 미리 경험해 볼 수 있는 장점이 있다.

둘째, 얼마든지 자신의 활동 폭을 넓힐 수 있다. 학교 안에서 활동하는 것이 좁게 느껴진다면, 같은 목적을 가진 다른 학교 대학생들과 함께 연합동아리 활동으로 교류의 폭을 확대할 수 있다. 때에 따라서는 국내 연합동아리 활동을 넓혀 다른 나라 대학생들과도 교류할 수 있는데, 국제적인 활동을 하는 단체와 기관들을 통해 그런 활동에 대한 다양한 정보를 얻을 수 있다.

마지막으로, 학습 차원에서도 동아리 활동은 큰 도움을 준다. 교과목 과제 해결, 취업 준비, 공모전 준비 등 전공 학과와 관련된 활동을 하는 데 있어 동아리 활동은 적지 않은 도움을 준다. 왜냐하면, 다양한 전공을 가진 대학생들이 모인 것이 동아리이기 때문에 다양한 정보와 지식을 함께 공유하고 활용할 수 있기 때문이다.

그러나 동아리 활동은 장점만 있는 것이 아니어서 동아리에 가입하기 전에 자신의 흥미, 관심사, 진로 등을 함께 고려하는 것이 좋다. 일부 동아리의 경우에는 표면적으로 내세우는 동아리 활동 목적이나 취지와 달리 판매 활동이나 종교 활동 등과 관련된 것도 있어서, 사전에 충분히 검토하고 판단한 후에 동아리에 가입하는 것이 바람직하다.

8) 아르바이트 경험 확보

방과 후나 방학 중에 다양한 아르바이트를 경험하는 것도 자신의 경력관리에 도움이 된다. 특히, 어떤 기업들은 실제 직무를 수행하는 데 긍정적인 영향을 미친다는 차원에서 채용하는 직무 관련 아르바이트 경험을 중시하는 때도 있다. 이런 경우에 아르바이트는 해당 직무와 관련된 자신의 경력을 적극적으로 알리는 좋은 기회가 되는 것이다.

실제로 유통 관련 기업의 경우에는 업무 성격상 아르바이트를 경력으로 인정해서 정규직원으로 채용하는 경우가 많다. 예컨대, 세계적인 S 커피 브랜드를 판매하는 기업에서는 자사의 매장에서 아르바이트 근무를 해 본 사람들 가운데 정규직원을 채용하고 있고, 유명 피자 브랜드인 P 사는 자사 매장에서 아르바이트를 6개월 이상 경험해야만 사원, 어시스트 매니저, 매니저, 점장으로 승진할 수 있다. 그 밖에 주로 유통업체들을 중심으로 아르바이트 경험을 우대하는 기업들이 많다.

사. 대학 생활 점검과 계획

앞에서 언급한 것들에 대해 충분히 이해했다면, 이제 할 일은 자신의 현재 상태를 점검하고 더 나은 자신이 되기 위한 경력개발계획을 수립하는 것이다. 대학 생활과 함께 주어진 자유를 만끽하면서도 저학년부터 자신의 미래를 위해 계획을 수립하고 실행하는 것은 의미 있는 일이다. 따라서 앞선 논의를 통해 소개된 활동들에 대한 자신의 현재 상태를 점검하고, 더 나은 모습을 갖추기 위해 무엇을, 어떻게, 어떤 수준까지 높일 것인지를 **[실습 12-3]**에 적어 보자.

먼저, 자신의 현재 상황을 점검할 때는 여러 가지 사항들에 유의해야 한다.

첫째, 자신의 상황을 냉정하고 솔직하게 평가하는 것이 필요하다. 대개 사람들은 자신을 과대평가하는 경향이 있다. 그래서 자신이 평가할 때, 다른 사람이 평가하는 때보다 자신을 더 우수하고 탁월한 것으로 평가하기 쉽다. 자신의 대학 생활이나 일상생활을 평가할 때도 마찬가지다. 여기서 진행하는 현재 상황에 대한 평가는 다른 사람에게 보이거나 과제로 제출하는 것이 아니다. 본인의 성장과 발전을 위해 현재 상황을 있는 그대로 평가하고, 그것을 바탕으로 앞으로 개선해 나갈 사항을 계획하는 것이다. 따라서 자신을 냉정하고 솔직하게 평가하는 것이 무엇보다 필요하다.

둘째, 다른 사람의 평가를 받아 보는 것도 좋은 방법이다. 사람에 따라서는 자신을 평가하는 일이 쉽지 않다. 주관적인 평가는 어떤 경우이든 자신의 관점과 시각이 들어가기 마련이다. 그래서 자신에 대한 주관적인 평가가 낳을 우려를 줄이기 위해서는 다른 사람의 객관적인 평가를 받아 보는 방법도 바람직하다. 예컨대, 부모, 친구, 선배와 후배, 교수나 전문가들의 도움을 받으면, 자신의 현재 상황을 제대로 평가할 수 있다.

셋째, 개선 계획을 세울 때는 단기 계획을 먼저 세우는 것이 필요하다. 한 번에 거창한 장기계획을 세우면, 의욕만 앞섰지 실제로 행동으로 옮기는 것이 힘들다. 물론 큰 그림을 그리는 것은 자신의 인생 전반을 본다는 차원에서, 자신이 걸어가야 할 방향을 잡는다는 차원에서, 언젠가 한번은 제대로 시도해 보아야 하는 일이다. 하지만, 그런 일에 익숙하지 않은 사람의 경우에는 '멋진' 장기계획만 수립하다가 시간을 허비할 수도 있다. 그리고 장기 목표 달성이 어렵게 느껴져 중간에 포기하는 때도 적지 않다. 따라서 단기 계획의 성취 여부를 평가하면서 점차 계획 기간을 늘리는 것이 바람직하다. 예컨대, 처음에 계획을 수립할 때는 3개월을 두고 실천할 수 있는 계획을 수립하고, 그것을 실천해 본 다음에 다시 3개월 동안의 목표를 정하고 실천하는 방식으로 진행하는 것이 좋다.

2. 취업 준비와 실행

가. 취업 준비 전략

일반적으로 취업 지원자들은 사회적인 인지도, 급여 수준, 복리후생 등 조건이 좋은 대기업이나 공사, 공무원을 선호하는 경향이 있다. 그러나 현실에서는 채용 수요보다 인력공급이 많아서 취업 경쟁은 갈수록 심해지고 있다. 그리고 이런 현상은 앞으로 더욱 가속화될 것이다. 따라서 자신이 원하는 직업을 갖기 위해서는 대학 입학 직후부터 체계적으로 준비하는 것이 필요하다. 자신이 원하는 기업에 취업하기 위한 준비 전략은 다음과 같다.[17)]

첫째, 진로설계를 명확하게 해야 한다. 기회가 있을 때마다 강조했듯이, 진로설계는 자신이 주체가 되어야 하고, 앞으로 자신이 종사하고 싶은 직업에 대한 철저한 탐색을 통한 준비가 선행되어야 한다. 직업선택에 있어서 무엇보다 중요한 것은 바로 자신의 흥미와 적성 및 가치관에 맞는지에 대한 여부이다. 그래서 기업의 채용 과정에서도 인성, 적성, 직무능력 등을 검사하는 것이다. 그 이유는 기업의 위치에서 보면, 지원자가 자신들의 업종과 직종에 전문성을 갖추고 인성과 적성 측면에서도 적합한 사람이라면, 그를 채용했을 경우 기업의 생산성이 향상될 뿐만 아니라 직무 만족도도 높아지고 조직도 활성화될 것이기 때문이다.

둘째, 취업 정보를 철저하게 수집할 필요가 있다. 현재 우리나라 직종 수는 대략 13,000여 종 이상이고(2019년 말 기준), 경제・사회・문화의 변화에 따라 앞으로 점차 증가할 것으로 예측된다. 이처럼 점차 늘어나는 직종과 다양한 업무에 적응하기 위해서는 그에 대한 충분한 사전 이해와 준비가 필요하다. 채용 시기, 채용 방법 및 전형 방법, 자격요건 등 각종 취업 정보는 학교의 담당 부서, 취업 정보 사이트, 취업 동아리, 신문, 잡지 등을 통해 수집할 수 있다. 그리고 해당 기업 인사담당자에게 문의하거나 직접 방문하여 정보를 수집할 수도 있고, 희망 기업에 입사한 선배나 지인을 통해 정보를 입수할 수도 있다.

셋째, 학점 관리에 최선을 다해야 한다. 대학 시절의 학점은 평생을 두고 따라 다닌다. 물론 공부를 잘해서 우수한 학점을 취득한 것이 그 사람의 모든 것을 대신 말해 주는 것은 아니다. 하지만 자신의 직업이나 진로를 선택할 때, 낮은 학점으로 인해 선택 폭이 좁아지거나 걸림돌이 되어서는 안 된다. 아주 우수한 성적(학점)은 아니더라도 평균 수준은 되어야 서류전형에 무리가 없다는 게 기업 인사담당자들의 한결같은 얘기다.

넷째, 취업에 필요한 역량과 인성을 갖춰야 한다. 취업에 필요한 주요 역량은 외국어, 상식, 전공, 자격증, 각종 국내외 경험, 기업 현장 실습 등이 있다. 그러나 최근 들어 기업에서 지원자의 인성을 중시하는 경향이 증가하고 있다. 그래서 그것을 간접적으로 알아보는 방법으로 지원자의 봉사활동 경력을 확인하는 경우가 증가하고 있다. 기본적으로 봉사활동이란 자신보다 타인을 위해 희생하고 헌신해야 하는 일들이 많고, 많은 다른 사람들과 함께 협력하며 일을 해 나가는 것이다. 그리고 자신이 원하는 것을 포기하고 해야 하는 경우가 많아서 지원자의 인성을 파악하는 방안으로 많이 활용되는 추세이다.

마지막으로, 기업을 선택하는 안목을 가져야 한다. 지원자는 자신의 흥미, 적성 및 가치관에 맞는 기업을 선택하는 안목을 키울 필요가 있다. 그러기 위해서는 자신의 실력과 역량을 객관적으로 평가할 수 있어야 하고, 자신이 종사하길 바라는 직업과 직종에 대한 특성이나 요구조건 등을 파악하는 것이 중요하다. 누구나 급여나 제반 조건이 좋은 대기업에 입사하기를 희망한다. 그러나 인력 수요보다 공급이 많은 현실 속에서 대기업 입사만을 고수할 것이 아니라 성장 잠재력이 높은 건실한 중소기업에 입사하여 자신의 능력을 발휘할 기회를 찾는 것도 현명한 방법이다.

나. 이력서 작성

이력서는 입사지원서를 작성할 때 꼭 필요한 객관적인 서류 가운데 하나이다. 취업 경쟁률이 상승함에 따라 서류전형 경쟁률도 점차 치열해지면서 차별화된 이력서를 작성하는 것이 서류전형에 있어 중요한 이슈로 떠오르고 있다. 그저 단순한 정보를 나열하는 수준의 이력서로는 경쟁에서 살아남을 수 없는 시대가 이미 되었다. 서류전형에서 자신이 가진 뛰어난 능력을 보여 주지 못한다면, 자신을 더 보여 줄 수 있는 다음 단계로 나갈 기회조차 주어지지 않기 때문이다. 따라서 짧은 시간에 평가자로부터 좋은 평가를 받으려면, 강력하게 자신에게 흥미를 갖도록 하는 무엇이 있어야 한다. 그런 차원에서 이력서를 작성할 때는 기업에서 원하는 인재가 자신임을 보여 주도록 자신의 개성과 장점, 입사하고 싶은 열정을 돋보이게 할 필요가 있다.

대기업과 같이 일정한 지원 양식을 제공하는 경우에는 해당 양식에 맞추어 충실하게 작성하면 된다. 그러나 중소기업과 같이 특별한 지원 양식을 제공하지 않거나 채용공고에 그냥 이력서를 제출하라는 말만 있으면, '인사 서식 제1호'를 기준으로 작성한다. 다만, 입사 희망 기업의 업종이 서비스업이거나 기획, 디자인 분야와 같이 입사 직종이 특별히 창의력을 요구하는 분야일 경우에는 이력서 작성 능력을 중요한 판단 기준으로 삼을 수도 있어서 창의적인 이력서를 작성하는 것이 채용 경쟁에서 더 유리하다. 학교 내 담당 부서를 방문하면, 이력서에 관한 다양하고 자세한 정보를 얻을 수 있고, 자신이 작성한 이력서를 평가받을 수도 있다.

이제 이력서 종류와 구성요소 및 작성방법 등에 대해 살펴보기로 하자.[18)]

1) 이력서의 유형

이력서의 유형으로는 학력 중심의 이력서, 경력 중심의 이력서, 그리고 업무 중심의 이력서가 있다. 먼저, 학력 중심의 이력서(basic resume)는 최근 내용부터 과거로 거슬러 올라가는 형태로 서술하는 것인데, 처음 취업하는 경우나 경력이 많지 않을 때 적합한 방법이다. 다음, 경력 중심의 이력서(chronological resume)는 경력이 많거나 회사의 지명도가 높은 경우와 작성하는 지원자 자신이 비교적 상급자일 때에 적용하기에 적합하다. 이런 경우에는 응시하는 기업에 따라 현재부터 과거로 거슬러 올라갈 수도 있고, 과거로부터 현재 순으로 기술할 수도 있다. 마지막으로, 업무 중심의 이력서(functional resume)는 근무 시점과 관계없이 특정 업무를 중심으로 서술하는 형식이다. 이 방법은 희망 직책에 부합하는 전문지식, 능력, 실적 등을 중점적으로 집약해서 작성함으로써 자신의 장점과 강점을 돋보이게 할 수 있다. 특히, 중간에 경력이 끊어지거나 직장을 여러 번 옮긴 경험이 있는 지원자에게 적합한 경우이다.

2) 이력서의 구성요소

채용 기업에 따라서 이력서에 포함되는 요소가 다르다. 해당 기업이 지원자의 어떤 부분을 중점적으로 볼 것인가에 따라 이력서에 포함되는 요소가 달라진다. 하지만, 일반적으로 많이 사용되는 표준 이력서의 구성요소는 대개 다음과 같다.

- 사진
- 응시부문
- 이름, 생년월일, 주민등록번호
- 연락처, 현주소
- 가족관계

- 학력 사항, 병역사항 및 경력 사항
- 자격 사항 및 상벌 사항
- 특기 사항 및 기타

3) 이력서 작성방법

이력서의 각각의 구성요소별 작성방법은 다음과 같다.

첫째, 사진은 자신의 첫인상을 결정짓는 핵심 사항 가운데 하나이므로 정장 차림으로 최근 3개월 이내에 촬영, 잘 나온 사진을 사용하는 것이 좋다. 특히, 고객을 많이 만나는 직종에 응시할 때는 미소를 띤 얼굴로 찍은 사진을 사용하는 것이 바람직하다. 그리고 이미지 사진이나 지하철에서 찍은 사진, 계절에 맞지 않는 옷을 입고 찍은 사진, 흐릿한 해상도의 사진, 자신의 휴대전화로 찍은 사진은 사용하지 않는 것이 좋다. 멋진 사진을 만들기 위해 지나치게 수정하는 것은 실제 면접 시 부정적으로 작용할 수도 있어서 사진이 실물과 다르게 보이지 않을 정도로 적당하게 마무리하는 것이 좋다. 이력서에 사진을 부착할 때는 사진의 테두리를 깔끔하게 마무리하여 붙이는 것이 좋다.

둘째, 이름은 한글과 한문(또는 영문)을 모두 기록하고, 생년월일도 정확하게 기록한다. 주민등록번호도 반드시 주민등록증과 같게 기록하지만, 최근에는 개인정보 차원에서 기업에 따라서는 주민등록번호 기록을 생략하는 때도 있다.

셋째, 주소는 우편물을 받을 수 있는 현재의 실제 거주지를 기록하고, 연락처는 자신이 직접 받을 수 있는 휴대전화 번호나 자택 전화번호를 반드시 기록한다. 기업에 따라서는 본인이 직접 연락받지 못할 때를 대비해서 가족이나 친지들의 연락처를 긴급 연락처 칸에 기록하도록 요청하는 때도 있다. 그리고 최근에는 많은 기업에서 온라인 형태로 입사 채용을 하는 경우가 많아서 자주 사용하는 이메일(e-mail) 주소를 반드시 기록하는 것이 좋다.

넷째, 학력 관련 사항은 대졸자나 대졸 예정자의 경우에는 고등학교 졸업부터 기록한다. 남자는 병역 관련 사항으로 제대 일자나 군별 사항을 포함하기도 한다. 경력

사항에 기록할 것이 있을 때는 최근 것부터 기록하되, 담당업무나 직종을 함께 기록하는 것이 좋다.

다섯째, 자격증은 취득 일자 순서로 기록하고, 자격증 취득 일자와 발급기관명을 명확하게 기록해야 한다. 그리고 상별 사항은 각종 대회, 기관 및 대학 등에서 받은 상장 가운데 지원하는 회사나 지원 업무와 연관이 있는 것 위주로 빠짐없이 기록하는 것이 좋다. 기업에 따라서는 성적장학금을 기록하도록 요청하는 때도 있다.

마지막으로, 특기 사항에는 국내외 봉사활동, 인턴제도 참여 경력, 아르바이트, 동아리 활동 등 학교나 사회에서 활동한 경력을 기록한다. 경력 관련 사항이 많을 때는 별도 항목을 만들어 그것들을 돋보이게 하는 좋은 방법이다. 그 밖에 컴퓨터 활용능력이나 외국어 시험 성적 또는 자신이 가진 특별하거나 고유한 능력을 덧붙일 수도 있다.

이상의 사항들을 모두 기록했으면 마무리작업이 필요하다. 본 내용의 한두 줄 아래에 '위 사항은 사실과 틀림없음', '위와 같이 틀림없음', '위 내용은 사실과 다름이 없습니다.', '위 내용은 사실과 틀림없습니다.'라는 표현 가운데 한 가지를 골라서 명기한다. 그리고 한 줄 아래에 제출 일자를 기록한다. 최종적으로 이력서를 처음부터 다시 한번 확인한 뒤, 이력서 맨 앞장의 상단 우측이나 눈에 잘 띄는 곳에 지원 분야를 기록했는지 반드시 확인하는 것이 중요하다. 어떤 기업들은 희망 연봉을 함께 기록하도록 요청하는 때도 있어서 그것을 기록했는지도 확인해야 한다. 모든 것이 이상 없이 작성되었다고 판단되면, 이름을 기록하고 도장을 찍거나 서명을 한다.

4) 이력서 작성 시 유의사항

이력서도 문서의 일종이므로 작성할 때 가장 유념해야 할 것은 빠르고 쉽게 이해하도록 작성했는지 여부이다. 이력서를 반드시 자필로 작성할 필요는 없다. 하지만 만일 컴퓨터로 작성한다면, 서명은 자필로 하는 것이 평가자에게 더 성의 있고 깔끔한 인상을 줄 수 있다. 도장을 사용할 때는 한글 이름이 새겨진 간이용 나무 도장보다는 한문으로 새겨진 도장을 사용하는 것이 평가자들에게 신뢰감을 줄 수 있다. 그리고 신입 직원 채용에 응시할 때는 대개 응시하는 인원이 많아서 이력서 분량이 1매를 넘기지 않는 것이 좋다.

이력서를 작성할 때, 유의할 사항은 다음과 같다.

첫째, 이력서는 구체적으로 작성하되 명확하게 기술하는 것이 좋다. 출신학교나 학과, 자격증뿐 아니라 수상 경력, 다양한 경험과 활동 등 자신의 강점과 장점을 최대한 돋보이게 하는 사항을 중심으로 작성하되, 증빙서류에 맞춰서 기록하는 내용을 일목요연하게 정리하는 것이 좋다. 다시 말하면, 이력서는 간단하고 명료하게 작성하되, 자신의 능력이나 장점은 구체적으로 기록하는 것이 좋다.

둘째, 이력서는 과장 없이 진솔하게 기술하는 것이 바람직하다. 허위 사실이나 과장된 내용을 기록하여 면접을 치를 때나 입사한 후에 허위 사실이 밝혀지면, 입사가 취소되거나 다른 기업에 입사할 때 영향을 미칠 수 있다.

셋째, 응시 분야에 관련된 내용이나 활동은 더 돋보이도록 기술하는 것이 좋다. 자신이 응시하는 직종과 업무에 관련되지 않는 내용을 기술하는 것보다 관련된 경험과 능력 또는 역량에 대해 자세하게 기술하고, 자신이 경험한 성공 체험들을 집중적으로 기술하는 것이 좋다. 그리고 자신의 경험과 능력 또는 역량을 기술할 때는 막연하고 주관적인 표현보다는 객관적인 평가를 할 수 있도록 수치를 활용하여 표현하는 것이 평가자들에게 신뢰감을 심어 줄 수 있다.

넷째, 온라인으로 이력서를 작성하여 응시할 때는 한정된 공간에 자신의 강점이나 장점을 모두 기술할 수 없어서 이를 보완하는 방법을 찾아볼 필요가 있다. 홈페이지, 블로그 또는 UCC 등을 만들어서 자신의 다양한 활동을 보여 줄 수 있는 사진이나 상장, 수상 경력, 자격증, 평가 결과 등을 스캔해서 올리고 하이퍼링크로 표시해 두면, 평가자가 관심을 가지고 방문할 수도 있다. 이처럼 온라인 채용이 점차 확대되는 상황에서 자신의 강점이나 장점을 효과적으로 돋보이도록 이런 방식을 활용하여 자신만의 포트폴리오를 만드는 것은 매우 바람직한 방법이다.

마지막으로, 오타나 잘못된 날짜를 기록하는 등 사소한 실수를 하지 않도록 여러 번 검토하는 것이 좋다. 이런 경우 지원자에 대한 평가자의 신뢰를 떨어뜨릴 수도 있어서 정확하게 기록하는 것이 좋고, 우편 봉투를 봉하기 전이나 온라인상에서 마지막 엔터(Enter) 키(key)를 누르기 전에 여러 번 확인하는 것이 필요하다.

이상과 같이 서류전형을 통과하기 위해서는 자신의 강점과 장점, 능력과 역량을 멋지게 디자인하고 포장하여 자신만의 독특하고 개성 있는 이력서를 만드는 것이 바람직하다. 특히 남의 이력서를 무분별하게 모방하거나 인터넷에서 내려받아 그대로 작성, 제출하는 것은 결코 좋은 평가를 받지 못한다는 것을 명심해야 한다.

다. 자기소개서 작성

1) 자기소개서 작성의 의미

자기소개서는 이력서와 함께 서류전형에서 필요한 매우 중요한 서류이다. 이력서가 지원자의 객관적인 사실을 요약한 것이라면, 자기소개서는 지원자가 주관적으로 생각하는 내용을 위주로 작성되는 것이다. 기업의 인사담당자와 임원은 지원자가 자신의 기업에 필요한 인재인지를 판단하고, 지원자가 어떤 능력과 경험이 있는지를 알기 위해 지원자가 직접 작성한 자기소개서를 통해 지원자의 여러 측면을 살펴보기를 원한다. 즉, 기업에서는 함께 일할 구성원을 채용할 때, 이력서만으로 한 개인의 성장 과정, 성격의 장단점, 장래 희망, 그리고 지원동기 등을 파악하기 어렵다. 그래서 이런 내용을 알아보기 위해 자기소개서를 요구하는 경우가 많다.

기업에서 지원자에게 자기소개서를 요구하는 이유는 다음과 같다.[19]

첫째, 지원자의 지원동기를 알기 위함이다. 기업에서는 지원자의 자기소개서를 살펴봄으로써 그가 자신의 기업에서 확실하게 일하려는 마음 자세가 되어 있는지를 확인하고자 한다. 그리고 지원동기는 성장 과정에서 갖게 되는 지원자 자신의 꿈을 이루려는 성취동기나 전공과목과 관련이 있고, 그런 것이 잘 나타나 있는 자기소개서를 통해 확인할 수 있기 때문이다.

둘째, 지원자의 장래 희망을 알기 위함이다. 기업에서는 만약 지원자가 입사한다면 어떤 각오로 일하려는지, 어떤 포부를 가졌는지, 자신의 성장은 물론 기업의 발전을 위해 어떻게 이바지할 수 있을지 등을 지원자가 작성한 자기소개서를 통해 파악하기 위함이다.

셋째, 지원자의 자질과 열정을 알기 위함이다. 기업에서는 지원자가 직접 작성한 자기소개서를 통해 자신의 기업에 입사하려는 지원자가 어떤 자질을 가졌고, 업무를 추진하는 데 얼마나 열정을 가지고 임할 것인지를 확인하고 싶은 것이다.

넷째, 지원자의 성장배경과 과정을 알기 위함이다. 기업에서는 자기소개서에 나타난 지원자의 가족, 형제자매들 사이의 관계와 학력, 지원자의 학창시절이나 입사 전까지의 활동에 대한 경험 등을 확인함으로써 그가 자신의 공동체의 일원으로서 적합한지를 파악하고자 한다. 그리고 자기소개서의 내용을 통해 지원자의 가치관, 인생관 및 성격의 장단점을 확인할 수도 있다.

마지막으로, 지원자의 생각을 글로 표현하는 문장력을 알기 위함이다. 사회생활에서 공식적인 의사전달은 주로 글이나 문서에 의해 이루어지기 때문에 지원자가 직접 작성한 자기소개서를 통해 자신의 의견을 글로 표현하는 능력을 파악하고자 한다.

2) 자기소개서 작성방법 및 유의사항

자기소개서 작성에 있어 가장 중요한 것은 지원자가 평가자에게 전달하고자 하는 메시지이다. 따라서 지원자는 자기소개서를 통해 평가자에게 의욕과 열정이 넘친다는 확신이 들도록 하고, 나아가 면접에서 한번 보고 싶다는 생각이 들도록 명확한 메시지가 전달될 수 있게 작성하는 것이 중요하다. 그리고 자신이 하고 싶은 말을 하는 것보다 기업에서 듣고 싶은 말을 정갈하게 정리하되, 자신의 역량과 자질 등을 중심으로 짧은 시간에 좋은 인상을 남기도록 작성하는 것이 바람직하다.

대개 기업은 지원서상의 자기소개서에 구체적으로 어떤 내용을 기술하라고 요구한다. 그러나 어떤 기업은 자유롭게 서술하라고 안내하는 때도 있다. 이때 자기소개서는 대개 성장배경과 과정, 성격의 장단점, 학창시절과 경력 사항, 지원동기, 희망업무 및 입사 후 포부, 특기 사항 등을 기술하는 것이 좋다.

구체적인 자기소개서 작성방법은 다음과 같다.[20)]

첫째, 성장 과정을 기술할 때는 자기 인생의 기초가 되는 가정환경, 어려서부터 지금까지 마음에 품고 살아온 좌우명, 가훈이나 부모님의 교육철학, 가치관, 인생관 등을 기술하되, 적절한 경험이나 사례를 곁들여 작성하면서 자신의 느낌을 포함하여 기술하는 것이 좋다. 그리고 역경을 딛고 일어선 경험이 있다면 기술함으로써 자신의 의지를 소개하는 것도 좋다. 그러나 예컨대, '저는 20○○년에 산 좋고 물 맑은 ○○에서 엄하신 아버지와 자상하신 어머니의 2남 1녀의 장남으로 태어났다.'라는 표현으로 시작되는 자기소개서는 인사담당자에게 좋은 평가를 얻기 힘들다. 따라서 자신의 성장 과정을 기술할 때는 앞선 사례처럼 기술하기보다는 참신한 표현을 사용하는 것이 바람직하다.

둘째, 자신의 성격을 기술할 때는 장점이 최대한으로 돋보이도록 기술하되, 구체적인 사례를 소개하는 것이 평가자들에게 신뢰감을 줄 수 있다. 그리고 단점에 대해 언급하되, 그것을 극복하기 위해 어떤 노력을 했는지에 대해 기술하는 것이 좋다.

셋째, 학창시절과 경력 사항을 기술할 때는 전공, 학회나 동아리 활동, 봉사활동, 해외 연수 경험, 아르바이트, 인턴제도 활용 등을 기술하되, 이런 것들이 자신이 지원하는 업종이나 직무와 어떤 연관이 있는지에 초점을 맞추어 구체적으로 기술하는 것이 좋다. 그리고 자신이 경험한 활동이나 관심 사항 등을 기술할 때는 구체적으로 서술하되, 그런 다양한 활동을 하면서 쏟았던 노력과 열정에 대해 패기 있게 표현하고, 그런 과정에서 자신이 느낀 것이 무엇인지를 함께 표현하는 것이 좋다.

넷째, 지원동기를 기술할 때는 지원 기업에 관한 자신의 관심과 열정이 나타나도록 기술하되, 자신이 입사한다면 지원 기업의 성장과 발전에 어떻게 이바지할 것인지에 대해 구체적으로 기술하는 것이 좋다. 특히, 자신이 지금까지 노력한 것들과 관심 사항이 입사하려는 기업의 업종이나 특성에 어떻게 적합한지에 대해 기술하는 것이 좋다. 그러려면 그 기업의 업종, 경영이념, 창업정신 등을 미리 확인해 두는 것이 바람직하다. 평가자의 위치에서는 지원자가 유능한 인재라고 판단되더라도 지원동기가 확고하지 않다면, 그를 채용할 아무런 이유가 없기 때문이다.

다섯째, 희망 업무 및 포부 등을 기술할 때는 자신이 선택한 업종에서 어떻게 목표를 이룰 것이고, 그러기 위해 어떤 계획과 각오를 지녔는지를 구체적으로 작성하는 것이 좋다. '뽑아 주신다면 최선을 다해 일하겠다.', '함께 일할 기회가 주어진다면 충성하겠다.'라는 식의 막연한 충성심을 나타내는 것은 좋지 않다. 오히려 자신의 희망 업무에서 구체적으로 어떤 계획과 실천 의지를 지녔는지를 표현하는 것이 평가자에게 좋은 인상을 줄 수 있다. 즉, 지원 분야와 업종에 관해 사전에 조사해 둔 것을 바탕으로 지원 기업의 업종 및 직무에 대한 자신의 목표, 달성 방법, 역량 개발 계획 등에 대해 구체적이고 명확하게 기술한다면, 평가자에게 믿음을 심어 줄 수 있을 것이다. 그리고 희망 업무를 통해 자신이 몸담을 조직에 이바지할 방안을 제시하고, 그것이 자신의 인생 비전이나 목표에 어떤 관련이 있는지를 함께 기술한다면, 더 설득력 있는 내용이 될 것이다.

마지막으로, 특기 사항을 기술할 때는 부전공, 외국어 능력, 컴퓨터 활용능력, 각종 자격증이나 내세울 만한 특이한 경험들을 기술하는 것이 좋다. 특히 이런 것들에 대해 단순하게 나열하는 것보다는 이런 다양한 활동을 통해 지원자가 느낀 점과 얻은 것이 무엇인지를 상세하게 기술하는 것이 좋다. 만일 이런 내용이 지원 기업의 창업 정신, 이념, 비전과 목표 및 업종과 직무와 연관이 된다면, 평가자들에게 좋은 인상을 줄 수 있다.

자기소개서를 작성할 때는 여러 가지 사항에 유의할 필요가 있다.[21)]

첫째, 자신의 비전과 포부를 참신하고 명확한 문구로 표현하는 것이 바람직하다. 막연한 표현이나 새롭지 않은 형식을 사용하여 기술하면, 평가자에게 좋은 인상을 심어 주기 어렵다.

둘째, 지원하는 기업의 비전과 목표를 미리 점검하고, 그에 맞추어 자신을 알맞게 포장하여 자신만의 이미지를 만드는 것이 좋다.

셋째, 자신이 지원하는 기업과 직무에 적임자임을 강조하는 것이 좋다. 지원자를 굳이 선택할 필요가 없다는 인상을 준다면, 평가자는 다른 지원자를 선택할 것이다.

넷째, 입사 지원동기를 구체적으로 밝히고, 자신의 경험과 경력을 강조하는 것이 좋다. 지원하는 기업에 대해 오래전부터 관심을 지니고 있었고, 그와 관련된 다양한 경험을 했다는 것을 돋보이게 하는 것이 좋다.

다섯째, 구체적인 경험과 사례를 바탕으로 작성하고, 자신의 강점과 장점을 최대한 돋보이도록 하는 것이 좋다.

마지막으로, 지원자가 강조하고 싶은 내용을 주요 기사 제목(headline) 형태로 넣으면, 평가자가 지원자를 빠르게 이해할 수 있다.

라. 포트폴리오 제작

1) 포트폴리오의 정의와 활용

일반적으로 포트폴리오(portfolio)는 자신이 쓰거나 만든 작품을 계속해서 체계적으로 모아 둔 개인의 작품집 또는 서류철을 이용한 모음집 형태를 의미한다. 주로 미술, 건축, 사진, 디자인 등 작품 활동 성과물을 한군데 모아서 자신의 능력과 재능을 나타내는 학문 분야의 평가에 활용되었다.[22] 이것은 한 사람의 과거 경험과 현재 능력을 한눈에 모두 볼 수 있어서 그의 능력을 종합적으로 평가할 수 있는 중요한 질적 자료가 된다.

포트폴리오는 사용 용도에 따라 학습 포트폴리오(learning portfolio), 교수 포트폴리오(teaching portfolio), 진로 포트폴리오(career portfolio) 및 취업 포트폴리오(employment portfolio) 등 유형이 다양하다. 최근 들어 포트폴리오는 다양한 용도로 쓰이고 있는데, 여러 가지 목적에 맞게 필요한 재능과 능력을 정리한 전문적 결과물들을 총칭하는 것으로 이해되고 있고, 취업 준비를 위한 용도로도 활용되고 있다. 취업 포트폴리오는 지원 기업의 직무수행 시 필요한 역량을 기준으로 지원자가 갖춘 역량에 대한 여러 가지 증빙 자료를 정리한 것이다. 즉, 구직자들이 지원 기업의 비전과 특성에 맞게 자신의 학업, 동아리 활동, 봉사활동, 해외 연수 경험, 아르바이트, 인턴제도 활용 등에 관한 자료들을 잘 정리했다가 채용 시에 활용하는 것이다.

대학 시절에 포트폴리오를 염두에 두고 생활한다면, 자신의 진로설계나 직업선택에 큰 도움을 얻을 수 있다. 자신의 비전과 미션(mission), 인생 목표, 진로설계 및 직업 목표, 목표 달성을 위한 구체적인 실행방안, 실천을 위한 세부계획, 결과물들을 정리한 포트폴리오는 한 개인의 자아실현과정을 잘 보여 주는 소중한 경험이 될 수 있다. 한편, 대학 생활 동안 자신만의 포트폴리오를 제작하는 것은 자신의 인생 전반을 설계하고, 각각의 세부계획에 따라 실행하며, 그 결과를 점검하고 수정해 나가는 자기관리의 한 방편으로 활용해도 손색이 없다.

2) 포트폴리오 제작 방법

포트폴리오 제작은 크게 '계획 → 실행 → 평가'와 같은 3단계를 거쳐 작성되지만, 세부적으로 나누면 모두 7단계에 걸쳐 작성된다([그림 12-3] 참조). 각각의 단계별 세부 내용에 대해 구체적으로 살펴보면 다음과 같다.[23)]

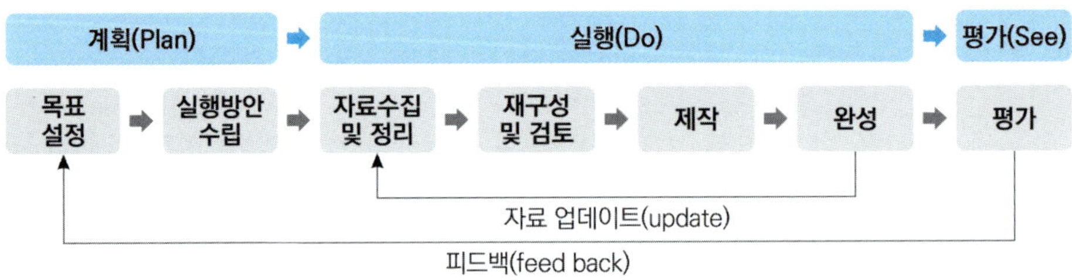

[그림 12-3] 포트폴리오 제작 절차

① 1단계: 목표설정

- 특정한 목표에 초점을 맞추어 포트폴리오를 제작해야 하므로 활용 목적에 따른 제작 목표를 명확하게 정한다.

② 2단계: 실행방안 수립

- 포트폴리오의 제작 목표와 활용 목적에 맞는 유형, 질적 수준, 전체 분량(페이지) 및 필수로 포함해야 할 내용을 정하고, 제작 진행을 위한 절차와 세부 일정을 잡는다.
- 필수로 포함해야 할 내용을 정할 때는 포트폴리오 전체 목차를 구성한 후, 그 목차에 따른 필수 내용 목록을 정리한다.
- 초기 제작 단계에서 제작물 전체 결과물의 이미지를 가정해 두면, 제작 과정의

혼선을 방지할 수 있고 제작 시간을 줄일 수 있다.

③ 3단계: 자료 수집 및 정리

- 포트폴리오의 목표에 부합하는 의미 있는 자료와 사실을 중심으로 증빙할 수 있는 자료들을 모아 정리한다.
- 자료는 평소에 풍부하게 수집하여 필요에 따라 중요도 및 종류에 따라 분류해 둔다.
- 과거 내용을 한꺼번에 모을 때는 전체 자료를 다 모은 후, 목차에 따라 중요도 및 종류에 따라 분류해서 태그를 붙인다. 이때 분류별 목록을 작성하고, 간단한 특징을 정리하면, 다음 단계에서 중요한 자료를 선정할 때 편리하다.
- 중요 자료 선정 기준을 작성하여 그에 따라 자료를 평가한다.
- 포트폴리오의 목표에 맞는 중요자료의 우선순위를 정한다.
- 포트폴리오의 구성 목차에 따라 우선순위에 맞게 증빙 자료들을 정리한다.
- 최종적으로 포함할 자료들을 선정한다.

④ 4단계: 재구성 및 검토

- 포트폴리오의 목표에 따라 앞서 구성된 전체 내용을 검토하고, 자신의 얘기에 맞게 하나의 콘셉트(concept)로 연결하여 자신만의 포트폴리오 이미지에 따라 정리한다.
- 포트폴리오의 분위기는 변화와 균형을 통한 일관화를 기초로 자신만의 개성 있는 이미지로 시각화한다.
- 포트폴리오 안의 주요 그림과 자료들을 모아 구성하고(콜라주 형태), 목차와 연결되는 자신의 활동사진을 모아서 구성한 다음(사진 형태), 자신의 포트폴리오 제목을 만들고 그에 맞는 패턴을 정하고 디자인을 구성한다(컨셉 디자인).
- 포트폴리오 전체 이미지를 기초로 포트폴리오 콘셉트에 따라 전체 내용을 아우르는 하나의 시나리오를 만들고, 세부 목차별 페이지를 구성한다.
- 전체적으로 자연스럽게 연결되었는지 점검하되, 핵심적인 성과 부분이 돋보이

도록 강조한다.

- 목차와 세부 내용이 맞는지 최종적으로 확인하고, 라벨을 붙여 목록을 작성한다.
- 중요한 성과와 관련된 자료들을 포트폴리오 제작 목적과 목표에 맞게 정리했는지 신중하게 다시 점검한다.

⑤ 5단계: 제작

- 앞선 단계를 거쳐 최종적으로 정리된 전체 자료를 체계적으로 완벽하게 마무리한다.

⑥ 6단계: 완성

- 제작된 포트폴리오가 제작 목적과 목표, 그리고 시나리오에 맞게 제대로 제작되었는지 다시 검토한다.
- 목차, 페이지, 표, 그림, 사진, 동영상 등이 순서대로 잘 배치되었는지 각각의 라벨 번호가 잘 매겨졌는지 최종적으로 점검한다.
- 점검 주기를 정해서 주기적으로 자료를 점검하고, 새로운 내용을 추가하거나 변경된 내용을 수정하거나 삭제한다.

⑦ 7단계: 평가 및 셀프 코칭(self coaching)

- 자기평가를 위한 코칭 질문에 대한 자신의 대답(평가)을 정리한다.
- 자신이 세운 장・단기 계획대로 잘 준비하고 있는가?
- 전체 자료를 통해 분석된 자신의 강점과 약점은 무엇인가?
- 자신의 강점을 활용할 수 있는 전략은 무엇인가?
- 자신의 약점을 보완하기 위해 새롭게 시작할 수 있는 일은 어떤 것인가?
- 전체적으로 볼 때, 자신이 세운 목표에 비추어 어떤 부분이 잘 성장하고 있는가?
- 전체적으로 볼 때, 정체되거나 보완할 부분을 위해 추가로 실행할 일은 무엇인가?
- 전체적으로 자신의 목표에 맞게 제대로 잘 실행하고 있는가?
- 포트폴리오를 제대로 잘 제작한다는 것은 본인에게 어떤 의미가 있는 일인가?

• 제작된 포트폴리오에 대한 평가 기준을 마련하여 냉정하게 평가한 다음, 그 결과를 피드백하여 수정하고 보완한다.
• 필요하다면 목표설정에 추가로 반영하고, 실행과정에 개선사항을 추가한다.
• 개선 방안에 대한 구체적인 실행 계획을 수립한다.

3) 포트폴리오 작성 시 유의사항

포트폴리오를 작성할 때는 여러 가지 사항에 유의할 필요가 있다.

첫째, 실패를 두려워하지 말라. 실패하지 않은 가장 확실한 방법은 아무것도 하지 않는 것이다. 자신만의 포트폴리오 제작에 실패할 것이라는 생각만 가지면, 다른 어떤 일도 할 수 없다. 실패를 두려워하지 말고 일단 시도하는 것이 중요하다.

둘째, 처음부터 완벽한 포트폴리오를 만들기 어려워서 다른 사람이 작성한 것을 모방하는 것도 시작 단계에서는 도움이 된다.

셋째, 자기만의 개성을 살릴 수 있는 것이 무엇인지 항상 고민하라. 누구나 자신만의 고유함이 있다. 그것을 어떻게 돋보이게 할 것인지 항상 고민하다 보면, 좋은 아이디어가 떠오를 것이다.

마지막으로, 포트폴리오 제작을 위한 제작에 너무 몰입하지 말라. 이미 설명한 바와 같이 포트폴리오는 자신을 소개하는 하나의 방법이자 도구이다. 그에 못지않게 중요한 것은 포트폴리오 안에 들어갈 콘텐츠인 만큼, 자신의 능력과 역량, 인성을 계발하는 데도 같은 정성과 노력을 기울이는 것이다. 자신만의 콘텐츠가 아주 풍부하다면 그것을 표현할 방법이나 도구가 다소 부족하더라도 콘텐츠의 우수성은 언젠가는 드러나지만, 내세울 콘텐츠 자체가 부족하다면 그것을 표현하는 방법이나 도구가 제아무리 우수하다 하더라도 자신의 부족함이 드러나기 마련이다.

마. 명함 제작

1) 명함의 활용과 관리

명함은 자신이 누구인지를 알리는 가장 일반적인 수단 가운데 하나이다. 우리는 대개 다른 사람과 처음 만났을 때 인사와 함께 명함을 전달한다. 그것은 자신을 알림과 동시에 계속해서 기억해 줄 것을 기대한다는 의미가 포함되어 있다. 최근 들어 자신을 알리는 다양한 매체가 많이 나왔음에도 불구하고, 명함은 여전히 사람과의 첫 만남에서 많이 사용되고 있다.

물론 예전에는 '내가 어느 기업(또는 기관, 단체)의 누구인지만 알리면 된다.'라는 인식이 대부분이었기 때문에 대개 흰색 종이에 회사명, 이름, 전화번호 및 팩스 번호 등의 글자만 선명하게 인쇄한 명함을 주로 사용했었다. 하지만 요즘에는 다양한 색상으로 인쇄된 명함은 물론 자신의 사진이나 이미지를 삽입하는 등 다양한 명함들이 많이 사용되고 있다.

명함을 효과적으로 활용하면 많은 정보를 얻을 수 있다. 초면에 상대방과 대화를 이어 가는 데 도움이 되고, 그 속에서 관심사와 관련된 작은 단서를 찾아낼 수도 있다. 최근에는 명함에 자신의 목표를 달성하겠다는 표현도 넣고, 자신의 비전이나 가치관, 인생 표어를 함께 넣은 것도 있어서 상대방을 이해하는 데 도움이 되는 많은 정보를 얻을 수 있다. 따라서 사회생활을 준비하는 대학생이나 청년이 명함을 잘 활용하면, 다양한 인맥을 구축하는 데 많은 도움을 얻을 수 있고, 실제로 진로와 취업에 관한 정보를 입수하는 통로로 활용할 수도 있다.

그래서 대학생이나 청년들은 앞으로 만나게 될 다양한 분야의 사람들과 소통하기 위해서 자신만의 명함을 만들어 활용하는 것이 바람직하다. 대학생의 경우, 명함에는 이름, 자신의 비전이나 표어, 학교명, 전공(학과), 전화번호, 이메일(e-mail) 정도만 적혀 있어도 괜찮다. 그리고 필요하다고 판단될 경우, 명함 뒷면에 취업하고 싶은 분야나 직종, 자신의 관심 사항이나 취미, 자신이 자랑하고 싶은 것 등을 적어 두어도 좋다.

명함을 주고받는 것도 중요하지만, 받은 명함을 잘 관리하는 것도 매우 중요하다. 상대방과 만남을 마친 후에 받은 명함을 자신이 정한 분류 기준에 따라 구분하고, 적절한 시기에 상대방에게 연락하면 그에게 좋은 인상을 심어 줄 수 있다. 명함을 받은 사람에게 언제 연락하면 좋을지는 개인적인 선호나 우선순위에 따라 다르겠지만, 가능한 이틀이 지나기 전에 연락하는 것이 좋다. 특히, 사회생활을 앞둔 대학생이나 청년의 경우에는 자신이 만난 사람들과 좋은 관계를 맺어 자신의 인맥으로 활용할 수 있다면, 나중에 여러 가지 측면에서 도움을 얻을 수 있어서 적절한 기준에 따라 받은 명함을 잘 관리하는 습관을 지니는 것이 좋다.

2) 명함 주고받는 방법

상대방과 만나 명함을 주고받을 때는 명함에 적인 정보와 함께 여러 가지 감정도 함께 전달할 수도 있어서 예의를 갖추어 전달해야 한다.[24)]

먼저, 명함을 건넬 때는 다음과 같은 방법으로 명함을 건네는 것이 좋다.

- 일어서서 전달한다.
- 자신을 간략하게 소개한다.
- 명함 지갑에서 명함을 꺼낸다.
- 상대방이 읽을 수 있는 방향으로 명함을 잡는다.
- 명함 오른쪽 끝(또는 가운데)을 오른손으로 잡고, 왼손으로 오른손을 가볍게 받쳐 든다.

다음, 명함을 받을 때는 다음과 같은 방법으로 명함을 받는 것이 좋다.

- 일어서서 받는다.
- 자신의 가슴 높이에서 오른손으로 받아 왼손바닥 위에 올려놓는다.
- 상대방의 이름, 직위 등을 읽어 기억한다.
- 상대방의 이름(한자)을 읽기 어려운 경우에는 물어서 확인한다.

- 명함을 명함 지갑에 넣는다. 단, 회의에 참석하여 명함을 받았을 때는 책상 위쪽에 명함을 올려놓는다.

한편, 명함을 주고받을 때는 몇 가지 사항에 유의해야 한다.

- 명함은 명함 지갑에 넣어 항상 가지고 다닌다.
- 상대방이 보는 앞에서 상대방의 명함을 구기거나 받은 명함에 메모하지 않는다.
- 받은 명함을 놓고 가는 실수를 하지 않도록 주의를 기울인다.
- 명함을 받은 후에는 명함 지갑에 넣어 소중하게 보관한다.

바. 면접 준비

1) 면접의 이해와 종류

일반적으로 면접은 기업 관계자와 지원자가 처음 면대면(face to face)으로 직접 대화를 나누는 자리이다. 기업에서 지원자와 면접을 하는 이유는 지원자가 직무를 원활하게 수행할 수 있는지, 나아가 기업의 성장과 발전에 도움이 될 만한 사람인지 등을 파악하기 위함이다.

면접은 이력서와 자기소개서 상에서 확인하기 어려운 지원자의 성격, 사고력, 추진력, 창의성 등 내적 능력을 비교적 짧은 시간 내에 파악할 수 있어서 채용 절차 가운데 가장 높은 비중을 차지하고 있다. 그래서 최근에는 대부분 기업에서 1~3차에 걸쳐 심도 있는 다양한 면접을 시행하는 실정이다. 기업에 따라 다소 차이는 있지만, 면접은 실무자 중심의 1차 면접과 CEO를 포함한 임원 중심의 2~3차 면접으로 나누어 진행하고 있다. 면접 시간은 짧게는 20분, 길게는 2~5시간에 걸쳐 심층 면접을 진행하는 때도 적지 않다.

면접에는 개인 면접, 집단 면접, 프레젠테이션, 집단토론 등이 있다.

첫 번째, 개인 면접은 지원자 1명에 대해 면접자 한 명 또는 여러 명이 배석하여 면접하는 방식이다. 질문의 범위가 지원동기, 학창시절, 인생관, 흥미, 관심 직무 등에 걸쳐 넓고 구체적이어서 지원자의 내적 능력을 다양하게 확인할 수 있는 장점이 있다.

두 번째, 집단 면접은 지원자와 면접자가 모두 복수인 형태로 응시자가 많은 경우에 주로 진행하는 방식이다. 면접자가 지원자 모두에게 같은 질문을 던지고 지원자가 순서대로 대답하는 방식을 주로 진행되는데, 면접자 위치에서는 지원자들을 서로 비교할 수 있다는 장점이 있다.

세 번째, 프레젠테이션은 면접자가 주제(가치관, 강점과 장점, 기업 발전방안, 고객만족 방안 등)를 주고 지원자가 그에 대한 자신의 의견을 프레젠테이션을 통해 말하고 면접자가 평가하는 방식이다.

마지막으로, 집단토론은 지원자들을 몇 개의 집단(group)으로 나누고 특정 주제를 부여하고 지원자끼리 의견을 나누며 토론하는 것을 면접자가 지켜보며 평가하는 방식을 말한다. 지원자의 리더십, 배려와 존중, 창의성, 상식, 토론 예절 등을 파악하기에 좋은 장점이 있다.

이 밖에도 최근에는 지원자의 능력, 외모만을 보고 판단할 때 발생하는 오류를 줄이기 위한 블라인드 면접, 면접자와 함께 하루를 보내는 다차원 면접, 지원자들끼리 서로를 평가하는 동료평가 면접 등이 활용되기도 한다.

2) 면접 준비

면접 전에는 다음과 같은 몇 가지 사항을 미리 점검하고 준비해야 한다.[25)]

- 응시하는 기업의 소재지(본사, 지사, 공장 등)를 정확하게 확인한다.
- 응시하는 기업의 정식 명칭(full name)을 정확하게 기억해야 한다.
- 약속된 면접 시간 10분 전에 도착하도록 교통수단 등을 미리 점검, 확인한다. 면접 장소에 따라 필요하다면, 승차권(ticket)을 예약하고 발권해 둔다.
- 면접 장소에 들어가서 공손히 인사한 후, 또렷한 목소리로 자신의 수험번호와 이름을 말할 준비를 한다.

- 면접 시 면접자를 편안한 마음으로 바라보며 얘기할 수 있도록 마음을 편안히 하고, 차분하게 준비를 한다. 그래도 긴장되면 면접장에서 제공되는 차를 마시는 것도 좋다.
- 자신에 대해 5분간 얘기할 수 있는 내용을 준비한다.
- 자신의 긍정적인 면을 면접관에게 바르게 전달할 수 있도록 준비한다.

면접 장소에 도착한 후 자신의 면접 순서를 기다리거나 면접을 마쳤을 때는, 몇 가지 점에 유의하는 것이 좋다.

- 대기실에서는 자신의 순서를 기다리는 동안 조용한 태도로 예상되는 질문에 대한 대답을 최종적으로 정리하면서 마음을 가다듬는다. 자신의 순서가 가까워지면 자신의 복장을 다시 한번 점검한다.
- 자신의 이름이 호출되면 면접실로 가서 문을 두세 번 노크한 뒤, 응답을 듣고 난 후에 문을 열고 들어간다.
- 면접실 안에 들어서면 조용히 문을 닫은 다음 정면을 향하여 가볍게 허리를 굽혀 인사를 하고, "앉으라."라는 면접자의 말을 들은 후에 앉는다.
- 질문이 시작되면 침착하고 주의 깊게 듣고, 잠깐 생각을 정리한 뒤 분명하고 또렷한 목소리로 대답한다.
- 면접이 끝나면 의자에서 일어서서 앉았던 의자를 정돈한 후 15도 정도 허리를 굽혀 가벼운 인사를 하고, 퇴실할 때는 힘없는 표정을 짓지 않도록 주의한다. 면접자는 지원자가 들어올 때부터 나갈 때까지 모든 행동과 태도를 관찰한다는 사실을 항상 기억한다.

3) 면접의 실제와 기본예절

실제 면접을 할 때는 기본적인 예절을 지키되, 몇 가지 점을 유의해야 한다.

첫째, 정해진 의자에 앉을 때는 올바른 자세로 앉는 것이 좋다. 의자 등받이에 기대지 말고 허리를 꼿꼿이 세워 허리와 엉덩이가 90도를 유지하도록 앉는다. 그리고 손 처리의 경우, 남성은 자신의 무릎 위에 살짝 주먹을 쥔 상태로 가볍게 올려놓는 것이 좋고, 여성은 두 손을 모아 무릎 위에 올려놓는 것이 면접자에게 안정감과 믿음을 심어 줄 수 있다. 그리고 다리 처리의 경우, 남성은 어깨만큼 벌려 11자 상태로 편안하게 두는 것이 좋고, 여성은 다리를 옆으로 비스듬히 가지런하게 모으는 것이 좋다. 특히 남성은 다리를 계속해서 움직이거나 떠는 것은 면접자들에게 불안하게 보이거나 안 좋은 인상을 심어 줄 수 있다.

둘째, 면접자가 악수를 청하는 때는 경우가 적당하게 힘을 주어 악수하는 것이 좋다. 면접자는 지원자와 악수할 때, 그에 대한 첫인상을 갖게 되는 경우가 많다. 악수할 때는 손을 너무 느슨하게 잡지 말고 적당하게 힘을 주는 편이 자신감을 보여 줄 수 있어서 좋다. 그리고 손이 조금이라도 땀에 젖어 있을 때는 미리 땀을 닦아두는 것도 좋다.

셋째, 팔짱을 끼지 않는 것이 좋다. 팔짱을 끼는 자세는 주로 방어적이거나 불안하며, 배타적이라는 부정적인 인상을 심어 줄 수 있어서 하지 않는 것이 좋다.

넷째, 면접자가 질문할 때는 결론부터 먼저 얘기하는 것이 바람직하다. 면접자의 질문을 받으면, 핵심을 잘 파악하여 성실하게 대답하되, 결론부터 먼저 얘기하고 근거를 제시하는 두괄식 답변이 면접자들에게 강한 인상을 심어 줄 수 있다. 그리고 말하는 속도를 적절하게 조절하여 대답하되, 혹시 강조할 부분이 있다면 말과 말 사이에 잠시 침묵을 두는 것도 좋다. 그리고 말하는 동안 얼굴, 특히 입술을 건드리거나 가리지 않는 것이 좋다. 왜냐하면, 이런 행동은 심기가 불편하다는 것을 의미하는 것이고, 거짓말을 하거나 과장하고 있다는 인상을 심어 줄 수 있기 때문이다.

다섯째, 지원자가 대답할 때 적절한 손짓과 몸짓을 사용하면 내용을 효과적으로 전달할 수 있다. 지원자가 적절한 손짓과 몸짓을 섞어 대답하면, 면접자는 관심을 보이고 집중하게 되며, 흥미를 보이기 때문에 지원자가 자신이 말하고자 하는 내용을 효과적으로 전달할 수 있다.

마지막으로, 질문에 대답할 때 지원자는 면접자의 눈을 보면서 말하는 것이 좋다. 특히 면접자가 여러 명일 때는 모든 면접자에게 골고루 시선을 나누어 응시하는 것이 좋다. 이렇게 하면 여러 면접자에게 얘기하더라도 듣는 면접자는 자신에게 얘기하는 느낌을 받기 때문에 좋은 인상을 심어 줄 수 있다.

이상에서 언급한 면접 순서와 주의사항을 잘 지키는 것보다 실제 면접에서 떨지 않고 자신의 의견을 논리적이고 조리 있게 대답할 수 있도록 미리 연습을 많이 해 두는 것이 더 중요하다. 따라서 기회가 생길 때마다 예상 질문을 정리했다가 수시로 연습하는 것이 바람직하고, 학교에서 진행하는 모의 면접 프로그램에 적극적으로 참여하여 경험을 쌓아 두는 것이 필요하다. 그리고 필요하다면 전문가의 도움을 받는 것도 좋은 방법이다.

3. 진학 준비와 실행

가. 국내 대학원 진학 준비와 실행

자신의 전공 분야 전문가로 성장하기 위해서는 취업을 통해 실무경험을 쌓는 방법과 전문적인 연구를 위해 대학원에 진학하는 방법이 있다.[26] 취업을 위해 자기 이해와 분석, 직업 및 직무 탐색, 및 기업 분석 등에 대해 차근차근 준비하는 것이 필요한 것처럼 대학원에 진학할 때도 체계적인 준비가 필요하다.

우리나라의 경우, 대학원은 일반대학원(석사과정, 박사과정, 석·박사 통합과정), 특수대학원(석사과정) 및 전문대학원(석사과정, 박사과정)이 있다. 대학원에서는 대개 교수 1명이 몇 명에서 몇십 명의 대학원생을 지도한다. 그러다 보니 교수의 업무가 많아져서 석사과정의 대학원생은 박사과정 중인 선배가 지도하는 체계가 불가피하다. 이런 국내 대학원의 낮은 생산성으로 인해 대학원생은 대개 4년~6년 이상 대학원에서 머물게 된다. 그래서 기업에 따라서는 대학원 졸업생을 바로 채용하기보다 다른 회사에서 경력을 쌓은 석·박사학위 소지자들을 경력사원으로 채용하는 경향이 늘어나고 있다.

만일 대학교 고학년이 되어 어려운 취업난을 피하기 위한 도피처로 대학원에 진학하는 것을 고려하고 있다면, 시간과 금전적인 측면에서 향후 발생할 수도 있는 손해를 감수해야 한다. 그리고 대학원을 졸업하더라도 취업이 어렵기는 마찬가지라는 점도 명심할 필요가 있다.

대학원 출신의 지원자가 채용에서 유리한 조건을 굳이 찾아본다면, 두 가지를 들 수 있다. 첫째, 특정 전문분야를 연구하는 연구원 조직이나 기술직에서는 대학원 출신을 선호한다. 해당 업무와 관련이 있는 공부를 더 했으니 대졸 신입 직원보다는 더 나은 대우를 받게 된다. 대학원 수학 기간을 경력으로 인정하여 호봉을 추가로 올려 주거나 담당업무의 중요성과 소지하고 있는 기술 등을 고려하여 각종 혜택을 주기도 한다. 둘째, 외국에서 학위를 취득했을 경우, 영어 구사력까지 고려하여 관련 업무가 아니더라도 그에 상응하는 대우를 받을 수 있다. 대개 큰 규모의 회사보다는 작은 규모의 회사에서 이런 종류의 배려를 잘 해 주는 편이다.

하지만 이런 장점에도 불구하고 최근 들어 대학원 졸업자들이 많아져 학력 인플레이션 현상이 나타나자 대학원 출신을 선호하거나 석・박사학위 소지자들에 대해 다양한 혜택을 주는 기업들이 점점 줄어드는 경향이 있다. 왜냐하면, 전문분야를 연구하는 연구소에 근무할 것이 아니라면, 굳이 대학원 출신의 지원자를 채용할 이유가 없어졌기 때문이다.

이런 추세에도 불구하고 대학원에 진학하고 싶다면, 몇 가지 사항에 대해 자신의 의견을 정리해야 한다.

첫째, 대학원에 진학한 뒤의 진로에 대해 충분히 고민해야 한다. 대학원에 진학하는 방법이 취업에 도움이 되거나 사회진출 시 더 나은 자리로 쉽게 올라갈 수 있기 때문이라는 막연한 기대는 착각이다. 대학원은 학문을 연마하는 곳이고, 기업은 수익을 창출해야 하는 곳이다. 따라서 대학원과 기업은 추구하는 목적 자체가 달라서 학문과 자본주의를 연결하는 고리를 찾기가 쉽지 않다는 것을 명심해야 한다. 그리고 대학원 졸업 후에 연구소에 취업하여 전문 연구원으로 남을 것인지 아니면 대학교 교수로서 후진 양성에 힘쓸 것인지에 대해서도 미리 생각해 두어야 한다.

둘째, 지도교수의 전공 영역과 역량이 대학원생들의 향후 역할과 진로에 영향을 미칠 수 있어서 어떤 교수님의 지도를 받을 것인지 등에 대해 미리 알아볼 필요가 있다. 특히 이공계 대학원에 진학할 때는 지도교수의 관심 분야에 따라 세부 전공이 다양하게 나뉘기 때문에 자신이 어떤 분야에 관심이 있고, 그 분야의 전망이 어떤지 등에 대한 정보를 수집, 분석할 필요가 있다. 이 점에 대해서는 학부 지도교수의 전문적인 조언을 듣는 것이 가장 손쉬운 방법이다.

셋째, 국내 대학원에 진학할 것인지 해외 대학원으로 유학할 것인지를 결정해야 한다. 두 가지 방법 모두 장단점을 가지고 있어서 어느 쪽이 더 바람직한지는 일률적으로 말하기 어렵다. 이것은 해당 학문 분야의 세계적인 동향, 국내 전망, 졸업 후의 진로, 미래 환경 변화에 대한 예측 등 다양한 변수들을 고려하여 본인이 전적으로 판단할 문제라고 생각한다. 이런 점들에 대해서는 해당 학과 지도교수나 이미 그 길을 가고 있는 선배들의 조언 등을 청취하는 것이 도움이 될 것이다.

마지막으로, 이상의 모든 사항에 대한 결정을 내렸으면 해당 대학원 진학을 위한 시험 준비를 시작해야 한다. 해당 대학원의 입학 요건 등을 포함한 다양한 전형 방법, 졸업자들의 취업 및 학계 진출 현황, 장학금 지급 여부, 자신의 재정 상황 등 전반적인 사항에 대해 알아보고, 그에 필요한 사항들을 준비해야 한다.

나. 해외 유학 준비와 실행

해외 유학은 외국의 학술·기술·문화 등을 공부하기 위해 외국의 교육기관이나 연구기관 등에서 교육을 받거나 연구 활동에 종사하는 일을 말한다.[27] 우리나라 해외 유학의 역사는 삼국시대로 거슬러 올라가는데, 그것을 살펴보는 것이 주요한 목적이 아니어서 여기에서는 현재 시점에서 간단하게 언급하고자 한다.

우리나라에서 해외 유학은 초등학교부터 대학원까지 모든 교육 단계에서 끊임없이 화두가 되는 주제이다. 대학생의 경우, 해외 어학연수와 교환학생 프로그램 참여는 취직용 스펙 쌓기 및 대학의 국제화 수단으로써 이미 필수코스가 된 듯하다. 특히, 대학원 수준에서는 계속되는 해외 박사 선호 현상과 함께 이공계 해외 박사의 국내 유치가 중요한 과제로 떠오르고 있다.[28] 고등교육 단계의 해외 유학은 우수 인재를 교육하는 기능도 있는 데 비해, 이공계 해외 박사의 귀국 기피 현상과 같이 고급 인재의 해외 유출(brain drain) 가능성도 함께 발생할 수 있는 양면성이 있다.[29] 여하튼 이런 모든 상황을 반영하여 한국 학생의 고등교육을 위한 해외 유학은 단기 프로그

램을 비롯하여 학부와 대학원 과정의 학위 취득을 목적으로 하는 유학까지 꾸준히 증가해 왔다.[30)]

해외 유학을 결정하는 요인으로 개인적 특성, 가정과 대학 환경 요인 등 여러 가지가 있다. 선행연구에 따르면, 여학생과 백인이 해외로 유학할 확률이 높고,[31)] 부모의 사회경제적 지위와 학력 수준, 대학 입학 이전 해외 경험의 기회, 가족에 대한 책임감 등이 해외 유학을 결정하는 요인인 것으로 나타났다.[32)] 이외에도 다른 문화와 외국어에 관한 관심[33)], 대학생의 다양한 참여 활동[34)] 등이 해외 유학에 영향을 주는 것으로 나타났다.

우리나라의 경우 선행연구에 따르면, 대학원 수준의 해외 유학은 부모의 사회경제적 지위와 학력 수준이 해외 유학 결정에 큰 영향을 미치고, 글로벌 학문의 중심에서 배우고 싶다는 욕구, 한국 사회의 학벌 차별과 성차별 등이 해외 유학 결정에 영향을 끼치는 것으로 나타났다. 즉, 우리나라 학생의 경우는 영어 및 해외 학위로 상징되는 문화적 자본의 추구, 한국에서의 사회적 지위 상승에 대한 욕구, 부모의 경제적 능력과 교육열, 본인의 의지와 특성이 해외 유학의 결정에 큰 영향을 미친다고 볼 수 있다.[35)]

어떤 요인이 작용하여 해외 유학을 결정했든, 그것을 실행하기 위해서는 그와 관련된 정보를 수집하고 그에 필요한 준비를 해야 한다. 해외 유학 관련 정보를 제공하고 그에 필요한 서비스를 제공하는 곳은 많다. 대학의 국제교류 담당 부서나 사설 유학 알선 기관 등에서 관련 정보와 절차를 알 수 있고, 유학박람회를 통해서도 많은 정보를 수집할 수 있다. 물론 유학하고자 하는 외국 대학에 직접 연락하거나 해당 학교 홈페이지를 통해서도 관련 정보를 수집할 수도 있다. 자비로 해외 유학을 할 수 없는 상황이라면, 국비 해외 유학제도를 알아보는 방법도 있다.

해외 유학을 결정할 때, 가장 세심하게 살펴볼 것은 유학 자금과 본인의 의지이다. 해외 유학을 할 수 있을 정도의 재정이 뒷받침된다면, 본인의 강한 의지만 있으면 유학을 결행할 수 있을 것이다. 하지만 재정이 충분하지 않다면, 해외 유학 전에 어떻게 학자금을 마련할 것인지를 고민해야 하고, 현지에서 공부하면서 어떻게 관련 경비를 충당할 것인지에 대해서도 함께 검토해야 할 것이다.

4. 창업과 기업가정신

가. 환경 변화와 창업

1) 글로벌(global) 경쟁 격화와 창업

디지털 혁명(digital innovation)과 세계화 물결 속에서 전 세계는 하나의 경제체제로 신속하게 재편되었고, 재화와 서비스를 창출하는 기업 간 경쟁은 갈수록 치열해지고 있다. 이런 환경 속에서 하루에도 수많은 기업이 생겨나고, 경쟁에서 유리한 위치를 차지하지 못하는 기업들은 소리 없이 사라져 가고 있다. 따라서 기업들은 이런 경쟁 속에서 살아남기 위해 끊임없이 새로운 사업 기회를 모색하고 있고, 각각의 기업들은 구성원들에게 다양한 아이디어 창출을 요구하는 실정이다.

이런 분위기 속에서 혁신의 중요성이 강조되고, 기업가정신(entrepreneurship)을 바탕으로 한 창업 분위기가 퍼지고 있다. 그 결과 이 순간에도 전 세계적으로 소비자가 원하는 제품과 서비스가 날마다 시장에 쏟아져 나오고 있고, 새로운 기업이 설립되어 고용 창출과 경제발전에 이바지하고 있다. 이런 급격한 환경 변화와 기업의 인식 전환에 발맞추어 창의성과 혁신을 중시하는 기업가정신이 강조되고 있다. 선진국을 중심으로 대학에서 창업교육의 중요성이 강조되기 시작했고, 우리나라에서도 기업이나 정부에서 창업을 권장하는 분위기가 고조되고 있다.

2) 창업을 준비해야 하는 이유

환경 변화는 기업을 둘러싼 경제적인 측면에서만 발생하고 있는 것은 아니다. 정치 · 사회 · 문화적 측면에서도 수많은 변화가 속출하고 있고, 이런 변화는 어떤 사람에게는 위기로 다가가지만 다른 어떤 사람에게는 창업과 사업의 기회로 다가가는 것이다. 따라서 대학생들과 청년들은 이런 주변 환경의 변화를 예민하게 관찰할 필요가 있고, 여러 가지 이유로 창업을 준비하는 것도 그들에게 의미 있는 선택이 될 수 있다.

첫째, 노동시장이 급격하게 변화하고 있다. 1997년 IMF 사태를 경험한 이후 대부분 기업에서는 정년퇴직 전에 조기퇴직, 명예퇴직, 희망퇴직 등이 일반화되는 등 상시 구조조정 상태로 돌입함으로써 자신이 원하는 기간만큼 일할 수 없는 상황이 되었다. '오륙도', '사오정', '삼팔선', '이태백' 등과 같은 말은 이미 익숙한 단어가 되었고, 이제는 '실업 예정자', '졸업 백수'와 같은 신조어가 속속 등장하고 있다. 그리고 기업 생산시설의 해외 이전과 컴퓨터 및 정보통신기기의 발달로 인한 인원 감축은 전체적으로 일자리 감소를 빠르게 하고 있다. 이런 상황은 대기업이나 중소기업에 있어 정도 차이의 문제이지 언제나 발생하는 일이 되어 버린 지 오래되었다. 따라서 이들 기업에 취업하려는 대학생들과 청년들은 이 점을 분명히 인식하고 창업에 대해 열린 마음으로 준비할 필요가 있다.

둘째, 평균수명이 급격하게 증가하고 있다. 세계은행의 보고서에 따르면, 2017년 기준 한국인의 평균수명은 남녀 통틀어 82.6세로, 1970년의 남자 58.6세, 여자 65.5세에 비해 엄청나게 증가했다. 2019년 통계청의 발표에 따르면, 생산연령인구의 구성비가 세계 수준과 비교하여 급격하게 줄어든 데 비해([그림 12-4] 참조), 고령 인구의 구성비는 세계 수준과 비교하여 급격하게 늘어나는 추이를 나타내고 있다([그림 12-5] 참조). 이런 현상은 여러 가지 의미를 내포하고 있지만, 누구나 경제활동을 마친 후에도 오랫동안 생계를 유지하는 수단을 가져야 한다는 것을 의미하는 것이다.

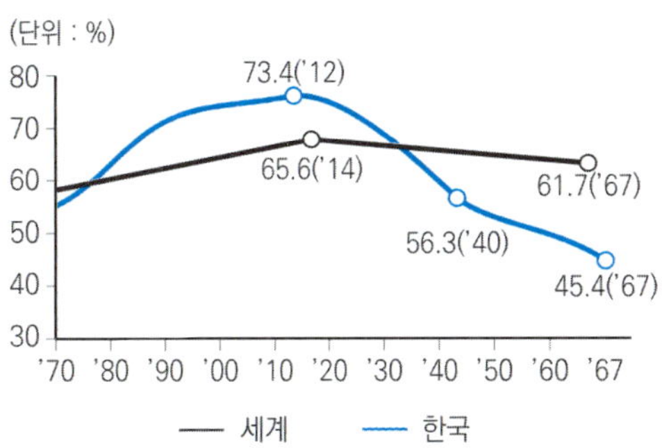

[그림 12-4] 한국의 생산연령인구 구성비 추이

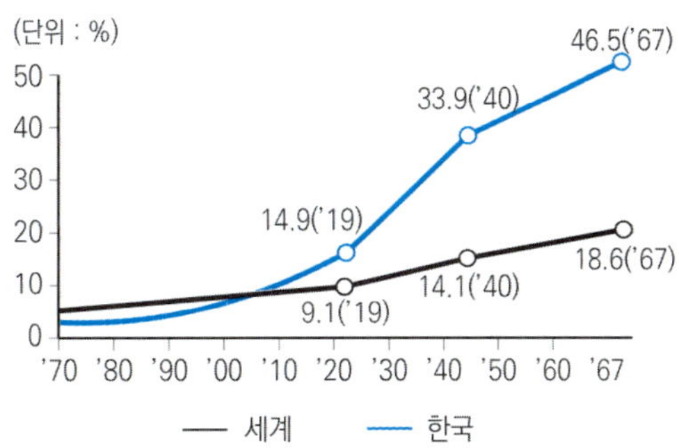

[그림 12-5] 한국의 고령 인구 구성비 추이

그러나 앞서 언급했듯이 기업들은 갖가지 퇴직 유인책을 마련하면서 인원을 감축하고 있어서 대졸자들이 설사 기업에 취업하더라도 퇴직 후에 오랫동안 일해야 하는 상황에 놓일 수밖에 없다. 따라서 대학생들과 청년들은 자신들이 살아갈 초(超)고령화 사회에 대비하여 자신만의 대책을 마련해야 하고, 그런 차원에서 대학 시절부터 일찌감치 창업을 준비하는 것은 효과적인 하나의 수단을 가질 수 있다는 것을 의미한다.

마지막으로, 노후 생활에 대한 대비가 필요하다. 평균수명이 증가할수록 당연히 의료비, 주택 유지비 및 차량 유지비 등이 증가할 것이다. 그리고 여러 가지 이유로 자녀교육비와 양육비도 증가한다. 한마디로 젊은 나이부터 노후 생활을 대비해야 하는데, 직장생활을 통해서는 그러기에 한계가 있는 것이 현실이다. 이런 차원에서 보면 창업을 하는 것이 몇 가지 단점이 있지만, 직장에 다니는 봉급생활자보다는 노후 생활을 대비한다는 차원에서 훨씬 수월한 장점을 많이 가지고 있다. 따라서 대학생들과 청년들은 취업 전부터 노후 생활을 준비해야 한다는 점을 염두에 두고 자신의 진로를 결정하는 것이 바람직하다.

나. 창업의 정의와 장 · 단점

1) 창업의 정의와 적용 범위

창업의 정의는 획일적이지 않고, 지원하는 법규에 따라 각기 다르게 규정되고 있다. 일반적으로 창업은 '개인이나 법인이 돈을 버는 것을 목적으로 하는 기업을 새로 만드는 일', '창업자가 사업 아이디어를 갖고 자원을 결합하여 시장에 판매하는 사업 활동을 시작하는 일'이라고 정의할 수 있다.[36] 간단하게 말하면, 창업이란 기업을 새롭게 시작하여 사업을 개시하는 것이다.

창업의 개념은 정부의 관련 법규와 그에 따른 지원 내용에 따라 대상 업종 및 지원 기간 등이 다르게 적용되기 때문에 창업 희망자들은 주의할 필요가 있다.

먼저, 「중소기업창업 지원법」에 따르면, 창업은 중소기업을 새로 설립하여 사업을 개시하는 것을 말한다. 사업의 승계, 기업 형태의 변경, 폐업 후 사업재개의 경우에는 창업에 해당하지 않는다고 규정하고 있다. 그리고 한국표준산업분류에 따라 금융 및 보험업, 부동산업, 숙박 및 음식점업, 무도장 운영업, 골프장 및 스키장 운영업, 기타 갬블링 및 베팅업, 기타 개인 서비스업(산업용 세탁업 제외) 및 제조업이 아닌 업종으로서 산업통상자원부령이 정하는 업종의 창업은 제외된다.

다음, 「조세특례제한법」에 따르면, 다음에서 열거하는 업종을 영위하는 중소기업에 한정하여 창업을 인정하고 있다. 여기에는 광업, 제조업, 건설업, 음식점업, 출판업, 영상・오디오 기록물 제작 및 배급업(비디오물 감상실 운영업은 제외), 방송업, 전기통신업, 컴퓨터프로그래밍・시스템통합 및 관리업, 정보서비스업(뉴스제공업 제외), 연구개발업, 광고업, 그 밖의 과학기술서비스업, 전문디자인업, 전시 및 행사대행업, 창작 및 예술 관련 서비스업(자영 예술가는 제외), 「엔지니어링기술 진흥법」에 따른 엔지니어링활동(「기술사법」의 적용을 받는 기술사의 엔지니어링 활동을 포함)을 제공하는 사업, 물류 산업: 운수업 중 화물운송업, 화물취급업, 보관 및 창고업, 화물터미널운영업, 화물 운송 중개・대리 및 관련 서비스업, 화물포장・검수 및 형향 서비스업 및 「항만법」에 따른 예선업과 기타 산업용 기계장비 임대업 중 파렛트 임대업), 「학원의 설립・운영 및 과외 교습에 관한 법률」에 따른 직업기술 분야를 교습하는 학원을 영위하는 사업 또는 「근로자직업능력 개발법」에 따른 직업능력개발훈련시설을 운영하는 사업(직업능력개발훈련을 주된 사업으로 하는 경우에 한함), 「관광진흥법」에 따른 관광숙박업, 국제회의업, 유원시설업 및 관광객 이용시설업(「관광진흥법 시행령」 제2조에 따른 전문휴양업과 종합휴양업), 「노인복지법」에 따른 노인복지시설을 운영하는 사업, 「전시산업발전법」에 따른 전시산업, 인력공급 및 고용알선업(농업노동자 공급업을 포함), 건물 및 산업설비 청소업, 경비 및 경호 서비스업, 시장조사 및 여론조사업 및 사회복지 서비스업 등이 포함되어 있다. 하지만, 이 법에서도 사업의 승계, 개인기업의 법인 전환, 폐업 후 사업재개, 사업의 확장 및 업종 추가의 경우에는 창업에 해당하지 않는다고 규정하고 있다.

2) 창업의 장단점

사람은 누구나 자기 주도적인 삶을 살기를 원하고 그를 통해 자신만의 행복을 추구한다. 그래서 대부분 창업을 희망하는 사람들도 자신이 직접 사업을 영위함으로써 성취감을 맛보길 원한다. 이처럼 창업을 통해 자신만의 사업을 할 경우, 여러 가지 장점을 누릴 수 있다.[37]

① 자신의 능력과 의지를 최대한 발휘할 기회를 가질 수 있다.
② 직장생활과 비교할 때, 상대적으로 주관적인 활동을 할 수 있다.
③ 기업이 계속 존속할 경우 평생직장이 보장된다.
④ 사업이 성공할 경우 기업가로서의 명성과 엄청난 부를 획득할 수 있다.
⑤ 개인의 노력에 대하여 다양하고 충분한 보상을 받을 수 있다.
⑥ 기업의 지속적인 성장과 발전을 통해 국가와 사회에 많이 이바지할 수 있다.
⑦ 기업의 성장을 통해 삶에 대한 성취욕이 충족되며 더욱 큰 꿈과 비전을 지닐 수 있다.
⑧ 기업의 성장에 따라 더욱 큰 보람과 긍지를 가질 수 있다.

하지만, 모든 경우의 창업이 성공하는 것은 아니다. 세상의 모든 일에 음과 양이 있듯이, 창업의 경우에도 여러 가지 단점이 있기 마련이다.[38] 첫째, 사업이 실패할 경우 개인적으로 금전적인 부담을 감수해야 하는 위험요인이 있다. 둘째, 사업의 성장과 쇠퇴에 따라 소득의 불안정을 경험할 수 있다. 셋째, 사업상 관계를 갖게 되는 대상이 매우 다양하며 그 수가 많다. 마지막으로, 상황에 따라 규칙적으로 생활할 수 없는 때가 있다.

다. 창업의 핵심요소

사람들이 창업하는 이유는 사업을 성공적으로 수행함으로써 그것을 통해 얻을 수 있는 여러 가지 효과와 이익을 기대하기 때문이다. 그러기 위해서는 창업에 필요한

핵심요소가 무엇이고, 그 핵심요소들을 어떻게 결합하는 것이 좋은지 알아 둘 필요가 있다.[39)]

1) 사람(person/people)

창업에 관한 업무는 기본적으로 사람이 수행하게 된다. 대개 창업은 수익을 창출할 수 있는 아이디어를 가지고 창업하길 원하는 창업자와 그를 도와서 창업 관련 업무를 수행하는 사람들이 함께 진행하는 경우가 많다. 따라서 창업 관련 업무를 수행하는 사람이 가지고 있는 기업가정신과 의지, 능력과 자질, 사업에 임하는 자세와 태도 등에 따라 기업의 성패가 좌우되는 경우가 많다.

창업가는 사업을 계획하고 실행을 주도하며 실질적으로 책임을 지는 사람이다. 그의 능력과 자질, 사업에 대한 마인드(mind) 등에 따라 창업기업의 성공과 실패가 좌우되는 경우가 많다. 따라서 어떤 사람이 창업할 경우 수익을 창출할 수 있는 아이템을 선정하는 것도 중요하지만, 창업하기 전에 여러 가지 과정과 절차를 통해 자신이 창업가로서 어떤 자질과 능력을 지니고 있는지를 점검해 보는 것은 상당히 의미 있는 일이다.

그런 차원에서 한국고용정보원 워크넷(http://www.work.go.kr)에서 제공하는 '창업적성검사'는 창업과 관련된 자신의 상황을 점검해 보는 데 도움을 준다. 이 검사는 창업을 희망하는 개인이 창업에 필요한 소질과 역량을 갖추고 있는지를 진단해 주고, 그 결과를 바탕으로 창업 희망자에게 가장 적합한 업종이 무엇인지를 알아보는 데 도움을 준다. 하지만 이 검사결과는 검사자의 12가지 역량 가운데 어떤 것이 충분하고 부족한지를 알려 주는 것으로, 검사결과가 창업으로 성공할 가능성이 높이 나타났다고 해서 반드시 창업에 성공한다는 것을 의미하지는 않는다. 따라서 실제로 창업하여 성공하려면, 그 외에도 창업 아이템, 자신의 경력, 자금 여력, 시장 상황 및 창업 장소 등 다양한 조건을 함께 고려해야 한다.

창업가와 함께 창업 준비 관련 업무와 창업 후 사업을 진행하는 데 참여하는 사람도 중요한 역할을 한다. 1인 창조기업을 제외하고, 대부분 기업은 창업자와 소수 사람이 사업을 시작하고 수행하는 경우가 많다. 따라서 창업자와 함께 일하게 되는 사람들이 어떤 능력과 자질을 갖추고 있고, 어떤 생각과 정신으로 사업을 수행하며, 사업의 성과를 내기 위해 어떤 의지를 갖고 노력할 것인지 등이 사업의 결과에 큰 영향을 끼친다.

그렇다면, 실제로 창업적성검사를 진행해 보고, 그 결과를 바탕으로 별도의 양식에 해당 내용을 적어 보자(**[실습 12-4]** 참조). 이 과정을 통해 자신의 창업 적성 여부에 대한 의미 있는 정보를 알 수 있을 것이다.

2) 창업 아이디어(Product)

이것은 창업할 때 무슨 사업을 할 것인지 어떤 제품이나 서비스를 생산할 것인지 등 사업 아이템을 무엇으로 할지를 결정하는 것이다.

창업 아이템을 결정할 때는 여러 가지 사항을 유념해야 한다. 첫째, 우수한 기술이나 사업 아이디어로서 결국 우수한 제품이나 서비스를 생산할 수 있어야 한다. 둘째, 우수한 제품이나 서비스로서 가격이나 품질 면에서 경쟁력을 갖고 있어야 한다. 셋째, 소비자가 기대하는 것 이상의 가치를 제공해야 한다. 마지막으로, 자신이 가장 잘하는 것이나 관심을 지닌 것 가운데 선택하는 것이 좋다.

대학생이나 청년들이 창업한다면, 자신이 가장 잘할 수 있는 아이템이나 관심을 지닌 것 가운데서 창업 아이템을 결정하는 것이 좋다. 그들이 비교적 잘할 수 있는 창업 아이템과 장점을 정리하면, 다음과 같다.

첫째, 인터넷 쇼핑몰 창업이다. 이것은 비교적 적은 투자비로 창업할 수 있고, 재학 중에도 방과 후나 저녁 시간을 이용해 업무를 할 수 있다. 그리고 사무실이 없어도 집이나 커피숍 등에서 업무를 할 수 있고, 차별화된 아이템이라면 비교적 성공할 확률이 높다. 수익성보다 경험을 쌓는다는 측면을 중시한다면 적당하다.

둘째, 컴퓨터를 활용한 창업이다. 대학생들이나 청년들은 기성세대보다 컴퓨터 활용능력이 뛰어나고, 대중매체에 익숙하다는 점을 돋보이게 할 수 있다. 그리고 기발한 발상과 신선한 아이디어가 있다면, 비교적 성공할 확률이 높으며, 벤처창업으로 성장할 확률도 높다.

셋째, 자신의 취미나 또래 집단의 특성에 맞는 창업이다. 취미(애견, 곤충 키우기, 색종이 접기 등)나 관심 분야(미용, 요리, 예술 등)와 관련된 것들을 주의 깊게 잘 살펴보면, 비교적 창업하기가 쉽다. 예컨대, 학교생활에 필요한 것들(문구류, 준비물, 체육복 등)이나 대학생들이 즐기는 것이나 대학문화에 관한 것들(생일선물, 기념일 관련 물품, 이벤트, 놀이나 오락 등) 가운데서도 창업에 적합한 아이템을 쉽게 찾을 수 있다.

마지막으로, 수공예 작품을 활용한 창업이다. 이것은 예술 계통의 전공 분야 학생이나 손재주가 있는 학생들에게 적합하고, 컴퓨터 활용능력이 뛰어나면 사업 성공에 큰 도움이 된다.

3) **시장**(Market)

창업자가 자신이 생각한 아이템을 활용하여 아무리 좋은 제품이나 서비스를 공급하더라도 시장에서 대가를 지급하고 그것을 구매하는 소비자가 없다면, 그 제품이나 서비스 생산은 중단될 수밖에 없다. 따라서 창업에 있어 또 한 가지 중요한 것은 시장에서 자신이 생산하는 제품이나 서비스를 구매하려는 고객, 즉 소비자가 있어야 한다는 점이다. 고객인 소비자는 창업자가 제공하는 제품이나 서비스가 그것의 원가와 제품가격을 넘어 고객 자신이 느끼는 가치 수준을 넘어설 때 그것을 구매한다. 이런 점에서 고객은 제품이나 서비스의 가격을 결정하고 수요를 간접적으로 조절하는 역할을 하는 것이다.

그래서 기존 사업자와 경쟁해야 하는 창업자가 기존 시장에서 자신이 생산한 제품과 서비스를 판매하기 위해서는 고객의 욕구를 정확하게 파악하고, 그것을 필요한 시기에 적절한 가격으로 제공할 수 있어야 새로운 시장을 개척할 수 있다.

4) **자본**(Capital)

자본이란 계획한 사업을 수행하는 데 필요한 자금을 말한다. 창업자와 함께 수행할 사람이 있고, 수익을 창출할 만한 좋은 아이디어가 있으며, 제품과 서비스를 판매할 시장이 있어도 사업을 바로 시작할 수 없다. 사업수행에 필요한 자금이 없다면, 사업을 수행할 수 없다.

사업수행에 필요한 자본은 크게 자기자본과 타인자본으로 구분한다. 먼저, 자기자본은 창업주 혼자서 부담하거나 공동사업을 영위하는 사업주(주주나 출자자)가 공동으로 조달한 자본으로 상환할 의무가 없는 자본을 말한다. 타인자본은 자기자본 이외에 사업수행에 필요한 자금을 금융기관이나 지인으로부터 차입하여 조달된 자금을 말하는데, 이것은 당연히 상환할 의무가 있는 자본을 말한다.

5) 창업요소의 결합과 보완

창업한 사업을 성공적으로 수행하기 위해서는 창업요소를 적절하게 결합하는 것이 중요하다. 무엇보다도 중요한 것은 각 창업요소의 크기 사이에 균형이 맞아야 한다는 점이다. 어느 하나의 크기가 다른 것과 다를 경우, 즉 핵심요소 사이에 불균형이 존재할 때는 결국 크기가 작은 창업요소에 맞춘 수준의 사업을 수행할 수밖에 없고, 사업을 원만하게 수행하기 어려워진다.

한편, 각 핵심요소의 크기가 균형을 맞추었다 하더라도 그 크기가 작을 때는, 작은 장애물에도 기업은 좌초할 수 있어서 창업주는 이 크기를 키우는 데 최선을 다해야 한다.

라. 창업절차와 기업가정신

1) 창업절차

창업자가 창업을 결심하게 된 계기나 사업 기회를 발견하게 되는 상황은 각기 다르지만, 어떤 경우이든 창업을 실행하는 절차는 체계적일 필요가 있다. 물론 사업을 성공으로 이끄는 창업절차를 획일적으로 정할 수는 없으나 체계적인 창업절차에 따라 창업을 수행할 경우 효율적인 창업을 실현할 수 있고 창업에 따른 관련 비용을

최대한 줄일 수 있다.[40)]

일반적으로 창업절차는 창업을 구상하는 단계, 창업계획을 수립하는 단계, 그리고 사업을 실행하는 단계로 구분할 수 있다. [그림 12-6]은 기본적인 창업절차를 요약한 것이다.

창업 구상 단계 →	창업계획 단계 →	사업 실행 단계
1-1 창업자 분석 • 강점 및 약점 분석 • 투자능력 확인 • 사업수행능력 평가	**2-1 사업 아이템 선정** • 아이템 정보수집 • 3~5개 아이템 선정 • 사업 아이템 최종 선정	**3-1 회사 설립** • 법인 설립 • 사업 인·허가 • 사업자 등록
⇩	⇩	⇩
1-2 사업 아이템 탐색 • 기존 제품 탐색 • 신제품 탐색 • 욕구(Needs) 탐색	**2-2 사업타당성 분석** • 기초 자료조사 • 사업수행 능력 • 시장성 • 기술성 • 수익성 및 경제성 • 자금수지 및 성장성 • 사업의 의사결정	**3-2 사업장의 확보** • 상권 분석과 입지 선정 • 사업장에 대한 권리관계의 확인 • 사업장의 임차 또는 취득
⇩	⇩	⇩
1-3 특허의 검색 • 특허 검색 • 법적 문제점 검토 • 특허 출원	**2-3 사업계획서 작성** • 사업목적 및 방향 설정 • 조직 및 인력 계획 • 제품 및 생산계획 • 마케팅전략 • 자금 조달 및 운용계획 • 추정 재무제표 작성	**3-3 조직 및 인력 확보** • 조직 구성 • 직원 채용 • 직원 교육
⇩		⇩
1-4 소비자 및 시장분석 • 소비자 특성 파악 • 목표 시장 설정 • 미래 시장 예측		**3-4 경영관리** • 경영시스템 구축 • 재무관리 • 마케팅 관리 • 인사관리

[그림 12-6] 기본적인 창업절차

출처: 김진영 외(2008). 창업 컨설턴트가 제시하는 창업 실무. (사)한국창업경영컨설팅협회. 98쪽에서 인용.

2) 기업가정신

창업요소 가운데 가장 중요한 것은 기업가이다. 기업가가 어떤 철학을 가지고 기업을 경영하는지, 즉 어떤 기업가정신을 지녔는지에 따라 기업의 성과와 구성원의 만족도가 달라지고, 사회가 그 기업을 바라보는 인식도 바뀔 수 있다.

미국의 경제학자 슘페터(Joseph A. Schumpeter)는 '창조적 파괴'라는 용어를 바탕으로 기업가정신을 정의했다. 그에 따르면, 기업가정신은 '미래를 예측할 수 있는 통찰력과 새로운 것에 과감하게 도전하는 혁신적이고 창의적인 정신'이라고 정의할 수 있다. 현대에는 이런 전통적 의미의 기업가정신에 고객 제일주의, 산업을 통해 국가 발전에 기여, 인재 양성, 공정한 경쟁, 근로자 후생복지, 사회적 책임까지 겸비한 기업가를 진정한 기업가로 보는 견해가 지배적인 흐름이다.

그렇다면 기업가에 필요한 자질은 무엇일까? 이것에 대해 자세하게 논의하는 것이 이 책의 주요 주제가 아니어서 자세하게 논의할 수 없지만, 한 가지 분명한 것은 기업가의 자질은 선천적으로 타고나는 것은 아니라는 점이다. 여러 견해를 종합하면, 기업가로서 적합한 사람은 창의성이나 혁신성이 높아 다소 엉뚱한 발상을 현실로 바꾸어 놓기도 하고, 전체적인 사·내외 흐름을 잘 파악하여 조직구성원들을 어떤 방향으로 이끌고 갈지를 잘 알며, 조직구성원에게 비전을 분명하게 제시하고 전문가를 잘 조직하여 촉진자(facilitator)의 역할을 잘 수행할 수 있는 사람이다.

마. 창업 준비와 진로

대학생들이나 청년들의 진로는 생각하기에 따라 얼마든지 다양하고 무궁무진하다. 자신이 원하는 기업에 취업하거나 학업을 계속 이어 가기 위해 국내외 대학원에 진학할 수도 있다. 그리고 대학원을 졸업한 다음 다시 취업하거나 아예 자신이 생각해 둔 좋은 아이템으로 창업할 수도 있다.

그런데 현재 우리 주변을 둘러싼 여러 가지 환경 변화와 그 의미를 잘 살펴보면, 막연한 기대 속에서 기업에 취업하거나 노후가 보장되고 안정성이 높다는 이유로 공무원이 되겠다며 자신의 진로를 설정하는 것만이 능사가 아니라는 사실을 쉽게 발견할 수 있다.

그런 차원에서 창업은 대학생이나 청년에게 또 하나의 길이 될 수 있다. 창업에 대해 구체적으로 알기 원하는 사람은 창업 관련 서적, 자료 및 정보 등을 추가로 검토해 볼 필요가 있다(〈표 12-3〉 참조).

〈표 12-3〉 주요 창업 관련 기관

기관명	주요 업무	홈페이지 주소
창업진흥원	예비기술창업 지원, 창업보육센터 지원, 창업교육 안내	www.kised.or.kr
기업마당(비즈인포)	중소기업 지원사업, 경제 동향, 중소기업 관련 정보 등	www.bizinfo.go.kr
창업지원 포털	중소벤처기업부 창업 포털, 창업뉴스, 창업자금 안내 등	www.k-startup.go.kr
소상공인마당	소상공인 지원 시책, 사업 정보 등	www.sbiz.or.kr
청년창업사관학교	청년 창업지원 프로그램, 교육 신청 안내 등	http://start.kosmes.or.kr

5. 경력개발 실행과 취·창업을 위한 코칭 질문

우리는 앞서 경력개발, 취업 준비, 대학원 진학 준비 및 창업에 대해 전반적으로 살펴보았다. 자신의 진로를 설정한 후에 그에 맞추어 자신의 경력을 개발시킬 수 있는 다양한 방법에 대해 알아보았고, 실제로 자신이 원하는 기업에 취업하기 위해 어떻게 준비하고 무엇을 점검해야 하는지 알아보았다. 그리고 진학과 창업에 대해서도 간단하게 살펴보았다.

이런 과정에서 대학생들이나 청년들이 관련 활동을 하는 데 실제로 필요한 일들을 효과적으로 잘 진행하기 위해 몇 가지 코칭 질문에 대한 자신의 의견을 분명하게 정리해 두는 것이 필요하다. 물론 각각의 장 끝부분에서도 몇 가지 코칭 질문을 한 적이 있다. 여기서 그 질문들이 다시 반복될 수 있을 것이고, 앞서 언급되었던 질문을 종합하는 성격의 질문도 있을 것이다. 그 질문이 무엇이든 적당한 시간을 내어 조용한 곳에서 자신의 내면 깊은 곳에서 우러나오는 소리에 귀를 기울이면, 자신에 관한 많은 것들을 새롭게 발견할 수 있을 것이다. 그런 다음 자신의 경력개발, 취업, 진학 및 창업에 있어 꼭 필요한 일들을 생각하고 실천하면 된다. 그것이 곧 자신이 원하는 결과를 얻는 방법이다.

① 당신에게 있어 경력개발을 한다는 것은 어떤 의미가 있는 일인가?

② 취업 준비를 위해 지금 당장 실행할 수 있는 3가지 일은 무엇인가?

③ 만약 대학원 진학 준비를 한다면, 지금 새롭게 시작할 일은 무엇인가?

④ '창업'이라는 말은 들으면, 당신은 어떤 생각을 주로 하는가?

⑤ 30년 후 오늘, 당신의 하루 일정은 어떤가?

⑥ 그런 모습이 실제로 이루어지기 위해 지금 새롭게 할 수 있는 무엇인가?

⑦ 지금 당신의 경력개발 등 각종 진로문제를 도와줄 사람은 누구인가?

미주

1) 조성진(2015). **진로설계와 코칭리더십**. 경기: 정민사. 344-346.
2) 조성진(2015). 위의 책. 347.
3) Cropanzano, R., & Mitchell, M. S.(2005). Social exchange theory: An interdisciplinary review. *Journal of management,* 31. 874-900.
4) 김경년(2016). 학점 교류로 본 대학 간 협동과 경쟁의 양태: 집단 구별 및 층화된 네트워크. **교육사회연구**, 26(3). 한국교육사회학회. 1-30.
5) 유럽연합(EU)은 에라스무스 플랜(Erasmus Plan)을 운영하고 있다. 이것은 EU 국가들이 문화적 유대를 강화하기 위해 마련한 대학교류 프로그램으로서, 유럽의 대학 사이에는 교환학생, 교수 교환, 상호 학점 인정, 공동 커리큘럼 연구 등 다양한 형태의 교류가 이루어지고 있다.
6) 위키백과(2020). 교환학생 프로그램. http://ko.wikipedia.org
7) 최지혜(2016). 대학생의 편입 의도에 영향을 미치는 요인에 관한 연구. 고려대학교 대학원 석사학위 논문. 13.
8) 우리나라는 「고등교육법시행령」 제29조에 따라 편입(학)의 입학 정원을 규제하고 있다.
9) 한유경 · 윤수경 · 권민경(2013). 편입학제도의 실태 분석 및 개선 방안 모색. **한국교육문제연구**, 31(3). 중앙대학교 한국교육문제연구소. 65.
10) 최지혜(2016). 앞의 논문. 13.
11) 한유경 · 윤수경 · 권민경(2013). 앞의 논문. 65.
12) 최지혜(2016). 앞의 논문. 13.
13) 이형국 외(2013). **진로탐색과 미래설계**. 서울: 한올출판사. 150-151.
14) 조성진(2015). 앞의 책. 355-356.
15) 조성진(2015). 앞의 책. 357-359.
16) 조성진(2015). 앞의 책. 359-360.
17) 조성진(2015). 앞의 책. 362-363.
18) 리상섭 외(2014). **직업 · 진로설계**. 경기: 양서원. 131-136.
19) 조성진(2015). 앞의 책. 369-370.
20) 조성진(2015). 앞의 책. 370-372.
21) 리상섭 외(2014). 앞의 책. 139.
22) 리상섭 외(2014). 앞의 책. 139.
23) 리상섭 외(2014). 앞의 책. 121-125.
24) 조성진 · 지희진(2014). **바른 인성과 자기계발**. 경기: 정민사. 247.
25) 리상섭 외(2014). 앞의 책. 143-144.
26) 조성진 · 지희진(2014). 앞의 책. 384-386.

27) 한국학중앙연구원(2020). 한국민족문화대백과. http://encykorea.aks.ac.kr
28) 전재은(2013). 대학생의 해외 유학 계획: 영향 요인 분석. **한국교육**, 40(4). 한국교육개발원. 63-89.
29) 홍성민 · 조가원(2012). **2012년 이공계 인력의 국내외 유출입 수지와 실태**. 서울: 교육과학기술부.
30) 전재은(2013). 앞의 논문. 65.
31) Stroud, A. H.(2010). Who plans (not) to study abroad?: An examination of U.S. student intent. *Journal of Studies International Education*, 14(5). 491-507.
32) Salisbury, M. H., Paulsen, M. B., & Pascarella, E. T.(2009). To see the world or stay at home: Applying an integrated student choice model to explore the gender gap in the intent to study abroad. *Research in Higher Education*, 51. 615-640.
33) Stroud, A. H.(2010). ibid. 491-507.
34) Rust, V., Dhanatya, C., Furuta, L. H. L., & Kheiltash, O.(2008). Student involvement as predictive of college freshmen plans to study abroad. *Frontiers: The Interdisciplinary Journal of Study Abroad,* 15. 1-16.
35) 전재은(2013). 앞의 논문. 63-89.
36) 김진영 외(2008). **창업 컨설턴트가 제시하는 창업 실무**. (사)한국창업경영컨설팅협회. 15.
37) 김진영 외(2008). 위의 책. 43.
38) 김진영 외(2008). 앞의 책. 44.
39) 김진영 외(2008). 앞의 책. 35-40.
40) 김진영 외(2008). 앞의 책. 79-100.

[실습 12-1] 나의 경력 로드맵 그리기

[실습 12-2] 경력관리를 위한 실행 계획

경력 항목	세부 실행 계획	예상되는 어려움	극복 방법
성적관리			
외국어 능력			
공모전			
자격증			
경력관리			
기타 활동			

[실습 12-3] 나의 대학 생활 점검과 개선 계획

구분	현재 상태	향후 계획(또는 개선 방안)
학점관리 및 학교생활	현재 학점(평점)은 어떠한가?	어떻게 개선할 수 있는가?
	• 학점 :	• 목표학점 :
	학교/학과 행사, 동아리 활동 경험은?	어떻게 개선할 수 있는가?
	• 학교/학과 행사 :	•
	• 동아리 :	•
자격증 취득 및 외국어	관심 있는 자격증은 어떤 것들이 있는가?	어떻게 개선하고 준비할 것인가?
	• • • • •	• • • • •
	외국어 향상을 위한 노력은?	어떻게 개선할 수 있는가?
	• 토익점수 :	• 목표점수 :
경험 및 활동	참여한 전공 관련 활동은 어떤 것인가?	어떻게 개선할 수 있는가?
	• 공모전 :	•
	• 인턴제도 :	•
	• 직장 체험활동 :	•
	학내·외에서 어떤 활동을 경험했는가?	어떻게 개선할 수 있는가?
	• 동아리 :	•
	• 봉사활동 :	•
	• 아르바이트 :	•
대인관계	자신에게 도움을 주는 사람은 누구인가?	어떻게 개선할 수 있는가?
	• 교수님 :	•
	• 선배 :	•
	• 친구/동기 :	•
	진로문제를 상의하고 있는 사람은 누구인가?	자신을 도와줄 사람은 누구인가?
	• 전문가 :	•
	• 코치 :	•

[실습 12-4] 나의 창업적성검사 결과

<table>
<tr><th colspan="2">구분</th><th>검사결과 및 해석</th></tr>
<tr><td colspan="2">검사 일자 및 장소</td><td></td></tr>
<tr><td colspan="2">검사결과의 요약</td><td></td></tr>
<tr><td rowspan="3">창업
적합
업종</td><td>1순위</td><td></td></tr>
<tr><td>2순위</td><td></td></tr>
<tr><td>3순위</td><td></td></tr>
</table>

<table>
<tr><th colspan="3">검사결과 및 세부 해석</th><th>촉진대책 또는 보완대책</th></tr>
<tr><td rowspan="3">상대적으로
높은
역량</td><td></td><td></td><td></td></tr>
<tr><td></td><td></td><td></td></tr>
<tr><td></td><td></td><td></td></tr>
<tr><td rowspan="3">상대적으로
부족한
역량</td><td></td><td></td><td></td></tr>
<tr><td></td><td></td><td></td></tr>
<tr><td></td><td></td><td></td></tr>
<tr><td>검사를
통해
느낀 점</td><td></td><td></td><td></td></tr>
<tr><td>새롭게
시도할
것들</td><td></td><td></td><td></td></tr>
</table>

chapter 부록

(사)한국코치협회 윤리 규정

윤리 강령

1. 코치는 개인적인 차원뿐만 아니라 공공과 사회의 이익도 우선으로 합니다.
2. 코치는 승승의 원칙에 따라 개인, 조직, 기관, 단체와 협력합니다.
3. 코치는 지속적인 성장을 위해 학습합니다.
4. 코치는 신의성실의 원칙에 따라 행동합니다.

윤리규칙

제1장 기본 윤리

제1조(사명)

1. 코치는 한국코치협회의 윤리 규정에 준거하여 행동합니다.
2. 코치는 코칭이 고객의 존재, 삶, 성공 그리고 행복과 연결되어 있음을 인지합니다.
3. 코치는 고객의 잠재력을 극대화하고 최상의 가치를 실현하도록 돕기 위해 부단한 자기 성찰과 끊임없이 공부하는 평생 학습자(life learner)가 되어야 합니다.
4. 코치는 자신의 전문분야와 삶에 있어서 고객의 역할 모델이 되어야 합니다.

제2조(외국 윤리의 준수)

코치는 국제적인 활동을 함에 있어 외국의 코치 윤리 규정도 존중하여야 합니다.

제2장 코칭에 관한 윤리

제3조(코칭 안내 및 홍보)

1. 코치는 코칭에 대한 전반적인 이해나 지지를 해치는 행위는 일절 하지 않습니다.
2. 코치는 코치와 코치단체의 명예와 신용을 해치는 행위를 하지 않습니다.
3. 코치는 고객에게 코칭을 통해 얻을 수 있는 성과에 대해서 의도적으로 과장하거나 축소하는 등의 부당한 주장을 하지 않습니다.
4. 코치는 자신의 경력, 실적, 역량, 개발 프로그램 등에 관하여 과대하게 선전하거나 광고하지 않습니다.

제4조(접근법)

1. 코치는 다양한 코칭 접근법(approach)을 존중합니다. 코치는 다른 사람들의 노력이나 공헌을 존중합니다.
2. 코치는 고객이 자신 이외의 코치 또는 다른 접근방법(심리치료, 컨설팅 등)이 더 유효하다고 판단될 때 고객과 상의하고 변경하도록 촉구합니다.

제5조(코칭 연구)

1. 코치는 전문적 능력에 근거하며 과학적 기준의 범위 내에서 연구하고 보고합니다.
2. 코치는 연구할 때 관계자로부터 허가 또는 동의를 얻은 후 모든 불이익으로부터 참가자가 보호되는 형태로 연구합니다.
3. 코치는 우리나라의 법률에 준거해 연구합니다.

제3장 직무에 관한 윤리

제6조(성실의무)

1. 코치는 고객에게 항상 친절하고 최선을 다하며 성실하여야 합니다.
2. 코치는 자신의 능력, 기술, 경험을 정확하게 인식합니다.

3. 코치는 업무에 지장을 주는 개인적인 문제를 인식하도록 노력합니다. 필요할 경우 코칭의 일시 중단 또는 종료가 적절한지 등을 결정하고 고객과 협의합니다.
4. 코치는 고객의 모든 결정을 존중합니다.

제7조(시작 전 확인)

1. 코치는 최초의 세션 이전에 코칭의 본질, 비밀을 지킬 의무의 범위, 지불 조건 및 그 외의 코칭 계약 조건을 이해하도록 설명합니다.
2. 코치는 고객이 어느 시점에서도 코칭을 종료할 수 있는 권리가 있음을 알립니다.

제8조(직무)

1. 코치는 고객 혹은 고객 후보자에게 오해를 부를 우려가 있는 정보 전달이나 충고를 하지 않습니다.
2. 코치는 고객과 부적절한 거래 관계를 맺지 않으며 개인적, 직업적, 금전적인 이익을 위해 의도적으로 이용하지 않습니다.
3. 코치는 고객이 스스로나 타인에게 위험을 미칠 의사가 분명할 경우 한국코치협회 윤리위원회에 전달하고 필요한 절차를 취합니다.

제4장 고객에 대한 윤리

제9조(비밀의 의무)

1. 코치는 법이 요구하는 경우를 제외하고 고객의 정보에 대한 비밀을 지킵니다.
2. 코치는 고객의 이름이나 그 외의 고객 특정 정보를 공개 또는 발표하기 전에 고객의 동의를 얻습니다.
3. 코치는 보수를 지급하는 사람에게 고객 정보를 전하기 전에 고객의 동의를 얻습니다.
4. 코치는 코칭의 실시에 관한 모든 작업 기록을 정확하게 작성, 보존, 보관, 파기합니다.

第10조(이해의 대립)

1. 코치는 자신과 고객의 이해가 대립하지 않게 노력합니다. 만일 이해의 대립이 생기거나 그 우려가 생겼을 경우, 코치는 그것을 고객에게 숨기지 않고 분명히 하며, 고객과 함께 좋은 대처방법을 찾기 위해 검토합니다.
2. 코치는 코칭 관계를 해치지 않는 범위 내에서 코칭 비용을 서비스, 물품 또는 다른 비금전적인 것으로 상호교환(barter)할 수 있습니다.

부칙

제1조 이 윤리 규정은 2011.01.01.부터 시행한다.

제2조 이 윤리 규정에 언급되지 않은 사항은 한국코치협회 윤리위원회의 내규에 준한다.

찾아보기

(ㄱ)

(ㄴ)

(ㄷ)

(ㄹ)

(ㅁ)

(ㅂ)

(ㅅ)

(ㅇ)

(ㅈ)

(ㅊ)

(ㅋ)

(ㅌ)

(ㅍ)

(ㅎ)

(기타)

저 / 자 / 소 / 개

조성진(曺成鎭)

충남대학교 대학원 졸업(경영학 박사, 전공: 인사 및 조직)
중부대학교 교수
한국 수퍼바이저코치(KSC), 국제인증코치(ACC)
한국인적자원개발학회 감사/부회장/코칭연구회장
한국인사관리학회 이사, 학국인사조직학회 정회원
전) 충남대학교 겸임교수, 대전정보문화산업진흥원 이사
대전광역시 인사위원회/지방보조금심의위원회 위원
여성가족부 위촉코치, 한국코치협회 코치인증심사위원 등 역임

코칭과 경력개발

1판 1쇄 인쇄 — 2020년 9월 1일
1판 1쇄 발행 — 2020년 9월 5일

저 자 - 조성진
발 행 인 - 강철원
발 행 처 - 양성원
주 소 - 경기도 파주시 검산로 173번길 29-20
전 화 - 031-946-3861(代)
팩 스 - 031-946-3864
이 메 일 - tnwpub@naver.com
홈페이지 - tnwpub.co.kr
출판등록 - 2015년 8월 31일 제 2015-000211 호

ISBN 979-11-6126-306-9

정가 26,000원